JN412065

COST ACCOUNTING
원가회계

임득수

박영사

머리말

원가계산 과목은 논리적이다. 한편 재미있다.

원가를 처음 접하는 분들은 처음 부분은 페이지 넘기기식으로 보고 개별원가 계산부터 본 다음 처음부터 정독하기를 권한다.

각 장마다 잠깨는 문제와 지식 더하기 문제를 몇 문씩 첨부했으니 꼭 풀고 넘어가기를 바란다. 공부의 왕도는 직전에 본 부분을 5분 이내 쭉 훑어보고 필요한 것은 몇 가지 메모 후 오늘 진도를 나가는 것이다. 독자들에게 원가에 대한 통찰력이 생기기를 기원한다.

원가를 처음 대할 때의 공부 전략

1. 정독
   - 처음 접할 때는 정독 중심으로 학습한다.
   - 속도 목표: 시간당 20~10페이지.
2. 다음 날 복습
   - 전날 본 내용을 5분 이내로 빠르게 훑고(Scan), 핵심을 간단히 메모한다.
   - 이후에는 목표한 페이지 수/시간당 학습량을 설정하여 진행한다.
3. 문제풀이 전략
   - 잠을 깨는 용도로 문제를 활용하되, 유형별로 접근 방식에 차이를 둔다.
   - O/X 문제, 객관식 문제: 가볍게 풀면서 핵심 개념 점검.
   - 주관식 문제: CPA 시험 수준의 난도가 많으므로 가볍게 Scan만 하고 넘긴다.

수독자(n독자)의 경우(정독 이후 반복 학습 단계)

1. 키워드 중심 속독
   - 본문 전체를 다시 읽기보다는 핵심 키워드 중심으로 속독한다.
   - 중요 개념은 키워드만 보고 내용을 바로 떠올릴 수 있도록 훈련한다.

2. 문제 풀이 순서

- 먼저 O/X 문제와 객관식 문제를 풀어 기본 개념 및 논점 점검.
- 그 후, 주관식 문제에 도전해 본다. (답이 생각나지 않더라도 구조를 떠올려보며 접근)

3. 암기 대상 정리

- Scan 중 암기가 필요한 부분은 A4 용지에 정리해서 책상 앞 벽면에 부착한다.
- 수시로 눈에 띄게 하여 자연스럽게 반복 노출되도록 한다.

본서는 현실적 용역 등에 대한 대가를 산정하기 위한 현행법의 근거를 제공하는 책이다. 따라서 정부 또는 유관 기관의 발표는 현재 시행중인 법규와 단가를 적용하여야 한다. 그러나 본서의 저술시기와 출판의 시기가 달라 시점을 맞추지 못한 경우가 있다. 예로 소프트웨어기술자 인건비는 현행 규정이 2025년 12월 31일까지 적용이나 본서는 12월 말에 탈고하여 2026년 1월에 출판이 된다. 따라서 이런 경우 출판 시의 실상을 반영할 수 없게 된다. 따라서 독자는 적용하는 본서의 내용이 시사성이 있는 지표나 금액일 경우에는 반드시 이를 검토하고 적용하여야 할 것이다. 한편, 본서의 내용을 적용할 때 현행 자료가 필요하신 분들은 연락하시면 관련 현행 자료를 보내드릴 예정이다.

첫 번째 저서이기 때문에 많은 교정을 거쳤다. 그 과정을 감내해준 박영사 편집부 직원분들께 감사한다. 또한 잘 보이지도 않는 손원고 타이핑하느라 수고해준 막둥이 아들, 힘들 때 용기를 북돋워주며 교정에 힘을 보태준 아내와 관계자 여러분께 진심으로 감사한다.

2026년 2월

서재에서

차 례

PART 01 원가의 개념

CHAPTER 01 회계와 원가회계

1. 기업의 경영활동과 원가 3
2. 회계와 원가회계의 체계 4
3. 제품원가와 기간원가 6
4. 원가회계와 관리회계 및 성과평가 7
5. 원가정보의 활용 10
6. 원가회계시스템 11
연습문제 14

CHAPTER 02 원가의 흐름

1. 원가의 3요소 18
2. 원가계산의 대상과 기간 19
3. 상품매매기업의 원가 흐름 20
4. 제조기업의 활동과 재고자산 22
연습문제 33

CHAPTER 03 원가의 분류와 활용

1. 목적별 원가의 분류 43
2. 원가와 비용 48
3. 원가계산 방법에 따른 분류 50
연습문제 56

CHAPTER 04 요소별 원가계산

1. 재료비의 원가계산 61
2. 노무비의 원가계산 70
3. 제조경비의 원가계산 74
연습문제 77

CHAPTER 05 원가의 배부

1. 원가배부 개요 84
2. 제조부문과 보조부문 87
3. 부문비의 집계 91
4. 부문비의 배부 92
5. 배부율 94
6. 원가배분 97
연습문제 99

PART 02 원가계산

CHAPTER 06 개별원가계산

1. 개별원가계산의 의의 107
2. 제조(작업)지시서와 작업원가표 108
3. 개별원가계산의 절차 110

4. 제조간접원가의 예정 배부와 원가차이의 조정 114
연습문제 117

CHAPTER 07 종합원가계산

1. 종합원가계산의 의의 125
2. 종합원가계산과 개별원가계산 126
3. 종합원가계산의 절차 128
4. 재공품과 제품의 평가 131
5. 제조원가보고서 136
6. 공정별 종합원가계산 140
7. 조별 종합원가계산 141
8. 연산품 종합원가계산 142
9. 등급별 종합원가계산 143
10. 부산물 원가계산 145
연습문제 146

CHAPTER 08 결합원가계산

1. 결합원가계산 개요 154
2. 결합원가의 배부 156
3. 복수분리점의 결합원가배부 158
4. 부산물 회계처리와 결합원가배부 159
5. 추가가공에 관한 정보제공 161
6. 결합제품의 재고수준 관리 161

7. 결합원가배분의 내재적 한계 162
연습문제 163

CHAPTER 09 변동원가계산
1. 변동원가계산의 이해 174
2. 변동원가계산과 전부원가계산 175
3. 손익계산서의 표시구분 176
4. 영업이익의 구분 177
5. 변동원가계산의 유용성과 한계 181
6. 초변동원가계산 182
연습문제 185

CHAPTER 10 정상원가계산
1. 정상원가계산의 의의 194
2. 정상원가계산의 절차 194
3. 제조간접원가 배부 및 차이 조정 196
연습문제 199

CHAPTER 11 표준원가계산
1. 표준원가와 표준원가계산 205
2. 표준원가의 설정 206
3. 제조원가의 표준차이분석 212
연습문제 228

CHAPTER 12 활동기준원가계산

1. 활동기준 원가계산의 의의 237
2. 활동기준 원가계산의 개념 238
3. 활동기준 원가계산의 절차 239
4. 활동원가의 계층구조 241
5. 활동기준 원가계산의 유용성과 한계 244
연습문제 246

CHAPTER 13 공손

1. 공손의 개념 254
2. 정상공손과 비정상공손 255
3. 공손원가의 회계처리 256
4. 종합원가계산의 공손원가계산과 배부 257
5. 공손품의 처분 260
연습문제 262

PART 03 원가응용

CHAPTER 14 판매가격결정

1. 판매가격과 원가 271
2. '원가+' 방법 272
3. 목표원가에 의한 방법 275

4. 제품 수명주기에 의한 가격결정 277
연습문제 279

CHAPTER 15 원가추정과 학습효과
1. 원가추정 개요 283
2. 원가추정 방법 284
3. 학습효과와 학습곡선 286
4. 학습곡선을 이용한 생산원가의 추정 289
연습문제 291

CHAPTER 16 이전가격
1. 이전가격의 의의 296
2. 이전가격의 분류 297
연습문제 299

CHAPTER 17 원가·조업도·이익분석
1. CVP분석의 개념 302
2. 손익분기점 분석 303
3. CVP 분석의 한계 310
연습문제 311

CHAPTER 18 품질원가
1. 품질원가의 종류 316
2. 품질과 품질원가의 관리 317
연습문제 320

CHAPTER 19 예산

1. 예산의 분류와 기능 323
2. 종합예산의 편성 324
3. 예산의 관리 통제 327
연습문제 329

CHAPTER 20 자본예산

1. 자본예산의 의의 332
2. 자본예산 모형 333
3. 비할인모형 333
4. 현금흐름할인모형 335
연습문제 337

CHAPTER 21 책임회계와 성과평가

1. 책임회계의 의의 343
2. 책임중심점 분류 343
3. 성과평가 보고 345
4. 책임중심점별 성과평가 346
5. 투자중심점의 성과평가 348
연습문제 358

PART
04 정부사업 원가계산

CHAPTER 22 정부원가계산

1. 개요 370
2. 제조원가 계산 374
3. 계약방법 390

CHAPTER 23 학술연구용역 원가계산

1. 학술연구용역 원가계산의 세 가지 방법 407
2. 학술연구용역 비목별 계상기준 408
연습문제 416

CHAPTER 24 엔지니어링사업 원가계산

1. 엔지니어링 사업 및 그 원가계산 421
2. 실비정액 가산 방식 427
3. 공사비 요율에 의한 방식 435
연습문제 441

CHAPTER 25 소프트웨어사업 원가계산

1. 소프트웨어사업대가산정가이드의 개념 443
2. 소프트웨어의 이해 444
3. 소프트웨어사업 대가 산정 절차 449
4. 대가산정 모형별 산정방법 452

5. 소프트웨어 개발비 대가 산정 454
6. 정보전략계획 수립비 대가산정 등 464
7. 기타의 원가계산 방법 468
8. SW 사업 운영단계의 유지관리비 등 474
9. SW 운영비 482
연습문제 489

부록 원가분석사 기출문제

국가공인 원가분석사 제20회 자격검정시험 494
원가·관리회계 494
제조원가계산실무 502
공사 및 기타원가계산실무 512
모범답안 519

국가공인 원가분석사 제21회 자격검정시험 520
원가·관리회계 520
제조원가계산실무 528
공사 및 기타원가계산실무 535
모범답안 541

QR코드를 스캔하시면 정오표를 확인할 수 있습니다.

원가회계

COST ACCOUNTING

PART

COST
ACCOUNTING
CALCULATION
ACCOUNTING LEDGER
TAX FORM
COST INNOVATION
REVENUE
ANNUAL PAYMENT
FINANCIAL REPORT

원가의 개념

chapter 01 회계와 원가회계
chapter 02 원가의 흐름
chapter 03 원가의 분류와 활용
chapter 04 요소별 원가계산
chapter 05 원가의 배부

회계와 원가회계

원가회계는 회계의 한 분야이다.

원가가 계산되어야 매출원가가 계산되어 손익계산서가 완성되면서 제품과 재공품 및 원재료 기말재고가 계산되어 재무상태표가 완성된다. 재무제표의 핵심은 재무상태표와 손익계산서이다. 회계의 기본재무제표는 재무상태표, 손익계산서, 자본변동표, 현금흐름표 및 주석의 다섯 가지인데, 자본변동표와 현금흐름표는 재무상태표에서 도출되고 주석은 재무제표에 대한 해설서이다. 이 주석을 재무제표로 본 것은 다소 이례적이다.
제품이란 원재료의 구입 및 생산투입, 작업 공정에서의 제품제조 작업에서 종업원들이 땀을 흘린 것을 말하며 기계나 전기 등을 쓰면서 작업한 결과이다. 제조원가명세서는 이 과정에 소비된 재료비, 노무비 및 제조경비의 내역을 나타내어 손익계산서에 넘겨준다. 그리고는 기본재무제표에서는 사라지는 것이 제조원가명세서이다.

문 귀하는 제조원가명세서가 현재의 5대 기본재무제표 만한 중요성과 가치가 없다고 생각하는가?

답 제조원가명세서는 기본재무제표였었다. 기본재무제표에서 누락된 이유는 무엇이라 생각하는가? 자본변동표나 현금흐름표만큼의 가치가 없는가?
제조원가명세서는 제조업에서만 사용한다. 우리나라 제조업비중은 2021년도 28%에서 2024년도 발표(2023년 기준) 27.8%로 나타났다. 이는 주요국 기준으로 독일이 21.6%, 일본이 20.8, 이탈리아가 16.6%, 미국이 11.6%, 영국이 9.6%로 높은 수준이다. - 그럼에도 우리나라 상장기업의 70% 정도가 제조업은 비록 구성비는 작더라도 그 중요성은 크다 할 수 있다 - 전 산업에서 제조업의 구성비를 감안할 때 제조원가명세서가 기본재무제표에 포함되면 80% 정도의 기업들이 기본재무제표임에 이를 작성하지 아니하고 공시하지 못하게 된다. "기본재무제표"라는 명칭은 모든 기업의 기초가 되는 제표라는 의미를 내포하고 있다. 그러나 전체 기업의 약 80%가 이를 작성하지 않는 현실에서, 이러한 원가계산서를 '기본'으로 내세우는 것은 타당하지 않다고 본 것이다.
한편, 제조원가명세서가 기본재무제표에 포함되지 않고 매출원가가 손익계산서의 한 계정과목으로 표시됨에 따라 제조업 손익계산서는 매출원가가 내포하는 많은 정보를 숨기게 되는 구조를 가지고 있는 것은 개선할 필요성이 있다.

1 기업의 경영활동과 원가

경제학에서는 경제의 주체를 정부, 기업, 가계의 세 집단으로 구분한다. '경제 주체'란 자신의 의지와 판단에 따라 독립적으로 경제 활동을 수행하는 주체를 말한다. 과거에는 경제 3주체를 도식화할 때 정부를 가장 위에 두는 방식이 일반적이었다. 그러나 오늘날에는 경제 우선주의적 관점이 강조되면서, 생산의 중심 주체인 기업을 중심으로 사고해야 한다는 인식이 확대되어 기업을 다소 우위로 보고 있다.

그림 1-1 • 경제학의 경제 3주체

가계의 평안과 안정을 위하여 기업은 생산활동으로 개인의 경제적 필요를 충족시켜 주고 정부는 국방과 치안을 통해 안전한 생활을 보장한다. 그 일을 행하는 사람들도 다시 가정으로 복귀한다.

기업은 그 활동을 통해 이윤을 창출한다. 기업의 종류는 제품을 제조하는 제조기업도 있으나, 농업기업이나 수산업기업, 서비스 및 예술을 주로 하는 문화기업 등도 있다. 이러한 기업은 경영활동으로 원가를 투입하여 제품이나 서비스를 창출하고 이를 제공함으로써 수익을 얻는 동시에 이를 이용하는 이들에게 삶의 방편을 제공하며 여기서 얻는 수익은 기업을 구성하는 이들에게 배분되어 자원이 순환되는 사이클을 가지고 있다. 이러한 자원의 순환은 원가 차원의 흐름으로 표시될 수 있다.

상장기업의 70%를 제조업이 차지하고 있으니 국가의 경제를 제조업이 중심을 잡고 있다고 보고, 여기서는 상품과 제품을 다루는 상품매매업과 제조기업의 속성 및 그 원가 계산을 위한 물자와 원가의 흐름을 주로 다루어 본다.

2 회계와 원가회계의 체계

회계는 회계정보를 정보이용자에게 전달하는 과정으로 이해된다. 이 정보는 재무상태표, 손익계산서, 자본변동표, 현금흐름표 및 주석을 통해 전달된다. 이 다섯 가지를 기본재무제표라 하며, 여기서 원가회계가 다루는 부분은 손익계산서의 매출원가에 국한된다. 과거에는 제조원가명세서가 기본재무제표에 포함된 적이 있었는데, 제조업이 전체 기업에서 차지하는 비중이 20%대로 낮아짐에 따라, 전체 기업의 소수에 해당하는 20% 정도의 기업만 작성하는 문서를 '기본 재무제표'로 지정하여 전 기업에 적용하는 것은 타당성이 약해졌다.

이에 따라 해당 문서는 기본 재무제표 체계에서 제외되었으며, 현재의 기본 재무제표 체계가 정비되었다.

그러나 제조기업의 원가를 분석해보면 매출원가가 총 비용의 50~90%까지 차지한다. 제조업이 몰락한 선진국은 없으며 여전히 제조업이 산업의 중심축이라는 점에서도 원가계산의 중요성은 여전히 크다고 할 수 있다.

원가회계란, 물량의 흐름과 원가의 흐름을 회계적 방법으로 기록·관리하는 것을 말한다. 즉, 원가 관련 거래가 발생하면 그에 대한 분개를 시작으로, 투입 자원과 공정 흐름에 따라 변화되는 원가를 기록하고 장부에 반영하며, 제조원가명세서를 작성하는 일련의 회계 과정을 포함한다. 이렇게 생성된 원가 정보는 경영 관리 의사결정에 활용되며, 이 모든 절차가 원가회계의 범위에 포함된다. 제조원가명세서, 손익계산서, 재무상태표 간의 관계는 다음 [그림 1-2]와 같이 요약할 수 있다.

제조원가명세서와 재무상태표 및 손익계산서의 관계를 보이면 다음과 같다.

그림 1-2 • 제조원가명세서와 재무제표의 관계도

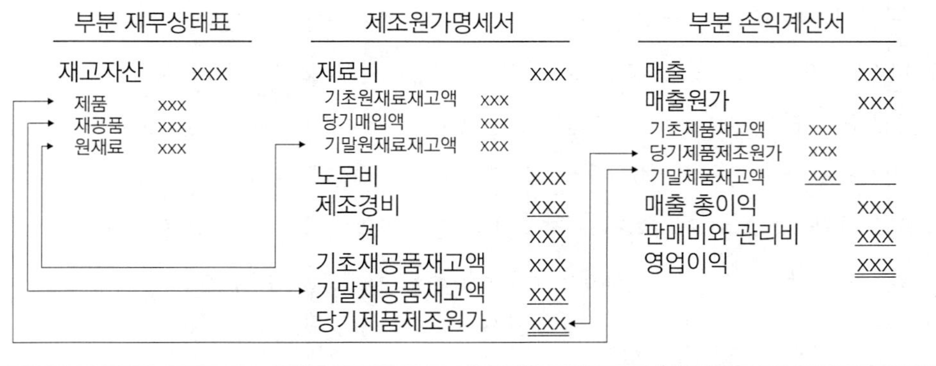

재무제표를 전기(기초금액)와 함께 표시하면 제조원가명세서와 손익계산서, 재무상태표의 원재료, 재공품, 제품이 기초금액과 전기의 재고자산 금액이 일치한다. 이는 [그림 1-2]와 같다.

제조원가명세서는 초기 거래의 분개 시 나타나는 계정들로 구성되어 있다. 이 거래에서 원가관련 항목들을 구분하며 정리하면 제조원가명세서가 되는 것이다. 따라서 제조원가명세서는 정식 회계시스템에서 나온다. 예를 들어 공장기계 감가상각비와 본사 건물 감가상각비를 분개하면 다음과 같다.

(차) 감가상각비(판)	×××	(대) 건물감가상각충당금누계액	×××
감가상각비(제)	×××	기계장치감가상각충당금누계액	×××

건물감가상각비는 손익계산서에, 기계장치 감가상각비는 제조원가명세서에 제조경비로 집계되어 제품제조원가를 구성한다. 제조원가명세서는 질적으로는 기본재무제표의 자격을 충분히 가지고 있음을 의미한다.

3 제품원가와 기간원가

제품원가는 제품의 제조활동에서 발생하는 모든 원가를 말한다. 이를 제조원가라고도 한다. 제품원가는 재료원가, 노무원가, 제조간접원가(제조경비)로 구성된다. 제품제조와 직접 관련이 없는 원가를 비제조원가라 한다.

비제조원가는 총원가 개념에서 제품의 제조와 무관한 비용으로, 주로 판매비와 관리비를 말한다. 그 외는 영업외비용들이 있다. 판매비와관리비는 제품 생산을 위해 소비된 원가가 아니다. 이는 발생 즉시 발생 기간에 전액 비용으로 처리된다고 하여 기간원가라고 한다.

총 원가와 판매관리비의 관계는 아래 [그림 1-3]과 같다.

그림 1-3 • 원가와 판매가의 관계

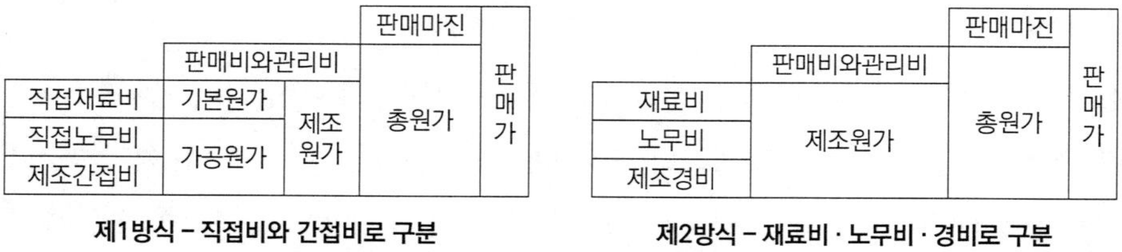

판매마진
판매비와관리비
직접재료비
기본원가
직접노무비
가공원가
제조간접비
제조원가
총원가
판매가

제1방식 – 직접비와 간접비로 구분

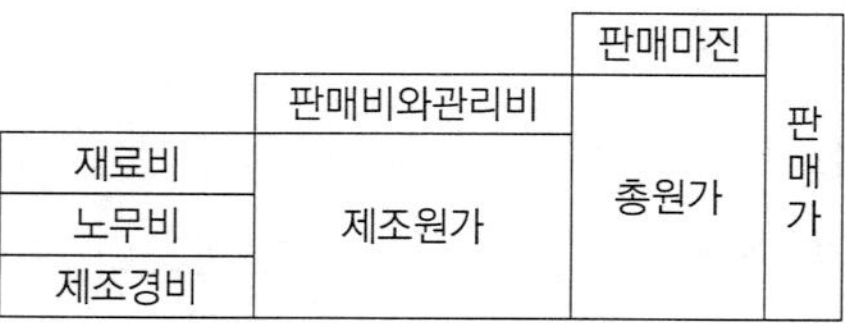

제2방식 – 재료비 · 노무비 · 경비로 구분

그림에서 보는 바와 같이 직접재료비는 가공원가와 구분하여 기본원가라고도 한다. 제조원가에 판매비와관리비를 가산하고 판매마진이 더해져 판매가가 형성된다.

이 원가와 이익은 기간을 두고 계산한다. 이는 기간손익계산의 일환이다.

4 원가회계와 관리회계 및 성과평가

1) 관리회계와 원가회계

관리회계는 회계정보시스템의 한 분야로 볼 수 있으며, 원가·재무회계 정보를 내부 이용자에게 제공하여 경영내부의 관리 및 통제에 관한 의사결정을 지원하는 정보전달체계이다. 회계정보시스템이 외부 정보이용자들에게 주로 재무관련 정보를 제공하여 당해 기업에 대한 투자의사결정에 도움을 준다면 관리회계는 보다 상세한 정보, 예를 들면 월별 또는 분기별, 특정 기간별 손익이나 매출의 추세, 원가의 발생 및 증감요인에 대한 정보 등을 제공하여 경영자의 의사결정을 지원하는 체계이다.

매출에 관한 정보로는 시장 추세나 경기의 변동 및 거래처들의 동향을 파악하여 시장과 거래전략을 점검 및 수정하게 하고, 원가 관련 정보로는 원재료 구입단가의 변동이나 공급 인력의 인건비 추이 등을 분석하여 구매 거래선이나 인력공급업체 등에 대한 대책을 수립하게 하는 등 경영의사결정에 기여한다.

경영관리에 대한 종합적인 정보제공체계를 관리회계라 한다면, 그 정보 중 원가결정 정보의 생성과 제공에 관련되는 것을 원가회계라 하여야 할 것이다. 그러나 생산 제조에 관한 관리정보의 대부분은 원가회계를 통해 제공된다.

원가회계시스템에서 다루는 것은 기업의 목적인 수익의 창출을 위한 제품 생산과 제품 생산을 위한 원재료의 조달 및 노무비와 기타 제조비용의 조달 등이다. 원재료의 조달을 통해 원재료를 가공하여 제품을 생산해 내는데, 어떤 공정을 통하면서 가공비가 얼마나 투입되는가, 특정제품을 몇 개 생산했는데 총 제조비용은 얼마가 들었으니 개당 원가가 얼마라는 정보를 경영자에게 제공하고 경영자로 하여 판매가격을 판단할 수 있게 한다.

2) 외부보고와 관리정보 제공 목적

(1) 외부보고 목적

원가정보의 외부 공시 목적은 재무제표 작성과 관련된 필요한 정보를 외부 이해관계자에게 제공하는 데 있다. 즉, 재무상태표를 위한 정보로 기초원재료에서 당기 매입한 원재료를 포함, 제조에 사용한 원재료를 차감한 다음의 기말 원재료의 잔액을 계산한다. 이 원재료가 제조공정에 투입된 후 생산 진행중인 상태의 재공품과 완성품인 제품이 몇 개가 생산되었고 판매된 후 제품의 잔고 수량과 금액이 얼마인지, 생산중인 재고자산(재공품)의 상태(진척도-완성품환산량)와 잔량은 얼마인지에 관한 정보를 제공한다. 나아가 이러한 과정을 거치면서 공급한 원재료와 노무비 및 제조경비를 합하여 총 투입된 원가와 제품의 판매분에 대한 원가인 매출원가 정보를 제공하여 손익계산서를 완성시킨다. 이렇게 완성된 재무상태표와 손익계산서는 주요 재무제표로 회계감사 등의 과정을 거쳐 이용자들에게 정보를 제공하게 되고 대부분 금융감독원의 재무공시시스템에 등록된다.

(2) 관리계획 정보제공

기업은 예산을 편성하거나 경영계획을 수립한다. 여기에 미래의 판매 및 이익계획은 필수이다. 모든 경영계획은 회사의 이익계획을 중심으로 수립된다고 볼 수 있다. 최근에는 영업이익에 초점이 맞추어져 있으나 과거에는 총자산의 규모에 중점이 놓여 있던 때도 있었고 매출액을 중심으로 했던 때도 있었다.

기업의 신규사업계획이나 인력조달 또는 공정 자동화를 위한 투자, 타 기업과의 업무제휴, 해외 진출, 공장의 증설, 대리점의 추가확보 등 모든 것이 회사의 재무적 이익에 직결되어 있다. 그런데 이들 계획은 반드시 당해 사업으로부터의 달성 가능성, 수익기여도 또는 가치와 연결되며 소요 원가추정이 이루어져 회사에 미치는 장·단기 공헌도가 표시된다. 이 경우에도 필수적으로 원가계산이 수반되며 동시에 가치평가 방법론이 동원되어 관리정보가 제공된다.

(3) 성과평가

이론상 기업은 연속적이며 영구적이라는 원칙(회계공준: 계속기업의 공준)하에 회계기간이라는 임의적 단위 기간으로 나누어 기간별 목표를 세우고 그 실적에 대하여 성과를 평가하고 보고한다. 산업화 초기 단계처럼 단위 제품만 만들면 팔리던 시기와 달리, 작은 환경 변화에도 민감하게 작용하는 현대 경영에서 기간의 세분화 및 상세 보고는 당연하고 필수불가결한 일이 되었다.

성과평가란 경영의 성과를 평가하는 것으로 가깝게는 수립한 계획을 얼마나 달성했는지를 달성률(%)로 측정해보는 것이며, 실적이 부진할 경우 부진한 정도와 원인의 파악, 부진의 책임 소재를 밝혀 책임자에게 상벌을 내리는 것, 그를 통해 차후에는 실수는 제거하고 잘한 부분은 조장하되 타의 모범으로 하여 기업 경영의 효율을 더 높이는 것을 포함한다.

그림 1-4 • 재료비 집행에 대한 실적평가

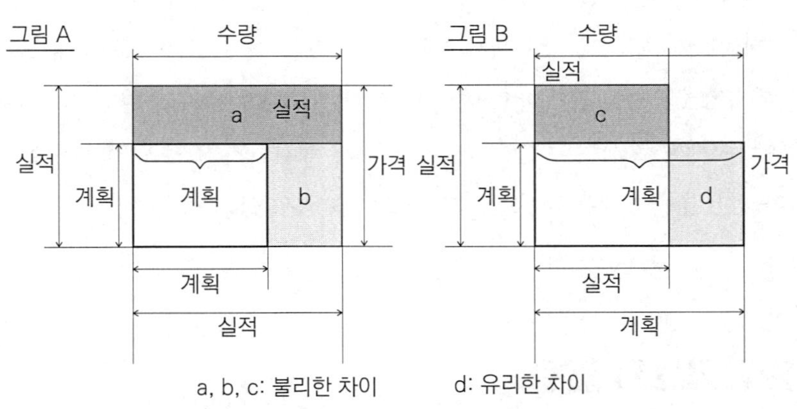

[그림 1-4]는 재료비 집행에 대한 도해로 A의 불리한 차이의 경우는, 색이 칠해지지 않은 수량과 가격의 계획 부분보다 a와 b를 합한 실적부분이 더 크고 그 차이는 (실적수량 - 계획수량) × 계획가격으로 계산되는 '수량차이'와(실제가격 - 계획가격) × 실제수량으로 표

시되는 '가격차이'만큼 예산과 실적의 차이가 발생해 있다. 계획수량 × 계획가격이 계획이고 실적수량 × 실적가격이 실적으로 표시되어 있다.

이 경우 총 차이인 a+b의 합계 금액(실적금액-계획금액)만 보고 '이번에 계획대비 몇 % 예산이 초과지출되었거나, 혹은 달성하였구나'하고 판단할 수 있다. 그러나 가격차이와 수량차이로 구분해놓고 보면, 수량차이의 경우 재료의 손실률이 과다했다거나, 계획 시 제시한 작업방법을 작업자들이 못 따라 갔거나, 기술 수준과 교육의 부족, 심지어 설계나 작업계획의 오류 등 여러 원인으로 구분할 수 있으며, 회사는 그 원인의 규명과 책임자에 대한 공과에 대하여 상벌이 있을 수 있고 향후의 경영개선으로 연결될 수 있게 하는 것이 경영인 것이다.

한편, 가격차이는 원재료 매입을 계획보다 높게 구입한 경우로, 구매처의 가격 인상요청을 무비판적으로 수용했다거나 국내외 물가의 상승, 환율의 변동, 경기의 영향이 미친 효과 등의 분석을 통해 향후의 개선점을 찾을 수 있다. 복수견적 의무화도 대책 중 하나에 속한다.

그림 B의 경우는 유리한 차이를 보이는데, 수량차이는 A와 같이 불리한 차이지만 가격차이는 '계획단가-실적단가'로 표시만큼 매입단가를 줄인 것(d)으로 되어 있다. 이것을 유리한 차이라고 한다. 이 유리한 차이의 원인을 분석하여 유리의 원인이 타부문의 귀감이 될 경우는 모범으로 삼아야 할 것이다. 필요 시 계획단가 또는 단가 표준을 수정할 수도 있다. 이러한 평가의 기본 정보는 원가정보로부터 제공되는 것이다.

5 원가정보의 활용

이러한 원가정보는 다음과 같이 활용할 수 있다.

① 원가항목별 집계정보는 원가절감항목을 찾는 데 소요됨

② 매출단가 결정 정보는 결정에 쓰인 여러 항목들의 세부내용 중 불합리한 요소를 찾아 개선하는 데 도움을 줄 수 있음.

③ 생산목표량은 회사의 제품가격 및 경쟁자 대비 경쟁력을 감안한 제품 판매량 및 재고 확보 계획을 세우는 데 유용함

④ 설비투자금액 정보는 설비투자의 효율성 평가, 설비 투자금액과 시장대비 실제 필요생산능력 간의 차이를 분석하여 미래에 대처할 수 있음

⑤ 공정별 생산계획은 공정의 생산능력 대비 적절성을 판단할 수 있으며, 공정 간 대비를 통해 생산능력의 소진율을 분석하면 여유 공정을 추정할 수 있으며, 활용방안을 찾을 수 있음

6 원가회계시스템

원가회계시스템은 원가의 흐름을 기록하고 관리하는 정보체계로, 생산과정이 생산계획 → 원재료 구매 → 공정투입 → 노무비와 간접비 투입 → 생산완료 → 판매로 이어지는 일련의 흐름을 컴퓨터 시스템을 통해 기록하고 관리하는 것을 의미한다.

회계에서는 기록·관리를 위해 기록할 대상이 발생하면, ① 거래 발생인식, ② 이를 분개하고, ③ 분개된 내용을 장부에 기록(전기)한다. 결산 시에는 이러한 기록들을 종합하여, 적절한 회계 기준에 따라 제조원가명세서 등 재무제표로 변환할 수 있다. 여기서 소요되는 도구는 원가 정보 시스템과, 이에 입력 근거를 제공하는 각종 자료들이다. 이러한 자료는 재고의 움직임을 모니터링할 수 있는 생산 현장에서 생성되며, 구매 전표, 출고 요구서, 공정 투입 전표, 공정 이동 전표, 생산 완료 전표, 시험 보고서, 판매 전표 등으로 구분할 수 있다. 이들 명칭 절차는 회사마다 다를 수 있으며, 생산 활동의 단계별로 유사한 장표가 반복적으로 발생한다.

이들의 흐름과정을 T계정에 표시하면 [그림 1-5]와 같다.

그림 1-5 • 재고흐름과 T계정기록

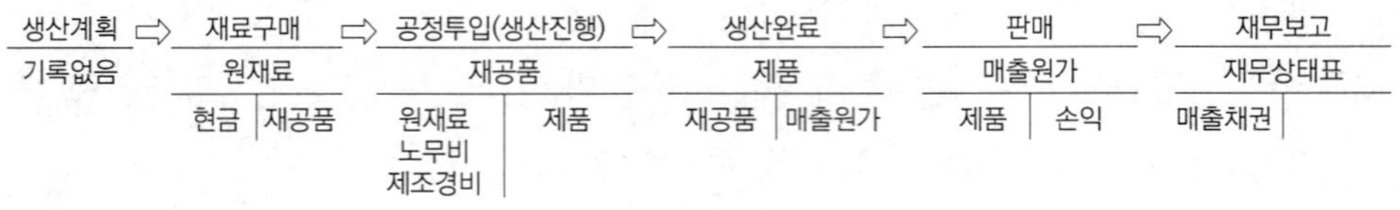

원가회계시스템은 원가관련 보조장부들에 대한 기록을 포함한다. 여기 보조장에는 구매원장, 검수기록부, 원부재료 수불부 등으로 이들은 각 제품별 별도의 장부가 분리되어 비치되고 총비용 등에 관해서는 회계정보시스템과 연계되어 관리되고 있다.

그림 1-6 • 원가회계시스템과 회계정보시스템의 연계

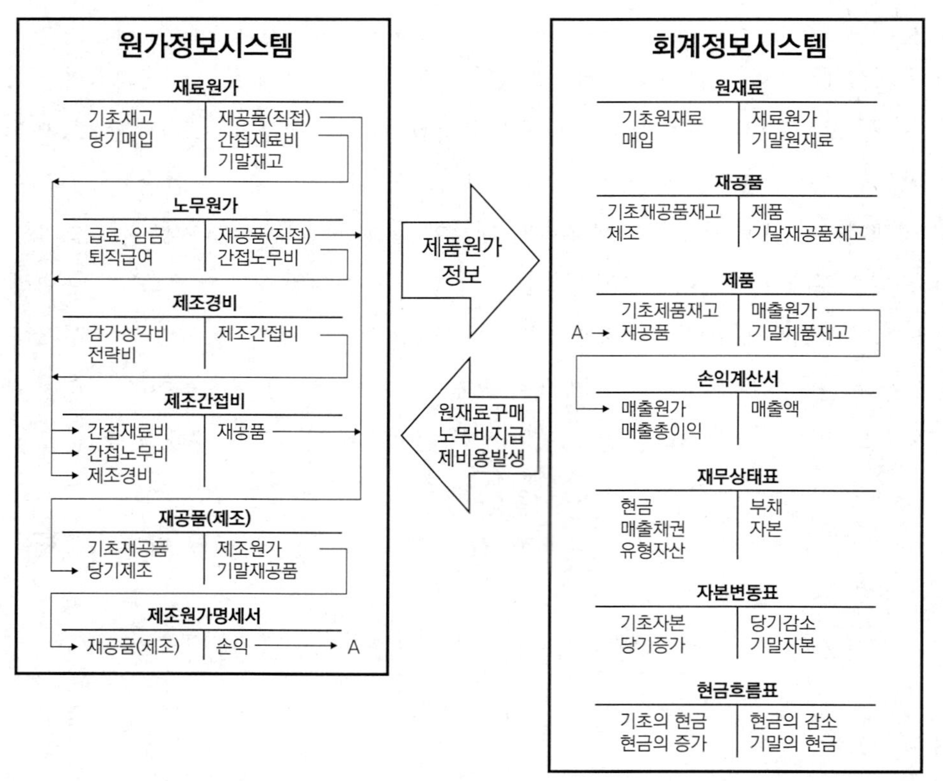

원가정보시스템의 정보흐름 기록은 [그림 1-6]과 같다. 회계정보시스템에서 각종 비용정보를 가지고 있으므로 직접재료는 재공품(제품별) 계정에 Lot No.나 Job Order No.를 추적하여 여러 종류(제품별 part list 전체)의 소요 재고를 찾고 노무원가도 마찬가지로 같은 재공품 계정으로 차변에 집계한다. 제조경비는 간접재료비, 간접노무비 및 해당 계정들을 제조간접비 계정으로 집계하고 해당 회계기간 또는 원가계산 기간별 발생총액을 미리 설정된 배부기준에 의거하여 각 재공품으로 배부한다. 이들은 제품의 완성시 제품계정으로 이기(ledger transfer)한다.

이로써 모든 공정을 거쳐 전 원가를 집계한 제품의 완성과 생산부의 재고기록은 종료된다. 이 제품 계정은 영업부와 공유하거나 영업부문으로 이전시켜 관리한다. 영업에서는 이전받은 제품과 당해 제품의 판매관련 제비용을 집계하여 회계팀으로 넘겨 결산을 대비한다.

회계팀에서는 이를 회계정보 시스템에서 처리하고 손익계산서와 재무상태표를 작성하므로 재고자산의 당기 결산을 완료한다.

연습문제

OX 졸음깨우기

01. 회계분야는 재무회계, 관리회계, 세무회계, 비영리회계로 나눌 수 있으며, 재무회계는 모든 회계의 기본이 되며 회계정보를 생산하고 외부 이용자들에게 정보를 제공하며, 관리회계는 내부 성과평가 등 내부 이용자들의 의사결정 정보를 제공하는 회계로 주로 원가정보가 포함된다. ( )

02. 원가회계시스템에서는 원가계산 대상을 선정하고 원가기록을 위한 계정을 필요로 한다. 이들은 제품 생산에 필요한 원가요소의 소비액을 기록하고 이들을 종합하여 총원가 발생액 및 단위원가를 계산한다. ( )

03. 당기재료 a를 매입하였다. 제품 A에는 원재료 a가 3개씩 들어간다. 3월 제품 A의 생산계획은 20,000개, 기초재고는 3,000개이며 기말재고는 5,000개를 확보할 계획이다. 금월 a는 62,000개를 구매하여야 한다. ( )

풀이

월 매입수량 = 월말 재고수량 + 당월 생산소요량 - 월초 재고수량 =
= 5,000 + 20,000x3 - 3,000 = 62,000

04. 발생되는 원가는 원가항목과 처리되는 비용 손실로 처리되는 비원가항목으로 나뉜다. 원재료비나 기계공의 임금, 공장관리비, 기계장치 감가상각비는 원가항목이며 판매원 수수료도 원가항목에 해당된다. ( )

05. 원가계산은 그 목적에 따라 제품원가 파악 목적 → 원가 관리 목적 → 원가분석 및 경영계획 활용 목적 등으로 발전해 왔으며, 1930년대 완성된 표준원가계산은 경영계획의 활용 목적으로 Frederick Winslow Taylor의 과학적 관리 개념(Scientific Management: Taylorism, Taylor System)을 도입하여 창안된 방법이다. ( )

답 1.O, 2.O, 3.O, 4.X, 5.O

선택형 지식점검하기

01. 원가회계에 대한 특징 중 잘못 설명한 것은?

① 기업은 회사의 특성에 따라 원가계산시스템이 다르게 설계된다.
② 원가계산과정은 원가의 발생, 원가의 분류, 원가배분 및 원가추정 등이 필요하다.
③ 재무회계와는 다르므로 상호 간 정보 제공은 없으며 있어도 제한적이다.
④ 경영환경 변화에 대응하여 의사결정을 위한 다양한 정보를 제공한다.

02. 원재료 구매에 관한 성과평가에서 제품 생산에 투입된 근로자의 투입인수(공수)가 계획보다 낮아 계획과의 차이가 발생하였다. 이 차이를 무엇이라 하는가?

① 능률차이 - 유리한 차이　　② 능률차이 - 불리한 차이
③ 임률차이 - 유리한 차이　　④ 임률차이 - 불리한 차이

03. 제품의 생산과정에는 원가가 발생하고 이들은 계정에 기록된다. 다음 중 생산과정과 계정 간의 관계가 잘못 연결된 것은 어느 것인가?

① 생산시작 전 단계 - 재료원가　　② 생산 시작 후 - 재공품
③ 생산진행과정 - 재공품　　④ 생산완료단계 - 제품

04. 원가회계시스템의 분류기준이 잘못된 것은?

① 제품생산과정에 따른 구분: 개별원가계산, 종합원가계산
② 발생된 원가의 측정 방법에 따른 구분: 실제원가계산, 정상원가계산, 표준원가계산
③ 제품원가에 포함되는 원가요소에 따른 구분: 전부원가계산, 변동원가계산
④ 생산되는 제품에 따른 구분: 정상원가계산, 결합원가계산.

05. 독일 경제학자 Schmalenbach의 원가구분 방법이 아닌 것은?

① 비용은 중성비용과 목적비용으로 구분한다.
② 원가는 기초원가와 부가원가로 구분한다.
③ 목적비용은 원가로 인정하지 않는다.
④ 목적비용에는 제조간접비, 매출원가 및 판매관리비가 포함된다.

<참고> 정상원가 계산은 원가 측정 방법의 분류, 결합원가 계산은 원가 배부 방식의 분류

슈말렌바흐의 원가와 비용

- **기초원가**: 원가이며 비용
- **목적비용**: 비용이며 원가
- **부가원가**: 원가이며 비용 아님
- **중성비용**: 비용이나 원가 아님

답 1.③, 2.①, 3.①(원재료 계정), 4.④, 5.③

CHAPTER 02

원가의 흐름

문 원재료(원료+재료)의 투입과 인력의 투입을 원가 발생이라고 한다. 원재료가 생산공정을 흘러가면서 기계나 사람의 손을 거치며 원가를 흡수하고 형태를 바꾸면서 가치를 상승시킨다. 가치상승이 한계에 달했을 때 제품은 완성된다.

원가발생을 중심으로 분개하면 다음과 같다.

① (차) 원재료	1,000,000	(대)	현금 1,000,000
② (차) (　)	1,800,000	(대)	원재료 1,000,000
			노무비 800,000
③ (차) (　)	1,800,000	(대)	재공품 1,800,000
④ (차) (　)		(대)	제품 1,800,000
⑤ (차) 외상매출금	2,500,000	(대)	매출 2,500,000

답 ② 재공품 ③ 제품 ④ 매출원가
이 제품의 판매로 매출이익 700,000원이 발생하였다.

원가의 3요소

제품을 구성하는 원가의 요소에는 재료비, 노무비, 제조경비가 있다.

1) 재료비

제품의 제조원가를 구성하는 가장 핵심적인 요소는 재료와 부품이며, 이는 제품의 구조와 형태를 결정짓는 기반이 된다. 이러한 재료와 부품은 통상적으로 '원재료'로 일괄 지칭되며, '원료'와 '재료'를 구분할 경우, 원료는 주로 화학적 변화를 수반하는 물질을, 재료는 물리적 형태로 투입되는 물품을 의미한다. 회계상 비목으로는 이를 '재료비(material cost)'로 분류하며, 이는 제품 제조 과정에서 투입된 원재료의 원가를 의미한다. 원재료는 실제로 제품 생산에 투입되는 시점에 '재공품' 계정으로 이체되어, 제조원가의 일부로 반영된다.

재료비 = 재료소비량 x 단가

재료비에는 직접재료비인 주재료비와 주요 부분품비가, 간접재료비에는 부재료비, 보조재료비, 소모품비 등이 포함된다. 소모품비처럼 중요성이 낮은 품목은 제조경비로 분류하기도 한다.

2) 노무비

노무비(labor cost)는 제품의 제조활동과 관련하여 투입된 임금을 말한다. 이것은 제조작업자의 급여나 임금, 잡급(雜給), 퇴직급여, 상여금 및 제수당 등 직원이나 일용직, 아르바이트 등의 제반 인건비를 포함한다.

노무비 = 노동투입량 x 임률

3) 제조경비

제조경비는 재료비와 노무비를 제외한 제조활동과 관련하여 투입되는 모든 비용을 말한다. 전기, 가스, 수도, 운임, 제수수료, 접대비, 수선비, 보험료, 교육훈련비, 도서인쇄비, 외주가공비, 세금과공과금, 감가상각비 등 제반 비용들이다. 재료비, 노무비, 제조경비를 원가의 3요소라 한다.

2 원가계산의 대상과 기간

1) 원가계산대상

원가 대상 또는 원가 계산 대상(cost objective)이란, 원가를 계산하거나 집계해야 하는 대상을 의미하며, 이에는 원가 대상의 단위 개념도 포함된다. 제조 기업의 주요 원가 대상은 '제품'이며, 용역 회사의 경우에는 식별 가능한 '용역'이 원가 대상이 된다.

제품 단가는 일반적으로 특정 기간의 총 원가를 해당 기간의 제품 생산량으로 나누어 계산한다.

전통적으로 원가 대상은 '제품'에 국한되는 경우가 많았으나, 최근에는 원가 정보 활용이 확대되면서 그 대상 범위도 넓어지고 있다. 예를 들어, 사람이나 기계의 행동(act), 기계 작업 시간, Man-Hour, 개별 공장, 각 부문, 지역, 국가, 특정 고객, 경영자의 지시, 주문 발주(order placement), 프로젝트, A/S 활동, 특정 서비스 등도 원가 대상으로 고려될 수 있다.

즉, 원가 정보가 필요한 모든 것이 원가 대상이 될 수 있다고 볼 수 있다.

'좋은 질문이 명답을 유도한다'는 말처럼, 훌륭한 경영 의사결정을 위해서는 꼭 필요하고 적절한 원가 대상을 명확히 정의하는 것이 중요하다. 단, 정보를 산출하는 데 드는 비용 역시 고려되어야 하며, 필요하더라도 과도한 비용이 발생하는 경우에는 상황에 따라 지양할 필요가 있다.

2) 원가계산 기간

원가계산 기간(costing period)은 원가계산이 이루어지는 일정한 기간을 말한다. 임의 선택이 가능하나 외부보고용으로는 보통 1년 (회계기간으로 대부분 매년 1월 1일 ~ 12월 31일)을 말한다. 관리회계목적으로는 1개월 또는 3개월이나 6개월도 가능하며 1주일 단위 등 특정 기간을 지정하여도 무방하다.

3 상품매매기업의 원가 흐름

상품매매기업은 자체적 생산시설이 없이 타인이 제조한 상품을 매입하여 판매함으로써 부가가치를 창출하는 기업이다. 이는 자신의 위치와 대인 관계적 이점을 활용하는 것이다. 상품이란 외부로부터 구입해 온 물품이다. 제조업에서 자신이 생산하는 제품을 외부에서 구입하여 판매하는 경우도 구입한 물품에 대하여는 상품계정으로 분류한다.

상품은 기업에 흘러들어왔다(꼭 회사 울타리 안을 의미하는 것이 아님) 외부로 흘러나가면서 기업에 매매차익을 남긴다. 매매차익을 일으키는 힘은 당해 기업의 위치적, 인간 관계적 파워에 근거한다.

상품을 구매할 때는 상품을 재고자산 중 상품계정에 계상하였다가 매출이 발생할 때 매출원가로 계상한다. 매입 시의 부대비용은 상품의 취득원가에 가산한다.

그림 2-1 • 상품의 흐름

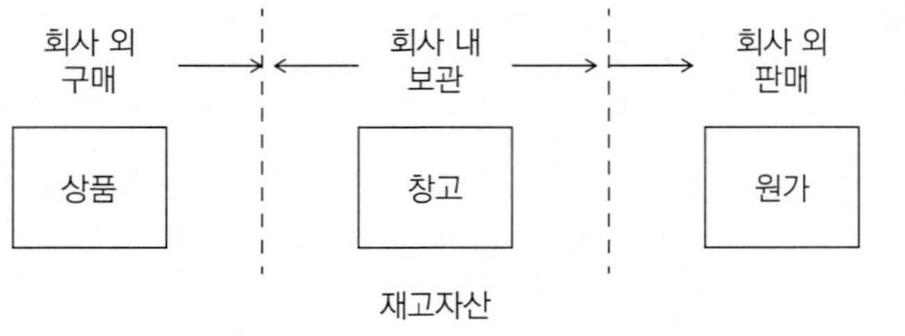

상품을 구매하여 즉시 판매하는 형태의 매매도 회사 내 입고되었다 출고된 것으로 하여 재고자산에 기록한다.

상품매매를 분개하고 계정에 기입하는 방법은 다음과 같다.

분개

상품구매시(구매)	(차) 상품	×××	(대) 현금(외상매입금)	×××
상품판매시(판매)	(차) 현금(매출채권)	×××	(대) 매출	×××
상품판매시(원가)	(차) 매출원가	×××	(대) 상품	×××

기말결산시 기초·기말 재고에 대한 분개처리(실지재고실사법 적용 시)

(차) 기말상품재고액	×××	(대) 매출원가	×××
매출원가	×××	기초상품재고액	×××

상기 분개한 내용을 기초와 기말상품재고액을 감안한 결산을 하면 재무제표에는 다음과 같이 표시된다. 재무상태표의 상품 계정과 손익계산서의 매출원가 계정을 확정시킨다.

[회계처리 결과]

부분 재무상태표

재고자산	
상품 ×××	

※ 상품 → 기말상품재고액

부분 손익계산서

매출원가 ×××	매출 ×××
매출총이익 ×××	

※ 매출원가의 기록 → 비용

※ 매출의 기록 → 매출(수익)

※ 매출총이익 = 매출 - 매출원가

기초상품은 판매한 것으로 매출원가 계정으로, 기말상품은 구매 상품 중 매출이 안 된 것으로 매출원가를 차감하는 분개를 하여 기말상품은 재무상태표에 남고 손익계산서에는 손익 계정을 거쳐 매출 및 매출원가가 표시되게 된다. 매출총이익은 매출과 매출원가의 차이이다.

4 제조기업의 활동과 재고자산

제조기업이란 회사 내에 제조기능이 있어 사내에서 제품을 생산하는 기업을 말한다. 회사 내에 제조시설이 없어도 원재료를 구매하여 제조시설이 있는 기업에 외주를 주어 제품을 생산하는 기업도 제조기업으로 본다. 제조를 대행하는 기업에 지급하는 비용은 외주가공비 또는 외주제작비로 처리한다.

회사 내에 들어와 작업을 하는 자기회사 직원이 아닌 자들에게 지급하는 비용은 그들이 사업자 등록을 가지고 작업하며 세금계산서를 발행하는 독립적 형태를 가지고 있으면 이는 외주가공으로 외주가공비 또는 외주제작비로 처리한다. 이를 사내외주 또는 이를 처리하는 주체를 사내협력회사라 부르기도 한다.

1) 제조기업의 활동과 원가

제조기업은 가공될 원재료나 부품을 구입하여 가공비를 투입하여 이를 가공함으로써 가치를 증대시켜 제품으로 판매하는 기업이다. 원재료에 가공비를 가산하면 즉시 재공품이 되고 당해공장에서 가치상승의 한계에 도달하면 제품이 된다. 구매대상은 원재료뿐만 아니라 노동력이나 설비, 전기, 수도, 교육비, 도서비, 교통비 등도 포함된다. 이들은 재료비, 노무비, 제조경비로 분류되어 원가계산서에 기록된다. 제품의 제조가 완료되면 재고자산의 제품계정에 옮겨졌다가 판매가 이루어지면 매출 및 채권계정으로 이전된다. 이 과정에서 판매관리가 필요하며, 이러한 제반 관리 활동들은 관리비로 비용화된다. 이들은 회계시스템 내에서 관리되며 제조기업의 회계시스템은 원가요소인 직접재료원가, 직접노무원가 및 제조간접원가를 특정 제품에 배부시키는 과정을 거치게 된다. 이들은 제조원가를 구성하여 재공품과 제품을 거쳐 매출원가로 계상된다. 상품의 회계처리와는 재공품이 있다는 면에서 차이가 있다. 상품은 단순히 구매하여 판매하는 것이나 제조의 경우는 원재료를 구매하여 재공품이하는 계정을 거쳐 제품으로 판매되나 그 과정은 상품의 처리와는 많이 다르다.

2) 제조기업의 재고자산

우리가 쓰는 모든 물품은 제조기업으로부터 나온다. 제품의 종류가 무한하듯, 제조기업이 사용하는 원재료 또한 무한하여 모래(sand), 인간이나 동물의 똥도, 금이나 다이아몬드, 철이나 희토류 등도 특정 제품의 원재료로 쓰이고 있다.

회계에서는 이 많은 제품들과 원료·재료들을 각각 구분하지 않고, 원재료, 재공품, 제품의 세 가지로 구분한다. 재공품 중 외부 판매가 가능하다거나 공정의 구분이 확실하고 여러 제품으로 제작할 수 있는 중간품을 반제품이라는 이름으로 불리고 있으나 회계시스템에서는 별도로 구분하지 않는 한 재공품으로 분류하고 있다. 경우에 따라서는 반제품을 구분하기도 한다.

(1) 원재료 계정

원재료는 제품(어떤 제품이라도)을 생산하는 데 쓰이는, 사내에서 가공되지 아니한 모든 물품(다이몬드, 금 및 공기나 개똥 등 포함)은 생산을 위해 보유하면 이는 원재료이다. 회사 내에서 이 원재료에 어떤 비용이라도 투입되면 이는 즉시 재공품으로 바뀐다.

구매하여 생산부나 창고로 입고시키는 인건비는 제조원가를 구성한다. 입고 검수비, 공정검사비도 마찬가지이다. 원재료는 창고에서 제조 담당자가 사용할 수 있는 장소까지 이송하는 운반비를 포함하기 때문이다. 다만, 이들 비용이 크지 않고 구매부에서 일괄 처리한다면 구매관리비를 간접원가로 보는 기업에서는 이를 구매부의 간접원가 범주에 넣는 것은 이의가 없다. 구매·창고 관리자가 이 업무를 한다.

회계처리에서는 원재료가 제품에 직접 추적 가능한지 여부에 따라 직접재료비와 간접재료비로 나눌 수 있다. 직접재료비는 원재료가 목적제품에 직접 귀속되는 것으로 원재료 출고 시 제품의 작업지시(job order) 번호에 의해 구분되어 재고시스템의 당해 원재료 원가가 특정된 제품으로 직접 배부된다. 간접재료비는 제품 직접성이 없는 것으로 제조간접비로 집계되어 합리적 배부절차를 거쳐 제품에 배부된다. 재료비는 제조원가의 가장 중요한 요소이다.

(2) 재공품 계정

원재료는 가공비를 만나면서 가치의 변화와 함께 재공품으로 변하고 재공품 계정으로 이체된다. 생산부에서 자재출고요청서를 가지고 원재료를 불출하면 이 원재료는 자재부 직원의 손에서 생산부 직원의 손으로 옮겨가면서 즉시 재공품 계정으로 이체된다.

불출전표가 회계시스템에 들어가면 같은 날짜로 다음의 분개가 이루어진다.

분개

차) 재공품	×××	대) 재료비	×××
		노무비	×××
		제조간접비	×××

원재료는 원재료 명칭, 재고자산 코드번호, 구매번호, 작업지시번호 등을 통해 필요한 관리통제를 수행한다. 재공품은 주로 공정에서 작업이 이루어지며 제품으로 변화해가는데, 재공품 계정에 이체되면서 앞에 언급한 작업지시번호, 구매주문번호 및 공정번호 등을 가지고 움직인다. 여기에는 재공품이 지향하는 목표 제품과, 발주처가 어디인지, 언제까지 완료 및 납품해야 하는지 등의 정보가 포함된다. 이들은 수주번호에 포함되어 있다. 물론 이들 정보는 사용자가 제한되어 있을 것이다.

재공품 계정은 제조기업의 가장 중요한 계정이다. 원가정보는 관리회계의 중심을 이루는데 재공품은 제조현황을 표시하는 계정으로 원재료나 기술자의 질과 수준에 따라 제품의 품질이 달라지니 품질관리의 핵심이며, 기술의 진보나 혁신이 적용되고, 공장의 규모나 차별적 생산공법, 생산성 높은 고가의 자동화기기가 둥지를 틀고 있으며 제조기업 사장들의 자부심의 근거를 제공하는 장소이다. 재공품 계정은 공장 전체의 움직임을 관장한다.

(3) 제품계정

제품은 원재료가 재공품 과정을 거치면서 가치를 증대시켜오다가 그 한계에 도달했을 때 이체되는 계정이다. 제품은 회사의 재고자산 소유권의 마지막 단계로, 곧 소유권이 타인에게 이전되고(이전되어야만 한다) 매출채권이라는 다른 형태의 자산이 재무상태표에 제품을 대신하여 자리를 잡게 된다.

제품의 관리는 영업부에서 하는 것이 좋다. 주문품의 경우는 발주처의 주문사양과 제품의 기능이나 성능 또는 시험데이터들을 근거로 발주자에 대응할 수 있으며 납기를 맞추어 제품 도착지별 배송 계획을 수립할 수 있다.

일반 판매품의 경우도 평균 판매율 대비 시장 상황에 따라 생산요청 정보를 생산부에 줄 수 있으며, 과다재고에 대한 특별대책을 수립할 수 있다. 특히 시장 상황에 대한 정보를 제품과 대비하고 경쟁기업들의 정보와 신기술의 등장, 기술의 개발 방향 등에 관한 정보수집 기능이 제품과 아울러 더 승화된다고 보아야 할 것이다.

3) 제조원가의 흐름

(1) 원가의 흐름

제품의 제조원가, 즉 생산비는 실제 재고의 흐름을 따라 움직인다. 원재료를 구매했을 때의 구매비는 그것이 현금을 지급했던, 외상으로 구매했던 앞으로 수익을 창출할 잠재력(용역 잠재력:service potential)으로, 실물은 원재료 창고에 보관하며 금액은 원재료 계정에 기입되어 재공품으로의 이체 명령을 주야로 대기하고 있다. 출고 명령이 떨어지면 실물은 창고에서 생산 현장으로, 원가는 원재료 계정에서 재공품 계정으로 즉시 이동 및 이체된다.

원재료와 노무비 및 제반 경비를 소비(제품 생산에 기여한 자산의 사용을 소비라 한다)한 재공품이 사명을 다한 후 제품계정으로 옮아간다.

그림 2-2 • 원가 흐름과 재무제표 표시

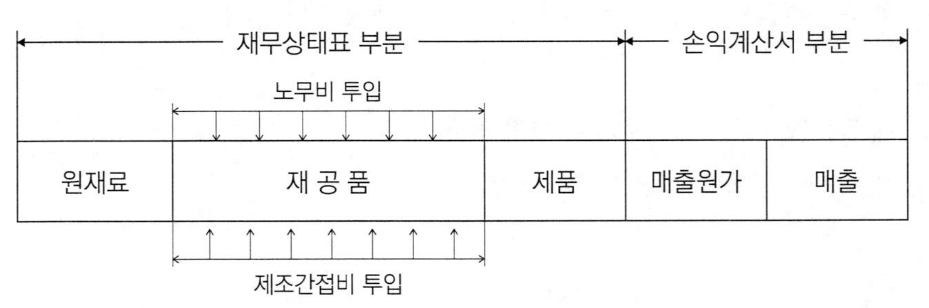

위 그림은 이러한 원가의 흐름을 표시하고 있다.

(2) 원가흐름의 회계처리

(가) 원재료의 구매

① 생산에 쓰여질 원재료의 구매, 자재창고에 입고됨

분개

(차) 원재료 ××× (대) 현금 ×××

(나) 발생 및 생산공정투입

② 노무비와 제조간접비의 투입

분개

(차) 노무비	×××	(대) 현금	×××
(차) 제조경비	×××		
(차) 재공품	×××	(대) 원재료	×××
(차) 재공품	×××	(대) 노무비	×××
(차) 재공품	×××	(대) 제조간접비 (또는 제조경비)	×××

[처리절차]

1. 자재청구서에 의거 자재과에 물품 청구
   자재청구서에는 생산·작업지시서 번호(production job order No.)기록
   작업대상 제품, 작업공정 및 불출일과 작업기간 등이 기록됨.
2. 자재불출 즉시 이 분개로 원재료는 재공품 계정으로 대체되고 가공비가 투입되면서 가치상승을 시작함.
3. 재공품 중 반제품으로 구분하는 경우도 있으나 반제품도 재공품임.

(다) 제조공정이 종료되면 제품계정에 이체

③ 원재료 및 노무비와 제조간접비의 투입

분개

(차) 제품 ××× (대) 재공품 ×××

[처리절차]

1. 당해 공장에서 가치상승이 완료된 재공품(생산완료)을 이체함
2. 제품이 판매되면 제품의 원가(제품계정에 집계된 금액)는 매출원가를 구성함

(라) 판매되면 매출원가계정에 이체

④ 판매 및 매출채권 기록

분개

(차)	매출원가	×××	(대)	제품	×××
(차)	현금	×××	(대)	매출	×××

(현금 또는 외상매출금이나 받을 어음)

[처리절차]

1. 회사보유 재고자산의 소유권 이전을 의미
2. 당해 제품이 판매된 경우 매출과 그에 대한 대가는 거래 형태에 따라 현금 또는 외상매출금이나 받을 어음에 기록
3. 제품을 매출원가와 대체 분개.

(마) 결산처리

⑤ 결산수정분개

분개

(차)	매출원가	×××	(대)	기초제품재고액	×××
	기말제품재고액	×××		매출원가	×××
	매출원가	×××		제품	×××

4) 원가흐름 분개에 따른 T계정 기록 흐름

(1) 원가와 회계의 계정 흐름

원가는 재료비, 노무비, 제조경비로 이루어지며, 재공품과 제품매출원가 계정을 거쳐

손익계산서로 표시된다. 생산되지 않은, 또는 판매되지 않은 재고자산은 재무상태표에 다음의 수익창출을 기약하며 자산으로 남는다. 이 흐름을 다시 한번 T계정 흐름으로 보이면 다음과 같다.

그림 2-3 • 원가회계시스템의 계정흐름

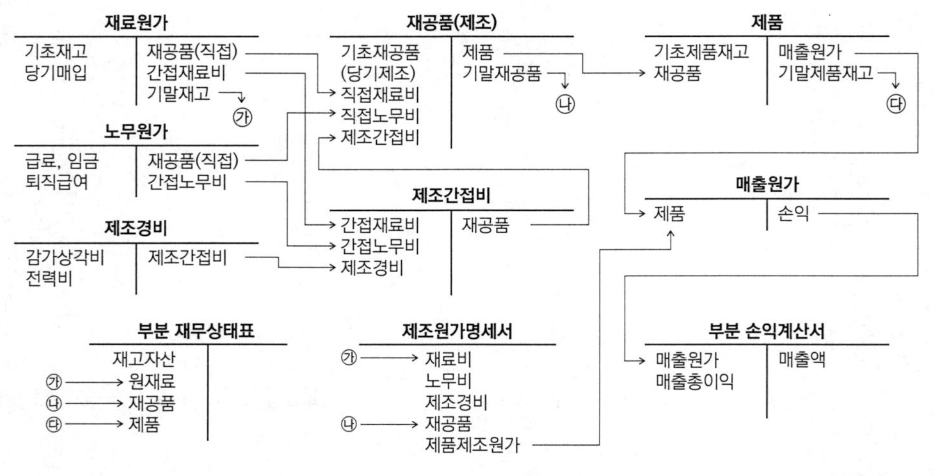

(2) 계정별 기록

(가) 재료비 계정

재료비에는 재료, 원료, 부품 등을 기록한다. 소모품, 공구, 기구, 공장비품 등은 제조경비 또는 제조간접비로 기록한다.

재료비의 계산식은 다음과 같다.

재료비 = 기초원재료재고액 + 당기원재료매입액 - 기말원재료 재고액

(나) 노무비 계정

노무비에는 급료 및 임금, 상여금, 잡급, 퇴직급여 등 어떤 명목으로든 근로자에게 지급되는 자산의 소비로 정의한다.

노무비 = 당기말 미지급액 + 전기지급액 - 전기말 미지급액

(다) 제조경비 계정

제조경비에는 감가상각비, 전력비, 수도료, 운임, 지급수수료, 외주비, 보험료, 수선비, 공장접대비, 의료비 등 공장에서 발생하는 모든 비용이다.

제조경비 = 당기말 미지급액 + 당기 모든지급액 - 전기말 미지급액

• 제조경비를 제조간접비를 통해 배부할 경우 제조간접비 계정에 이체함 [그림 2-3] 참조

(라) 제조간접비 계정

제조간접비는 발생원가에서 간접성격의 비용을 집계한 원가계산을 위한 임시계정이다. 제품과 직접 매치되지 않는 제조경비나 간접재료비와 간접노무비 등을 집합시켜 적절한 배부기준을 발굴하여 제품들에 배부한다.

제조경비를 배부하여도 될 것이나 변동원가계산이나 정상원가계산 등 제조경비와 간접재료비 및 간접노무비의 처리를 동시에 하기 위함이다. 제조경비를 처리할 경우에는 재료비, 노무비, 제조경비로 원가계산을 하고, 직접재료비와 직접노무비로 구분하는 경우에는 제조간접비로 관련 금액들을 집합시켜 배부한다.

제조간접비 = 제조경비 + 간접재료비 + 직접노무비

• 제조경비 중 제품에 직접 배부될 수 있는 비용은 직접 배부한다.

외주가공비나 외주제작비, 지급수수료, 직접 계량될 수 있는 전기, 수도, 가스비 등은 제품에 직접 매치되는 부분이 있으므로 직접비 구분 검토대상이다.

(마) 재공품계정

제조과정중에 있는 제품의 미완성 상태를 관리하기 위한 계정으로 움직이는 계정이다. 발생되는 모든 제조비용은 재공품 계정으로 대체하고 재공품에서 제품으로 대체한다. 원가계산방법에 따라 변동원가로 원가를 계산하는 방식을 채택하는 경우 등에는 재공품계정은 달라진다. 해당 부분에서 그 차이를 구분하여야 한다. 한마디로 절대계정이다.

- 당기제품제조원가 = 기초재공품재고액 + 당기총제조비용 - 기말재공품재고액
  - 당기총제조비용 = 직접재료비 + 직접노무비 + 제조간접비
    = 재료비 + 노무비 + 제조경비
  - 기말재공품재고액 = 기말재공품중원재료수량 × 단가
    + 기말재공품중가공비환산량 × 단가
    = 해당 직접재료비 + 직접노무비 + 제조간접비 배부액
  - 직접재료비 = ∑직접재료수량 × 단가
  - 직접노무비 = ∑직접노무수량 × 단가
  - 개별원가계산의 경우 단가는 직접투입된 재료원가 또는 제품 단위당 포함된 노무단가로, 평가가 필요한 경우는 선입선출법, 평균법, 후입선출법, 매출이익환원법, 매가환원법 등 적용.

주) 직접재료비: 특정제품에 직접적으로 소비된 원재료의 원가
직접노무비: 특정제품에 직접적으로 투입된 생산직 근로자의 노무비

(바) 제품계정

공장에서 제조과정을 모두 마친 완성품으로 가치 증대과정이 종료된 재공품이며, 판매된 제품은 제품의 제조원가가 매출원가로 대체된다.

- 매출원가 = 기초제품재고액 + 당기제품제조원가 - 기말제품재고액
  - 기말제품재고액 = ∑제품수량 × 단가
  - 단가는 계속기록법과 실지재고조사법에 의거하여 파악한 수량과 선입선출법, 평균법 등으로 평가한 단가를 적용한다.

(사) 매출계정

제품의 소유권이 타인에게 이전하는 대가로 수취하는 금원이다. 매출은 상징적인 숫자이고 실제적인 것은 현금 등의 자산으로 기재된다. 현금이나 수취채권(외상매출금, 받을어음)을 받으므로 실상에 맞게 기록한다. 매출에누리와 환입액은 차감한다. 매출할인은 선결제에 대한 할인 약정에 의거하여 발생한다. 금융비용으로 영업외비용으로 처리할 수 있으며 금액이 작을 경우 매출액에서 차감할 수도 있다.

(아) 매출원가계정

매출된 제품의 원가로 매출과 대응되며, 매출과의 차액을 매출총이익이라 한다. 제조기업에서는 비용계정 중 단일계정으로서는 가장 금액이 크고 중요한 계정이다.

(자) 판매비와관리비 계정

판매활동을 지원하기 위한 제반 비용으로 판매원의 급료와 상여금, 퇴직급여, 제반수당, 판매수수료, 여비와 교통비, 광고선전비, 접대비, 대손상각, 발송비 등이다. 광고선전비는 불특정 다수에게 지급하는 홍보물비를 포함하되 지급처가 특정되는 기부금과는 다르다.

관리비는 전반적인 회사의 관리비용으로 인사총무, 경리, 대표이사, 비서실 등 임원급여, 관리이사의 급여, 관리용 본사건물 등의 감가상각비, 일반적인 접대비, 교육비, 교통비 등을 들 수 있다.

판매비와관리비는 고정비와 변동비로 구분할 수 있고 공헌이익의 계산, 영업이익의 계산 시 차감 항목 등으로 쓰인다.

(차) 영업외손익 계정

기업의 목적사업과 관련한 수익과 비용계정들은 영업손익으로 하여 매출, 매출원가 및 판매비와 관리비를 구성한다. 그러나 영업(목적사업)과 직접 관련이 없는 수익과 비용들, 예를 들면, 수입이자와 지급이자, 고정자산처분손익, 외환거래관련 손익, 정상적 매출채권의 대손발생액, 재고자산실사차손익 및 평가차손익 등은 기업이 본래의 영업활동을 통해 발생시키는 손익이 아니다. 이런 항목들은 손익계산서의 영업이익 다음에 표시하여 영업외 항목들이 회사의 손익에 어떤 영향을 미쳤는지 공시하는 역할을 한다.

다만, 2017년도부터 상장법인 등에 적용할 IFRS18에서는 영업외손익에 추가손익 및 금융손익을 제외하고는 모두 영업손익에 포함시키도록 개정을 예고하고 있다.

(카) 집합손익계정

매출, 매출원가, 판매비와관리비, 영업외손익 등 손익계산서에 속하는 계정들을 일컫는다. 수익과 비용 계정들은 기말에는 집합손익계정으로 종합되어 손익계산서를 구성한다.

(타) 제조원가명세서와 재무제표

제조원가명세서는 제조기업에 있어서는 기본재무제표라 할 만큼 중요한 재무보고서이다. 제조업이 전 산업에서 차지하는 비율의 감소로 기본재무제표에 들지 못하였으나 그 중요성은 여전하다. 제조원가명세서와 기타재무제표의 관계는 아래 [그림 2-4]와 같다.

그림 2-4 • 제조원가명세서와 재무제표의 관계도

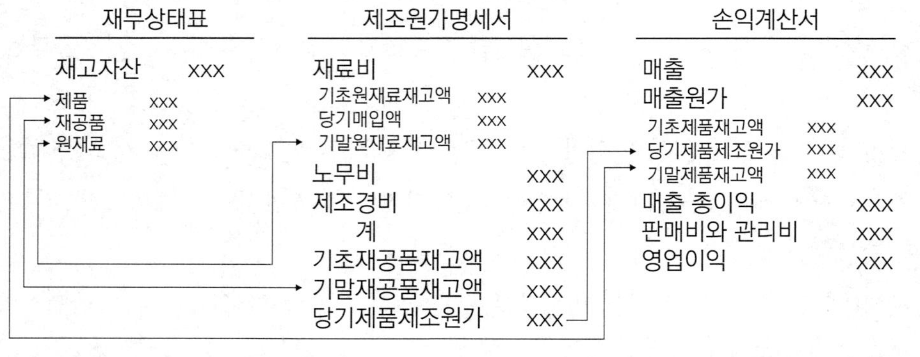

※ 기초원재료재고액, 기초재공품재고액 및 기초제품재고액은 재무상태표에 전기의 원재료, 재공품 및 제품으로 표시됨.

OX 졸음깨우기

01 원가계산의 절차는 1단계가 요소별 원가계산으로 재료비와 노무비 및 제조경비의 원가요소를 계산하고, 2단계로 부문별 원가계산으로 제조직접부분과 제조간접부분의 각 원가를 계산하여 부문 간의 서비스 제공량을 기준으로 배부하고, 제3단계로 이상 계산된 원가를 제품에 배부하는 3단계를 거친다. ( )

02 원가요소에는 재료비, 노무비, 경비로 구분하고, 재료비는 직접재료비와 매입부품비 등으로 구분하며 다음의 분류를 예시할 수 있다. ( )

원가 요소	재료비	직접재료비 - 주요재료비
		간접재료비 - 보조재료비, 공산소모품비, 소모공기구비품비, 부품비
	노무비	직접노무비 - 직접노무작업 보수
		간접노무비 - 간접작업자임금, 휴업자임금
	제조경비	직접경비 - 외주가공비, 특허권사용료, Mold비 등
		간접경비 - 임차료, 복리후생비, 보험료, 수선비, 전기 · 수도 · 가스비, 세금과공과, 감가상각비, 시설부담금

03 원가계산 시 부문을 분리할 때 제조부문과 보조부문으로 나눈다. 보조부문은 보조경영부문과 공장관리부문으로 분리한다. 공장관리부문은 사무보조 부문으로 재료 및 노무관련부서, 기획, 시험연구, 공장사무부문을 주로 의미하고, 보조 경영부문은 기술적 측면의 보조작업을 수행하는 부문으로 동력부, 수선부, 운반부, 공구, 검사부문 등을 일컫는다. ( )

04 종합원가계산에서 기본원가는 직접재료비와 직접노무비를 합하여 일컫고, 가공원가는 직접노무비와 제조경비를 합한 원가이다. 이를 합하여 다루는 것은 분리할 실익이 없기 때문이다. ( )

05 제조기업의 기말 결산 시 기말 재공품을 평가하기 위해서는 기말 재공품에 들어있는 원재료비와 가공비를 평가하는데, 원재료는 대부분 공정 초기에 일괄 투입되므로 재공중에 있

는 원재료의 수량을 구입 원재료의 단가를 곱한 금액(재료원가)과 재공품별 진척도를 산정하여 완성품에 대한 진척률에 따른 완제품환산량으로 수량을 계산하고 이를 완성 제품의 가공비를 공하여 산정한 가공비를 합하여 재공품 기말재고금액을 산정한다. 그 산식은 다음과 같다. ( )

기말재공품재고액 = 기말재공품중원재료수량 × 단가
+ 기말재공품중가공비환산량 × 단가

답 1.O, 2.X(매입부품비는 직접재료비임. 그 외는 타당), 3.O, 4.O, 5.O

객관식 지식점검하기

1~3 다음 원가흐름 도표를 보고 물음에 답하라.

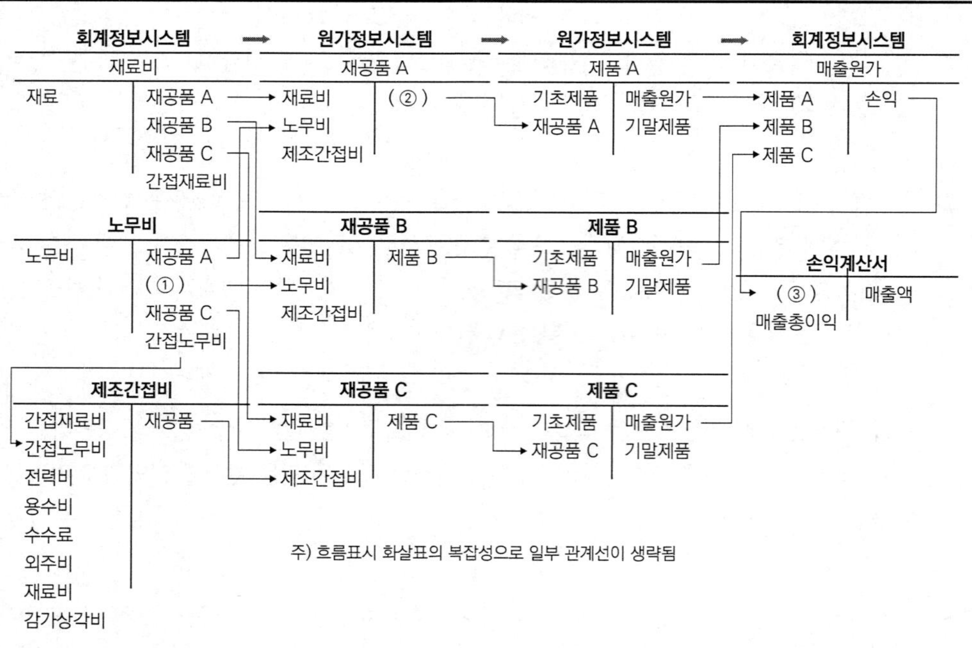

01 빈칸 ①에 맞는 계정은 어느 것인가?

① 재공품A　　② 재공품 B　　③ 제품 A　　④ 제품 B

02 빈칸 ② 와 ③에 합당한 계정으로 짝지어진 것은 어느 것인가 ? ( )

	②	③
①	제품A	매출원가
②	제품A	손익
③	재공품A	매출원가
④	재공품A	손익

03 위 그림에는 생략된 관계선이 있다. 이 중 재료비계정의 간접재료비는 어디로 연결되어야 하는가? ( )

① 재공품B 계정의 제조간접비　　② 제조간접비 계정의 수수료
③ 재공품C 계정의 제조간접비　　④ 제조간접비 계정의 간접재료비

04 다음 중 비원가항목은 어느 것인가? ( )

① 이상적인 재고감모손
② 정상적인 대손상각비
③ 감가상각이 종료된 기계를 사용한 원가
④ 기부받은 기계를 사용한 원가

05 ㈜강남은 20x4년 7월 폭우로 인하여 모든 재고자산이 수몰되어 수재를 입었다. 경리 책임자는 수재로 인한 손실을 추정하기 위하여 자료를 조사한 결과 다음의 자료를 찾았다. 이 자료를 귀하에게 맡기며 원재료, 재공품, 제품의 6월 말 재고의 산정을 의뢰하였다. ( )

재고자산 잔액	기초	6월 말	당기발생원가	
원재료	30,000	?	-기본원가	500,000
재공품	40,000	?	-가공원가	600,000
제품	50,000	?		

기타자료			
당기원재료구입액	400,000	매출액	1,000,000
공장 수도광열비	50,000	본사급여	100,000
수선유지비	30,000	감가상각	20,000
감가상각비	70,000	차량유지비	25,000
교육비	30,000		
외주비	60,000		

화재 직전 6월 30일 현재의 판매제품 포함 총 판매가능제품 판매가 총액은 600,000원 ~1,100,000원이며 매출 총 이익률은 30%이다.
6월 말 현재의 원재료, 재공품, 제품의 잔액은 얼마인가? ( )

	제품	재공품	원재료
①	50,000	40,000	80,000
②	70,000	60,000	430,000
③	90,000	80,000	240,000
④	90,000	80,000	220,000

풀이

가공원가 = 노무원가+경비
600,000 = 노무원가 + 240,000
노무원가 = 360,000
기본원가 = 직접재료원가 + 노무원가
500,000 = 직접재료원가 + 360,000
직접재료원가 = 140,000

제품원가 = 600,000 x 70%
= 420,000
제조 = 140,000 + 360,000 + 240,000
= 740,000

제품

기초	50,000	매출원가	700,000
제조	720,000	기말	70,000
	770,000		

재공품

기초	40,000	제품	720,000
제좌	740,000	기말	60,000
	780,000		780,000

원재료

기초	30,000	제조	140,000
매입	400,000	기말	290,000
	430,000		430,000

단, 본사급여, 감가상각비, 차량유지비는 판매관리비로 본다.

답 1. ② 2. ① 3. ④ 4. ① 5. ①

주관식 실력향상하기

01 다음 자료로 분개, 계정기입(집합손익계정포함) 등 결산을 완료하시오.

[자료] (단위:천원)

구분	비목	금액	세목	금액
재료	구입	500,000	직접재료비 간접재료비	400,000 100,000
노무	지급액	300,000	직접노무비 간접노무비	240,000 60,000
경비	수도광열비 수선유지비 감가상각비 교육비 외주비 (계)	50,000 30,000 70,000 30,000 60,000 (240,000)		

판매관리비	급료 감가상각비 차량유지비	100,000 20,000 35,000		
기초제품 기초재공품 기초재료 매출		20,000 10,000 5,000 1,500,000	기말제품 기말재공품 기말재료	30,000 15,000 10,000

풀이

1. 분개

차변		대변	
원재료	500,000	현금	500,000
급여임금	300,000	현금	300,000
수도광열비	50,000	현금	240,000
수선유지비	30,000		
감가상각비	70,000		
교육비	30,000		
외주비	60,000		
급료	100,000	현금	100,000
감가상각비	20,000	차량운반구감가상각충당금누계액	20,000
차량유지비	35,000	현금	35,000
매출원가	20,000	기초제품	20,000
기말제품	30,000	매출원가	30,000
제조	10,000	기초재공품	10,000
기말재공품	15,000	제조	15,000
제조	5,000	기초재료	5,000
기말재료	10,000	제조	10,000
외상매출금	1,500,000	매출	1,500,000

다음은 원가관련 분개이나 T계정 표시는 생략함

직접재료비	400,000	원재료	500,000
간접재료비	100,000		
직접노무비	240,000	급여임금	300,000
간접노무비	60,000		
제조간접비	340,000	간접재료비	100,000
		간접노무비	60,000
		수도광열비	50,000
		수선유지비	30,000
		감가상각비	70,000
		교육비	30,000
		경상시험연구비	60,000
재공품(제조)	1,040,000	직접재료비	400,000
		직접노무비	240,000
		제조간접비	400,000

02 장부기록(T계정)

원재료

기초재료	5,000	재료비	495,000
매입현금	500,000	기말재료	10,000
	505,000		505,000

재료비

원재료	495,000	직접재료비	400,000
		간접재료비	95,000
	495,000		495,000

급여와임금

현금	300,000	노무비	300,000
	300,000		300,000

노무비

급여임금	300,000	직접노무비	240,000
		간접노무비	60,000
	300,000		300,000

수도광열비

현금	50,000	제조경비	50,000
	50,000		50,000

수선유지비 30,000
감가상각비 70,000
교육비 30,000
경상시험연구비 60,000은 동일함

제조경비

수도광열비	50,000	제조간접비	240,000
수선유지비	30,000		
감가상각비	70,000		
교육비	30,000		
경상시험연구비	60,000		
	240,000		240,000

제조간접비

차변		대변	
재료비	95,000	재공품	395,000
노무비	60,000		
제조경비	240,000		
	395,000		395,000

재공품

차변		대변	
기초재공품	10,000	제품	1,030,000
재료비	400,000	기말재공품	15,000
노무비	240,000		
제조간접비	395,000		
	1,045,000		1,045,000

제품

차변		대변	
기초제품	20,000	매출원가	1,020,000
재공품	1,030,000	기말제품	30,000
	1,050,000		1,050,000

매출원가

차변		대변	
제품	1,020,000	집합손익	1,020,000
	1,020,000		1,020,000

외상매출금

차변		대변	
매출	1,500,000	이월	1,500,000
	1,500,000		1,500,000

매출

차변		대변	
집합손익	1,500,000	외상	1,500,000
	1,500,000		1,500,000

판매비와 관리비

차변		대변	
재화	155,000	집합손익	155,000
	155,000		155,000

집합손익

차변		대변	
매출원가	1,020,000	매출	1,500,000
판매비와관리비	155,000		
잉여금	325,000		
	1,500,000		1,500,000

03 제조원가명세서와 손익계산서

제조원가명세서

I. 재료비		495,000
1. 기초재료재고액	5,000	
2. 당기재료매입액	500,000	
3. 기말재료재고액	10,000	
II. 노무비		300,000
1. 급여와임금	300,000	
III. 제조경비		240,000
1. 수도광열비	50,000	
2. 수선유지비	30,000	
3. 감가상각비	70,000	
4. 교육비	30,000	
5. 외주비	60,000	
IV. 당기 총 제조비용		1,035,000
V. 기초재공품 재고액		10,000
VI. 합계		1,045,000
VII. 기말재공품 재고액		15,000
VIII. 타계정 대체액		-
XI. 당기제품 제조원가		1,030,000

손익계산서

I. 매출액		1,500,000
II. 매출원가		1,020,000
1. 기초제품재고액	20,000	
2. 당기제품제조원가	1,030,000	
3. 기말제품재고액	30,000	
III. 매출총이익		480,000
IV. 판매관리비		155,000
1. 급여	100,000	
2. 감가상각비	20,000	
3. 차량유지비	35,000	
V. 영업이익		325,000

CHAPTER

03 원가의 분류와 활용

원가는 재료비, 노무비 및 제조경비로 구분되며 이를 “원가요소”라 한다.

문 다음 자료로 당기 총 제조원가와 매출원가를 계산하라.

- 원재료 당기매입: 1,000,000 기초원재료: 100,000 기말원재료 200,000
- 인건비 당기지급액: 600,000 제조경비 당기발생액: 400,000
- 기초재공품재고액: 250,000 기말재공품재고액: 300,000
- 기초제품재고액: 350,000 기말제품재고액: 400,000

총 제조원가: (   ) 매출원가: (   )

풀이

재료비 = 1,000,000 + 100,000 - 200,000 = 900,000

총 제조원가 = 재료비 + 노무비 + 제조경비

= 900,000 + 600,000 + 400,000 = 1,900,000

당기제품 제조원가 = 기초재공품 + 총제조원가 - 기말재공품

= 350,000 + 1,900,000 - 400,000=1850,000

매출원가 = 총 제조원가 + 기초제품 - 기말제품

= 1,850,000 + 350,000 - 400,000 = 1,800,000

답 총 제조원가 = 1,900,000, 매출원가 = 1,800,000

1 목적별 원가의 분류

1) 재무보고 목적을 위한 원가분류

재무보고 목적을 위해서는 ① 원가 추적가능성에 따라 직접비와 간접비로 ② 원가의 형태에 따라서 변동비와 고정비로 ③ 제조 활동과의 관련성에 따라서는 제품원가와 기간원가로 구분한다.

(1) 직접비와 간접비

발생한 원가를 생산되는 제품에 직접 추적할 수 있는 비용을 직접비, 직접 추적이 안 되는 경우는 간접비라 한다. 예를 들어, 원재료 A가 제품 1에 직접 사용되고, 제품 1의 제조지시서에 원재료 A의 구매요청서가 명시되는 경우, 이는 직접비에 해당한다.

노무비도 작업지시서에 지정된 인력의 투입시 이들을 직접노무비로 인식한다. 직접재료비(direct material cost)와 직접노무비(direct labor cost)를 제외한 모든 제조원가는 제조간접비(manufacturing overhead cost)이며, 간접비는 적절한 배부기준에 따라 제품에 배부하여 원가를 계산한다.

(2) 변동비와 고정비

제품에 투입되는 원가에는 제품이 생산되는 진도(진척도 또는 조업도)에 따라 원가투입이 변동되는 원가를 변동비, 생산 진도에 무관하게 일정 금액이 발생하는 원가를 고정비라 한다.

고정비와 변동비는 개념적으로는 전기 손익계산서 분석으로 도출된다. 다만, 복잡해진 비용형태에 따라 회계자료의 확장 및 처리분석법이나 고저점법 등이 동원되기도 한다. 이들은 손익분기점 분석이나 CVP분석 및 매출목표 수립 등 경영계획을 수립하는 데 쓰인다. 고정성과 변동성이 혼합된 원가를 준변동원가나 준고정원가로 분류하기도 한다.

2) 관리통제목적을 위한 원가분류

생산의 관리와 통제를 위한 목적으로 쓰이는 원가는, 원가파악 시점에 따라 실제원가와 표준원가로, 통제가능성에 따라 통제가능원가와 통제불능원가로, 조업도에 따른 원가형태별로는 혼합원가와 단계원가, 또는 변동비와 고정비로 구분한다.

(1) 실제원가와 표준원가

실제원가는 제조활동의 결과 제품의 생산 결과에 따른 원가를 계산하는 것으로 외부보고용 재무제표를 작성하는 데 쓰인다.

표준원가는 미리 설정된 표준(수량, 가격, 일률 등)을 적용하여 원가를 계산하는 방법이다. 제조간접비는 조업도에 따른 표준 배부율을 설정하여 배부한다. 재료비와 노무비 및 제조간접비에 각각의 표준을 설정하고 이 표준에 따라 생산계획을 수립하고 결과와의 차이를 분석하여 향후 지침으로 삼는다. 표준을 설정하기 위해서는 시간연구, 동작연구 등의 과학적 기법을 활용한다.

(2) 통제가능원가와 통제불능원가

발생하는 원가의 경영자 통제 가능성을 기준으로 한 원가의 분류로, 경영자의 관점이 어디에 있는가에 따라 형태가 달라진다. 통제대상이 어떻게 표출되는가가 통제 가능성을 결정한다. 통제가능원가는 특정의 경영자 또는 관리자가 원가의 발생정도에 영향을 미칠 수 있는 원가이고, 통제불능원가는 원가가 특정 책임중심점을 벗어나 경영자의 통제범위 밖에 있는 원가이다. 예를 들면, 특정 생산공정 관리책임자는 해당 공정에서는 기술숙련 등 효율성관련 발생원가는 평가항목에 포함하지만 통제불능항목은 배제되어야 한다는 것이다.

(3) 원가행태(조업도)에 따른 비용의 분류

원가행태(cost behavior pattern)란 조업도의 변화에 따라 원가가 어떻게 변화되는지를 말한다.

(가) 변동비

변동비(variable cost)란 조업도의 변동에 따라 비용의 발생이 변동하는 원가로 조업도가 증가하면 증가하고 감소하면 원가도 감소하는 원가를 말한다.

총 변동비 = 조업도 x 단위당 원가

변동비의 계산은 조업도에 조업도 단위당 원가를 곱하여 산정한다. 직접재료비, 직접노무비, 포장비 등은 일반적으로 직접비이며 변동비에 해당한다.

(나) 고정비

고정비(fixed cost)란 조업도가 변해도 변동하지 않고 고정되어 있는 원가를 말한다. 고정 총 원가가 불변하므로 생산량이 증가(조업도의 증가)하면 단위당 고정비는 낮아진다. 고정비의 크기에 따라 생산량증가에 따른 이익 증대 효과는 크다. 고정비의 예를 들면 공장임차료, 기계장치 감가상각비(정액법 적용 시 고정비이며, 정율법 적용 시는 매년 감소하므로 엄밀히는 고정비 개념에 완전히 부합하지 않으나 고정비로 간주), 제세공과금, 보험료, 연봉제 근로자의 급여 등이 있다.

(다) 혼합원가(준변동원가)

혼합원가(mixed cost)는 고정원가와 변동원가가 혼합된 원가를 말한다. 따라서 조업도가 '0'일 때에는 원가는 일정 수준을 유지한다. 조업도가 증가하면 개시점부터 일정률로 원가가 증가한다. 기본요금이 있는 비용들이 여기 속하며, 기본요금과 사용량에 따른 변동요금이 결합된 형태의 전화요금, 전기료, 가스료, 수도료 등이 혼합원가에 속한다.

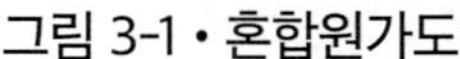
그림 3-1 • 혼합원가도

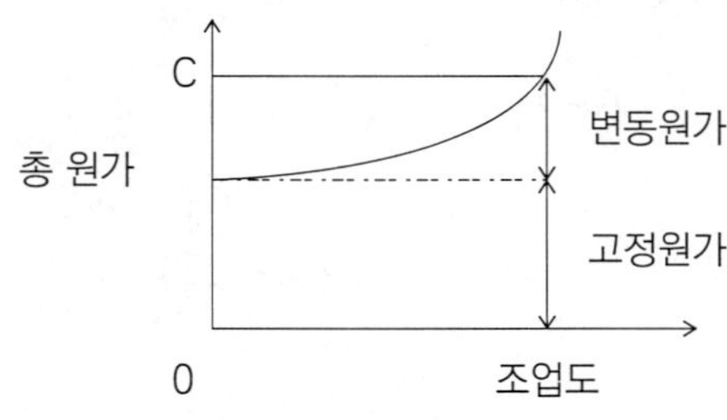

(라) 단계원가(준 고정원가)

생산공정에서 발생하는 원가에는 일정 한도까지는 고정금액을 유지하다 일정률이 넘으면 일괄 상승하고 또 상당 사용량 등이 증가할 때까지는 일정한 금액을 유지하다 또 일괄 상승하는 비용들이 있다. 예를 들면, 기계가동시간 증가로 발생하는 전력비의 계단식 증가나 수준별 성과급을 지급하는 근로자의 급여, 퇴직급여(월 단위로 계산) 등이 있다.

그림 3-2 • 단계원가도

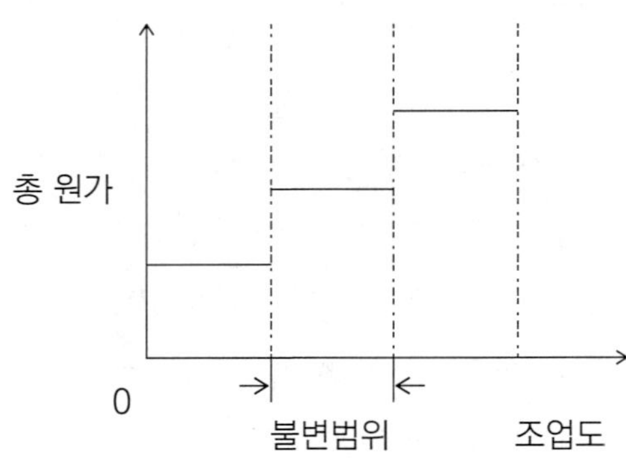

3) 전략수립 목적을 위한 원가분류

공정관리업무는 항상 예외사항관리(exception management)가 중심이다. 여러 대안 중 예외사항에 대처하기 위한 특별의사결정 목적으로 원가정보를 이용할 수 있다. 이러한 특수원가는 다음과 같다.

(1) 관련원가(relevant cost)

의사결정 목적에 소요되는 대체안들의 예상 미래원가이다. 무관련원가는 관련이 없는 원가이다. 관련 원가의 요건은 그것이 미래원가라는 것과 차액원가(어떤 기준에 근거하였으며 대안 간 차이가 발생한 원가)여야 한다. 이 요건을 충족하지 못하면 회피 불가능 원가이다.

(2) 기회원가(opportunity cost)

의사결정을 위한 여러 대체안 중 하나만 선택한다면 다른 대안들은 포기하여야 한다. 기회원가는 이때 포기된 대체안의 가치를 말한다. 그 가치는 여러 대안 중 가장 큰 대안의 가치로 측정한다. 포수가 먹이를 먹고 있는 꿩과 비둘기 중 꿩을 잡았다면 비둘기는 총소리에 놀라 도망가고 포수는 비둘기를 잡지 못했을 것이다. 이때 그 비둘기의 가치가 기회원가이다. 이는 잃어버린 기회의 가치인 것이다.

(3) 매몰원가(sunk cost)

원가가 이미 발생한 원가로서, 경영자의 어떤 의사결정도 이 원가에 영향을 미치지 못하는 원가를 말한다. 간척지를 매립했다거나 탄광 굴착작업을 하였다면 이때의 매립원가나 굴착원가를 매몰원가라 한다. 어떤 사업을 하든 매립원가나 굴착원가에는 영향을 미치지 못한다. 새 사업의 의사결정에 매립원가는 고려되지 않는다. 이때 이 매립원가나 굴착원가는 매몰원가이다.

(4) 차액원가(differential cost)

물건을 만들 때 마무리 작업에서 다른 방법이 있다고 하자. 이 둘은 만든 물건의 기능이 다르고 들어가는 자재도 다르다. 따라서 두 가지의 완성원가에는 차이가 있다. 이때 계산되는 두 가지 원가의 차이를 차액원가라 한다. 최초 안으로부터 다른 안의 원가가 증가되는 경우 이를 증분차액 또는 증분원가(incremental cost)라 하고 감소되는 경우를 감분차액 또는 감분원가(decremental cost)라 한다.

2 원가와 비용

1) 자산의 형태변화 과정

원가와 비용을 구분하기는 어렵다. 그러나 개념적 정리를 한다면, '원가'(cost)란 "경영 활동 과정에서 특정 목적을 달성하기 위하여 소비된 또는 희생된 경제적 자원을 화폐가치로 측정한 것"이라고 정리하거나, "특정 재화나 용역을 구매하면서 지출된 금액"이라고 정의하며, '비용'(expense)은 "원가 중에서 기업의 수익 회득에 사용된 부분"이라고 정의한다. 원가는 소멸원가와 미소멸원가로 구분된다. 소멸원가는 정상적으로 지출되어 수익 창출을 기대하는 부분이고 미소멸원가는 서비스 능력(용역잠재력)이 살아 있으므로 아직은 자산이다. 소멸원가 중 수익에 창출된 부분은 비용이고 수익 창출에 기여하지 못한 부분은 손실(loss)이라고 한다. 비용화된 판매된 제품의 제조원가는 매출원가로, 수익창출에 기여하지 못한 비정상적인 지출은 손실(예: 재해손실, 자산처분손실 등)로 영업외비용으로 구분된다. 이것은 자산의 형태변화로 [그림 3-3]으로 표시된다.

그림 3-3 • 자산의 형태변화 - 원가와 비용

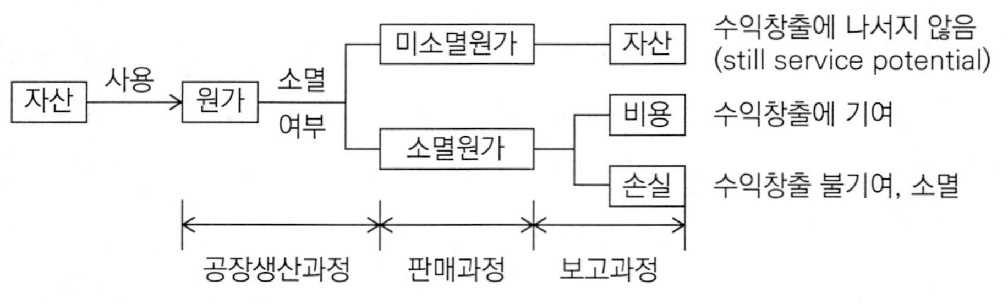

2) 슈말렌바흐의 원가비용 모델

독일의 경영학자 에리히 슈말렌바흐(Erich Schmalenbach)는 원가와 비용의 개념을 정의하였고, 그의 원가비용 모델은 회계와 경영에서 중요한 이론적 기초로 여겨진다.

원가(Kosten)란 생산활동에 투입된 자원의 경제적 가치이며, 생산을 위해 소비된 자원의 측정치로 정의된다. 비용(Aufwand)이란, 기업 전체 활동에서 발생한 총 소비이며, 특정 회계기간 동안 발생하여 수익 획득에 기여하였거나 단순히 소멸된 자원의 감소를 의미하며, 재무제표(손익계산서)에 반영되는 모든 지출로 정의할 수 있다.

그림 3-4 • E. Schmalenbach의 원가와 비용

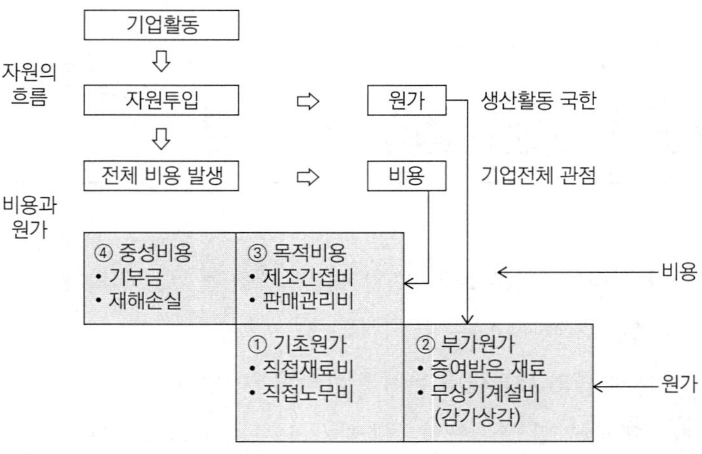

그는 원가는 기업 내의 특정 목적을 위해 투입된 자원이고 비용은 기업 전체로서 발생하는 총 지출이라는 개념을 가지고 있다. 기업이 자원활용의 효율성을 극대화하고 나아가 수익성을 극대화할 수 있는 경영전략의 나침반으로 작동한다.

그러나 전반적으로 슈말렌바흐의 원가 개념은 독일 원가회계의 특수성을 반영하므로 우리나라의 기준들과는 다소 차이가 있다. 그 내용은 다음과 같다.

- **기초원가:** 기초원가는 목적비용이다. 제품제조에 소비된 재료비와 노무비가 해당된다. 그러나 그의 '기초원가' 개념은 일반적인 회계에서 사용하는 '기초 원가(Basic Costs: 직접재료비+직접노무비)'와는 다소 다르게 '정상적인 조업도하에서 발생하는 원가'를 의미할 수 있다.
- **부가원가:** 제조에 소비된 원가이나 자산의 소비가 아니므로 손익계산서상 비용으로 표기는 되지 않는다. 부가원가는 법률상 또는 실제 지급은 없으나 회계적으로 원가 계산에 포함되는 항목(예: 자기자본의 이자, 관리자의 기업가적 보수 등)을 의미할 수 있다.

- **목적비용:** 간접 투입되는 목적성 비용이다. 목적비용은 특정 목표 달성을 위해 의도적으로 지출되는 비용을 의미한다. 일반적인 제조간접비와 유사한 개념으로 사용될 수 있다.
- **중성비용:** 원가에 포함되지 아니하는 자산의 감소를 말한다. 중성비용은 기업의 정상적인 생산활동과 직접 관련 없는 비정상적인 자산 감소를 의미한다(예: 재해손실, 주식 처분 손실 등).

3 원가계산 방법에 따른 분류

위에서 원가의 개념들을 살펴보았다. 원가를 집계하는 것을 원가계산이라 한다. 여기서는 원가계산의 종류를 알아본다.

원가계산은 원가계산의 목적이나 관점에 따라 몇 가지 형태로 구분할 수 있다. 원가계산의 시기, 원가포함 범위 및 생산형태, 원가대상 등에 따라 몇 가지로 나눌 수 있다. 주요 원가 분류기준은 다음과 같다.

1) 원가집계방법에 따른 분류

조선업의 경우는 배 한 척을 만들면서 원가를 집계하는 것이 편하다. 그러나 밥솥을 만드는 회사는 총 원가를 집계하여 생산량으로 나누어 제조단가를 구하는 것이 편할 것이다. 전자를 개별원가계산, 후자를 종합원가계산이라 한다.

원가 집계 방법은 원가 요소를 어떤 범위로 포함시키느냐, 어떻게 원가를 측정하느냐, 그리고 제품 생산 형태에 따라 분류할 수 있다. 원가 요소 범위에 따라 전부 원가 계산과 변동 원가 계산으로 나눌 수 있으며, 원가 측정 방법에 따라 실제 원가 계산, 정상 원가 계산, 표준 원가 계산으로 구분할 수 있으며, 제품 생산 형태에 따라 개별 원가 계산과 종합 원가 계산으로 분류할 수 있다. 원가를 원가 집계 방법은 다음과 같다.

[표 3-1] 원가계산 분류표

분류	원가계산 방식	내용
원가 요소 범위	전부 원가계산	모든 제조 원가(직접 재료비, 직접 노무비, 제조 간접비)를 제품 원가에 포함.
	변동 원가 계산	직접 재료비, 직접 노무비, 변동 제조 간접비만 제품 원가에 포함.
원가 측정 방법	실제 원가 계산	실제 발생한 원가액을 그대로 사용하여 원가를 계산.
	정상 원가 계산	예정된 원가액을 사용하여 원가를 계산하고 실제 원가와 비교하여 원가 편차를 분석.
	표준 원가 계산	미리 설정된 표준 원가액을 사용하여 원가를 계산하고 실제 원가와 비교하여 효율성을 평가.
제품 생산 형태	개별 원가 계산	주문 생산 또는 소량 생산과 같이 제품별로 원가를 집계하는 방식.
	종합 원가 계산	대량 생산과 같이 동일한 제품을 많이 생산하는 경우, 전체 원가를 집계한 후 단일 제품당 원가를 산출하는 방식.

(1) 개별원가계산(job order costing)

다품종을 개별로 주문생산하거나 소량생산하는 업종에 적합한 방법이다. 조선업, 고급가구제조, 고급인쇄기기, 항공기제조업, 자동차, 건설 등에 적용된다.

개별원가계산은 job order별로 원가를 집계하는 주문생산 형태의 기업에 적합하다. 직접재료비와 직접노무비는 job order에 직접 배부한다. 자재청구서에 제조지시서 또는 작업지시서 번호를 적어 넣으면 컴퓨터 생산관리프로그램은 불출된 원재료를 해당 작업지시서에 집계하여 직접원가로 집계한다. 직접노무비도 개인별 작업보고서에 업무지시서 번호 작업번호 또는 작업지시서 번호를 기재하면 작업자의 급여 파일에서 노무비를 끌어 작업지시서로 집계한다. 공정 작업이 종료되고 직접비 집계가 완료되면 각 작업별로 공통비인 제조간접비를 적절히 배부하여 원가계산을 마무리한다.

(2) 종합원가계산

개별원가계산과 달리, 동일한 제품을 연속적으로 대량 생산하여 개별 제품별 원가 추적이 어려운 경우에 적용되는 방법이다. 원가요소를 주로 직접재료비와 가공비로 구분하고, 각 공정별로 투입된 총원가를 계산한 후 이를 완성품 환산량 개념을 이용하여 완성품과 기말 재공품으로 배분하여 원가를 계산한다.

자동차나 화장품, 밥솥 등과 같이 동일한 제품을 대량 생산하는 경우, 전체 원가를 집계한 후 생산수량(완성품 환산량)으로 나누어 제품당 단가를 산출한다. 제품의 종류가 많을 경우는 발생 원가를 각 제품군으로 배부하고 제품군 내에서 각 제품으로 배부하여 계산한다.

2) 원가계산 범위에 따른 분류 - 전부원가계산과 변동원가계산

원가의 구분법에는 원가를 고정비와 변동비로 나누는 방법이 있다. 이 중 고정비와 변동비 모두를 포함하여 원가계산하는 방법을 전부원가계산(full costing) 또는 흡수원가계산(absorption costing)이라 하고 변동비만으로 원가를 계산하는 것을 변동원가계산(variable costing)이라 한다.

(1) 전부원가계산

생산과정에서 발생한 모든 원가를 포함하여 제품에 집적하는 원가계산 방법이다. 제조 시 발생하는 전 비용을 직접재료비, 직접노무비 및 제조간접비로 분류하고 이들 전부를 제품에 흡수시킨다. 당기에 발생한 모든 제조원가(고정제조간접비 포함)를 제품 원가에 포함시켜 기간손익 계산의 안정성을 제공하며, 기업회계기준(K-IFRS 등)에 따라 대외보고용 손익계산서 작성에 사용되는 원가계산 방법이다.

(2) 변동원가계산

변동원가계산은 기업의 제조비용을 고정비와 변동비로 분류하고 고정비는 불변하므로 변동비만으로 원가계산을 하는 방법이다. 이 방법의 적용은 변동비인 직접재료비, 직접노무비 및 변동제조간접비만 원가에 포함시킨다. 조업도(생산량 등으로 측정)에 따른 변동비를 계산하고 고정비는 여기에 단순 합계하면 되므로 생산량의 변동 등에 대응하기 쉽고, 조업도만 조정하면 되므로 미래 원가계획을 수립하기에 적당하다.

3) 원가계산 시점별 분류 - 실제원가계산과 표준원가계산

원가계산은 발생한 원가를 계산하는 것이므로 회계연도의 종료 후 또는 월의 종료 후 원가를 계산하는 것이 원칙이다. 그러나 원가는 여러 관리통제 목적으로 쓰이므로 사전에 원가를 산정하고 이를 경영계획이나 경영통제에 활용할 수 있다.

(1) 실제원가계산(actual costing)

회계기간이 종료되면서 당해 회계기간 동안의 생산활동을 마감하고 그 기간 동안 실제 발생된 원가를 집계하여 원가를 계산하는 방법이다. 따라서 실제와 차이 없는 원가계산을 할 수 있으므로 확정하며, 외부 이용자들에게 정보를 제공하는 데 적합한 원가계산이다. 그러나 원가계산이 늦어져 원가정보의 활용도가 떨어지고 이상 원가의 발생과 그 식별이 늦어짐에 따른 원가변동폭이 커질 수 있으며, 이런 경우 문제에 대한 대비가 늦을 수 있고 의사결정에 혼란을 가져올 수 있다.

(2) 정상원가계산(normal cost accounting)

원가계산이 늦어진다는 실제원가계산의 단점을 보완하기 위해 고안된 원가계산 방법으로, 실제 직접재료비와 실제 직접노무비는 직접 계산하고 간접비는 예정 제조간접비 배부율을 이용하여 산출하여 신속하게 원가를 계산하는 방법이다. 실제 제조간접비 대신 예정 배부액을 사용하므로 원가정보를 적시에 얻을 수 있고, 계절적 변동 등에 의한 원가 왜곡을 줄일 수 있다는 장점이 있다. 원가 확정은 간접비의 마감 후 하게 된다.

4) 원가계산 8조합

원가계산은 손익계산서를 통하여 매출원가 항목으로 대외에 보고하는 기능과 원가의 계획 및 관리 통제기능을 활용하여 예측적, 표준적, 모범적, 보완적 가이드를 제시하는 기능이 혼합되어 사용된다. 이러한 원가계산은 2 이상의 원가계산 방법을 채택하여 원가 또는 원가계산의 역할을 수행하게 하는데, 그 8가지 예는 다음과 같다.

제 1 조합: 개별원가계산 + 실제(정상)원가계산 + 전부원가계산

제 2 조합: 개별원가계산 + 실제(정상)원가계산 + 변동(직접)원가계산

제 3 조합: 개별원가계산 + 표준원가계산 + 전부원가계산

제 4 조합: 개별원가계산 + 표준원가계산 + 변동(직접)원가계산

제 5 조합: 종합원가계산 + 실제(정상)원가계산 + 전부원가계산

제 6 조합: 종합원가계산 + 실제(정상)원가계산 + 변동원가계산

제 7 조합: 종합원가계산 + 표준원가계산 + 전부원가계산

제 8 조합: 종합원가계산 + 표준원가계산 + 변동원가계산

첫 번째 기준인 개별원가계산과 종합원가계산은 제품 생산 형태에 따른 분류이며, 주로 대외 재무 보고용 원가계산에 사용된다.

두 번째 기준인 실제(정상)원가계산과 표준원가계산은 원가측정시점에 따른 분류이며, 특히 표준 원가계산은 미리 원가표준을 정해 놓고 조업도에 따라 표준과 실제원가의 차이를 분석하여 경영통제에 활용하는 관리적 기능을 가진 원가계산 방식이다.

세 번째 기준인 전부원가계산(full costing: 흡수원가계산(absorption costing))과 변동원가계산은 원가계산에 포함되는 원가의 범위에 대한 구분으로 전자는 발생원가 모두를, 후자는 변동비만을 제품원가에 포함시킨다. 또한 전부원가계산에서는 제품원가를 직접재료비 직접노무비 변동제조간접비 및 고정제조간접비로 구분하고 전액 당기 제품원가에 포함(흡수)시킨다.

이러한 여러 원가계산 방법은 목적에 따라 혼합되어 사용한다.

개별과 종합: 가전제품 제조업의 경우 냉장고와 밥솥을 제조한다고 할 때, 이들 양 제품의 원재료와 부품이 다르므로 초기 원재료는 개별원가계산의 경우처럼 각각 분류되나, 제품별 공정에 들어가면 컨베이어 시스템의 대량 라인 연속 작업이므로 종합원가계산을 하여 두 가지가 혼합된 혼합원가계산(hybrid costing)이 되게 된다.

실제와 가정 : 다음으로는 수집된 원가자료가 실제원가계산을 위한 것인지 예정원가계산(사전원가계산)을 위한 것인지 판단한다. 실제원가계산은 회계기간 종료 후 자료가

집계되므로 정보제공이 지연되나 대외보고용으로 적합하다. 예정원가계산은 미리 원가계산을 할 수 있어 관리 통제 등에 먼저 활용할 수 있고, 실제 발생원가와의 차이는 나중에 반영하면 된다. 표준원가계산이나 정상원가계산이 사전원가계산에 속한다.

원가구성범위: 발생되는 원가 전부를 사용하는 원가계산 방식은 전부원가계산, 변동원가와 고정원가를 구분하여 변동원가만 사용하는 원가계산방식을 변동원가계산이라 한다. 변동원가계산은 원가통제나 성과평가 등 내부의사결정 목적으로 사용한다.

종합하면, 외부공시 목적의 원가계산은 개별원가계산, 실제원가계산 및 전부원가계산으로 이들을 조합하여 사용할 수 있으며, 기업 내부 관리목적으로는 개별원가계산, 표준원가계산 및 변동원가계산을 개별적으로 또는 조합하여 운영할 수 있다.

연습문제

OX 졸음깨우기

01 원가란 특정 목적을 달성하기 위하여 소비된 또는 희생된 경제적 자원을 말하며, 미소멸원가는 자산(service potential)으로, 소멸분은 수익 창출에 기여한 것은 비용으로, 기여하지 못하고 소멸한 것은 손실(loss)로 구분한다. ( )

02 재무보고 목적을 위한 원가는 직접비와 간접비 및 변동비와 고정비로 구분한다. 이들은 변동비, 고정비, 혼합원가(준 변동원가) 및 단계원가(준 고정원가)로 나눌 수 있다. ( )

03 원가는 전략수립을 위한 원가를 여러 대체안 중 하나를 선택함으로써 포기하는 다른 대안의 가치를 말하는 기회원가, 이미 발생된 원가를 회수할 수 없는 매몰원가, 취급방법에 따라 발생하는 차이를 의미하는 차액원가 등으로 구분한다. ( )

04 주 원가는 직접재료비와 직접노무비만을 의미한다. ( )

재료비	직접재료비
	간접재료비
노무비	직접노무비
	간접노무비
제조경비	직접제조경비
	간접제조경비

주 원가: 직접재료비, 직접노무비,
제조간접비: 간접재료비, 간접노무비, 직접제조경비, 간접제조경비

※ 문제에서 주 원가, 가공비, 제조경비로 구분되어 있으면 주 원가는 직접재료비, 직접노무비, 가공비는 직접노무비, 제조경비로 구분한다.

05 기본요금이 있어 '0'임에도 일정한 원가가 발생하고 조업도 증가에 따라 총 원가가 증가하는 원가를 단계원가라 하고, 일정한도까지는 일정금액을 유지하다가 그 한도를 넘으면 원가가 상승하는 원가를 혼합원가라 한다. ( )

답 1.O, 2.O, 3.O, 4.O. 5.X 혼합원가와 단계원가 정의가 바뀌었음.

선택형 지식점검하기

01 총원가와 직접원가의 계산방법은?

	총 원가	직접원가
①	제조원가 + 제조간접비	직접재료비 + 직접노무비
②	제조원가 + 판매비와관리비	직접재료비 + 직접노무비
③	직접원가 + 간접원가	직접재료비 + 직접노무비
④	직접원가 + 간접원가	제조원가 + 간접경비

02 실제원가계산은 어느 경우에 사용할 수 있는가?

① 종합원가계산은 사용가능, 개별원가계산은 불가능.
② 개별원가계산은 사용가능, 종합원가계산은 불가능.
③ 개별원가계산에 사용가능, 종합원가계산에 사용가능.
④ 개별원가계산에 불가능, 종합원가계산에 불가능.

03 다음 자료로 제조원가를 계산하라.

직접재료비	100,000	간접재료비	60,000	소모공구비	20,000
공장보험료	20,000	외주가공비	90,000	판매수수료	15,000
공장장급여	10,000	본사건물보험료	10,000	공장전력비	7,000
공장임시직급여	50,000				

① 347,000 ② 357,000 ③ 367,000 ④ 382,000

※ 판매수수료, 본사건물보험료 제외

04 **다음 중 준변동원가를 나타내고 있는 그래프는?**

<범례> X: 조업도　Y: 원가

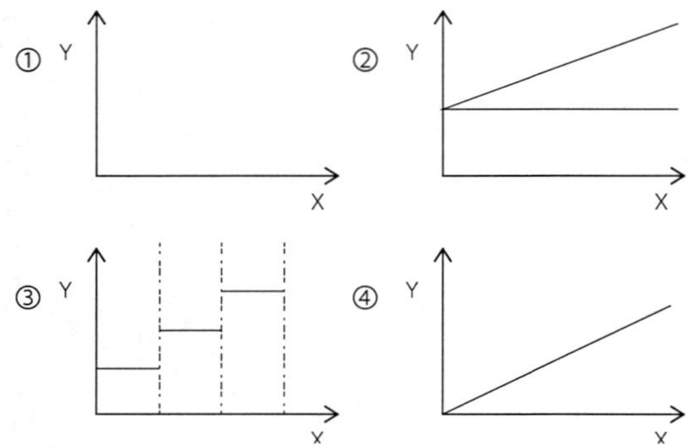

05 **당기 재료매입액: 30억원, 기말재료재고액 = 기초재료재고액 + 2억원, 아래와 같을 때 당기재료원가는?**

① 28억원　② 30억원　③ 32억원　④ 40억원

풀이

재료비 = 기초재고 + 당기매입 - 기말재고
= 기초재고 + 30억원 - (기말재고 + 2억원)
= 28억원

답 1.②, 2.③, 3.②, 4.③, 5.①

주관식 실력향상하기

01 다음 원가구성도와 자료로 그림의 ( ) 안에 알맞은 금액을 기입하라.

<table>
<tr><td></td><td></td><td></td><td>이익
(⑦)</td><td rowspan="4">판매가격
(⑧)</td></tr>
<tr><td></td><td></td><td>판매관리비
(⑤)</td><td rowspan="3">총 원가
(⑥)</td></tr>
<tr><td></td><td>제조간접원가
(③)</td><td rowspan="2">제조원가
(④)</td></tr>
<tr><td>직접재료원가
직접노무원가
(①)
직접경비원가</td><td>직접원가
(②)</td></tr>
</table>

[자료]

㉠ 직접재료원가: 80,000

㉡ 직접경비원가: 60,000

㉢ 직접원가: 200,000

㉣ 판매관리비: 제조원가의 20%

㉤ 판매가격: 360,000(이익은 총 원가의 20%)

답

<table>
<tr><td></td><td></td><td></td><td>이익 (⑦ 60)
(300*0.2=60)</td><td rowspan="4">판매가격
(⑧ 360)</td></tr>
<tr><td></td><td></td><td>판매관리비
(⑤ 50
(200+③)*20%)</td><td rowspan="3">총 원가
(⑥ 300)
=⑤+④
={(200+③)*20%}
+(200+③)
③=50</td></tr>
<tr><td></td><td>제조간접원가
(③ 50)</td><td rowspan="2">제조원가
(④ 250)
200 + ③</td></tr>
<tr><td>직접재료원가
직접노무원가
(① 60)
직접경비원가</td><td>직접원가
(② 200)</td></tr>
</table>

요소별 원가계산

원가요소는 재료비, 노무비, 제조경비로 구분된다. 이 원가요소들이 재공품을 구성하였다가 제품으로, 또 당해제품이 판매되면 매출원가를 구성한다.
아래 재무제표 등은 이들의 결과를 표시한다. ( )를 채워보라.

부분 재무상태표

차변			대변
계정과목	당기	전기	
원재료	200,000	①( )	
재공품	②( )	150,000	
제 품	③( )	200,000	

부분 손익계산서

매출원가	1,600,000
기초제품재고액	④( )
당기제품제조원가	⑤( )
기말제품재고액	⑥( )
.	
. .	
영업외비용	50,000
재고실사차손	

부분 제조원가명세서

재료비		900,000
1. 기초원재료재고액	100,000	
2. 당기매입액	1,000,000	
3. 기말원재료재고액	⑦( )	
노무비		600,000
제조경비		400,000
당기총제조비용		⑧( )
기초재공품재고액		150,000
기말재공품재고액		200,000
타계정대체(실사차손)		⑨( )
당기제품제조원가		⑩( )

답 ① 100,000 ② 200,000 ③ 400,000 ④ 200,000 ⑤ 1,800,000
⑥ 1,400,000 ⑦ 200,000 ⑧ 1,900,000 ⑨ 50,000 ⑩ 1,800,000

1 재료비의 원가계산

제품을 제조할 목적으로 외부에서 구매한 물품을 재료라 하며, 이 재료의 소비는 재료비를 발생시킨다. 재료비(material cost)란 외부에서 구입한 원재료가 자산으로 계상되었다가 그 소비를 통하여 제품의 제조원가로 변환되는 것이므로 자산의 형태적 또는 물리적 변화를 수반하는 데 대한 회계적 개념구분이다.

생산계획에 따라 공정 투입을 위하여 구매 조달된 원재료는 가공비와 만나 재공품의 형태를 거쳐 제품으로 모양을 바꾸어가면서 가치를 증대시켜간다.

이러한 작업은 생산부문 또는 생산공정에서 이루어진다. 투입된 원재료는 부재료의 첨가 또는 가공비(인건비 등)가 더해지면서 물리적인 형상이 변하며 재공품으로 되었다가 제품으로 최종 변화한다. 이때 관여되는 것이 재료비와 가공비(노무비와 제조경비)라는 원가요소이다. 이들은 각각의 처리된 계정들을 통하여 적절한 회계처리와 제조원가명세서를 거쳐 손익계산서 및 재무상태표에 도달하게 된다.

요소별 원가계산은 제품별 원가계산의 기초를 마련하기 위한 것으로서, 원가의 3 요소인 재료비, 노무비, 경비의 개별적인 계산을 의미한다.

[표 4-1] 원가요소와 원가부문

구분	분류	적용 원가계산
원가요소	재료비	요소별 원가계산
	노무비	
	제조경비	
원가부문	제조부문	부문별 원가계산
	보조부문	
제 품	원가직접부담	제품별 원가계산

1) 생산흐름의 주체인 원재료

생산과정이란 원재료의 흐름과정이라 할 수 있다 생산은 생산계획에 따른 원재료의 구매로부터 시작된다. 구매는 계속거래선에 컴퓨터 메시지로 품목과 납품일정 및 수량을 통보하는 방식으로 하거나 몇 개의 판매업체들로부터 견적을 받아 구매하거나 또는 나라장터(주)[1] 등을 통하여 공개경쟁입찰 방식으로 할 수 있다. 구매품에 대하여는 독점적 품목이 아니라면 주기적으로 물품의 질과 가격을 비교견적이나 경쟁입찰 등을 활용하여 점검해 볼 필요가 있다.

특별 제조물품이 아닌 표준품이라면 재고관리시스템을 통하여 주문점(order point) 메시지를 받아 발주한다. 주문점 또는 발주점은 판매일정과 자재의 구매리드타임, 생산리드타임 및 생산일정 등을 감안하여 계산되며, 발주시기를 알려주는 자동화 체계의 기능이다.

▶ 구매의 절차

구매의 절차는 다음과 같다.

제 1 단계 : 구매요청

발주점에 이른 재고나 생산계획에 의거하여 계획된 구매나 자재구매부서에 구매요청서를 발부함으로써 구매는 시작된다. 발주점에 이른 재고의 경우는 자재구매부서에서 임의로 발주할 수도 있고 생산부서의 통제를 위하여 생산부에서 기안을 할 수도 있다. 생산계획에 따른 체계적 일괄구매의 경우는 생산책임자의 확인을 거친 구매계획서 또는 구매요청서를 구매부서로 보내 처리하게 한다. 구매요청서는 관련부서들에 공통으로 통보되도록 복사본을 발행하여 관련부서들에 각 1부씩 전달한다.

제 2 단계 : 구매주문

구매요청서를 입수한 자재구매부서는 구매 일정에 따라 납품처에 구매 발주서를 보낸다. 서식의 명칭은 다양하며, 구매품의 품명과 코드번호, 납품일정, 수량 및 납품처와의 소통을 위한 메모 등을 포함한다. 발주서도 필요한 부서에 사본을 송부한다.

---

1 국가에서 운영하는 공개경쟁입찰 사이트 - www.g2b.go.kr

제 3 단계 : 원재료입고

발주된 원재료는 납품처에서는 제품이다. 원재료가 일정에 따라 입고되면 입고 검수를 하고 창고에 입고한다. 납품처로부터는 납품서 등의 문서를 물품과 함께 수령하고 이를 토대로 입고서 또는 입고증을 발부하며 복사본 한 장은 납품처에는 납품서로 또 한 장은 인수증으로 사용한다. 입고 검수는 기존 거래처로 신뢰가 쌓인 납품처라면 수량확인이 중심이 된다. 원재료의 기능과 품질에 특별한 주의가 필요하면 시험실에서 테스트를 하거나 외부 전문기관의 검증을 받을 수 있다. 이 과정이 종료되기 전까지는 아직은 회사 소유 자산이 아니며, 이러한 절차와 일정은 발주 시 입고 일정에 감안되어야 한다.

제 4 단계 : 기장

입고 완료된 원자재는 회사의 관리 통제하에 놓인 회사 소유 자산이다. 입고증을 기준으로 재고자산 원장에 기입하고 재고 보유 수량을 증가시킨다. 기장을 함으로써 생산에 투입될 준비가 된 것이다. 긴급을 요하는 자재는 납품되는 즉시 생산부서로 전달될 수도 있다.

2) 원재료의 출고

제품 생산을 위한 작업지시(job order)가 발부되면 생산체계가 가동된다. 생산의 첫 시작은 원재료의 생산현장 이송으로부터 시작한다. 이때 자재출고(요구, 요청)서가 발행된다.

자재출고요청서는 생산부서에서 발행되는데, 자재출고요청서 번호와 작업공정, 생산제품 및 그 Lot No., 작업일정 등이 정보 공유의 필요에 따라 포함될 수 있고 작업자의 코드가 기록될 수도 있다. 이는 원가 집계를 위한 것이다. 원재료의 출고가 이루어지면 이를 기장하며, 당해 원재료는 재공품으로 계정을 이동한다. 생산 중 재료에 문제가 발생할 수 있다. 가공 중 주물의 불량이 나타나거나 완성되어 시험 중 요구성능에 못 미치는 원자재가 발견될 수도 있다. 이러한 경우는 반품전표 또는 재료반환표를 발부하고 책임자가 날인하여 자재부서로 반환한다. 불량자재에 대한 생산부서의 원재료 재청구 및 재작업 등은 내규로 정해진 절차에 따른다. 이러한 원재료 불량에 따른 재작업, 구매처에 대한 배상 등은 별도의 규정을 두고 불량률을 관리한다. 불량처리비가 일정 한도를 넘을 경우는 납품처와 손해배상을 협의하며, 가공불량 등 자체 오류의 경우는 발생비용을 영업외비용으로 처리한다.

3) 재료비의 분류

재료비로 형태를 바꾼 원재료는 다음과 같이 구분된다.

(1) 제품 관련성에 따른 분류

① 직접재료비: 특정 제품에 직접 투입되어 불출 시 생산 Lot No. 등에 연결될 수 있는 재료의 원가이다. 원재료 중 개별로 식별되어 제품에 연결될 수 있는 원재료이다.

② 간접재료비: 제품과 직접 관련시킬 수 없는 재료비로서 작업장으로 불출한다. 보조재료비, 소모품비 등이 여기에 속한다.

(2) 재료 형태별 분류

① 주요재료비: 가공을 통하면 제품의 실체가 되는 원재료의 소비액이다. 펌프나 모터 등의 주물, 기계 제작용 철재, 제빵용 밀가루, 버터 생산용 우유, 가구용 목재 등이다.

② 보조재료비: 제품의 제조에 보조적으로 사용되는 원자재 부품 등이다. 제조공장의 일반 볼트와 너트, 목공용 붓이나 제빵용 기름과 설탕, 포장재 등이다.

③ 부분품 또는 부품비 : 형태의 변형없이 제품에 그대로 부착되어 완제품을 형성하는 원재료로 베어링, 자동차의 타이어, 핸들, 라이트, 엔진 등이다.

④ 소모품비: 생산현장에서 작업시 소모되는 물품으로 장갑, 걸레, 테이프, 빗자루, 쓰레받기, 포장재 등이다.

⑤ 공기구 및 비품비: 제조 작업의 보조 물품으로 여러 차례 지속하여 쓸 수 있으나 금액 규모가 작아 회계상 비용 처리하는 것으로 렌치, 스캐너, 드라이버, 스패너 등 각종 공구기구와 작업대, 시험용 탁자 등 비품 등이 포함된다.

4) 재료비의 계산

재료비는 생산과정에서 사용된 원재료의 금액으로 '재료소비량 × 단가'로 계산한다.

(1) 재료소비량의 결정

(가) 계속기록과 실지재고조사법의 병용

재료소비량은 재료 불출 시 재료원장에 기입하게 되고 그 불출량을 합하면 사용량 또는 소비량이 산출된다. 이렇게 사용량을 계산하는 방법을 계속기록법이라 한다.

원재료 사용량 계산은 원재료의 불량처리, 효율상 과다사용, 기장오류, 혹은 절도 등으로 실제와 차이가 있을 수 있다. 이를 보완하는 방법으로 재고실사를 수행한다. 재료 소비량은 다음과 같이 계산한다.

재료소비량 = 기초 재고량 + 당기 매입량 - 기말 재고량

기초재고량은 재료원장에 전기로부터 이월된 재고량이며, 당기매입량은 구매 발주하여 납품·입고된 재료의 금액이다. 기말재고량은 기말에 남아있는 재고량으로 차기로 이월될 것이며, 앞에 지적한 대로 기록과 차이가 있을 수 있는데, 기말 또는 기중에라도 재고실사를 통하여 그 차이를 규명하는 과정에서 원인을 찾고 이를 정정한 실제 재고량이다.

▶ 재고수량 오류의 예:

① 기장오류 : 수정하면 된다.

② 과다(과소) 사용: 원인을 규명한다. 과다 사용의 경우는 작업자의 비능률성이나 설계 소요량 산정의 오류, 기술 미흡, 자재 불량 및 성능 미흡 등으로 분류하여 원인에 따라 처리하게 된다.

③ 절도 등으로 원인이 밝혀지는 경우 회수 및 보안 등의 대책을 수립한다.

회계는 자산 보호의 기능이 있다. 이는 자산 실사를 통하여 구현된다. 따라서 그 보유량이 많고 이동이 큰 재고실사는 매우 중요하다. 재고실사의 범위는 원재료 및 제품과 재공품, 소모 공기구 및 비품 등을 포함한다. 소모품도 경우에 따라 포함될 수 있으며 전기로부터 이월된 보유 중인 불량품도 구분되어 실사되어야 한다. 회사에 보유하는 타인 소유 물품의 구분이 되고 외부 보유 중인 회사 소유 재산, 예로, 납품 후 검수중으로 아직 세금계산서가 발부되지 아니한 자산, 외주가공품으로 외주처에 보관중인 자산, 수입중으로 미착된 물품, 발송하였으나 매출처 미도착품 등이 식별되어야 하며 실사중 불량품이 발견될 수 있으므로 이들은 분류하여 관리되고 원인 규명 및 대책이 수립되어야 한다.

따라서 재고자산은 회사 내에 있는 자산, 회사에 있으나 남의 자산, 외부보관중인 자산, 이동 중인 자산, 불량 자산 등으로 구분하여 실사되어야 한다.

(나) 역산에 의한 소비량의 계산(검증)

원재료가 수불 기록을 위한 측정이 현실적으로 불가하거나 부품 수가 너무 많아 장부기록이 불가능하거나 노력과 비용이 현저하게 과다 소요되는 경우가 있다. 이러한 경우에는 제품의 단위당 기준소비량을 원재료별로 설계나 기타 과학적인 방법으로 미리 산정(BOM 또는 part list라고도 한다)해 놓고 원가계산 기간의 말에 이를 기준으로 원재료 소비량을 산출하는 방법이다. 이 경우는 다음 산식이 이용된다.

> 당기원재료 소비량 = 당기 제품 생산량 x 제품 단위당 원재료 표준소비량 + 실사차이

재고실사의 결과 실제 재고 수량과 장부 수량과의 차이를 실사차이라고 한다. 재고실사를 하면 실사차이가 발생할 수 있다. 앞에서 언급한 재고 수량 오류에 대한 모든 정정이 이루어진 후의 차이를 의미한다.

실사차이의 처리방법은 세 가지가 있는데, ① 전체 원가에 부담시키는 방법, ② 기말재고에 부담시키는 방법, ③ 영업외비용으로 처리하는 방법이 있다. 위 산식은 제조원가 전체에 부담시킨 방법이다.

실사차이는 다음과 같이 계산된다.

> 실사차이 수량 = 실지재고조사 수량 - 장부상기말수량
> 장부상기말수량 = 기초재고 + 당기매입량 - 소비량
>
> 실사차이 금액 = 실사차이 수량 × 단가
> (단가: 기말 재고자산 평가 단가)

재고자산은 원칙적으로 계속기록법을 적용하되 그 적용이 곤란하거나 필요없는 경우에는 실지재고조사법 또는 역계산법을 적용할 수 있다고 정하고 있다.

(2) 재료소비단가의 결정

재료소비수량을 살펴보았다. 소비수량도 중요하나 기말에 남아있는 재고는 차기의 손익계산에 영향을 미치므로 또한 중요하다. 한편, 재료비는 수량에 단가를 곱하여 계산된다.

재료비(재료소비가격) = 소비된 재료수량 x 소비된 재료의 단가
소비단가 = (기초금액 + 당기매입금액 - 기말금액) ÷ 소비수량

수량이 계산되었으면 단가를 구해야 하는데 구입단가는 변동성이 있으므로 어떤 단가를 적용하는가의 문제가 있다. 여기에는 몇 가지 가정을 가지고 산정한다. 재료비의 계산은 원가계산의 목적, 재료의 중요성, 가격 변동의 크기, 재료의 특성 등에 따라 다를 수 있다. 소비된 재고자산의 단가는 재고의 원가흐름을 가정한 단가 결정방법인 개별법, 선입선출법, 평균법(단순평균법, 이동평균법, 총평균법) 및 후입선출법을 사용할 수 있다. 물가변동이 심하거나 제조기술상 재료의 입출이 빈번한 경우에는 시장가격, 예정가격 또는 표준가격으로 소비단가를 결정할 수도 있다. 소비단가는 기말재고액을 확정한 후 단가를 구하는 것이 타당하다. IFRS에서는 재고자산의 시가가 하락했을 경우는 저가 기준으로 평가하도록 하고 있다.

<참고> K-IFRS 규정

한국채택국제회계기준(K-IFRS)이나 일반기업회계기준(K-GAAP) 등에서는 재고자산의 수량 결정 방법을 다음과 같이 명시하고 있다.

- **계속기록법**(Perpetual Inventory Method): 재고자산의 입출고 시마다 장부에 기록하여 재고수량과 금액을 계속적으로 파악하는 방법이다.
- **실지재고조사법**(Physical Inventory Method): 기말에 실제 재고를 조사하여 재고수량과 금액을 파악하는 방법이다. 기중에 입출고 기록은 하지 않는다.

- **역계산법**(Reverse Calculation Method): 완성된 제품의 생산량을 기준으로 역으로 투입된 원재료 소비량을 추정하는 방법이다.

계속기록법이 원칙이되, 실지재고조사법이나 역계산법이 보조적으로 또는 계속기록법 적용이 어려울 때 사용될 수 있다.

(3) 재료감모손실과 재료평가손실

재고실사를 하여 차액을 조사한 결과 원료의 증발 등의 원인으로 실지 재고액과의 차액이 발생했다면, 이 차액을 재고감모손실이라고 한다. 재고감모손실이 예상된 범위 내에서 정상적으로 발생했다면 이를 매출원가에 가산하고 비정상적인 경우에는 영업외비용으로 분류한다.

산출식

재고자산감모손실 = (재고의 장부수량 - 실제 재고수량) x 단가(취득원가)

제1법 : 정상인 경우

분개

정상: (차) 재고자산감모손실(매출원가) ××× (대) 재고자산 ×××

[재무제표 표시]

부분 재무상태표	
재고자산 원재료 ××× - 재고자산감모손실	

부분 손익계산서	
매출원가 재고자산감모손실	매출액

- 재무상태표에서는 재고자산 감모손실을 차감하여 표시한다. 손익계산서에서는 매출원가에 가산하거나 매출액을 차감하여 표시한다.

제2법 : 비정상인 경우

분개

(차) 재고자산감모손실(영업외비용) ××× (대) 재고자산 ×××

[재무제표 표시]

부분 재무상태표		부분 손익계산서	
재고자산		영업외비용	
원재료 ×××		재고자산감모손실 ×××	
- 재고자산감모손실			

비정상적인 감모손실이나 도난·화재·지진·수해 등에 의한 피해일 경우에는 영업외비용으로 처리한다.

제3법 : 평가손실의 경우

재고자산의 시가가 취득원가보다 하락한 경우에는 재고자산평가손실로 하여 재고자산의 차감계정으로 표시하고 매출원가에 가산한다.

재고자산평가손실 = 재고자산의 시가 - 재고자산 취득원가

상기 계산 결과가 음수일 때 재고자산평가손실이 된다.

이 평가손실이 과다하거나 비정상적인 경우 영업외손실로 계상한다.

분개

(차) 재고자산평가손실(영업외비용) ××× (대) 재고자산평가손실충당금 ×××

[재무제표]

부분 재무상태표		부분 손익계산서	
재고자산 ×××		영업외비용	영업외수익
재고자산평가손실		재고자산평가손실 ×××	
충당금 ×××			

※ 정상적평가손실이면 재무상태표에는 재고자산평가손실을 차감하여 표시하고 손익계산서에 나타내지 않는다.

재고자산감모손실과 재고자산평가손실의 동시처리는 다음과 같다.

부분 재무상태표

재고자산	×××	
재고자산평가손실충당금	(×××)	

부분 손익계산서

매출원가	×××	매출액	×××
저가법평가손실	(×××)		
감모손실(원가성)	(×××)		
영업외비용			
감모손실(비원가성)	×××		
저가법평가손실	×××		

재고자산감모손실은 전액 차감한 금액으로 표시한다. 감모손실이 이상적일 경우 비원가성으로 영업외비용으로 계상한다.

재고자산평가손실이 정상적일 경우에는 매출원가로 처리하며 재무상태표에는 표시하지 아니하고, 비정상적일 경우 재무상태표에는 재고자산평가손실충당금으로 하여 재고자산을 차감하는 형식으로 계상하고 손익계산서에는 영업외비용으로 표시한다. 시가가 회복되어 단가가 오르면 계상된 평가손실충당금 범위 안에서 재고자산평가손실충당금환입 계정으로 처리할 수 있다. 이때의 분개는 다음과 같다.

분개

차) 재고자산 ××× 대) 재고자산평가 손실 충당금환입(영업외수익) ×××

2 노무비의 원가계산

생산과정에서 부가가치를 창출하는 것은 사람의 손이 가는 노무비이다. 원재료가 가공비의 투입으로 가치가 증대한 재공품으로 변환되는 것이다. 노무비는 발생과 동시에 간접노무비를 재공품 계정에, 간접노무비는 제조간접비 계정에 대체되어 원가화된다.

노무비는 임금과 급료, 잡금, 상여금 및 퇴직급여[2]를 말한다. 입금과 급료는 회사에서 계정과목을 설정하기 달려 있으며, 제조공정에서는 임금이라 한다. 퇴직급여는 당기에 발생한 금액을 지급여부에 관계 없이 발생하였으면 노무비로 계상한다. 기말까지 지급하지 아니하였으면 급여나 임금의 경우는 미지급비용으로, 퇴직급여는 퇴직급여충당금으로 처리한다.

제품과의 관련성에 따라 특정 제품의 작업지시서(job order)나 LoT No.에 직접 연결될 수 있는 인건비는 직접인건비로 제품에 직접 배부하고 그 외의 인건비는 간접노무비라고 하며 제조간접비를 통해 배부율에 따라 제품에 배부한다.

---

2 <참고> 퇴직급여충당부채의 회계처리

1. 퇴직급여충당부채는 회계연도 말 전 임직원이 일시 퇴직할 경우 지급하여야 할 퇴직금액에 상당하는 금액이며, 장부상 퇴직급여충당금과의 차액을 당기에 퇴직급여로 계상한다.
2. 지급할 총 퇴직급여(퇴직급여추계액이라 함)는 퇴직급여규정이 있는 경우는 규정을 따르면 되나, 없는 경우는 근로자의 경우 근로자퇴직급여보장법에 의한 금액, 임원의 경우 근로자퇴직급여보장법이나 법인세법의 임원퇴직급여한도액 중 낮은 금액으로 계산한 금액으로 한다.

   근로자퇴직급여보장법상 퇴직급여추계액 = 퇴사전 3개월 일평균임금 x 30일 x 계속근로연수

3. 확정급여형 퇴직연금: 종업원이 퇴사하기 전에는 퇴직금으로 조성된 운용자산은 기업이 직접 보유하고 있는 것으로 보아 재무상태표에는 이를 하나로 통합하여 퇴직연금운용자산으로 표시하고 재무상태표에는 퇴직급여와 관련된 부채(퇴직급여충당부채와 퇴직연금미지급금)에서 퇴직급여와 관련된 자산(퇴직연금운용자산)을 차감하는 형식으로 표시한다. 이 결과가 음수일 경우에는 투자자산의 과목으로 기재한다. 종업원이 퇴사하는 경우에는 퇴직하는 종원에 대한 지급 대상액을 퇴직급여충당부채와 퇴직연금운용자산에서 각각 차감하고 퇴직급여충당부채 잔액이 부족할 경우에는 지급하는 금액을 퇴직급여로 추가로 계상한다.

   분개

충당금설정시	차) 퇴직연금운용자산	×××	대) 퇴직급여충당부채	×××
종업원 퇴직시	차) 퇴직급여충당부채	×××	대) 퇴직연금운용자산	×××
퇴충부족시	차) 퇴직급여	×××	대) 보통예금	×××

4. 확정기여형 퇴직연금: 기업이 납부하여야 할 당회계기간의 부담금(기여금)을 퇴직급여로 인식한다. 퇴직연금운용자산, 퇴직급여충당금, 퇴직연금비지급금을 처리하지 않으며 퇴직연금에서 수익이 발생해도 회계처리하지 않는다. 기업이 연금기여금을 납부하면 퇴직급여 지급에 대한 책임이 완료된다.

1) 지급임금과 소비임금

(1) 지급임금

임금은 생산 현장의 각 근로자에게 지급하는 금액(지급임금) 제조원가를 나타내는 임금 소비액(소비임금)으로 개념을 구분한다. 지급임금은 종업원에게 실제 지급하는 금원이다. 일반적으로 일정한 기간 단위로 정기적으로 일정한 계산방식에 의거하여 지급하고 비용으로 처리한다.

지급임금액 = 노동량 x 지급임률

- 노동량은 일급, 시급, 주급, 월급 등으로 계산. 성과급제에서는 생산량으로 계산
- 지급임률은 종업원 개인별 지급률임

임금은 임금총액(기본급 + 제수당)이 있고 소득세나 의료보험료, 국민연금, 경조사비, 노동조합비 등은 공제 후 지급하게 되므로 공제한 실지급액으로 구분한다. 상여금, 특별수당은 지급 시 계상한다. 연월차 수당은 회사에 현금보상의무가 발생한 회계연도 기말에 휴가(유급휴가)로 사용하지 아니한 부분에 대하여 일괄 미지급부채로 계상하며 이때 노무비로 처리한다.

연월차사용촉진제도를 채택한 경우에는 소멸률(휴가사용률)을 추정하여 미사용 추정분을 회계처리한다.

임금 지급 시에는 다음과 같이 회계처리한다.

분개

- 임금지급시의 회계처리

(차)	임금	×××	(대)	현금	×××
			(대)	예수금	×××

- 퇴직급여충당금 설정 시

(차)	퇴직급여	×××	(대)	퇴직급여충당금	×××

- 제수당 지급 시

(차)	제수당	×××	(대)	현금	×××

- 예수금은 소득세, 지방소득세, 의료보험료, 국민연금, 경조사비, 노동조합비 등 공제금. 이들은 법과 규정에 따라 회사에서 원천징수하여 처리한다. 소득세의 경우 임금지급 익월 10일까지 원천징수세로 신고하고 납부한다.

연월차수당의 회계처리

- 발생한 연도에 비용처리
  차) 연월차수당(비용) xxx (대) 미지급비용 xxx
  해설: 이 다음 연도에 사용할 경우 미지급비용을 상계함. 다만, 연말에 일괄 결산수정분개를 할 것이니 이때 처리하되 기중 지급분은 미지급금을 직접 상계하거나 가지급금 처리하였다가 연말에 일괄 결산수정분개로 처리함이 쉬운 처리방법임
- 연월차사용촉진제도를 채택한 경우
  차) 연월차수당(비용) xxx (대) 미지급비용 xxx
  해설 : 연월차수당=총발생연월차수당 x (1-소멸률)

2) 소비임금

지급임금이란 임금이 종업원과 회사 간 급료의 대가로 지급하는 보수의 총칭이라면 소비임금이란 임금의 지급을 회사 자원의 소비로 본 것으로 노무비의 별칭이며 제품원가 중 인건비 부분을 의미하고 있다. 노무비는 공정별, 부문별, 제품별 등으로 분류할 수 있다.

임금은 대부분 작업시간에 따라 결정되므로, 임금의 계산을 위해서는 작업시간(MH)과 지급임률을 판단하여야 한다. 출근카드, 작업카드 등에 의하여 작업시간을 계산하고 임률은 정해진 율로 적용한다.

작업근로자와 작업카드, 작업전표 등에 생산 LoT No.나, 작업지시 번호(job order No.)가 연결되면 직접노무비로, 그 외에는 간접노무비로 처리한다. 지급임금 중에는 시간(공수, MH) 외에 생산량을 기준(실적급)으로 하는 경우도 있다.

소비임금(노무비) = 노동량 x 소비임률(예정평균임률)

- 소비임률(평균임률) = $\frac{\text{단위원가계산기간의 임금총액}}{\text{총 작업시간수}}$

예정원가를 계산할 때는 실제 작업시간에 예정임률을 적용하여 예정노무비를 구한다.

3) 지급임금과 소비임금의 구분계산

임금의 발생은 노무비로 인식되나 꼭 즉시 지급되는 것은 아니다. 월 임금을 10일 지급하는 경우는 미지급 임금이, 가불의 경우는 선급 임금이 발생한다. 지급 임금은 회사의 사정에 따라, 또는 근로자의 형편에 따라 지급이 달라질 수 있으나 소비임금 즉, 노무비는 기간 계산을 하여 엄격하게 산정한다.

당기소비임금 = 전기선급임금 + 당기지급임금 + 당기미지급임금
- 당기선급임금 - 전기미지급임금
→ 소비임금 = 당기지급임금 + 당기미지급임금 - 전기미지급임금

4) 노무비의 회계처리

임금의 지급과 노무비에의 이체 등에 대한 회계처리는 다음과 같다.

(1) 임금의 지급 시

(차) 임금	×××	(대)	현금	×××
			예수금	×××

(2) 노무비 발생

(차) 노무비	×××	(대)	임금	×××

(3) 노무비 소비 시

(차) 재공품(직접노무비)	×××	(대)	노무비	×××
제조간접비(간접노무비)	×××			

3 제조경비의 원가계산

제조경비는 원가요소인 재료비와 노무비를 제외한 일체의 원가 항목을 말한다.

1) 경비의 구분

경비는 월별 지급, 발생 시 지급, 계측에 따른 지급 또는 지급 시점에 경비로 계상하는 등의 여러 방식으로 구분된다. 경비 중 외주가공비, 특허권 사용료 등과 같이 특정 제품에 직접 배부할 수 있는 직접경비는 구분하여야 하며, 그 외의 간접경비는 적절히 배부한다.

(1) 지급경비

지급경비는 수시로 발생하는 경비이며 교통비, 여비, 수선비, 보관료, 교육비, 사무용품비 등의 경비로 지급하는 기간에 당기 소비액으로 하여 제품원가에 산입한다.

다만, 발생하였으나 미지급이 있을 수 있으므로 다음과 같이 당기 해당 경비(제조간접비)를 계산한다.

당기 미지급이 발생하는 경우:

당기 제조간접비 = 당기지급액 - 전기미지급액 + 당기미지급액

※ 전기미지급을 당기 지급했다는 가정

당기 발생경비는 당기 소비된 경비이며, 전기 미지급이나 선급분은 당기 지급할 금액에만 영향을 주고 제조경비에 영향을 주지는 아니한다.

당기 선급 발생하는 경우

당기 제조간접비 = 당기지급액 + 전기선급액 - 당기선급액

(2) 측정경비

사용량에 대한 계량기의 검침에 의하여 요금을 지급하는 경우, 이는 계측 및 부과월에 경비를 소비한 것으로 보고 제조경비로 계상하고 원가 배부 시에는 제조간접비로 대체한다. 전기, 수도, 가스, 전화, 인터넷 사용료 등이 있다.

(3) 월할경비

경비 발생액이 1개월이나 3개월, 6개월 등으로 지급기간이 정해져 있는 경비를 말한다. 대부분 연간지급 총액이 정해져 있다. 이는 발생한 월에 제조경비로 계상하고, 그 이후의 회계처리는 동일하다. 월할 경비에서도 미지급, 선급 등이 있을 수 있으며, 지급경비의 경우와 동일하게 처리한다.

(4) 발생경비

경비의 지급을 수반하지 않고 실제 발생액에 의하여 소비액을 계산한다. 감가상각비, 무형자산상각비, 퇴직급여 등을 예로 들 수 있다.

2) 제조경비의 회계처리

제조경비의 소비액이 결정되면 특정 제품 제조에 직접 연결되는 직접 제조경비는 재공품 계정에 대체하고, 그 외의 모든 경비는 제조간접비에 대체한 후 제조간접비에서 배부한다.

OX 졸음깨우기

01 원가 계산은 제품별, 부문별, 원가 요소별로 수행된다.
제품별 원가 계산은 작업지시서(Job Order) 등을 기반으로 한 제조 공정에서, 개별 제품에 직접 원가를 배부하는 방식이다.
부문별 원가 계산은 원가가 발생한 각 부문의 원가를 서비스를 받은 다른 부문에 배부하는 방식이며, 이때 부문은 제조 부문과 보조 부문으로 나뉜다. 보조 부문은 직접 제품을 생산하지는 않지만, 제조 부문에 서비스를 제공함으로써 간접적으로 원가에 기여한다.
원가 요소별 원가 계산은 제품 원가를 구성하는 재료비, 노무비, 제조 경비 등의 항목별로 발생한 원가를 수집하여, 이를 제품 계정, 재공품 계정, 원재료 계정, 제조 계정, 매출원가 계정 등 관련 계정으로 집계한 후, 최종적으로 원가를 산정하는 방식이다. ( )

02 원가계산 관련 주요 산식은 다음과 같다.

구분	산식
원재료 관련	• 원재료소비량 = 기초 원재료재고량 + 당기 매입량 - 기말 원재료재고량 • 당기 원재료소비량 = 당기 제품생산량 x 제품단위당 원재료 표준소비량 + 실사차이 실사차이 = 실제 재고 실사수량 - 추정 기말수량 추정 기말수량 = 기초 재고수량 + 당기 추정매입량 - 추정 소비량 • 재료비(재료소비가격) = 소비된 재료수량 x 소비된 재료의 단가 • 재고자산 감모손실 = (재고의 장부수량 - 실제 재고수량) x 단가 • 재고자산 평가손실 = 재고자산 취득가 - 재고자산 시가
노임 관련	• 지급임금액 = 투입노동량 x 지급임률 • 소비임금(노무비) 노동량 x 소비임률(예정평균임률) 소비임률(평균임률) = $\frac{\text{단위원가계산기간의 임금총액}}{\text{동기간의 총 작업시간수}}$ • 당기 소비임금 = 전기 선급임금 + 당기 지급임금 + 당기 미지급임금 - 당기 선급임금 - 전기미지급임금 • 소비임금 = 당기 지급임금 + 당기 미지급임금 + 전기 선급임금 - 전기 미지급임금 - 당기 선급임금

( )

03 ㈜ 정림의 20x4년도 노무비 지급자료를 보고 「정부회계 원가계산」(예정가격 작성기준 제10조(노무비) 참조)에 의할 경우의 간접노무비율을 계산하면 25%를 초과한다. ( )

(단위: 천원)

계정과목	부분명	연간노무비	노무비분류	
			직접노무비	간접노무비
급여 및 수당	생산부	200,000	200,000	
	생산관리	50,000		50,000
	일용직	75,000	75,000	
상여금		50,000	40,000	10,000
퇴직급여		25,000	20,000	5,000
계		325,000	235,000	65,000

풀이

배부계산(상여금)

- 직접노무비: 50,000 x 200,000 / 250,000 = 40,000
- 간접노무비: 50,000 x 50,000 / 250,000 = 10,000

배부계산(퇴직급여)

- 직접노무비: 25,000 x 200,000 / 250,000 = 20,000
- 간접노무비: 25,000 x 50,000 / 250,000 = 5,000

간접노무비율 65,000 / 235,000 = 27.2%

04 다음은 회사의 연구개발비 시부인 자료이다. 내용연수 5년으로 하고 회사 계상 연구개발비 상각액과 정부원가계산상의 연구개발비 상각 인정액을 계산하면 70,000원 및 49,000원이다. ( )

[자료] 회사의 연구개발비 계상액 등

연도별	발생액	인정액	비고
직전전전연도	50,000	20,000	내용연수 5년 이내
직전전연도	100,000	75,000	내용연수 5년 이내
직전연도	200,000	150,000	내용연수 5년 이내
계	350,000	245,000	

- 직전연도 생산수량은 50,000개이며, 이 중 10,000개는 제품 무관(5년)

풀이

- 회사의 연구개발비 상각액: 350,000 / 5 = 70,000
- 정부원가계산 상각 인정액: 245,000 / 5 = 49,000(주)

㈜ 각 연도별 인정액은 내용연수 5년 상각하는 데 문제가 없는 것으로 가정함
이 차액(21,000)을 세무조정상 유보처리된다.

[참고]

- 연구개발비 인정 위한 원시자료

확인대상	검토사항	비고
• 연도별 기술개발비 발생내역 • 발생내역/증빙자료 - 세부비목별 - 세부내역별	• 발생근거의 타당성 • 산정기준 적정성 • 개발전담여부 • 회계처리기준	• 개발대상 및 증빙서 • 품의서, 증빙서 • 인사명령, 급여대장 • 회계장부

[사례] 직접 관련없는 연구개발비 계상 부적정
계약품목과 관련없는 연구개발비를 단지 결산서상에 계상함으로써 결산서만을 근거로 간접경비로 배부계산하였으므로 배부계산 시 이를 부인함.

- 검토의견
연구개발비는 과거 연구 개발비용으로 개발비 대장에 의하여 이연 상각하여도 당해 연도 계약수량으로 나누어 계상하여야 함. 즉, 당해 계약품목과 직접적으로 관련된 경비의 경우만 직접경비로 계상하여야 함.

05 회사의 제조경비를 요약하면 다음과 같다. 정부회계원가 계상의 경비비목 소모품비로 계산되는 금액은 40,000원이다. ( )

근거: 소모품비 계정 발췌

- 부문품	370,000	- 기계윤활유	50,000
- 현장분방용품	30,000	- 용접재료	150,000
- 도금재료	80,000	- 도장재료	20,000
- 장부 · 용지대	10,000		

풀이

제조경비 해당액: 현장문방용품, 장부·용지대

제조경비 = 30,000 + 10,000 = 40,000

답 1.O, 2.X(소비임금 = 당기 지급임금 + 당기 미지급임금 - 전기 미지급임금), 3.O, 4.O, 5.O

선택형 지식점검하기

01 **제조에 소요되는 원가인 제조경비는 지급경비, 측정경비, 월할경비 및 발생경비로 분류된다. 아래 내용 중 잘못 짝지어진 것은?** ( )

① 지급경비: 외주가공비, 여비교통비, 도서비, 수선비

② 측정경비: 전기·수도·가스료, 전화요금(계량에 의할 경우)

③ 월할경비: 공과금(할부식), 보험료, 지급임차료, 감가상각비, 사용료(월할 지급시)

④ 발생경비: 재고실사차손, 재고감모손실, 공손비, 운임

02 **㈜신송은 재고자산에 대하여 총 평균법으로 평가를 수행한다. 그러나 기말 재고자산의 시가를 파악하기 위하여 선입선출법에 의한 평가를 보조적으로 하고 있다. 다음 자료로 3월 말일의 총 평균법과 선입선출법에 의한 재고액을 계산하라.** ( )

[자료]

일과	적요	수량	매입단가
3.1	전월 이월	300개	ⓐ 20
5	입고	1,000	ⓐ 30
10	출고	800	
15	입고	1,000	ⓐ 50
25	출고	1,000	

	총 평균법	선입선출법
①	10,000	25,000
②	18,700	25,000
③	10,000	20,000
④	18,700	20,000

풀이

일자	적요	수량	총평균법		선입선출법	
			단가	금액	단가	금액
3.1	이월	300	20	6,000	20	6,000
5	입고	1,000	30	30,000		30,000
10	출고	800	37.4	29,920		
15	입고	1,000	50	50,000		50,000
25	출고	1,000	37.4	37,400		
	차기이월	500		18,700		25,000

- 총 평균단가: 86,000 / 2,300 = 37.4
  차기이월: 300 + 1,000 + 1,000 - 1,800 = 500
  기말재고: 500 x 37.4 = 18,700

500 x 50 = 25,000

03 다음은 원가 계정과목에 대한 구성항목 설명이다. 이 중 타당하지 않는 것은? ( )

① 간접재료비: 공장의 생산시설 및 보조시설의 수선재료와 차량운반비, 공기구·비품의 수리재료 등에 사용된 것으로 공장 가동윤활유, 공장 소모품비 등으로 분류될 수 있다.

② 제수당: 야간수당, 시간외수당, 휴일수당, 연월차수당, 생리수당 및 직할수당

③ 복리후생비:
- 법정 복지비: 의료보험료, 산재보험료, 국민연금, 고용보험 등
- 후생비: 건강진단비, 기숙사비용, 의약품비 등
- 식대: 식당경비, 야간식대, 회식비 등
- 행사비: 야유회비, 간담회비, 각종 행사 지원비 등
- 기타복지비: TQC분임조 활동비, 제안시산비 등

④ 소모품비: 회사자산 유지보수를 위한 수익적 지출비용, 사무용 문구비, PC용품 등

04. ㈜정림은 재고자산에 대하여 계속기록법으로 장부기록 및 관리를 하고 있다. 기말에 재고실사를 하여 보니 장부재고와 실사재고 간 상당한 차이가 발생하였다. 이 차이는 정당하다. 허용감모손실은 장부수량의 10%로 한다. 재고감모손과 재고실사차손을 계산하고 그 회계처리를 한다면 타당한 처리는 어느 것인가? ( )

[자료] 기초재료 이월수량 300단위 당기 매입수량 3,000
당기 출고수량 2,800 기말 장부 재고수량 500
기말 실사수량 200 재고 평가단가 ⓐ 100

① 재고감모손실 5,000 매출원가계상 재고실사차손 25,000 영업외비용 계상
② 재고감모손실 25,000 매출원가계상 재고실사차손 5,000 영업외비용 계상
③ 재고감모손실 2,000 영업외비용 계상 재고실사차손 28,000 제품에 배부
④ 재고감모손실 2,000 영업외비용 계상 재고실사차손 28,000 제품에 배부

풀이

기말재고 장부가액: 500 x 100 = 50,000원
기말재고 실사가액: 200 x 100 = 20,000원
재고감모손실(정상): (500 x 10%) x 100 = 5,000원 ← 매출원가 계상
재고실사차손(비정상): (500 - 200 - 50) x 100 = 25,000 ← 영업외비용 계상

05 공장의 급료 지급 자료는 다음과 같다. 당월 지급액과 급료의 원가 형태는? ( )

근로자 수: 100명, 월급여 30,000(20일 근무시),
추가근로수당: 3,000(전원 초과근무), 전월 선급금: 10,000, 당월 선급금: 15,000

① 고정원가 2,995,000 ② 고정원가 3,000,000
③ 준고정원가 2,995,000 ④ 준고정원가 3,305,000

풀이

당월급여: 100 x 33,000 = 3,300,000
당월지급액: 3,300,000 - 10,000 + 15,000 = 3,305,000
∴ 노무비는 3,300,000, 지급액은 3,305,000, 준고정원가 해당

답 1.④(운임을 지급경비로 봄), 2.②, 3.②(직책수당은 급여 및 임금에 해당), 4.①(정상감모손 처리법:① 매출원가계상 ② 매출원가, 제품, 재공품 계상), 5.④

CHAPTER 05 원가의 배부

기업은 그 명칭 여하에 불구하고 여러 부문으로 구성되어 있다. 우리는 제품에 관심이 있으므로 생산과 직접 관련이 있는 부문과 간접 관련이 있는 부문으로 나누고 전자를 직접부문 후자를 간접부문으로 정의한다. 작업이나 업무는 부문을 단위로 하여 수행되므로 원가의 집계나 제품에의 배부도 부문을 단위로 하면 편리하다.

문 아래 표의 부문비를 제품에 적절히 배부해보라.

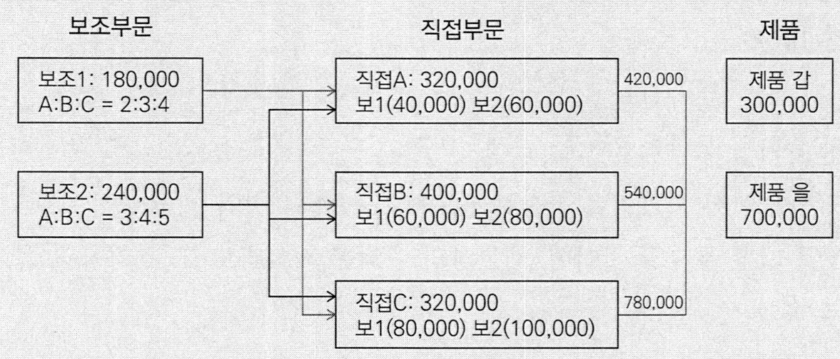

부문상자 내의 금액은 부문직접비, 비율은 배부기준이며 직접부문비는 제품 갑과 제품 을에 A부문은 4:3, B부문은 1:1. C부문은 2:1로 배분된다. 제품 갑, 을 상자 내 금액은 핵심 부품구입비이다.

풀이

구분	직접A	직접B	직접C	직접비	계
제품 甲	240,000	270,000	520,000	300,000	1,330,000
제품 乙	180,000	270,000	260,000	700,000	1,410,000
계	420,000	540,000	780,000	1,000,000	2,740,000

1 원가배부 개요

원가의 종착지는 제품이나 서비스이다. 그 여정은 다음과 같다.

기업이 판매하는 것은 제품이나 서비스이기 때문에 이들 각 판매단위당 원가를 계산하는 것은 영업이익 산정의 핵심이다. 그런데 기업의 원가는 해당 제품 개별로 정확하게 식별되기는 매우 어렵다. 소위 직접비는 제품에 직접 관련되므로 쉽게 식별되나 여러 형태의 간접비, 청소부나 경비원의 인건비는 서비스 제공의 형태가 매우 다양하므로 어느 제품에 배부해야 할지 쉽게 판단이 서지 않는다. 이들은 관련 고리를 따라 목적지인 제품을 찾아야 한다. 이 과정을 원가의 배부라 한다.

1) 단가의 계산

이윤을 창출하지 못하는 기업은 존재의미가 없다(프리드먼 독트린)고 한다. 장기적 차원에서 영업이익을 내지 못한다면 투자자는 투자처를 옮길 것이다. 그렇지 않다면 사회간접자본 부류에 대한 투자일 것이며, 계산상의 이익은 적자라도 그 효익차원에서는 엄청난 이익을 주는 경우도 있다.

기업의 이익은 매출에서 그 비용을 공제함으로써 결정된다. 매출이 발생하는 것은 제품이나 용역(이하 제품)이며 그 원가는 제조에서 판매까지 소요되는 총 원가이다. 대량생산이 이루어지는 공장에서 판매되는 제품의 이익을 구하려면 총 원가를 계산하고 이를 생산된 제품의 수로 나누어 개별 단위당 원가를 계산한다. 판매 단가는 다음과 같이 계산된다.

$$\text{단위원가} = \frac{\text{일정기간의 총 비용}}{\text{일정기간의 제품 생산량}}$$

$$\text{단가} = \text{단위원가} + \text{마진}$$

생산되는 제품의 단가는 정밀하게 계산되어야 한다. 계산의 착오나 오차가 크면 생산되는 제품들에 대한 원가가 정확히 계산되지 않고 산정된 이익에 차액이 발생하며, 이익을 기준으로 발생하는 비용인 세금(법인세, 지방소득세, 개인소득세 등)이나 배당 등의 계산에 오차가 발생하게 된다. 이는 회사의 재무 안정성을 훼손할 수도 있다. 원가를 잘못 계산함으로써 오는 폐단은, 시장에서의 경쟁이 심하여 가격의 극심한 할인을 해야 하는 경우, 과다 산정된 단가는 판매 대비 이익이 발생하는 제품을 손실로 보고할 수 있고, 그 정도가 넘으면 제품을 폐기하는 지경까지 다다를 수 있다. 신제품 하나를 개발하여 시장 출하가 난해해진 현대의 경쟁 체제하에서 계산 오류로 인하여 이익을 창출해내는 제품의 생산을 중단한다면 이는 경영의 결정적인 실수로 기록될 것이다.

제품의 판매가격은 고객으로부터 수취하는 대가로 만약 손실 허용 한도까지 떨어진 금액이라면 변경은 불가하다고 보아야 한다. 문제는 원가계산에 있다. 위의 산식을 보면 분모인 제품은 판매되는 제품을 의미하는데, 한 회사에서 하나의 제품만을 생산한다면 어려움이 없을 것이나 제품의 종류가 많고 같은 종류라도 규격이 여러 가지이며 생산 시기에 따라 환율이나 유가 또는 원재료의 단가변동이 있다면 판매 제품의 원가를 정확히 계산하여 이익을 산정하기가 쉽지 않을 것이다.

또한, 공장에는 가공부서, 조립부서, 영선 또는 시험이나 동력부서 및 자재발주나 생산관리부문 등 생산을 직접 담당하는 부서와 이를 보조하는 부서 등이 있어 각 발생비용을 제품에 어떻게 배부하느냐에 따라 제품별 계산되는 단가는 달라진다. 시장 철수에 대한 판단이 갈릴 수 있는 것이다. 제품 원가를 정확하게 계산하기 위해서 활동원가 계산 등의 방법론이 등장하게 되었다.

2) 다양한 원가의 집계와 배부

제품 생산에 소요되는 원가는 다양하며, 그 변화 양상도 복잡하다. 원재료는 구입 시점에 따라 가격 차이가 발생할 수 있고, 매입처에 따라 품질이나 특성에서도 차이가 나타난다. 같은 용도로 사용되는 원재료라도 대량으로 구매할 경우 단가는 낮아진다. 수입품의 경우는 국제 원자재가격 변동 및 환율이나 관세 등의 영향을 받고, 에너지기업의 경우는 수입 원유 가격에 위험이 직접 노출된다. 도입 및 입고된 원재료는 일정 절차를 거쳐 제품화하는데, 이 생산과정에서 다음과 같은 다양한 부문들이 직·간접으로 관여한다.

- **간접부문:** 원재료나 부품의 수요 근거를 제공하는 생산기획부나 원부재료나 부품의 발주 및 조달을 담당하는 부서, 원부자재의 보관 및 관리와 선별·불출을 담당하는 자재과와 창고과(보조부문), 연구개발이나 설계 및 시험을 담당하는 부서들이다.
- **보조부문:** 원재료의 출하 및 작업장에 공급해주는 생산보조자들, 외주용역을 관리해주는 부서, 좀 더 나아가면 생산된 제품의 출하를 담당하는 부서와 판매된 제품의 A/S를 담당하는 C/S(Customer Service 또는 Client Satisfaction)부서 등은 제품의 생산에 관련되는 부문들로 이들은 생산의 보조부문이다.
- **직접부문:** 생산 공정에서 직접 원재료를 가공하고 이를 조립, 완성시키는 가공공정이나 흐름공정(Conveyor system) 등은 직접부문이라 한다.

이와 같이 작업이 직접 부문과 간접 부문으로 나뉘어 수행되는 경우, 간접 부문에서 제공하는 서비스가 어떤 제품의 생산에 사용되었는지를 명확히 알기 어렵다. 비용은 각 부문별로 집계하는 것이 수월하다. 간접 부문은 그 목적상 제공하는 서비스에 일정한 패턴이 있으므로, 먼저 각 간접 부문의 비용을 집계한 후, 해당 비용을 각 패턴에 따라 서비스를 제공받은 부문에 점차적으로 배부해 가는 방식이 효과적이다. 이러한 방식은 간접 부문의 발생 비용을 제품에 적절히 배부할 수 있는 실용적인 방법이 될 수 있다. 결국 제품은 투입되는 모든 서비스를 독차지하게 되므로 원가와 서비스의 목적지는 제품이 된다.

3) 비용의 배부

앞서 언급한 비용 계산에는 두 가지 관점이 있다. 하나는 원재료나 부품의 구매 단가와 관련된 문제이며, 다른 하나는 제품을 제조하는 과정에서 발생한 비용을 제품별로 어떻게 집계할 것인가에 관한 관점이다.

구매단가의 경우 단가 차이들이 많은 경우 통제가 불가능할 수 있다. 통제한다면 장기간 고정 매입처에 대한 점검을 위하여 타사와의 불시 비교견적으로 그 타당성을 점검해 보거나 공개 경쟁 입찰의 방법으로 구입 단가를 점검하는 방법을 쓸 수 있다. 그 외의 환율이나 국제 원자재 가격의 변동 등은 통제 불가능하다. 따라서 제품의 원가를 산정할 경우 구입하는 원자재는 이러한 변화들이 구입 단가에 녹아 있으므로 각각의 구매단가를 반영한 재고자산의 평가를 통하여 원가계산의 합리화를 꾀하는 방법을 사용한다.

제조 과정상 발생하는 원가들을 제품으로 모으는 방법은, 각 부문 중 간접부문비를 직접부문으로 배부하고 직접부문비를 제품에 배부하는 방법을 써서 원가계산의 합리화를 꾀하는 논리를 가지고 있다. 몇 십 톤이던 철강이 일시 소요되는 선박 제조와 같이 제품에 직접 투입되는 원가는 직접 배부하면 된다. 어떤 경우건 원가를 배부할 때는 배부대상 금액(원가)이 있고 배부기준이 있다.

배부기준에 의하여 위 제품단가를 산출한 산식을 다음과 같이 고쳐볼 수 있다.

$$원가배부율 = \frac{배부대상\ 원가총액}{원가배부기준\ 총수}$$

원가배부액 = 원가배부율 × 원가대상의 배부기준 소모 수
제품단가 = 제품별 배부한 원가총액 ÷ 제품별 생산 수(배부대상 수)

원가의 집계는 부문별로는 응집력이 있어 잘 모아지므로 직·간접부문을 나누어 배부해가면 편리하다. 원가배부는 간접부문비를 직접부문(간접부문의 서비스 향유자)으로 배부하고 직접부문비를 제품에 배부하는 절차를 거치므로 직접부문과 간접부문의 구분이 중요하다.

2 제조부문과 보조부문

생산공정을 담당하는 부문을 제조부문(production department) 또는 직접부문이라 한다. 직접·간접부문의 구분은 공정흐름에 따른 생산 제조 단계나 제공되는 기능을 기준으로 설정할 수 있다. 예로, 대형 선박을 제조하는 조선업의 경우 용접업무만도 별도의 여러 부문이 설정되어야 할 것이다. 조선업의 경우 용접은 제조 직접 기능이다. 부문의 설정은 업무흐름을 잘 감안하고 주요업무를 수행하는 데 최대한의 효율성을 감안하여야 한다. 부문 또는 방계 기업 설정의 예는 [그림 5-1] 삼성전자 조직도로 볼 수 있다.

그림 5-1 • 삼성전자 조직도

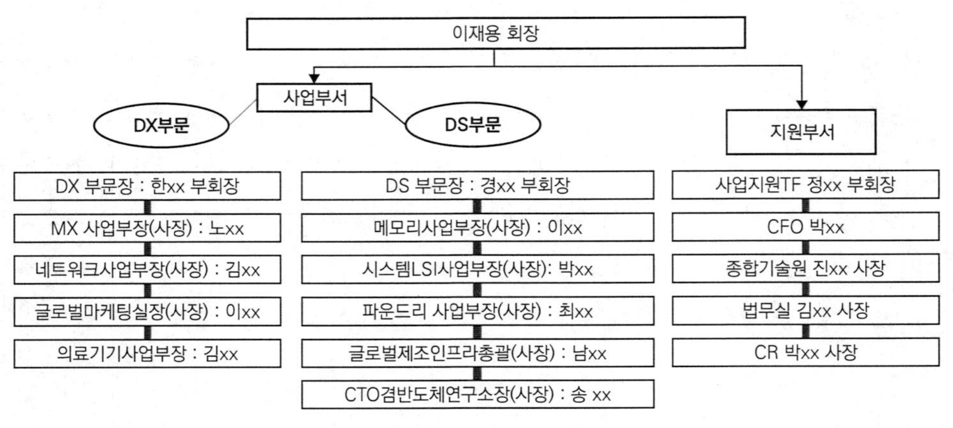

출처: 삼성전자: 2023년 초, 한겨레 이정훈, 2023.1.27 외

[경영원칙]

조직 예를 든 삼성전자는 인재와 기술을 바탕으로 최고의 제품과 서비스를 창출하여 인류사회에 공헌하는 「글로벌 초일류기업」을 지향한다. 이를 위해 인재제일, 최고지향, 변화선도, 정도경영, 상생추구를 모든 삼성인이 공유하고 지켜야 할 핵심가치(Samsung Value)로 삼는다. 나아가 우리는 법과 윤리를 준수하고 기업 본연의 역할과 사회적 책임을 다하기 위해 모든 경영활동에서 삼성인의 사고와 행동기준이 될 「경영원칙」을 제정하고, 이를 적극 실천할 것을 다짐한다.

1. 법과 윤리를 준수한다.

1-1. 개인의 존엄성과 다양성을 존중한다.

- 모든 사람의 기본적인 인권을 존중한다.
- 강제노동, 임금착취 및 어린이 노동 등은 어떠한 경우에도 허용하지 않는다.
- 고객, 종업원 등 모든 이해관계자에 대해 국적, 인종, 성별, 종교 등에 따른 차별을 하지 않는다.

1-2. 법과 상도의에 따라 공정하게 경쟁한다.

- 국가와 지역사회의 각종 법규를 지키고, 시장경쟁질서를 존중하며 정당한 방법으로 경쟁한다.

- 상도의에 벗어난 부정한 방법으로 부당한 이득을 취하지 않는다.
- 사업활동에 있어서 대가성 선물이나 금품, 향응을 주고 받지 않는다.

1-3. 정확한 회계기록을 통해 회계의 투명성을 유지한다.

- 모든 이해관계자들이 사업활동을 객관적으로 이해할 수 있도록 회사의 모든 거래를 정확하게 기록하고 관리한다.
- 각국의 회계관련 법규 및 국제적으로 통용되는 회계기준을 준수한다.
- 법이 정하는 바에 따라 회사의 재무적 변동 등 경영상의 주요사항 및 기업정보를 성실하게 공시한다.

1-4. 정치에 개입하지 않으며 중립을 유지한다.

- 개인의 참정권과 정치적 의사를 존중하되, 회사 내에서는 정치활동을 하지 않는다
- 회사의 자금, 인력, 시설 등을 정치적 목적으로 사용하지 않는다.
- 불법적인 기부금 등 금품을 제공하지 않는다.

2. 깨끗한 조직 문화를 유지한다.

3. 고객, 주주, 종업원을 존중한다.

4. 환경, 안전, 건강을 중시한다.

5. 글로벌 기업시민으로 사회적 책임을 다한다.

이 조직도는 우리나라 삼성전자의 2023년도 조직도이다. 최근에는 기업 홈페이지에 상세한 조직도를 공시하지 않는 추세다. 기업비밀이 되거나 내부기밀 침투의 루트를 제공할 수도 있기 때문이다. 대부분의 기업은 사업 분야와 주요 제품을 중심으로 자사 경쟁력을 강조하는 방식으로 정보를 구성하고 있다. 기업 규모가 커진 현재, 과거처럼 단순한 조직도나 특정 제품 하나로 기업 전체를 설명하기는 어렵다. 이에 따라 기업들은 기능 중심의 계열사 구조를 기술 역량 중심의 전략 체계로 재구성하여, 독자가 기업의 역량을 상상하고 이해할 수 있도록 유도하고 있다. 이와 함께 실제로 시장에서 움직이는 제품, 매출, 영업이익 등의 수치를 통해 기업의 실체를 보여준다. 제시한 내용은 과거 삼성전자에 대하여 공개된 공시 자료 등에 기반한 설명이다.

1) 제조부문

생산을 직접 담당하는 부문을 제조부문(production department) 또는 직접부문이라 한다. 직접·간접부문의 구분은 공정흐름에 따른 생산 제조의 단계나 제공되는 기능을 기준으로 부문을 설정할 수 있다. 위에 예를 든 삼성전자의 경우는 사업부서인 DX부문과 DS부문이 제조부문으로 분류된다. 이후는 마케팅, 연구소 또는 인프라 관리 등의 부문은 2차 간접부문으로 분류될 것이다.

생산현장의 공정관계에는 작업반별로 작업지시서 또는 생산지시서를 발부하여 관리한다. 그러나 전체 공장의 상황을 공지하여 전 직원이 참고할 수 있도록 현황판을 모두 잘 보이는 곳에 설치하기도 한다.

표 5-2 • 생산현장의 현황판

현황판	
목표생산량	1,000,000
생산실적량	780,000
달 성 률	78%
가동 시간	1,640hr
시간당생산량	4.8개/hr
목표시간당생산량	5.0개/hr

위 현황판은 생산현장에서 자주볼 수 있는 목표대비 실적을 공시하여 작업자들의 경각심을 불러일으키는 간판이다. 이 표를 보고 작업자들은 당해 공장 내 소속 공정의 작업 목표가 얼마인지 현재까지 얼마나 목표를 달성했는지를 파악하게 된다.

2) 보조부문

생산은 직접 담당하지 않는 부문을 보조부문(supporting department)이라 한다. 생산계획을 짜고 그 관리를 담당하는 생산관리부문, 원부자재를 발주하고 관리하는 자재나 창고부문, 기계 등의 수선을 담당하는 영선부문, 에너지를 공급하는 동력부문 등은 보조부문이다. 라인 생산시스템인 현대자동차의 경우 라인에서 수행하는 업무 외에 라인 작업을 원활하고 효율적으로 수행할 수 있도록 각 공정별 소요 원·부자재의 적시 조달, 발생하는 작업설물의 제거, 흐르는 폐유의 청소, 작업반원의 활동을 원활하게 하고 작업 저해요소를 제거하는 안전관리 업무 등이 보조부문의 역할에 해당한다.

보조부문에서 발생하는 제반원가는 적절히 제조부문 또는 제품에 배부되어야 한다.

위 삼성전자의 경우 지원부서가 명확히 구분되어 있다. 그러나 지원부서에서도 범용지원부문과 제품에 개별적인 연관이 있는 사업지원, 자금, 종합기술원 등은 구별되어 배분될 것이다.

3 부문비의 집계

제조부문 및 보조부문으로 구분된 회사의 부문은 원가계산상으로는 원가중심점(cost center)이다. 부문 내에서 발생하는 모든 원가는 부문명 아래에 ××부문비로 집계한다. 예를 들어, '용접 1 부문비' 또는 '도장 2 부문비'와 같이 명명할 수 있다.

제조부문의 경우는 소비되는 자원이 제품을 직접 구성하므로 제조직접비(직접재료비, 직접노무비 등)와 제조간접비로 구분된다. 그러나 보조부문비는 직접 제조부문이 아니므로 제조간접비로 분류된다. 이러한 간접비를 집계할 때 부문이 많고 발생되는 간접비의 형태가 다양하므로 단순히 ××부문비로 하여 제조간접비를 집계해 놓으면 혼란이 생길 수 있다. 제조간접비를 구성하는 항목 중 제품별 배부에 이질적인 것이 있을 경우 배부된 원가에 왜곡을 초래할 수 있기 때문이다. 이를 방지하고 제품원가를 정확히 계산하기 위해서는 해당 간접비들을 일정한 카테고리로 구분할 필요가 있다. 예를 들면, 포장업무를 담당하는 포장부문의 업무를 보면, 같은 포장이지만 베어링 등 소형박스 포장업무와 소형모터의 포장업무를 병행할 때, 베어링은 제작되어 납품된 종이박스에 포장을 하면 되지만 모터의 경우 나무나 플라스틱 상자를 제작하여 포장하여야 한다. 이들은 성격이 매우 달라 하나의 제조간접비(포장비, 포장부문비) 배부기준에 의해 배부하는 것은 합리적이지 않다.

따라서 보조부문비를 집계할 때도 원가 대상의 성격을 구분하고 목적에 맞는 배부기준과의 조화를 감안하여 집계하여야 한다. 이를 위하여 회계팀, 원가계산팀, 현장제조부문, 보조부문 및 생산관리팀과 필요 시 영업팀까지 망라하는 부문비 집계 관리팀 또는 원가계산 전략팀 등을 구성하여 상황을 조사하고 판단할 필요가 있다. 필요 시 이를 위한 태스크포스(TF)를 구성할 수도 있다.

4 부문비의 배부

부문에서 발생한 간접비는 적절히 타 부문이나 제조부문 또는 제품에 배부되어야 한다. 간접부문에서 발생된 원가는 타 보조부문에서 배부받은 비용을 포함하여 적절히 다음 단계의 원가중심점에 배부하면 된다.

예로, 어느 제조기업에 에너지부와 영선부가 있다면 영선부의 수선 서비스는 제조직접부서는 물론 동력부에도 제공되어 동력부에서도 수선부의 간접비를 배부받아야 한다.

한편, 수선부에서도 전기나 용수를 사용할 것이기 때문에 에너지부의 서비스에 대한 원가를 배분받는다. 이와 같은 양측에서의 원가배부는 이중배부법이라 하여 차후 논의될 것이지만, 어떤 배부방식이건 간접 부문비의 배부가 종료되면 간접 부문명의로는 원가가 남아있지 않게(않아야) 된다.

이와 같은 관계를 그림으로 보이면 아래 그림과 같다. T 계정 흐름도는 다음에 설명한다.

[그림 5-2]에서 보면 제조직접비(직접재료비, 직접노무비)가 제품 갑과 제품 을에 배부된다. 제조간접비는 배부 기준과 순서에 따라 제품으로 흘러간다. 이 순서는 바뀔 수 있다.

그림 5-2 • 원가(부문비)의 배부과정 - 직·간접부문비

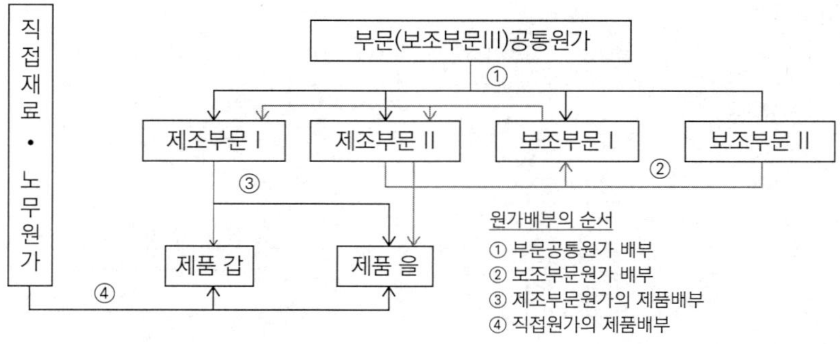

원가배부의 일반적인 순서: 직접비를 제외한 다른 부문비는 제조간접비로 다음 순서로 배부될 수 있다.

1. **전체 부문 공통원가**(전력, 수도 등): 간접 부문 중 제일 먼저 처리해야 할 부문비는 전 부문에 공통으로 서비스를 제공하는 전부문(全部門) 공통원가(보조부문III)이다. 이 서비스 원가는 전 부문에 영향을 미치므로 제일 먼저 원가를 배부하는 것이 좋으며, 제공한 서비스의 양을 측정하는 부문별 사용량 측정기(전략량계) 등의 계량치에 의해 배부하면 좋다. 그러나 측정기의 오차로 공급량과 사용량 합계가 일치하지 않는 경우는 계기점검을 먼저 하고 계기이상이 없을 경우 이를 상시화하며 총 전력비를 사용량 기준으로 배부한다. 그러면 에너지부의 남은 원가는 '0'이 된다.

2. **보조부문 상호배부**: 다음은 보조부문 간의 원가배부인데, 먼저 보조부문 II의 발생원가를 배부한다. 이 부문은 보조부문 I과 제조부문 II에 서비스를 제공한다. 보조부문 I의 원가는 보조부문 III 및 보조부문 II로부터 배부받은 원가를 제조부문 I 및 제조부문 II에 배부한다. 최종적으로는 제조부문 I과 제조부문 II 및 직접비를 적절히 제품 I과 제품 II로 배부하면 모든 직접·간접부문에는 원가가 하나도 남지 않고 제품만 제조원가를 모두 가지게 된다. 이때 상호배부법, 단계배부법 또는 직접배부법 중 하나를 선택한다. 이 과정에서 Excel에 의한 계산을 할 경우 단수, 사사오입, 소수점 이하 몇 자리까지 유효숫자로 볼 것인지 유의한다.

T 계정에 의한 원가 이동 및 내부 과정

아래는 이 과정에 대한 원가 T계정에 의한 흐름을 표시한다.

그림 5-3 • 부문원가 배부 T계정흐름도

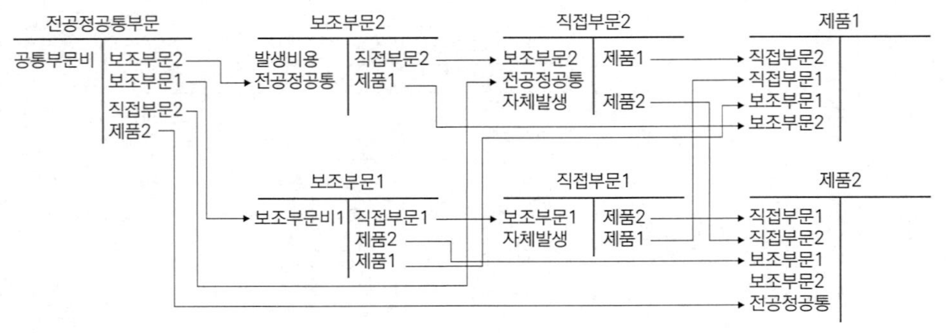

이 흐름도는 각 부문비가 다른 부문에 어떻게 배부되고 제품까지 흐르는지를 회계이론을 토대로 보여준다. 보조부문 1은 제품 1, 2 및 직접부문 1에 서비스를 제공하며, 보조부문 2는 제품 1과 직접부문 2에, 전공정공통부문은 제품 2와 직접부문 2 및 보조부문 1, 2에 서비스를 제공한다.

직접부문 1, 2는 모두 제품 1, 2에 서비스를 제공한다. 직접부문비는 직접비와 제조간접비로 구분할 수 있다.

[그림 5-3]은 원가이동 및 배부과정이다. 원재료의 공정투입은 재공품 계정으로의 전환을 말하며 공정 및 부분비의 발생과 배부는 재공품의 변화를 의미한다. 생산공정이 종료되면 모든 원가는 재공품 계정에서 제품 계정으로 이체된다. 제품이 판매되면 제품계정 차변은 매출원가가 된다.

5 배부율

부문비는 배부율에 의하여 다음 단계의 원가중심점(Cost Center)에 배부된다. 이때의 배부는 배부율에 따라 타 부문 또는 제품에 배부된다.

1) 공장배부율과 부문별 배부율

공장 전체에서 발생하는 제조간접원가는 제조부문과 간접부문 모두에서 발생한다. 이때 총 제조 간접원가를 대상으로 하나의 배부기준을 적용하는 배부율을 공장제조간접원가배부율이라 한다.

공장제조간접원가배부율(Plantwide overhead rate): 공장 전체에서 발생하는 총 제조 간접원가를 대상으로 하나의 배부 기준(배부율)을 정하여 배부하는 방법이다. 이 방법은 기업의 부문구조가 복잡하지 않고 원가의 발생 및 제품 공헌 관계가 단순할 경우 적용할 수 있는 방법이다.

부문별배부율: 발생되는 제조간접비가 특정 제품에만 국한되거나 서비스가 특정될 경우, 또는 부서가 많고 각기 특성들이 다르며 나름의 제품 공헌도가 다르게 측정될 때는 공장배부율을 쓰기는 어렵다. 이럴 경우에는 각 부문별 배부율을 선정하여 사용하는 것이 합리적이다.

각 부문에서 발생하는 부문간접비는 사후에 확정이 된다. 그러나 원가계산이 회계기간을 넘긴다면 원가의 고유기능 중 하나인 경영계획 수립이나 경영통제에 사용할 수는 없다. 따라서 부문비를 예정 배부율을 산정하여 부문비와 제품원가를 추정하고 이를 경영관리에 활용한다. 이때 부문 제조간접비 예정배부율은 특정 부문의 예상 제조간접비 원가예상액을 예상 활동 수준(예상조업도)으로 나누어 산정하고, 배부기준은 직접노무원가, 직접공수(작업시간, MH: Man Hour), 기계작업시간(Machine Hour) 등을 사용할 수 있다.

예정배부율을 써서 원가계산을 하는 경우에는 기말 결산 시 실제 원가와 대비하여 배부 차이가 생기는데, 이 차이는 매출원가에 배부하거나 그 금액이 크고 제품과 재공품의 비중이 매출원가 대비 중요할 경우에는 총원가(매출원가 + 제품재고액 + 재공품재고액)에 배부하는 방법 또는 제조간접비 요소를 산출하여 원가요소를 기준으로 하는 배부 방식을 채택할 수 있다.

2) 단일 배부율과 이중 배부율

각 부문에서 발생한 간접원가를 타 부문 또는 제품에 배부할 때는 당해간접비를 하나의 배부율로 간단히 배부(단일 배부율법)할 수 있으나 발생 간접비를 고정성과 변동성으로 나누어 좀 더 합리성을 가진 방법으로 배부(이중 배부율법)할 수도 있다. 어느 방법이건 제품의 제조원가를 가장 정확히 산정하고 원가경쟁력을 높이는 방향이 되어야 할 것이나 심층적인 배부방법을 쓰려면 추가적인 비용이 들어가므로 투입되는 비용대비 그 가치를 고려하여 적절한 방법을 선택하여야 할 것이다.

단일 배부율을 사용하는 경우의 보조부문비는, 인사부서나 식음료 서비스부문은 각 부문의 인원수로, 전기·가스·용수 등 계량 대상 서비스는 각 부문의 사용량(계기사용)으로, 구매부문은 구매 횟수와 원재료 형태에 따른 검수 등을 감안한 적정률로, 창고관리비나 건물관리비는 기계 또는 당해 작업반의 작업장 점유면적으로, 영선비는 영선횟수나 영선시간(MH) 등에 의하여 배분한다.

이중배부방식은 위의 단일배부방식이 타당치 않을 경우 사용할 수 있다. 앞에 언급한 바와 같이 어떤 부문의 서비스 중 일부가 특정 부문 또는 특정 제품의 하나나 일부에 개별적으로 제공될 경우 이 부분은 원가배부 시 감안하여 별도로 취급하는 것이 타당하다. 제조간접비 성질을 분석해보면 제조간접비는 매출액에 비례하여 발생하는 변동비와 매출액과는 무관하게 발생하는 고정비로 구분할 수 있다. 간접비를 변동제조간접비와 고정제조간접비로 구분하여, 변동제조간접비는 서비스의 실제 사용량 등을 기준으로 책정한 배부율로, 고정제조간접비는 일정액을 일괄 배부(제품 단위당 단위원가가 달라짐)하는 방식을 사용할 수 있다. 고정비는 주로 자동화 기기 등 설비비이므로 특정제품과 관련된 유형성 자산이 주인 기업의 경우는 주효할 수 있다. 변동원가는 서비스의 실제 사용량을 기준으로 배부한다. 표준배부율을 산정하여 사용하기도 한다.

6 원가배분

1) 보조부문간의 원가배분

하나의 보조부문에서 다른 보조부문으로 또는 직접부문으로 일방적인 서비스를 제공할 때 원가를 배분하는 것은 어렵지 않다. 그러나 부문 상호 간 서비스를 주고받으면 양방향 원가 배분의 문제가 생기는데 그 방법에는 직접배부법과 상호배부법 및 단계배부법이 있다.

(1) 직접배부법

직접배부법(direct method)은 보조부문 상호 간에 이루어진 각각의 서비스 제공을 감안하지 않고 보조부문원가를 오직 제조부문에만 직접 배부하는 방법이다. 제조부문이 서비스부문으로부터 제공받은 서비스만을 인정하고 그 서비스량에 따라 원가를 배부한다.

이 방법은 보조부문비가 적고 보조부문 간의 교환서비스량이 크지 않으며, 각 제조부문에서 균등한 정도의 서비스를 각 부문으로부터 제공받는다면 쉽고 타당한 방법이다.

(2) 상호배부법

상호배부법(reciprocal method)은 보조부문 간의 서비스 수수관계를 모두 반영하는 방법이다. 이 방법은 상호 서비스를 주고받은 각 부문 간 상호 제공한 서비스의 양의 비율을 기준으로 원가를 배분한다. 배분 후는 서비스 제공으로 인한 원가만큼은 감소, 제공받는 원가만큼은 증가한 상태의 원가를 제조부문이나 제품에 배분한다. 이 방법은 이론적으로 가장 정확한 방법으로 평가된다.

(3) 단계배부법

단계배부법(step method)이란 보조부문의 간접비 배부순서를 미리 정하여 정해진 순서에 따라 보조부문, 제조부문 또는 제품에 배부하는 방법이다. 이때 먼저 배부한 부문이 배부받은 부문의 서비스를 제공받았다 하여도 그 부분에 대한 원가를 배분받지는 않는다.

이 방법은 보조부문 간의 서비스 제공 원가를 일부 반영하긴 하지만, 배분 순서가 적절하지 못하든가 배분받을 원가가 심하게 누락되는 경우 제품원가 산정에 오류를 초래할 수 있다.

2) 직접부문의 원가배분

직접부문은 제품 생산을 직접 담당하는 부문을 말한다. 최종 제품이 완성되어 시험에서 성능을 만족하는지에 따라 제품의 완성으로 판정하게 되는 것이다. 제품 제조 공정은 보통 영선부나 에너지 부문의 서비스를 지속적으로 받는다.

직접부문의 원가배부 방법은 간접부문의 원가배부 방법인 직접배부법, 상호배부법, 단계 배부법을 다 쓸 수 있다. 그것은 생산 조직의 구조와 부문별 서비스의 형태에 따라 결정된다. 그러나, 직접부문에서 주로 작업을 수행하여 제품이 완성되므로 제품에 직접 배부되는 경우가 많을 것이다. 서비스를 제공받은 부문에 비용을 배분하는 방식은 다른 부문비의 배분 방식과 동일하며, 이에 대한 생산공정의 마지막 회계 처리는 재공품 계정에서 제품 계정으로의 이체로 반영된다.

OX 졸음깨우기

01 생산조직은 크게 생산부문과 보조부문으로 나뉘어 작업이 되고 그 기능은 상호 보완적일 수 있다. 보조부문은 생산부문을 보조하나 보조부문 간에도 상호 보조적, 보완적일 수 있고, 간혹은 생산부문이 보조부문에 용역을 제공하기도 한다. 이들은 상호 서비스를 제공한 부문의 원가를 서비스를 제공받는 부문으로 배부받은 원가를 가산한다. ( )

02 부문원가 중 공통부문의 원가가 생산부문을 포함하여 전 부문에 먼저 배부된다. 다음은 배부대상 부문이 많은 부문부터 각 부문에 원가를 배부하고 최종적으로 생산부문에 배부된 원가는 제품으로 배부된다. 이 과정에서 서비스를 상호 주고받은 부문 간에는 상호 배부하되 상호 배부법에는 직접배부법이 가장 간편하다. ( )

03 공장장의 급여, 세금과공과금, 지급임차료, 동력비, 공장소모품비, 특정부문의 구축물 감가상각비 등은 부문공통비이다. ( )

04 직접원가와 간접원가 중 간접원가는 배부계산을 한다. 배부의 기본원칙을 구분하면 수익자부담의 원칙 즉, 서비스를 제공받은 자에게 원가를 배분한다는 것이다. ( )

05 다음 자료로 보조부문의 원가를 제조부문으로 배부할 경우 절단부문 및 조립부문에 배부된 총 원가는 520,000원 및 380,000원이다. 제조간접원가는 직접배부법을 사용한다. ( )

구분	제조부문		보조부문		계
	절단	조립	동력	기계	
부문발생액	400,000	300,000	120,000	80,000	900,000
동력부문(kwh)	500	250	200	300	1,250
기계사용(시간)	40	40	30	30	140

풀이

	절단	조립	동력	기계	계	배부총액
부문비	400,000	300,000	120,000	80,000	900,000	
동력부문비 배부	80,000	40,000				120,000
기계부문비 배부	40,000	40,000				80,000
계	520,000	380,000			900,000	

주요계수: 500 750 = 0.67, 250 750 = 0.33, 40 80 = 0.5

답 1.O, 2.O, 3.X(특정부문 감가상각은 부문개별비이다), 4.O, 5.O

객관식 지식점검하기

01 다음은 부문공통비의 배부기준으로 선택한 항목들이다. 이 중 적당하지 못한 것이 있으면 선택하라. ( )

① 간접재료비 - 각 부문의 직접재료비

② 간접노무임금 - 각 부문의 직접임금 또는 각 부문의 직접인원수

③ 복리후생비 - 각 부문의 직접·간접 포함 임금지급액

④ 수선비 - 각 부문의 수선 횟수

⑤ 전력비 - 각 부문 기계의 동력(kw) 수 x 가동시간 수

02 다음 ㈜신송의 원가자료를 참고하라.

[자료]

구분	제조부문		보조부문		계
	조립부문	사상부문	동력부문	수선부문	
부문비	30,000	90,000	5,000	9,000	134,000
동력부문(kwh)	600	600	-	300	1,500
수선부문(횟수)	100	60	40	-	200

보조부문비는 상호 배부법을 채택하였다. 부문비는 수선부문비를 먼저 배부한다. 이 경우 조립부문 총 원가는 얼마인가?

	조립	사상		조립	사상
①	38,000	96,000	②	40,000	94,000
③	42,000	92,000	④	44,000	90,000

풀이

(제1법)

적요	조립	사상	동력	수성	계	비고
부문비	30,000	90,000	5,000	9,000	134,000	
수선부문비 배부	(0.5x9,000) 4,500	(0.3x90,000) 2,700	(0.2x9,000) 1,800		(9,000)	
동력부문비 배부	(0.5x6,800) 3,400	(0.5x6,800) 3,400			(6,800)	
계	37,900	96,100			134,000	

(제2법)

적요	조립	사상	동력	수선	계	비고
부문비	30,000	90,000	5,000	9,000	134,000	
수선부문비 1차배부	4500	2700	1800	-	(9,000)	
동력부문비 1차배부	(0.4x5,000) 2,000	(0.4x5,000) 2,000		(0.2x5,000) 1,000	(5,000)	분모: 1500
수선부문비 2차배부	(0.5x1,000) 500	(0.3x1,000) 300	(0.2x1,000) 200		(1,000)	
동력부문비 2차배부	(0.5x2,000) 1,000	(0.5x2,000) 1,000			(2,000)	
계	38,000	96,000			134,000	

※ 상호 배부방법의 적용방식에 따라 약간의 차이가 있음.

03 다음 중 부문공통비 배부기준으로 타당하지 않은 것은?

① 전기·가스·수도료 등: 각 부문의 측정 소비량 또는 소비 추정량

② 건물보험료: 각 부문의 점유면적

③ 건물감가상각비: 각 부문의 직접작업시간

④ 기계장치감가상각비: 각 부문의 기계장치 가액

⑤ 복리비: 각 부문의 종업원 급여

04 보조부문비의 배부방법으로 이론적으로 합리적이라고 인정되는 순서로 타당한 것은?

① 상호배부법 < 단계배부법 < 직접배부법

② 상호단계 배부법 < 상호직접배부법 < 상호연속 배부법 < 직접배부법

③ 직접배부법 < 단계배부법 < 상호직접배부법 < 상호단계배부법 < 상호연속배부법

④ 상호연속배부법 < 상호단계배부법 < 상호직접배부법 < 단계배부법

05 다음 자료로 제조원가를 계산하라.

1. 직접재료비 500,000	2. 영업사원 제수당 200,000
3. 외주가공비 200,000	4. 공장장급료 100,000
5. 본사건물 감가상각비 20,000	6. 공장전기료 80,000

① 580,000　② 680,000　③ 780,000　④ 880,000

답 1.②(직접노무비가 타당), 2.①, 3.⑤, 4.③,
5.④ (500,000+200,000+100,000+80,000=880,000)

주관식 실력향상하기

01 ㈜골통신은 두 개의 제조부문 p1, p2와 두 개의 보조부문 s1, s2를 운영하여 제품을 생산한다. s1은 기계시간, s2는 전력소비량(kwh)에 비례하여 보조부문원가를 제조부문에 배부한다. 회사의 각 부문에서 발생할 것으로 예상되는 원가 및 용역 수수관계는 다음과 같다.

구분	제조부문		보조부문		합계
	p1	p2	s1	s2	
부문원가	23,000	40,200	10,800	6,000	80,000
부문별 예상기계사간 사용량	30시간	50시간	20시간	20시간	120시간
부문별 예상전력 소비량	320kwh	320kwh	160kwh	100kwh	900kwh

상호배부법을 이용하여 보조부문 원가를 배부하고 p1 및 p2에 집계될 부문원가의 합계액을 구하라.

풀이

개요	p1	p2	s1	s2	계
부문원가 (배부액)	23,000 (7,050)	40,200 (9,750)	10,800 (-)	6,000 (-)	80,000 (16,800)
s1 배부	(0.3x10,800) 3,240	(0.5x10,800) 5,400		(0.2x10,800) 2,160	10,800
s2 배부	(0.4x6,000) 2,400	(0.4x6,000) 2,400	(0.2x6,000) 1,200		6,000
s1 2차 배부	(0.5x1,200) 600	(0.5x1,200) 600			1,200
s2 2차 배부	(0.375x2,160) 810	(0.625x2,160) 1,350			2,160
계	30,050	49,950			80,000

제조부문원가:

p1: 30,050원　　　　　　p2: 49,950원

PART

02

COST
ACCOUNTING
CALCULATION
ACCOUNTING
LEDGER
TAX FORM
COST
INNOVATION
REVENUE
ANNUAL
PAYMENT
FINANCIAL
REPORT

원가계산

chapter 06 개별원가계산
chapter 07 종합원가계산
chapter 08 결합원가계산
chapter 09 변동원가계산
chapter 10 정상원가계산
chapter 11 표준원가계산
chapter 12 활동기준원가계산
chapter 13 공손

CHAPTER
06 개별원가계산

문 선박이나 항공기의 원가계산은 당해 제품이 완성되어가면서 발생하는 원가를 각 제품별로 직접 집계하여 계산함이 타당하다. 이렇게 발생하는 원가를 직접원가라 하며 개별 제품별로 "작업원가표"에 집계되는 원가를 집계하여 제품원가계산을 수행한다. 직접비에서 벗어나는 제조간접비는 배부계산한다. 바지선 두 척을 제작하려고 한다. 아래 작업원가표를 보고 이 배의 원가를 계산하라.

[작업원가표]

단위: 억원

구분	예산	실제	차이
직접재료비	1,500	1,700	200
직접노무비	800	850	50
Utility비	200	210	10
제조간접비	300	① ( )	② ( )
총 제조원가	2,800	③ ( )	④ ( )
제작수량	2		
단위당 원가	1,400		

회사의 제조간접비는 총 1,200원이며, 이 Lot에 30%가 배부된다. 원가 차이는 예산의 10%는 제조원가에 배부하고 이를 초과하는 원가는 영업외비용(예산차이)으로 처리한다. 이 선박의 단위당 실제 제작원가와 예산차이를 구하라.

풀이

① 1,200 × 30% = 360 ② 300-360 = 60 (불리)

③ 1,700 + 850 + 210 + 360 = 3,120 ④ 3,120 - 2800 = 320 (불리)

단위당 선박 제작 원가 = 3,120 ÷ 2 = 1,560억 원

예산차이= 3,120 - 2,800 = 320억 원

답 ① 360 ② 60 ③ 3,120 ④ 320
예산차이: 320억 원

1 개별원가계산의 의의

개별원가계산은 모든 원가계산의 모태이다. 개별원가계산에서는 직접재료비, 직접노무비는 실제원가로 집계하고 제조간접비는 실제 발생한 원가를 일정한 배부기준에 의하여 배부 계산한다.

현재와 같이 산업이 복잡다기화되기 이전에는 제품의 생산자는 소비자의 주문을 받아 이를 제조하여 납품하고 그에 대한 수익(매출액)과 작업한 분량에 대한 원가를 계산하여 이익을 계산하였다.

그러나 산업의 복잡다기화와 소비자의 욕구가 제품개발 및 생산의 곳곳에 영향을 미친 이후부터는 많은 산업에서 이러한 수익비용의 직접 대응 구도는 보기 어려워졌다. 이런 산업사회를 반영한 원가계산이 종합원가계산이다. 종합원가계산은 하나의 공장에서 여러 제품들이 생산되고 발생하는 원가들이 서로 어느 원가가 어떤 제품에 공헌했는지를 판단하기 어려울 때, 그 중 제품 원가가 직접적으로 매치되는 원가는 직접 배부하되 많은 원가들을 적절한 배부기준을 세우고 배부하여 발생한 원가를 제품에 대응시키는 방법으로 현대적 생산방식에 어울린다. 그러나 현대에도 제품이나 서비스의 일부 유형에서는 이와 같은 종합원가계산이 아니고 개별적으로 원가를 산정하는 방식을 사용하는 것이 유리한 업종도 있다. 예를 들어 항공기, 미사일, 선박, 기차, 탱크처럼 하나의 제품을 생산하거나, 가구·기계 제조처럼 종종 여러 대의 동일제품군을 생산하는 경우, 또는 법무법인, 회계법인, 영화제작사, 광고대행사, 병원처럼 각 작업 내용을 명확히 구분할 수 있는 경우에도 이 방법을 적용할 수 있다. 이는 특정 업무(job)가 다른 업무와의 간섭이 적고, 하나의 연속된 업무가 지속적으로 수익을 창출하며, 이에 따라 관련 원가의 집계도 용이하기 때문이다.

개별원가계산은 수익과 원가의 구분이 명확한 계산방법이며 원가가 제품별로 개별적으로 식별되는 경우에는 개별원가계산을 채택하는 것이 좋다. 개별원가계산에서는 하나 또는 소수의 작업지시서(job order)가 작업장의 여러 작업반을 거치면서 제품이 완성되는 형태를 가지고 있다. 당해 작업의 완성은 제품의 완성으로, 여기서 발생한 원가를 집계한 작업원가계산표는 거의 당해 제품의 원가계산서가 된다. 따라서 생산관리나 원가계산은 내재된 기술의 깊이와 혁신성은 별론으로 하고 비교적 단순하다. 작업지시서는 물론 영업에서 발부되는 거래선의 주문서(order sheet)나 판매지시서(sales order)는 작업의 토대가 된다. 영업부문과 생산부문 및 원가부문이 하나가 되어 움직이는 것이다. 그 흐름은 다음 [그림 6-1]과 같다.

그림 6-1 • 직접(개별)원가계산의 흐름

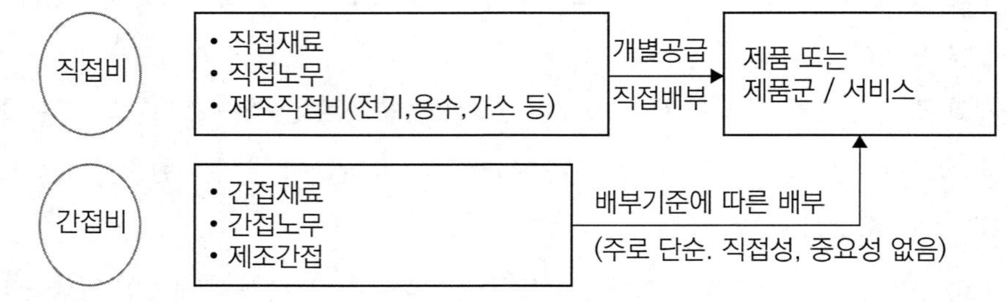

2 제조(작업)지시서와 작업원가표

제조지시서(production order)와 작업지시서(job order)는 생산 전체를 보느냐 생산과정을 작업단위(job)를 구분하여 보느냐의 차이로, 생산현장에서 거의 동일하게 쓰이는 업무명령서이다. 여기서는 작업지시서로 통일하여 사용하며 그 서식의 예를 보이면 [표 6-1]과 같다.

[표 6-1] 작업지시서

	작업지시서		Order No.
주문 No:		발행일:	
발주처:		수주일:	
납품장소:		납기일:	
담당부서:		발행인:	(인)
품명	**품목코드**	**수량**	**작업명세(spec)**
작업개시일:	연 월 일	확인부서	:
작업완료일:	연 월 일	책임자	(인)

영업부문에서 주문을 받으면, 주문생산일 경우 이를 생산부서에 작업지시서를 발행한다. 작업지시서는 기업의 업무체계에 따라 영업부서에서 발행할 수도 있고, 생산부서에서 영업으로부터 주문서(사양기입)와 협조전을 받아 생산부서에서 작업반으로 발행할 수도 있다. 작업의 크기와 예산규모, 대외협력 필요성 등에 따라 대응한다고 할 수 있다.

[표 6-2] 작업원가표는 발급된 작업지시서에 따라 수행되는 작업을 절차에 따라 발생되는 원가의 집계표이다. 이 표는 재료비나 노무비 등의 재료단가, 작업자 임률 등 회계전표가 필요하므로 생산관리팀에서 회계부문의 협조를 얻어 작성한다.

[표 6-2] 작업원가표

작업원가표	
발주처 :	job order No. :
	제조착수일 :
주문번호 :	제조완료일 :
제품명 :	인도예정일 :
규격 No. :	인도장소 :
제조수량 :	납품방법 :

직접재료비			직접노무비			Utility			제조간접비		
일자	적요	금액	일자	적요	금액	일자	적요	금액	일자	적요	금액
	자재출고 No.			작업 오더 No.			계기량			제조간접비 예정배부율	
합 계			합 계			합 계			합 계		

구분	실제	예산	차이	비고
직접재료비				
직접노무비				
Utility비				
제조간접비				
제조원가				
제조수량				
단위당원가				

작성일: 2025년 월 일 작성자 (인)

작업원가표는 작성자가 날인하여 관련 부서 특히 원가계산팀에 이송 및 협조한다. 원가팀은 이를 토대로 간접비의 배부를 포함하여 전체의 검증 및 개별 오더(order)에 대한 원가계산을 완료하고 품목별 개별원가계산서를 작성하여 회계팀으로 이송한다.

작업원가표의 양식은 회사의 관리체계에 맞추어 내용을 구성하면 된다. 직접재료비의 집계는 당해 내용을 가장 잘 표시할 수 있는 내용(항목)을 기록한다. 품명·수량·단가가 필요하면 그렇게 하면 된다. 다만 출고요구서에는 원재료와 Lot No. 등 주요 내용이 기록되기 때문에 정보시스템상에서 소통이 되면 정보 유용성은 높아진다. 노무비와 Utility도 동일하다. 제조간접비의 예정배부율은 직접재료비 또는 직접노무비 등 원가팀에서 사전 정의한 조업도 측정기준에 대한 비율을 적으면 된다. 이 표의 작성은 원가팀과 생산 및 회계팀간 공감대를 이루어야 할 것이다.

3 개별원가계산의 절차

1) 개별원가계산 절차

개별원가계산에서는 직접원가와 간접원가의 구분이 매우 중요하다. 근래의 개별원가 대상이 되는 제품은 그 규모가 커 적은 오류라도 큰 결과를 초래하기 때문이다.

직접원가와 사전 정의 가능한 제조간접원가는 작업원가표에 미리 기재되지만 제조간접비의 배부는 사후 또는 연말 원가정산 시 전체에 대한 조정이 이루어지게 된다. 공통비나 본사에서 이체되는 원가 등으로 인해 제품 완성 시 곧바로 원가가 결정되는 경우는 거의 없기 때문이다.

개별원가계산을 채택한 후 처음 수행해야 하는 일은 우선 원가대상이 되는 작업들을 구별하는 일이다. 작업지시(job order) 하나로 제품이 완성되는 것인지 연속된 여러 개의 작업지시들이 하나의 제품을 완성하는지와 이들의 연결과정, 기업 내외의 원가 발생관계(공용비, 이체비 포함) 등을 확인하여야 한다. 다음으로는 작업원가표에 있는 대로 개별 작업에 대한 직접비를 집계하고 입수가능한 정보에서 이 표를 완성시킨다. 그 후 제품의 생산 완료 시점에는 회사의 원가계산 종료 시점에 맞추어 원가산정을 마무리한다. 중요한 것은 연관이 없는 것 같은 큰 간접비를 어떻게 배부하는가이다. 이럴 경우 표준원가 또는 활동원가계산에서의 활동동인과 원가동인 등을 감안해 볼 수 있을 것이다.

2) 개별원가계산의 수행

(1) 직접재료원가

제품생산은 원재료가 공정(생산라인)에 투입되면서 시작된다. 원재료가 가공비를 흡수하면서 가치의 증대가 이루어지고 명칭은 재공품으로 바뀐다. 원재료나 부품은 창고로부터 재료출고요청서(material requisition sheet)에 의해 요청되고 승인되면 출고된다.

재료출고요청서에는 요청자와 작업자 성명과 요청하는 원재료 명칭과 코드번호, 관련 작업지시, 나아가 영업의 수주상황까지 연결된다.

자재출고요청서의 서식은 [표 6-3]과 같다.

[표 6-3] 자재출고요청서

자재출고요청서

No.

Job order No: 사용부서:				작성일 요청인: (인)			
Job No.	품명	코드번호	요청수량	불출수량	단가	금액	비고
지급일: 지급자: (인) 기 장: (인)				수령일: 수령자: (인)			

자재출고요청서에는 직접재료의 경우 작업번호를 반드시 기입하여야 하고 간접재료의 경우는 작업번호 없이 사용부서의 명칭만 기입할 수 있다. 수불부에 빠짐없는 기록을 위해 기장에 기장담당자가 날인한다.

(2) 직접노무원가

직접노무원가의 기입은 직접재료원가의 기입과 유사하다. 원재료에 자재이동에 관한 내용을 자재 출고 요청서로 확인하듯, 근로자의 투입공수를 작업전표에 기입하여 보고한다.

[표 6-4] 근로자 작업전표

작업전표								No.
Job order No: 작업장:					일자 감독자			(인)
작업명	No	수행자	착수시간	완료시간	소요시간(분)	임률(₩/h)	노무원가	비고
						보고자		(인)

직접노무비의 경우는 작업지시 No를 꼭 기입하고 작업장 청소나 보조업무 등 간접원가의 경우는 Job order No 없이 활동내역과 시간만 보고한다.

(3) 제조간접원가

제조간접원가는 매우 광범위한 항목을 포함한다. 소모품 등 간접적으로 투입되는 재료비를 비롯해, 공장 감독자 및 관리직원의 급여, 청소·경비 등의 다양한 간접노무비, 감가상각(또는 감모상각) 도서비, 교통·통신비, 소모품비 등 기타 간접비용이 모두 이에 해당한다. 이러한 제조간접원가가 제품들에 제대로 배부되지 않는다면 최종 제품의 원가는 제대로 계산되지 않는다. 선박이나 항공기 등 직접비의 규모가 크고 이윤율이 높고 간접비율이 낮은 경우 제조간접비 배부의 중요성은 떨어진다고 할 수 있으나, 한편으로는 작업상 고가의 자동화기기나 AI 활용 시설들이 도입되어 간접비가 증가하는 추세인 현대에는 면밀한 주의를 기울여야 한다.

제조간접원가의 특성은 하나의 원가인 개별항목들에 대한 직접 제품에의 배부가 어려우므로 여러 비용계정들을 묶어 임의의 원가풀(cost pool)을 구성, 일괄 취급한다.

제조간접원가의 제품별 배부금액은, 이 원가풀을 배분하는 데 합리적으로 배부기준과 원가풀이 구성되어야 한다. 그 배분식은 다음과 같다.

- 제품별 제조간접비 배부액 = 제품별 배부기준 사용 수 x 제조간접원가 배부율
- 제조간접원가 배부율 = $\dfrac{\text{총 제조간접원가}}{\text{총 배부기준량}}$

배부기준으로는 직접노무원가, 직접재료원가, 직접노무인력 수, 직접기계시간, 공통사용부품 수 등을 들 수 있다.

Job Order가 여러 제품에 동일하게 몇 단계로 발부되는 경우, 각 Order별 배부기준량을 산정하고 단계별 배부하는 방법도 정확한 원가계산을 위해서 고려해볼 만할 것이다. 이럴 경우 다음의 배부식을 참고한다.

작업별 제조간접원가 배부액 = 작업별 배부기준량 x 제조간접원가 배부율

제조간접원가 배부율은 꼭 하나만 사용할 것은 아니다.

공정이 단순하고 금액의 중요성이 크지 않은 기업이라면 전체의 제조간접비를 대표하는 배부율을 선정하여 사용할 수 있을 것이나 매우 다양한 간접원가들이 혼합되어 있는 경우는 하나의 배부기준이 특정 간접비들을 배부하는 데 적합하지 않을 수 있다. 반면, 어떤 배부기준(원가동인)이 이들을 대표하여 원가배부에 적합하다면 이 배부기준을 채택하는 데 주저할 필요가 없다. 작업별로도 적용할 수 있다.

잘 선정된 배부기준과 대상이 되는 간접비를 컴퓨터 시스템 등을 활용하여 정확·세밀한 데이터를 수집하고 합리적이고 정확히 배분된 제조간접비는 관련 제품의 가치를 제대로 반영하는 원가가 산정될 것이다.

(4) 제조간접원가의 배부기준 설정

앞에 언급한 배부기준은 대형 제품의 개별원가계산상 매우 중요하다. 배부기준이 잘못되면 원가 배부가 왜곡되고 제품의 원가 계산이 잘못되어 제품의 원가 경쟁력이 낮아지고 결국은 기업 경쟁력을 저해하게 된다.

원가배부기준 설정 시 고려사항은 다음과 같다.

① 제품과 원가의 관련성이 높은 배부기준을 채택한다. 활동기준원가계산에서와 같이 제품을 직접 제조하는 활동같은 항목이 배부기준이 되면 좋다.

② 수익자 부담의 원칙같이 원가대상이 간접원가로부터 많은 수혜를 받는다면 그 정도에 따라 배분하는 방법이다.

③ 원가배분은 결국 공정·타당하며 객관적이고 합리적이어야 한다.

4 제조간접원가의 예정 배부와 원가차이의 조정

1) 제조간접원가의 예정 배부

지금까지 논한 제조간접원가의 배부는 그 발생한 총액을 사후에 배부하는 실제 원가계산 또는 전부원가계산에서의 처리방법이었다. 그러나 현대의 경영 환경은 점점 더 복잡하고 다양해져 가까운 미래조차 예측하기 어려워지고 있다. 그럼에도 불구하고 이해관계자들은 경영자에게 확실한 미래 비전을 제시할 것을 요구한다.

원가계산은 본시 사후원가계산으로 시작하였으나 원가의 의미와 그 중요성으로 경영의 기획 및 통제의 수단으로 사용하는 기술이 발전되어 왔고 그 대표적인 원가계산 방법이 표준원가계산, 변동원가계산 및 정상원가계산이다.

개별원가계산의 원가 보고 시기를 결산 전 또는 차년도 사업계획 시 한다고 하면 각 원가요소들에 대한 여러 추정이 필요하다. 이때 쓸 수 있는 원가계산방식은 모든 이상적 상황이 발생하지 않는 정상상태를 가정한 원가계산으로 제조간접비의 배부로 일정 조업도를 기준으로 배부하여 개별원가계산을 완수할 수 있다. 이때의 문제는 추정원가계산과 실제원가 계산을 어떻게 조정하느냐이다. 실제로는 정상에서 얼마나 벗어났는가를 측정하여 이를 타산지석으로 삼아 경영의 교훈으로 쓸 수 있다.

실제 발생한 원가와 예정했던 원가와는 차이가 발생하는데 이 차이를 배부차이라 하며 배부차이(실제원가 - 추정 정상원가)는 음일 수도 양일 수도 있으며 음일 경우 과다배부, 양일 경우를 과소배부라 한다.

2) 제조간접원가 배부차이의 조정

예정배부된 원가계산서를 외부에 공표할 수는 없다. 이는 실제 원가에 의해 조정되어야 하는데, 정상원가계산에 의해 원가계산을 하였다면 이를 두고 실제 원가계산을 새로 할 필요는 없다. 예정 계산치와 실제 나타난 원가의 차이를 식별하고 이를 합리적 기준에 의거하여 실제 원가계산서를 작성하여 보고하면 될 것이다. 여기에는 다음의 세 가지 방법이 있다.

(1) 매출원가 조정법

매출원가 조정법은 당기에 발생한 제조간접비 차이를 전액 매출원가에 부담시키는 방법이다. 손익계산서에는 매출원가에 제조간접비 배부차이의 항목을 신설하여 보고한다. 당연히 간접비 과다 배부 시에는 매출원가의 감소 요인으로, 과소배부의 경우에는 증가요인으로 작용할 것이다. 이 방법은 제조원가 차이가 재공품과 제품에도 반영되어 있으나 이를 무시하는 방법으로, 상대적으로 배부차이의 금액이 크지 않고, 제품과 재공품의 비중이 매출원가 대비 적을 때 합당하다. 이 방법은 다른 방법들에 비해 별도의 계산을 필요로 하지 않으므로 관련성이 있으나 재고자산에 포함될 제조간접비의 배부 해당금액만큼 이익을 과소 계상하게 한다.

(2) 총 원가 기준법

총원가 기준법은 제조간접원가의 배부차이를 해당 차이가 영향을 미치는 모든 항목에 수정 반영하는 방식이다. 이 배부차이는 기말 결산 시 관련 계정인 매출원가, 제품, 재공품에 영향을 미치므로, 각 계정의 금액 규모에 비례하여 적절한 배부방식을 선택하여 원가를 배부한다. 원가차이의 금액이 상대적으로 큰 경우에는 기간손익에 상당한 영향을 미칠 수 있으므로 총 원가 기준법을 써야 한다.

총 원가 기준법을 쓸 때에는 재공품의 제품 환산을 하지 않는다.

(3) 원가요소 기준법

제조간접원가는 매출원가, 제품 및 재공품에 일부가 포함되어 있다. 총 원가기준법이 해당 원가 전체를 기준으로 배부함에 비해 원가요소를 구분하여 제조간접원가만의 금액 비율로 배부하는 방법이다.

이 방법은 다른 방법들보다 더 정확하게 원가를 조정할 수 있다는 장점이 있으나 각 계정에 포함된 제조간접원가를 계산해야 하는 번거로움이 따른다.

제조간접원가 차이를 처리하는 방법은 상기 세 가지 방법 중 합리적으로 선택하여 적용하면 된다.

추정 정상원가가 실제원가 대비 과다 배부되었다면 이는 생산 활동이 효율적으로 되었다고 볼 수 있으며, 과소 배부된 것으로 판명된다면 원가 활동의 효율성을 검토할 필요가 있다. 정상 원가의 산정이 합리적으로 이루어졌을 것이기 때문이다.

연습문제

OX 졸음깨우기

01 원가계산 중 개별원가계산은 다음과 같은 흐름속에 수행하는 원가계산이다. ( )
영업의 수주 → 수주통보서(to 생산) → 작업지시서 또는 Job order 발행(to 생산현장) → 자재불출요청 및 원자재 출하 → 작업개시 및 원재료의 가치상승 → 재공품 상태 → 완성 및 제품 상태와 가치상승 종료 → 인도 및 매출 → 수취채권 → 현금화 및 경영자금 활용

02 개별원가계산에는 직접비와 제조간접비를 제품에 배부하게 되며 직접비에는 직접재료비와 직접노무비가 있고 직접비는 제품에 직접 배부하고 간접비는 적절한 배부방법으로 제품에 배부하게 된다. ( )

03 생산작업을 하다보면 작업폐물(작업설물)이 발생한다. 아주 소량의 작업설물이 발생하여 이를 매각한 대금을 제조원가에서 차감하였다. ( )

04 개별원가계산은 독립된 생산공정과 비교적 짧은 수명주기를 가지고 있는 제품에 대하여 또는 연구개발 단계에서 적용된다. 따라서 기말재공품의 인위적 평가를 필요로 하지 않는다. ( )

05. ㈜골통신은 단일제품을 생산한다. 원가계산방법은 개별정상원가계산, 제조간접원가는 직접노무시간당 6원을 예정 배부한다.
재료계정의 기초금액은 10,000원, 기말금액은 15,000원, 재료는 모두 직접재료 당기 총제조원가는 650,000원, 당기 제품제조원가는 640,000원, 직접노무원가는 250,000원이며 실제 발생노무원가는 20,000시간이다. 이때 매입한 재료금액은 285,000원이다. ( )

풀이

당기 총제조원가 = 직접재료비 + 직접노무비 + 제조간접원가 배부액

직접재료비 = 당기 총 제조원가 - 직접노무비 - 제조간접원가 배부액

= 650,000 - 250,000 - 120,000 = 280,000

∴ 제조간접원가배부액 = 6 x 20,000시간 = 120,000

직접재료매입액 = 기말재료재고액 + 직접재료비 - 기초재료재고액

= 15,000 + 280,000 - 10,000

= 285,000

답 1.O, 2.O, 3.X(잡이익 처리가 타당할 듯 함. 소량으로 중요성 없으므로 제조원가처리도 가능할 것. 답은 문제 성격을 고려하여야 할 것임), 4.X(앞부분 설명은 목표원가계산 설명임), 5.O

선택형 지식점검하기

01 다음은 개별원가계산에 사용되는 비용들이다. 이 중 개별원가계산 비목이 아닌 것은?

① 직접제조간접비 ② 변동제조간접비 ③ 직접재료비 ④ 직접노무비

※ 다음 자료를 근거로 물음에 답하시오.

[자료]

㈜신송은 20x4년도에 작업 지시번호 101, 102, 103 세 가지 작업을 시작하여 완성하였다. 이 작업들에 대한 재료투입 등 제조원가 관련자료는 다음과 같다.

	JOB ORDER 101	JOB ORDER 102	JOB ORDER 103
직접재료비	9,000	6,000	4,000
직접노무비	6,000	5,000	3,000
기계시간	300시간	200시간	100시간

20x4년도 제조간접비 발생액은 4,200원이다.

02 **직접노무비를 제조간접비 배부율로 한다. 제조간접비 배부율은 얼마인가?**

① 30% ② 50% ③ 70% ④ 110%

03 **작업 101, 102, 103의 제조간접비로 타당한 것은?**

JOB ORDER	101	102	103
①	3,000	2,500	1,500
②	4,200	3,500	2,100
③	6,600	5,500	3,300
④	1,800	1,500	900

04 **제조간접원가의 예정배부에 대한 설명으로 잘못된 것은 어느 것인가?**

① 제조지시서별 예정배부금액은 제조간접원가 예정배부율로 제조지시서별 배부 기준의 실제 사용량을 곱하여 계산한다.

② 예정배부율은 계절성이나 조업도 변동 등 환경변화에 영향을 받지 않고 일정하게 유지되므로 일관성 있는 원가계산이 가능하다.

③ 제조간접원가의 실제 발생시점에 따라 제조지시서별 배부액의 변동을 제거할 수 있다.

④ 직접비를 집계하고 제조간접원가를 집계 및 배부하여야 하므로 원가계산의 시간은 많이 든다.

05 **㈜정림은 기계시간 기준으로 제조간접원가를 예정배부하는 정상원가계산 방법을 채택하였다. 20x4년 실제 제조간접원가는 587,500원이 발생하였고 기계시간당 25원으로 제조간접원가를 예정배부한 결과 37,500원이 과대배부되었다. 당해연도 실제 조업도가 예정조업도의 110%인 경우 회사의 제조간접비 예산은?**

① 500,000 ② 550,000 ③ 750,000 ④ 800,000

<참고> 제조간접비는 그 자체로 간접비 성격을 가지므로 '직접'이 되기 어렵다.

답 1.①, 2.①, 3.④, 4.④, 5.①

풀이

예정배부 제조간접원가 = 실제 제조간접원가 - 과대 배부액

= 587,500 - 37,500

= 550,000

예정배부 제조간접원가 = 실제 조업도 x 배부율 = (예정 조업도 x 배부율) x 110%

실제 조업도 = 예정 조업도 110%

제조간접비 예산 = (예정조업도 x 배부율)

= 예정배부 제조간접비 110%

= 550,000 110%

= 500,000

주관식 실력향상하기

01 ㈜신송의 다음 자료에 의하여 필요한 분개와 각 계정을 완성하라.

<자료>

① 제조간접원가는 직접재료원가의 80%를 예정 배부한다.

② 간접재료원가는 제조간접원가 예정배부액의 40%이다.

<문제>

재료원가			
전월이월	90,000	( )	( )
외상매입금	700,000	( )	( )
	790,000	( )	( )
			( )

노무원가			
계좌	510,000	전월이월	34,000
( )	( )	( )	( )
		( )	( )
	( )		( )

제조경비원가			
전월이월	68,000	제조간접원가	( )
현금	122,000	차월이월	40,000

제품			
전월이월	350,000	( )	( )
( )	( )	차월이월	400,000
	( )		( )

제조간접원가

( )	( )	( )	( )
노무원가	150,000	( )	( )
( )	( )		
	( )		( )

재공품

전월이월	210,000	( )	( )
재료원가	500,000	차월이월	160,000
노무원가	300,000		
( )	( )		
	( )		( )

매출원가

( )	( )	( )	( )

매출

( )	( )	외상매출금	1,550,000

판매비와 관리비

현금	24,000	( )	( )

제조간접 원가차이

( )	( )	외상매출금	1,550,000

손익

( )	( )	( )	( )
( )	( )		
( )	( )		
	( )		( )

No.	구분	차변	금액	대변	금액
(1)	제조간접원가 예정배부액				
(2)	제조간접원가 실제발생액				
(3)	제조간접원가 차이				

출처: 한국원가분석사회, "제조원가계산 실무"(2021, 원출처: 교육정보(1997), "통달원가회계", 변경

답

재료원가

전월이월	90,000	**재공품**	**500,000**
외상매입금	700,000	**제조간접원가**	**160,000**
		차월이월	**130,000**
	790,000		**790,000**

노무원가

제좌	510,000	전월이월	94,000
차월이월	**34,000**	**재공품**	**300,000**
		제조간접원가	**150,000**
	544,000		**544,000**

제조경비원가

차변	금액	대변	금액
전월이월	68,000	제조간접원가	**150,000**
현금	122,000	차월이월	40,000
	190,000		190,000

제품

차변	금액	대변	금액
전월이월	350,000	**매출원가**	**1,200,000**
재공품	**1,250,000**	차월이월	400,000
	1,600,000		1,600,000

제조간접원가

차변	금액	대변	금액
재료비	160,000	**재공품**	400,000
노무원가	150,000	**원가차이**	60,000
제조경비	150,000		
	460,000		460,000

재공품

차변	금액	대변	금액
전월이월	210,000	제품	900,000
재료원가	500,000	차월이월	160,000
노무원가	300,000		
원가차이	60,000		
	1,060,000		1,060,000

매출원가

차변	금액	대변	금액
제품	1,200,000	**손익**	1,200,000
	1,200,000		1,200,000

매출

차변	금액	대변	금액
손익	1,550,000	외상매출금	1,550,000
	1,550,000		1,550,000

판매비와 관리비

차변	금액	대변	금액
현금	24,000	**손익**	24,000
	24,000		24,000

제조간접 원가차이

차변	금액	대변	금액
제조간접원가	60,000	손익	60,000
	60,000		60,000

손익

차변	금액	대변	금액
매출원가	1,200,000	**매출**	1,550,000
판매비와관리비	24,000		
제조간접원가차이	60,000		
이익	266,000		
	1,550,000		1,550,000

<분개>

No.	구분	차변	금액	대변	금액
(1)	제조간접원가 예정배부액	**재공품**	400,000	**제조간접원가**	400,000
(2)	제조간접원가 실제발생액	**제조간접원가**	460,000	**재료원가** **노무원가** **제조경비원가**	160,000 150,000 150,000
(3)	제조간접원가 차이	**제조간접원가차이**	60,000	**제조간접원가**	60,000

02 ㈜신송은 20x4년도 1월 1일 영업을 개시하였다. 회사는 정상 개별원가계산 방식을 채택하였고, 제조간접원가 배부기준은 직접노무시간으로 하였다. 회사는 당기 초에 연간 제조간접원가를 640,000원으로, 직접 노무시간을 80,000시간으로 예상하였다. 회사의 기초 계획한 생산 및 판매 관련자료를 참조하라.

[생산 및 판매계획]

(1) 1월 중 작업지시서 #101, #102 및 #103을 발부하다. 1월 중 실제 작업별 발생한 제조 직접원가와 실제 사용된 직접 노무시간은 다음과 같다.

구분	#101	#102	#103	계
직접재료원가	34,000원	39,000원	13,000원	86,000원
직접노무원가	16,000원	20,600원	1,800원	38,400원
직접노무시간	2,750시간	3,800시간	400시간	6,950시간

(2) 1월 중 발생한 제조간접원가는 총 51,600원이다.

(3) 1월 중 작업지시서 #101, #102는 완성

(4) 1월 중 작업지시서 #101은 판매

총 원가기준 비례배부법으로 배부차이 조정 후 1월 말 재공품 제품 및 매출원가를 계산하라.

풀이

구분	#101	#102	#103	계
제조간접비배부	22,000	30,400	3,200	55,600
총원가	72,000	90,000	1,800	180,000
배부차이배부	-1,600	-2,000	-420	-4,000
실제원가	70,400	88,000	17,600	176,000
	(매출원가)	(제품)	(재공품)	

※ 제조간접비배부율: 8원 (=640원 ÷ 80원)

※ 배부차이 = 51,600 - 55,600 = -4,000

∴ 재공품 = 17,600

제품 = 88,000

매출원가 70,400

종합원가계산

문 개별원가계산은 특정 제품이 생산과정에 뚜렷이 식별될 때 사용한다. 그와는 반대로 몇 가지 제품을 대량 생산하는 공장의 경우는 개별원가계산을 적용할 수 없다. 이럴 때는 일정기간(한달 또는 일년) 동종의 여러 제품을 생산한 원가를 취합하고 이를 생산 숫자로 나누어 개별원가를 계산하는 것이 유리하다. 이는 공장 전체로, 또는 공정별로 적용할 수 있다. 종합원가계산방식에 의하여 다음 제품의 단가를 구하라.

제품 A의 20x5년 1월 작업수량은 300개이다.
기초재공품은 50개, 이 중 가공비완성도는 60%이며, 기말재공품은 80개, 가공비 완성도는 50%이고 원재료는 공정 초기에 투입된다.
원재료는 단위당 1,200원이며 가공비는 1월에 230,000원이 투입되었다.

풀이

기초재공품 원재료비 50 x 1,200 = 60,000
기말재공품 원재료비 80 x 1,200 = 96,000
가공비 완성량 = 50개 x 40% + 170 - 80개 x 50%
= 230
(50 + x = 80 = 300, x = 170)
단위당 가공비 = 230,000 ÷ 230 = 1,000
기초재공품 가공비 = 30 x 1,000 = 30,000
기말재공품 가공비 = 40 x 1,000 = 40,000
제품단가 = 원재료 단가 + 가공비 단가
= 1,200 + 1,000 = 2,200원

재공품

기초	50(60%)	제품	220
투입	250	기말	80(50%)
	300		300

재고자산 수량파악의 방법:
기초수량 + 투입수량 - 사용수량 = 기말수량

<참고>
재료비투입 = 250 x 1,200 = 300,000
가공비투입 = 230,000 530,000
당월제품제조원가 = (60,000 + 30,000) + 530,000 - (96,000 + 40,000) = 484,000

1 종합원가계산의 의의

종합원가계산은 제품의 생산과정에 다량의 원재료가 동시에 투입되고 점진적으로 가공되어 재공품(work in process)을 형성하였다가 제품으로 완료되는 철강산업이나 화학공업 등에 적용하기 적합한 원가계산 방법으로 개별원가계산과 대응되는 개념이다.

개별원가계산은 항공, 조선업이나 방산업처럼 제품에 직접 투입되는 원재료를 명확히 구분할 수 있는 산업에서 사용된다. 이 방식에서는 직접노무비도 구분되며, 제조간접비는 별도로 배부하여 원가를 계산한다. 반면, 종합원가계산은 연속적인 생산이 이루어지는 공정별 생산 형태에 적용된다. 이 방식에서는 원재료나 노무비가 특정한 개별 제품에 직접 대응되어 투입되지 않고, 공정별로 재공품이 존재하다가 공정이 끝나면 제품이 완성되거나, 다음 공정으로 넘어가는 형태를 띤다.

따라서 회계기말에는 연간 총 생산 수량(예: 수천에서 수백만 대, 또는 수백만 리터 등), 기말재고로서 완성된 제품이 몇 개인지, 그리고 생산 과정 중인 제품이 몇 개 있으며, 각각 어느 정도의 진척도를 보이고 있는지 등의 정보만 확인할 수 있다.

이러한 제품에 대하여 원가계산을 하기 위해서는 총 투입한 재료비와 가공비(노무비, 경비)가 얼마인가와 당해 기간 동안 제조를 얼마를 하였는지를 파악하여 투입원가를 생산수량으로 나누어 단위당 생산원가를 파악할 수밖에 없다.

이때 재공품은 완성품이 아니므로 그 수량을 제품에 합산하지 못하고 완성품으로 볼 때 얼마나 완성되었는지를 나타내는 완성품 환산량의 개념을 동원하여 제품으로 환산된 재공품의 수를 이용한다. 종합원가계산에는 원재료의 투입량을 계산하는 핵심인 기말 원재료 재고와 재공품의 작업량을 결정하는 재공품 기말재고가 매우 중요하다. 원재료나 노무비의 단가와 임률은 수시로 변하기 때문에 가격을 평가하는 방법도 중요하다. 개별제품의 직접재료비 투입량을 명확히 파악하기 어려우므로, 총 투입한 원재료가 연간 평균적 단가로 투입되었는지(평균법) 또는 먼저 입고된 원재료를 먼저 사용하였는지(선입선출법)를 따져 연간 투입 원가를 계산한다. 평균법이나 선입선출법은 구입단가의 특정제품에 투입되는 원재료의 단가를 식별할 수 없음에 대한 어쩔 수 없는 가정이요 대책인 것이다.

종합원가계산에서의 원가는 표준화된 공정에서 일정 기간동안 발생하는 원가이다. 여기에는 재료비, 노무비, 제조경비가 포함된다. 공정은 원가계산의 기본단위이다. 일정 기간 동안의 제품제조원가는 다음과 같이 계산된다.

$$\text{공정별 단위당 제조원가} = \frac{\text{공정의 해당기간 발생한 총 제조원가}}{\text{당해기간의 공정 완성품 수량}}$$

$$\text{공장의 단위당 제조원가} = \frac{\text{당해기간의 총 제조원가}}{\text{당해기간의 완성품 수량}}$$

소비자에게 전달되는 제품의 판매 가격은 발생된 총 원가를 생산수량으로 나누어 계산하고 여기에 판매비와 관리비가 더해지고 이윤이 부과된 후, 유통단계별 유통업자들의 이익이 더해져 결정되는 것이다.

2 종합원가계산과 개별원가계산

종합원가계산은 전자, 화학, 정유, 식품업 등 연속적으로 제품을 대량 생산하는 기업에 적합하다. 반면, 개별원가계산은 조선, 방산, 건설 등 특정제품의 단위당 또는 다수를 상당기간에 걸쳐 생산하는 기업에 적용한다.

종합원가계산의 제조원가는 총 원가를 종합집계하고 여러 대응하는 제품 완성품 수량으로 나누어 제품의 단가를 계산한다. 개별원가계산에서는 작업지시서(job order)별로 직접비들을 집계하고 제조간접비를 적정히 배부하여 단위당 원가를 산정한다.

종합원가계산의 원가요소는 재료원가와 가공원가이다. 공정에 흘러가는 원재료의 변화과정인 재공품의 흐름을 따라 직접노무비와 제조간접비의 합계인 가공비를 배부하여 계산한다.

그림 7-1 • 종합원가계산의 원가흐름

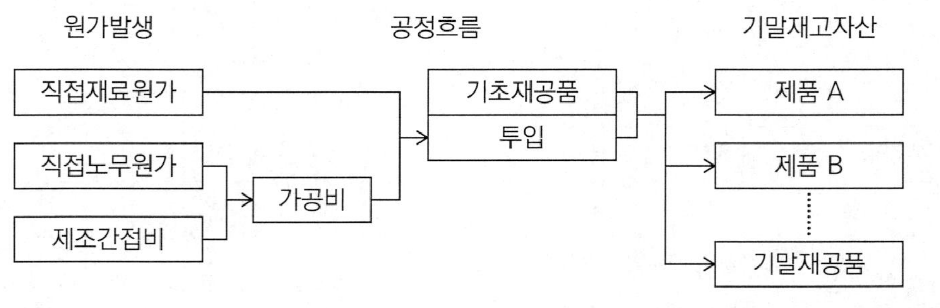

이에 비교하여 개별원가계산의 원가흐름은 다음과 같다.

그림 7-2 • 개별원가계산의 원가흐름

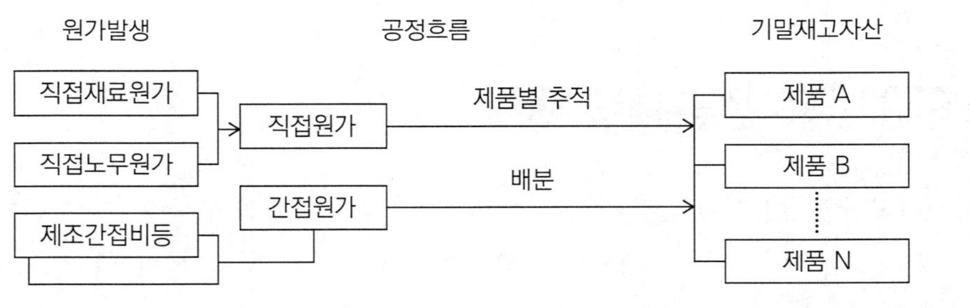

이 그림은 종합원가계산과 개별원가계산의 원가흐름 차이를 보여준다. 그 차이를 요약하면 다음과 같다.

[표 7-1] 종합원가계산과 개별원가계산의 비교

구분	종합원가계산	개별원가계산
적용업종	전자, 식품, 정유, 화학, 제분 등 연속 대량생산	방산, 조선, 항공, 건설 등 개별주문생산
생산방식	소품종 대량 연속생산	다품종 소량 주문생산
원가집계단위	공정·계속작업	Job Order, 또는 제품 개별작업
원가계산방법	기간별 공정별 평균산정 제품 + 재공품의 완성품 환산량 이용	작업지시서별 직접비 집계 제조간접비 배부

구분	종합원가계산	개별원가계산
원가분류	재료원가 가공원가	직접재료원가 직접노무원가 제조간접원가
제품원가측정시점	회계기간(연속생산)	Job Order 종료 시
운영비용	상대적으로 적음	상대적으로 큼
종합적 특정	가공비 배부방식으로 원가정보 정확성 낮음	직접원가배부로 원가정보 정확성 높음

3 종합원가계산의 절차

1) 종합원가계산 대상의 공정흐름

소품종 대량생산 기업의 경우 여러 공정이 연결되어 제품의 생산을 이루어낸다. 공정에서 작업이 이루어지는 제품에 대해 수량과 발생원가를 파악하여 원가계산 및 당해공정의 완성품과 작업중인 재공품을 파악하고 결산기에 그 금액을 파악하여 원가를 산정한다. 재공품이 최종공정을 통하여 완성되면 최종 제품이 완성된다. 더 이상 거칠 공정이 없고 당 공장에서는 더 이상의 가치 증대가 이루어지지 않는다. 결산 시에 완성되지 못하고 남아있는 재공품과 당해기간 중 완성된 제품의 수량을 파악하여 원가계산서를 작성하게 된다.

2) 종합원가계산 절차

종합원가계산에서는 다음의 과정을 거쳐 기중 완성품 원가와 기말재공품 원가를 계산한다.

제1단계: 재고의 흐름을 파악한다.

재고는 원재료에서 가공비가 가산되면 재공품으로, 그다음 제품으로 형태를 바꾼다. 기말 원가계산에서는 공장 전체로서의 재고흐름을 파악하므로 생산의 최종공정과 기타 공정으로 구분하고 재고흐름을 파악하면 된다.

그림 7-3 • 재고의 원가흐름과 가치증대 과정

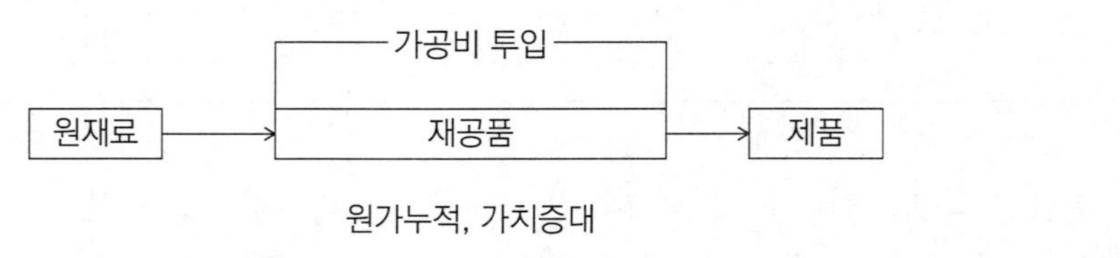

[그림 7-3]에서 보면 원가의 발생은 재공품까지이다. 원재료비에 공정의 진행에 따라 가공비가 투입되고 가치가 증대되어 제품이 완성된다. 이 과정에서 원가의 투입은 재공품 단계까지이다. 재고자산 중 재공품과 제품만 원가계산시 고려할 대상인데, 다음 단계에서는 기말재공품의 원가를 계산한다.

제2단계: 재공품의 완성품 환산량을 계산한다.

재공품은 시간이 경과하면서 공정의 단계를 거치고 제품으로 변화한다.

공정과 원가의 흐름은 다음 그림과 같다.

그림 7-4 • 재공품의 제품화

[그림 7-4]에서는 원재료에 가공비가 쌓여 제품이 되는 것을 알 수 있다.

종합원가계산의 최종 목표는 기말 재공품과 제품의 금액을 제대로 계산하여 당기손익을 정확히 측정하는 데 있다. 만약 기말재공품의 금액이 과다평가되면 이익이 과다계상되어 가공의 이익이 생겨 여기서 발생되는 문제들이 많다. 재공품과 제품의 관계는 다음과 같다.

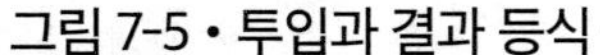

그림 7-5 • 투입과 결과 등식

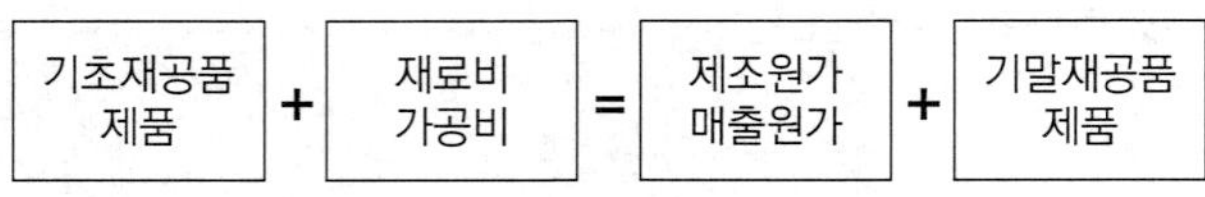

투입은 그대로 결과로 나타나며, 기말 재공품은 완성품으로 환산하여야 평가를 할 수 있다. 완성품환산량은 다음 식으로 구해진다.

기말재공품 완성품 환산량 = 기말재공품수량 x 완성도

※ 총완성품 환산량 = 완성품수량 + 기말재공품의 완성품 환산량(평균법의 경우)

기말(전기와 당기)에 미완성된 재공품이 있는 경우 이를 제품과 동등하게 취급하기 위하여 재공품을 완제품으로 환산하여 계산한다.

완성도(degree of completion)란 생산의 진행정도를 나타내는 개념으로 당해 재공품이 완성품 대비 몇 %가 완성(원가투입)되었는지를 의미한다.

제3단계: 재료원가 및 가공원가를 파악한다.

종합원가계산에서는 투입원가를 편의를 위하여 재료비 및 가공비로 구분하여 계산한다. 가공비는 노무비와 제조간접비의 합계로 종합원가계산에서는 재료비 외에는 모든 원가를 완성품량에 일괄 배부하므로 별도로 구분할 필요가 없다. 이 단계에서는 공정별 집계된 재료투입량(자재대장 확인)과 금액, 노무비 및 제경비를 회계팀과 협조하여 집계한다.

제4단계: 원가를 배분한다.

완성품환산량과 배부할 원가가 계산되었으면 이 원가를 기존의 판매된 제품을 포함하여 제품 및 재공품의 단가와 재공품, 제품 및 매출원가를 확정한다. 그 산식은 다음과 같다.

$$완성품\ 단가 = \frac{기존재공품원가 + 당기총제조원가}{완성품환산량}$$

제품금액 = 당기생산제품수량 × 완성품 단가

기말재공품 금액 = 기말재공품 완성품 환산량 × 완성품 단가

이 금액들은 보고용 재무제표에 보고되는 수치가 된다. 다만 제품의 수가 많을 경우 그들을 합계하여야 한다. 또한, 기초와 기말의 제품과 재공품의 단가가 다르므로 재고의 평가를 감안하여야 한다.

4 재공품과 제품의 평가

종합원가계산의 결과로 나타나는 재공품과 제품의 금액은 전기로부터 이월된 재공품과 제품의 단가와 당기에 투입된 원가를 감안한 기말의 재공품과 제품의 단가는 차이가 있다.

이 재고자산의 단가는 선입선출법과 평균법으로 평가한다.

1) 선입선출법

(1) 기말재공품 평가

선입선출법(FIFO: First In First Out)은 먼저 입고된 재고가 먼저 쓰여지거나 판매된다는 가정하에 기말에 남아있는 재고자산의 금액을 결정하는 것이다. 즉 재고의 흐름이 [그림 7-6]과 같이 순차적으로 흘러간다는 가정하에 재고자산을 평가한다.

그림 7-6 • FIFO에 의한 기말재공품의 원가배부

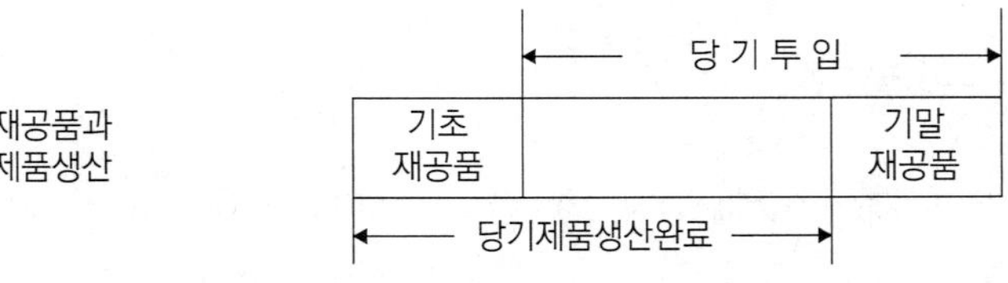

[그림 7-6]의 경우 당기투입원가가 기말재공품보다 큰 경우는 선입선출법에서는 기말재공품은 모두 당기투입원가로 구성된다. 원재료가 제조활동이 진행됨에 따라 투입되는 경우의 기말 재공품평가액은 다음의 식으로 계산된다.

① 원재료가 공정 중 지속 투입되는 경우

기말재공품원가 = 기말재공품 주요재료비 + 기말재공품 가공비

- 기말재공품 주요재료비

$$= 당기주요재료비 \times \frac{기말재공품재료환산량}{당기완성품수량 - 기초재공품재료환산수량 + 기말재공품재료환산수량}$$

- 기말재공품 가공비

$$= 당기가공비 \times \frac{기말재공품가공비환산량}{당기완성품수량 - 기초재공품가공비환산량 + 기말재공품가공비환산량}$$

※ 기말재공품이 당기 생산량 및 전기 이월분을 포함하고 있을 때는 이월된 수량 중 기말 잔존수량에 이월된 단가를 곱하여 이를 합산하여야 한다.

- 기말재공품 가공비 = 이월수량 중 잔존수량 × 이월단가 + 당기가공비

② 재료가 제조 개시 시점에만 투입되는 경우

기말재공품원가 = 기말재공품 주요재료비 + 기말재공품 가공비

- 기말재공품 주요재료비

$$= 당기주요재료비 \times \frac{기말재공품수량}{당기완성품수량 - 기초재공품수량 + 기말재공품수량}$$

- 기말재공품 가공비

$$= 당기가공비 \times \frac{기말재공품환산량}{당기완성품수량 - 기초재공품환산량 + 기말재공품환산량}$$

※ 기말재공품이 당기 생산량 및 전기이월분을 포함하고 있을 때는 이월된 수량에 이월된 단가를 곱하여 이를 합산하여야 함은 재료가 지속 투입되는 경우와 동일하다.

(2) 기말제품의 평가

기말제품도 선입선출법에 의해 평가할 수 있다. 다만 가공비의 변동이나 완성품 환산의 필요가 없으므로 다음과 같은 계산식으로 기말제품을 평가한다.

기말제품평가식

• 기말제품재고액 = 최근발생된 제품에 대한 원가 + 그 이전 생산된 제품에 대한 원가
= (최근 생산된 제품의 단위당 원가 × 최근 생산된 기말제품 수량)
+ (그 이전에 생산된 제품의 단위당 원가 × 그 이전에 생산된 기말제품 수량)

$$= \text{그 이전 생산된 제품에 대한 원가} + \text{당기생산기말제품재고수량} \times \frac{\text{당기제품제조원가}}{\text{당기총생산수량}}$$

• 당기제품제조원가 = 당기 총제조비용 + 기초재공품원가 - 기말재공품원가

기말제품 평가 도표

선입선출법에 의한 제품의 원가배부는 다음 그림과 같다.

그림 7-7 • 선입선출법에 의한 기말제품의 원가배부

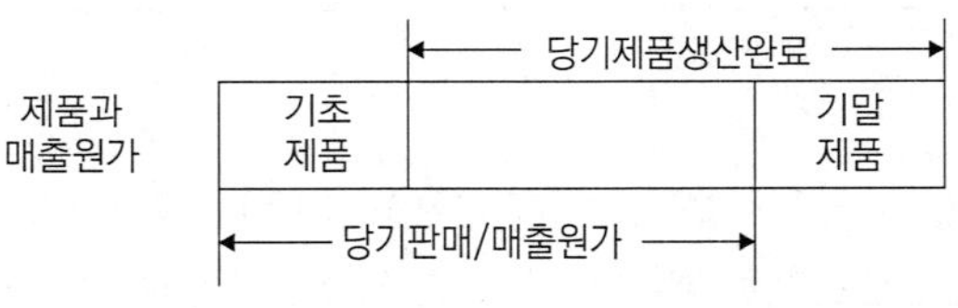

당기 제품 생산 완료분에 대한 당기 제품 제조원가가 기초제품에 가산되면 기초제품과 당기 완성 제품 중 일부가 판매되고 기말에 제품이 남는다. 기말에 남은 제품에 전기이월된 제품이 있는가에 따라 기말제품 계산식은 달라진다. 위 평가식은 기말제품에 전기이월된 제품이 있는 경우의 계산식이다.

(3) 재공품·제품·매출원가 종합

기초에 보유하던 재공품 및 당기 생산량이 기말의 재공품을 남겨두고 제품으로 완성된다. 완성된 제품은 기초제품과 섞여 판매되고 나머지는 기말제품으로 남으며 판매된 부분에 대한 원가는 매출원가를 구성한다. 그 관계를 융합하여 그림으로 보이면 [그림 7-8]과 같다.

그림 7-8 • 재공품과 제품의 투입과 기초/기말 관련도

기말재공품원가 = 기초재공품 + 당기제조투입 - 당기제품제조원가

기말제품원가 = 기초제품 + 당기완성품원가(당기제품제조원가) - 매출원가

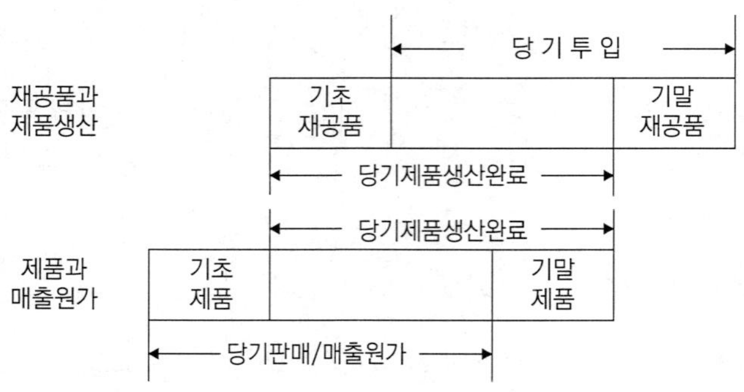

<계산예>

예를 들어, 1월에 100개(단가 1,000원), 2월에 50개(단가 1,200원)를 생산했고, 월말에 30개가 남았다면, 이 30개는 모두 2월에 생산된 것으로 간주한다. 당월 총 생산 원가는 60,000원(50x1,200)이다.

- 월말 재고액 = (0개 x 1,000원) + 30개 × 1,200원 = 36,000원

만약 월말에 70개가 남았다면 월말재고는 2월에 생산된 50개와 1월에 생산된 20개로 구성된다.

- 월말 재고액 = (50개 × 1,200원) + (20개 × 1,000원) = 60,000원 + 20,000원 = 80,000원

이 경우 차월로 이월되는 제품의 단가는

- 제품단가 = 80,000 ÷ 70 = 1,142.86이 된다.

이 예는 엄밀히는 월별 이동평균법에 의한 평가라 할 수 있다.

2) 평균법

(1) 기말재공품 평가

당기중 생산에 투입된 자원은 기초재공품과 당기 총 제조비용이다. 이 비용은 기말 당기 제품생산과 기말재공품으로, 당시 생산량은 매출원가와 기말제품을 구성한다. 이를 도식화하면 [그림 7-9]와 같다.

그림 7-9 • 평균법에 의한 원가배분

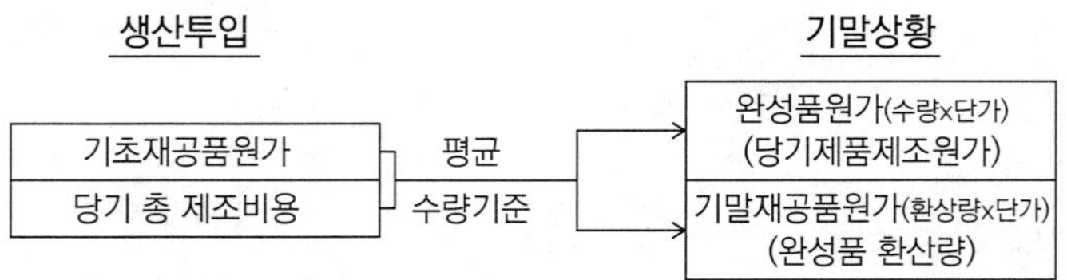

※ 평균단가로 기초재공품 원가와 당기 총 제조비용은 원가로 투입되므로 수량 환산이 필요하지 않다. 평균단가로 당기 완성품 수량과 기말재공품의 완성품 환산량으로 배분한다.

(가) 재료투입이 제조활동의 진행에 따라 투입되는 경우

대부분의 제조과정에는 원재료가 제조의 진행에 따라 수시로 투입된다.

- 기말재공품 원가

$$= (\text{기초재공품원가} + \text{당기 총 제조비용}) \times \frac{\text{기말재공품 완성품 환산수량}}{\text{완성품 수량} + \text{기말재공품 완성품 환산수량}}$$

기말재공품 완성품 환산수량은 완성도의 비율이고 완성품과 합하면 당기 총 완성량을 의미한다.

(나) 재료가 제조시점에서만 투입되는 경우

특수한 제조의 경우에는 재료를 공정초기에 투입하며 여기에 지속적 가공비의 투입으로 공정이 완료되고 제품이 생산된다. 특정 공정일 경우에는 공정완성품이 생산되는 것이다.

- 재료비에 대한 기말재공품 원가

$$= (\text{기초재공품원가} + \text{당기재료비}) \times \frac{\text{기말재공품 수량}}{\text{완성품 수량} + \text{기말재공품 수량}}$$

- 가공비에 대한 기말재공품 원가

$$= (\text{기초재공품가공비} + \text{당기가공비}) \times \frac{\text{기말재공품 완성품 환산 수량}}{\text{완성품 수량} + \text{기말재공품 완성품 환산 수량}}$$

- 기말재공품 원가 = 기말재공품 재료비 원가 + 기말재공품 가공비 원가

(2) 기말제품 평가

평균법에 의한 기말제품의 평가는 당기 생산활동에 투입된 모든 원가가 기말 제품과 매출원가에 배분되었으므로 이 양자에 평균적으로 배분한다.

- 기말제품 원가 = (기초제품원가 + 당기제품제조 원가) × $\frac{\text{기말제품 수량}}{\text{당기 총 생산수량}}$
- 당기제품제조 원가 = 기초재공품 원가 + 당기총제조비용 - 기말재공품 원가

다양한 제품이 생산될 경우 이 산식은 각 제품이나 재공품에 구분되어 적용되고 각 제품 및 재공품에 대한 원가를 합하여 재무제표에 보고한다.

3) 평균법과 선입선출법의 장단점

평균법은 계산과정이 간편하다. 그러나 전기와 당기의 원가가 가중평균되므로 원가의 정확성이 떨어진다. 반면, 선입선출법은 전기와 당기의 작업 능률이 명확히 구분되므로 정확성이 높고 원가통제 목적상 유용하나 계산과정이 복잡하다.

5 제조원가보고서

이러한 원가계산 전 과정이 완료되면 그 결과에 대한 제조원가보고서가 제출된다. 제조원가보고서는 [표 7-2]와 같다.

[사례] 기초재고의 수량은 1,000개로 완성도는 60%, 당해 재공품에 포함된 재료비는 31,000, 가공비는 67,000이다. 당기 투입수량은 원재료 12,000개(216,000원), 가공비는 177,000원이 투입되었으며 기말재고는 2,000개로 완성도는 50%이다. 이를 가지고 선입선출법과 평균법에 의한 원가계산서를 작성한다.

[표 7-2] 제조원가보고서(선입선출법)

(단위:원)

적 요	수량	완성품환산량		합계
		직접재료원가	가공원가	
1. 수량				
수량계산				
기초재고(60%)	1,000	1,000		
당기착수	12,000	12,000		
계	13,000	13,000		
기말재고	2,000	2,000		
작업량환산량				
총완성량(11,000단위)				
기초재고중당기완성량(40%)	1,000	0	400	
당기착수 당기완성량	10,000	10,000	10,000	
기말재고중완성량(50%)	2,000	2,000	1,200	
	13,000	12,000	11,800	
2. 발생원가				
배부대상원가(기말재공품단가산정)				
기초재고		₩31,000	₩67,000	₩98,000
당기투입		216,000	177,000	393,000
총원가				491,000
완성품환산량		12,000	11,400	
환산량 단위당 원가		18.00	15.526	
3.원가배부				
완성품				
기초재공품원가	1,000	₩31,000	₩67,000	₩98,000
기초재고 당기완성원가(40%)	400	0	6,210	6,210
당기착수 당기완성원가	10,000	180,000	155,264	335,264
합계	11,000	211,000	228,474	439,474
기말재공품(60%)	2,000	36,000	15,526	51,526
총원가		247,000	244,000	491,000

<해설>

원가계산을 할 때는 수량흐름을 먼저 잡아야 한다.

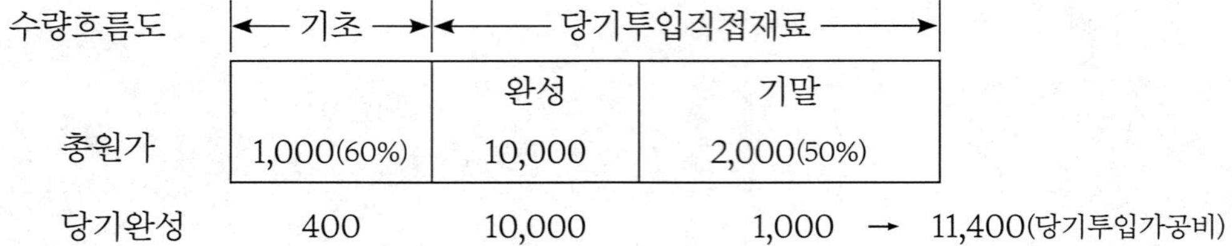

기초재고의 수량은 1,000개로 완성도는 60%, 당기 투입수량은 12,000이다. 기말재고는 2,000개로 완성도는 50%이다.

단위당 원가는 기말재공품평가를 위한 것인데, FIFO의 경우는 기초이월분은 모두 사용되었으므로 당기투입분만으로 계산이 된다.

재료비단가 = 216,000 ÷ 12,000 = 18

가공비단가 = 177,000 ÷ 11,400(기초 400 + 완성 10,000 + 기말 1,000) = 15.526

기초재공품가공비배분: 400 × 15.526 = 6,210

당기착수당기완성가공비: 177,000 - 6,210 - 15,526 = 155,264

기말재공품은 FIFO에 의할 경우 36,000(18 × 2,000) + 15,526(15.526 × 1000) = 51,526이 되고 평균법에 의할 경우 38,000(19×2,000) + 24,000(20×12,000) = 62,000이 된다.

같은 원리로 평균법에 의한 제조원가보고서를 작성하면 다음과 같다.

[표 7-3] 제조원가보고서(평균법)

(단위:원)

적 요	수량	완성품환산량		합계
		직접재료원가	가공원가	
1. 수량계산				
기초재고	1,000	1,000	600	1,600
당기착수	12,000	12,000	12,000	24,000
	13,000	13,000	12,600	25,600
완성품	11,000	11,000	11,000	22,000
기말재고(50%)	2,000	2,000	1,600	3,600
	13,000	13,000	12,600	25,600

2. 배부단가				
배부대상원가				
기초재고		₩31,000	₩67,000	₩98,000
당기투입		216,000	177,000	393,000
총원가		247,000	244,000	491,000
완성품환산량		13,000	12,600	
환산량 단위당 원가		19.00	19.36	
3. 원가배부				
완성품	11,000	209,000	213,024	422,024
기말재공품(60%)	2,000	38,000	30,976	68,976
총원가		247,000	244,000	491,000

㈜ 재료비단가 = 247,000 ÷ 13,000 = 19.00

가공비단가 = 244,000 ÷ 12,200 (기초 600 + 완성 10,000 + 기말 12,000) = 20.33

기말재공품가공비 = 10,000 × 20.33 = 20,333

이상의 내용이 반영된 제조원가명세서를 보이면 다음과 같다.

[제조원가명세서]

부분 제조원가명세서(선입선출법)

계정과목	금액
직접재료비	216,000
가공비	177,000
당기총제조비용	393,000
기초재공품원가	98,000
계	491,000
기말재공품원가	51,526
당기제품제조원가	439,474

부분 제조원가명세서(평균법)

계정과목	금액
직접재료비	216,000
가공비	177,000
당기총제조비용	393,000
기초재공품원가	98,000
계	491,000
기말재공품원가	68,976
당기제품제조원가	422,024

6 공정별 종합원가계산

1) 연속공정과 전공정원가

동일한 원재료가 두 개 이상의 연속된 공정을 거쳐 제품을 생산하는 방식을 연속생산이라고 하며, 이때 적용되는 원가계산 방식은 연속공정원가계산 또는 공정별 종합원가계산이라고 한다. 대부분의 제조 현장에서는 제품이 두 개 이상의 공정을 연속적으로 통과하면서 생산된다.

첫 번째 공정에서 완성된 제품은 공장의 규모와 관계없이 자동으로 다음 공정으로 이어진다. 예를 들어, 주물을 가공하는 제1공정에서 사상·조립 공정으로, 다시 도장 공정으로 진행된다면 최소 두 개 이상의 공정을 거치게 되는 것이다. 이러한 경우에는 전공정과 후공정의 개념이 성립되며, 전공정에서 발생한 원가는 전공정원가(transferred-in costs), 후공정에서 발생한 원가는 후공정원가(transferred-out costs)라고 한다.

전공정 원가는 이어지는 다음 공정에서 공정 초기 투입되는 직접재료원가와 같이 취급한다. 해당 공정에서는 전공정에서 이월된 재공품(전공정 완성품)을 가공하여 다음 공정으로 넘기며, 그것이 최종 공정의 경우 최종 제품이 된다. 공정 이동 시에는 계산된 공정원가 계산서가 첨부되어 함께 움직인다.

2) 전공정 원가의 배부

다수의 연속된 공정의 생산이 이루어질 때 각 공정을 별개의 회계 실체로 간주하며, 각 공정의 원가는 공정별로 계산한다. 제2공정 이후의 공정에서는 전공정에서 이관되는 재공품(전공정 완성품)에 대하여는 첨부된 원가계산서의 총 원가를 시작으로 한다.

연속공정의 원가계산 절차는 종합원가계산의 5단계법을 쓰기도 한다.

제1단계: 공정의 투입과 산출 수량을 파악하고 일치여부를 확인한다.

제2단계: 원가요소별 완성품 환산량을 계산한다.

제3단계: 원가요소별 배부대상 원가를 파악한다.

제4단계: 원가요소별 완성품 환산량 단위당 원가를 계산한다.

제5단계: 완성품과 기말재공품의 원가를 계산한다.

공정의 시작은 전공정에서 넘어온 재공품의 수량을 전액 투입한 것으로 한다. 평균법과 선입선출법 모두 기말재공품 자체의 완성도 평가 방법은 동일하므로, 기말 재공품 완성품 환산량 수량은 동일하게 계산된다. 그러나 단위당 원가계산에 사용되는 총완성품 환산량(등가생산량)은 각 방법론에 따라 달라진다. 전공정원가의 배부는 완성된 공정에 대한 원가라 하여 재료 수량 기준으로 배부한다. 그러나 가공비 해당 부분은 별도로 배부하는 것이 타당하다고 보아야 한다. 각 공정에서의 재고평가는 원가흐름을 반영할 수 있으며 꼭 동일할 필요는 없다. 2공정에서 평균법을 쓰고 3공정에서는 선입선출법을 써도 된다.

7 조별 종합원가계산

1) 조별 종합원가계산

연속공정을 통하여 종류가 다른 제품을 계속 생산하는 경우 적용하는 원가계산방법을 조별 종합원가계산이라 한다. 자동차 제조업, 광물업, 식료품이나 완구제조업 또는 제약업종에 적용하는 이 원가계산방법은 제품별로 원가를 계산하고 이를 완성품과 재공품으로 배분한다. 이는 공정별종합원가계산이 동일한 제품의 연속생산에 적용되는 것과 대조된다.

조비용(group expense)에는 조별직접원가와 조별간접원가가 있으며, 조별직접원가는 특정 조에서만 고유하게 발생하는 비용을 말하고 그 외는 조별간접원가 된다.

조별 종합원가계산의 방법은 다음과 같다.

① 분류되는 제품별로 조를 설정한다.

② 각 조에서 발생하는 원가를 재료비, 노무비, 제조경비로 나누어 집계한다. 이 중 직접비는 직접 조별로 배부하고 조별간접비는 다른 원가계산의 간접비 배부 등의 방법으로 적절히 배부한다.

③ 계산된 총 제조원가를 해당 조의 완성품 수량으로 나누어 조별 제품의 개별 단위원가를 산출한다.

2) 조별 공정별 종합원가계산

여러 제품의 생산과정이 여러 단계로 나뉘는 경우 각 제품의 조별로 연속된 공정별 원가 계산을 수행하는 것을 조별 공정별 종합원가계산이라 한다. 공정별 종합원가계산과 같이 전공정비를 어떻게 처리할 것인가(재료 수량에 따른 배부인가 가공미완성도를 쓸 것인가)와 당공정의 원재료 투입 형태 및 조별원가계산의 특징이 나타난다.

8 연산품 종합원가계산

하나의 원재료를 투입하여 두 가지 이상의 제품이 산출되는 낙농이나 정유 또는 제련업의 경우 원재료가 생산공정을 흐르면서 수종의 제품이 생산되어 나오는 경우, 이들을 연산품이라 하고 각 연산품을 각각의 제품으로 구분하여 공정의 진행 과정에 투입되는 원가를 각 제품에 공헌한 비율만큼 배분하여 원가를 계산하는 원가계산방법을 연산품원가계산 또는 연산품종합원가계산이라 하고 이러한 원가를 결합원가라 한다.

결합원가를 각 제품별로 배부할 때는 다음의 과정을 거친다.

① 당해 공정에서 생산되는 제품군을 정의한다.

② 투입되는 원가(노무비와 제조간접비) 중 분리점 이후 특정 연산품에만 직접적으로 발생하는 추가 가공원가가 있는가 검토한다.

③ 이러한 추가 가공원가가 있으면 배부하고 제품별 추가가공원가를 산정한다.

④ 분리점까지의 결합원가를 각 연산품의 순실현가치에 의하여 배분한다.

⑤ 분리점 이후의 추가가공원가와 순실현가치로 배분된 결합 원가를 합하여 제품원가를 산정한다.

⑥ 연산품의 특이한 경우인 낙농업과 같이 1차 생산되는 제품을 판매하고 2차 이후의 제품을 생산하여 판매하는 경우는 1차 제품의 원가를 2차 이후 투입되는 원재료로 하고 발생되는 비용을 집계하여 원가를 계산한다.

⑦ 이들의 원가배부는 전부 생산되는 제품의 순실현가치에 의해 배분할 수 있다.

9 등급별 종합원가계산

하나의 공정에서 동일한 제품을 생산하지만 생산되는 제품의 규격이나 품질이 다를 경우 제품에 등급이 매겨진다. 이를 등급품이라 하며 전선제조업, 낙농제조업, 유리제조업, 제지 제조 및 주물 가공업 등에서 나타난다.

등급별 종합원가계산은 하나의 공정에서 동일한 제품을 생산하지만 생산되는 제품의 규격이나 품질에 따라 다양한 등급으로 분류되는 경우 적용하는 원가계산 방법이다. 이렇게 분류된 제품을 등급품(Graded Products)이라 하며, 전선제조업, 제지제조업, 유리제조업, 낙농업, 주물 가공업 등에 나타난다.

등급별 원가계산의 핵심은 동일한 생산 공정을 거쳐 공동으로 발생한 원가(결합원가 또는 공동원가)를 각 등급품의 상대적 가치에 따라 배부하는 것이다. 일반적으로 생산량에 등급별 '계수(Weighting Factor)'를 곱하여 계산한 가중평균생산량(Weighted-average production quantity)을 기준으로 원가를 배분한다.

산출되는 등급품을 각각의 제품으로 정의하고 다음의 절차로 원가를 산정한다.

① **등급품 식별 및 계수**(Weighting Factor) **설정**

공정에서 생산되는 다양한 규격이나 품질의 등급품을 명확히 식별한다.

각 등급품의 상대적인 경제적 가치나 중요도를 반영하는 계수를 설정한다. 일반적으로 최고 등급품에 1.0의 계수를 부여하고, 그보다 낮은 등급품에는 상대적인 가치에 따라 1.0 미만의 계수를 부여한다.

예시: A급 (계수 1.0), B급 (계수 0.8), C급 (계수 0.5) 등

② **원가요소별 공동원가 집계**

해당 공정에서 등급품 생산을 위해 공동으로 투입된 총 제조원가 (직접재료비, 직접노무비, 제조간접비)를 집계한다.

[개선사항] 만약 특정 등급품에만 추가적으로 발생하는 원가(예: 특정 등급품에만 투입되는 고급 원재료, 추가 가공 작업 등)가 있다면, 이는 별도로 해당 등급품에 직접 추적하여 배부한다(단, 이러한 추가 원가가 미미하거나, 모든 원가를 공동원가로 간주하는 것이 합리적일 경우, 이를 공동원가에 포함하여 처리할 수도 있다).

③ **가중평균생산량**(등가생산량) **계산**

각 등급품의 실제 생산 수량에 미리 설정한 등급별 계수를 곱하여 가중평균생산량을 산출한다.

예시: A급 100개 × 1.0 = 100단위, B급 200개 × 0.8 = 160단위, C급 300개 × 0.5 = 150단위

④ **단위당 공동원가 계산**

집계된 총 공동원가를 총 가중평균생산량으로 나누어 단위당 공동원가(Unit Joint Cost per Weighted-average Unit)를 계산한다.

[개선사항] 전공정원가가 있다면 이를 포함한 총 공동원가를 계산하며, 이 역시 가중평균생산량으로 나누어 배부한다.

⑤ **각 등급품별 원가 배부**

계산된 단위당 공동원가에 각 등급품의 가중평균생산량을 곱하여 각 등급품에 공동원가를 배부한다.

[개선사항] 이후, 만약 2단계에서 특정 등급품에 직접 추적된 추가 원가가 있다면 이 금액을 합산하여 최종 등급품별 총 제조원가를 산정한다.

⑥ 등급품별 단위원가 산정

각 등급품에 배부된 총 원가를 해당 등급품의 실제 생산 수량으로 나누어 최종 등급품별 단위원가를 산정한다.

등급 구분이 어렵거나, 각 등급품의 상대적 가치를 측정하기 어려울 경우에는 순실현가치법을 사용하여 공동원가를 배분할 수도 있다. 또한, 등급품 생산 과정에서 부산물이 발생하는지 검토하고, 발생 시에는 부산물 회계 처리 기준에 따라 원가를 차감하거나 별도 수익으로 처리한다.

10 부산물 원가계산

부산물은 주 제품을 생산하고 남는 잉여의 생산품으로 별도의 제품으로 구분하기 어려운, 그러나 판매금액의 고하를 막론하고 판매를 할 수 있는 것을 말한다. 예로, 양계업의 경우 계육을 제품으로 판매하는데 다리나 염통 등을 분리한 것을 판매하는 경우, 기계가공업의 경우 선반이나 프레스 공정에서 작업 후 나타나는 고철이나 스크랩, 과수원의 낙과 등 판매 불가한 것으로 과즙을 만드는 용으로 쓰는 것들은 부산물이라 할 수 있다. 이들은 원가를 계산하여 판매이익을 계산하는 것보다 처분 시 얻는 수익을 잡수입 등으로 처리하는 것이 검토되어야 할 것이다.

그러나 부산물이 정식으로 판매되는 경우, 외국 축산업에서 폐기하던 내장이나 다리 등을 제품으로 판매라인에 추가하는 경우 등은 마지막으로 이들을 분리하고 포장하는 정도의 원가를 제조원가로 산정함이 타당할 것이다. 한편, 이러한 부산물이 정식 제품화되면 주산물처럼 회계처리하기도 하며 등급별 원가계산이나 연산품 원가계산의 예에 의하여 원가를 산정하면 될 것이다.

연습문제

OX 졸음깨우기

01 종합원가계산은 제품의 생산과정에 다량의 원재료가 동시 투입되고 점진적으로 가공되어 재공품(work in process)으로 형태를 바꾸었다가 제품으로 완성되는 흐름에 대한 원가계산으로 개별원가계산과 대응되는 원가계산을 말한다. ( )

02 여러 공정들이 연결되어 공장의 제품생산이 완료된다. 공장 및 공정별 원가계산이 수행되며 그 단위당 제조원가는 다음과 같이 계산된다. ( )

- 공정별 단위당 제조원가 = $\dfrac{\text{공정기초재공품원가 + 당기투입원가}}{\text{당해기간의 공정완성품 환산량(등가생산량)}}$
- 완성품 단위당 제조원가 = $\dfrac{\text{당해기간의 제품 제조원가}}{\text{당해기간의 완성품 수량}}$
- 완성종합원가계산에서 재공품의 완성품 환산량을 단위당 원가계산을 위한 등가생산량 산정에 사용된다.

03 종합원가계산에서는 재공품의 완성품 환산량을 계산한다. 기초재공품이 존재하지 않을 경우에는 평균법과 선입선출법에 의한 완성품 환산량이 같지만, 기초재공품이 존재할 경우에는 평균법에 의한 완성품 환산량이 선입선출법에 의한 완성품 환산량보다 크다. ( )

04 정상적인 공손수량은 평균법을 적용하나 선입선출법을 적용하나 동일하며, 정상 공손원가는 완성품과 기말재공품을 조정하나 비정상적인 공손원가는 영업외비용으로 처리한다. ( )

05 ㈜정림은 종합원가계산으로 제품원가를 계산하며 재고자산 평가에 평균법을 채택하고 있다. 기말의 원가자료가 다음과 같을 때, 완성품 단위당 가공원가(전환원가)는 18원이다. (2017, CTA 변환) ( )

[자료] 기말재공품: 8,000단위, 직접재료원가 완성도 70%, 가공원가 완성도 75%
기말재공품원가: 220,000원 완성품 단위당 직접재료원가: 20원

풀이

기말재공품원가 = 재료투입량 x 단가 + 가공비 투입량 x 가공비단가

8,000 x 70% x 20 + 8,000 x 75% x y = 220,000

$$y = \frac{220{,}000 - 8{,}000 \times 70\% \times (20 = 112{,}000)}{8{,}000 \times 75\% (= 6{,}000)} = \frac{108{,}000}{6{,}000} = 18$$

답 1.O, 2.O, 3.O, 4.O, 5.O

선택형 지식점검하기

01 다음 중 종합원가계산의 특징이 잘못 설명된 것은?

① 동 종류, 동 제품을 연속으로 생산하는 제조업에 적용한다.

② 발생되는 원가를 종합적으로 집계하여 일정기준에 따라 제품에 배부한다.

③ 원가요소의 소비액이 종합적으로 집계되기 때문에 완성품과 재공품의 원가가 함께 포함되어 있어 이를 배분하여 원가를 계산한다.

④ 제조원가와 가공원가로만 구분하여 계산한다.

02 가공비공정별종합원가계산에 대한 설명이다. 이 중 잘못 설명된 것은?

① 이 방법은 제조비용 중에서 가공비만을 공정별로 집계하여 각 공정의 가공비를 계산한다.

② 원재료비는 공정에 따라 투입에 따라 정해진 제품에 관련하여 집계한다.

③ 각 공정에서는 투입된 원재료에 가공만 하는 생산형태이다.

④ 업종은 전선 제조와 석유 정제업, 방적, 유가공, 제분업 등에 적용한다.

03 ㈜신송은 연속공정을 통해 단일 제품을 대량 생산하고 있다. 회사는 제품원가의 정확한 계산과 효율적인 원가관리를 위해 종합원가계산 방법을 채택하였다. 다음 설명 가운데 그 장점을 가장 잘 열거한 것은? ( )

(2013. CTO 변환)

(가) 모든 제품단위가 완성되는 시점을 정확하게 파악하기 곤란하므로 인위적인 기간을 정해 원가를 산정한다.

(나) 원가계산에서 가장 중요한 문서는 작업단위, 부서에 할당된 원가, 작업된 단위원가, 부서에서 이전될 원가 및 기말재공품 원가 등이 요약보고된 작업원가 집계표이다.

(다) 각 공정별로 원가가 집계되므로 원가에 대한 책임소재가 명확해진다.

(라) 주어진 상황에 따라 직접재료원가, 직접노무원가 및 제조간접원가로 구분하여 원가를 계산하지만, 일반적으로는 원가를 제조원가와 가공원가로만 구분한다.

① (가), (나) ② (다), (라)
③ (나), (다), (라) ④ (가), (다), (라)

04 **㈜정림은 가중평균법에 의한 종합원가계산제도를 채택하였다. 직접재료는 공정 초기에 투입되고 가공원가(전환원가)는 공정 전반에 걸쳐 균등하게 발생한다. 20x4년 말 현재 직접재료에 대한 총 완성품 환산량은 20,000단위, 전환원가에 대한 총 완성품 환산량은 18,000단위, 완성품 수량은 15,000단위이다. 기말재공품의 전환원가 완성도는?**

(2018 CTA)

① 40% ② 50% ③ 60% ④ 70%

풀이

재료흐름 20,000단위 재고잔량(재공품): 5,000단위
가공흐름 18,000단위 가공중 재고의 완성품환산량: 3,000단위
완성품수량 15,000단위
∴ 가공비 완성도: 60% (3,000/5,000)

05 **㈜신송은 FIFO평가, 종합원가계산을 한다. 재료는 공정초기에 전량 투입하며 중간투입은 없다.**

[자료]

구분	수량
기초재공품(가공완성도)	1,800개(90%)
당기 착수량	15,000개
기말재공품	3,000개(30%)

당기발생: 직접재료원가 420,000원 가공원가(전환원가) 588,600원
당기매출원가 1,070,000원
기초제품재고 84,600원 기말제품재고 38,700원

당기 기초재공품은 얼마인가? ( ) **(2020, CPA)**

① 140,000 ② 240,000 ③ 130,000 ④ 230,000

풀이

문제의 구조

지문의 내용들을 종합하면 다음의 도표가 나온다. 여기서 a, b, c, d를 구하면 된다

적요	재공품		가공비			계
	수량	원재료	완성도	환산량	가공비	
기초	1,800	a	90%	1,620	c	140,000
투입	15,000	420,000		13,080	588,600	1,008,600
기말재공품	3,000	84,000	30%	900	40,500	124,500
당기제조(완성)	13,800	b		**13,800**	d	1,024,100
기초제품						84,600
기말제품						38,700
매출원가						1,070,000

회색망 숫자는 나중 계산에 의거 산출되는 금액들, 검정 숫자는 주어진 지문에서 입수할 수 있는 숫자

1) 수량흐름

구분	재공품	착수	완성품	기말재고
재료	1,800	15,000	13,800	3,000
가공수량	1,620	13,080	13,800	900

2) 금액계산

(1) 기초제품재고액 + 당기제품 제조원가 - 기말제품재고 = 매출원가

→ 당기제품 제조원가 = 기말제품재고 + 매출원가 - 기초제품
= 38,700 + 1,070,000 - 84,600
= 1,024,100

(2) 당기투입단가(기초재고 < 당기투입량)

재료: 420,000 ÷ 15,000 = 28

가공비: 588,600 ÷ 13,080 = 45

(3) 기말재공품 계산

구분	기초재공품	당기투입	기말재공품	완성품
재료수량	1,800	15,000	3,000	13,800
가공수량	1,620	13,080	900	13,800
재료비		420,000	84,000	
가공비		588,600	40,500	
	x	1,008,600	124,500	1,024,100

(4) 기초재공품 계산(x)

당기제품 제조원가 = 기초재공품 재고액 + 당기 투입액 - 기말재공품 재고액

→ 기초재공품 재고액 = 당기제품 제조원가 + 기말재공품 재고액 - 당기투입액

= 1,024,100 + 124,500 - 1,008,600

= 140,000

(5) a, b, c, d의 계산

a, b, c, d를 각 재고자산 관련공식을 활용하여 구하면 다음과 같다.

a+c=140,000

b+d=1,024,100

a+420,000-84,000=b

c+588,600-40,500=d

이를 풀면 다음과 같다.

기초재공품원재료재고액 a = 70,000

당기제조원가중원재료비 b = 406,000

기초재공품가공비재고액 c = 70,000

당기제품제조원가가공비 d = 618,100

답 1.④, 2.②, 3.④ (나)는 개별원가계산 설명임, 4.③ 5.①

주관식 실력향상하기

01 ㈜골통신기술은 종합원가계산을 채택하였다. 직접재료는 공정의 시점에 일괄 투입되며 가공원가는 공정 전반에 걸쳐 균등하게 발생한다. (2021, CPA)

[자료]

구분	물량	재료원가	가공원가
기초재공품	2,000단위(가공비완성도 60%)	240,000	96,000
당기착수량	10,000단위		
기말재공품	4,000단위(가공비완성도 50%)		
당기투입원가		1,500,000	880,000

이 자료로 평균법 및 선입선출법에 의한 기말재공품과 완성품의 수량과 금액을 구하여라

풀이

1) 수량흐름&평균법 산정

(1) 재료(비) 2,000 + 10,000 - 4,000 = 8,000

비용 240,000 + 1,500,000 - 580,000

= 1,160,000 (기초 당기투입, 기말재공품재료비, 완성품재료비)

→ 평균법 1,740,000 ÷ 12,000 = 145 (재료비 단위당원가)

→ 4,000 x 145 = 580,000

(2) 가공(비) 2,000 + (10,000) - 4,000 = 8,000

완성도(60%) (투입) (50%) (100%: 완성)

환산 1,200 + (8,800) - 2,000 = 8,000

← 투입량 8,000 + 2,000 - 1,200 = 8,800

비용 96,000 + 880,000 - 195,200 = 780,800

→ 평균법 976,000 ÷ 10,000 = 97.6

→ 97.6 x 3,000 = 195,200

※ ( ) 숫자: (580,000)과 (8,800)은 처음은 공란이었으며, 아래에서 계산의 진행에 따라 적어 넣었음.

2) FIFO 산정

(1) 재료비 2,000 + 10,000 - 4,000 = 8,000

240,000 + 1,500,000 - (600,000) = 1,140,000

→ FIFO @는 150원 ->150 x 4,000 = 600,000 (※ 1,500,000 ÷ 10,000 = 150)

(2) 가공비 1,200 + 8,800 - 2,000 = 8,000

96,000 + 880,000 - (200,000) = (776,000)

← a는 100원 -> 100 x 2,000 = 200,000 (※ 880,000 ÷ 8,800 = 100)

3) 종합

(1) 평균법의 경우

구분	기말재공품		완성품		계
	수량	금액	수량	금액	금액
재료비	4,000	580,000	8,000	1,160,000	1,740,000
가공비	4,000(50%)				
(환산)	2,000	195,200	8,000	780,800	976,000
계		775,200		1,940,800	2,716,000

(2) 선입선출법

구분	기말재공품		완성품		계
	수량	금액	수량	금액	금액
재료비	4,000	600,000	8,000	1,140,000	1,740,000
가공비	4,000(50%)		8,000		
(환산)	2,000	200,000	8,000	776,000	976,000
계		800,000		1,916,000	2,716,000

※ 어려운 문제를 풀어본 사람은 쉬운 문제를 풀 수 있으나 쉬운 문제만 풀어본 사람은 어려운 문제를 풀 수 없다.

결합원가계산

문 정유 산업처럼 하나의 원재료를 가공하는 과정에서 여러 제품이 연이어 생산되는 경우, 이러한 제품들을 결합제품 또는 연산품이라 한다. 결합제품이 분리되기 전까지 발생한 원가는 결합원가라고 하며, 이 결합원가는 판매가격이나 순실현가치에 따라 배분된다.

원유가공을 시작하여 분리점에서 휘발유, 경유, 중유가 생산된다고 하고 이들의 순실현가치는 각각 2,000원, 1,620원, 800원, 생산량은 각각 3,000, 4,000, 2,000단위라 할 때 이를 세 가지 제품에 배부되는 원가는 얼마인가? 20x4년 3월의 결합원가는 8,400,000원이라 한다.

풀이

제품별	배부기준 (생산량 × 순실현가치)	배부비율	배부액 (결합원가 배분)
배부대상		14,080,000원 중	8,400,000원 배분
휘발유	3,000 × 2,000 = 6,000,000	6,000,000/14,080,000	3,579,545
경유	4,000 × 1,620 = 6,480,000	6,480,000/14,080,000	3,875,000
중유	2,000 × 800 = 1,600,000	1,600,000/14,080,000	955,455
계	14,080,000	14,080,000	8,400,000

결합원가계산 개요

1) 결합원가의 의의

제품 중에는 하나의 원재료가 몇 가지 공정을 거치면서 다수의 제품이 생산되는 경우가 있다. 원유는 정제과정을 통하여 휘발유, 경유, 벙커유 등의 제품이 생산되며, 낙농산업에서는 우유를 이용하여 우유와 치즈 등의 다수 유제품을 생산한다. 이렇게 연이어 생산되는 제품들을 연산품 또는 결합제품이라 하고 이때 발생하는 원가를 결합원가라 한다.

결합제품은 결합공정에서 생산되는 모든 제품을 지칭하는 반면, 연산품은 결합공정에서 생산되는 주요제품(주산물)을 의미하기도 한다.

2) 주요개념 - 결합원가, 분리점, 결합제품 및 분리원가

결합원가를 개별제품에 배부하는 것을 결합원가계산(연산품의 경우 연산품원가계산이라고도 한다)이라고 하고, 결합원재료(예: 원유)를 가공하는 데 투입되는 원가를 결합원가(joint cost)라 한다. 첫 가공공정을 1차 공정이라 하면 결합원재료가 분리되어 제품이나 다른 형태의 원재료를 구성하는 분기를 하는데 이것을 분리점(split-off point)이라 한다.

그림 8-1 • 결합공정 및 결합원가의 분리

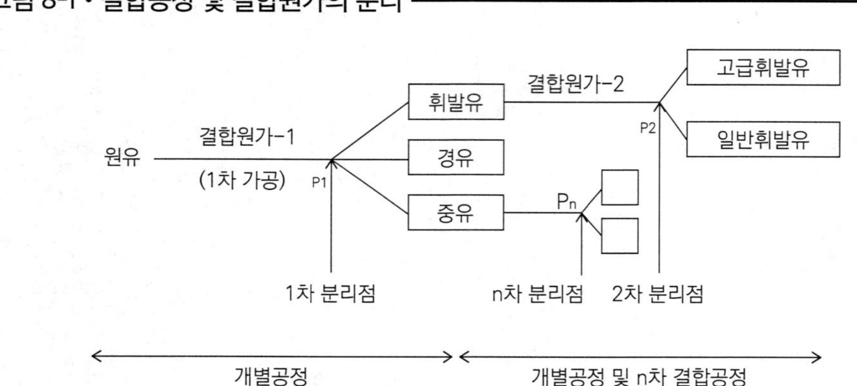

[그림 8-1]에 예시한 원유의 가공과정을 예로 들면 산유국으로부터 원유를 도입하여 휘발유 등을 공급하는 정유사는 원유의 도입과 1차 공정을 거쳐 휘발유·경유·중유를 분리해내는 점인 P1에 이른다. 이 P1을 분리점이라 하며 그동안 발생한 원가를 결합원가(이 그림에서는 결합원가-1)라 하고 P1을 지나면 원유는 결합제품인 휘발유와 경유 및 중유로 분리되면서 결합 원가가 개별제품으로 배부된다. 이후 소비되는 원가는 중유 가공이 아니고, 결합제품인 휘발유·경유·중유 등 각 제품의 가공이다. 휘발유는 다시 가공되어 고급휘발유와 일반휘발유로 나뉜다. 이때 결합원가-2가 발생하며 여기서 2차 결합제품이 생산된다.

중유를 가공하여 여러 제품, 즉 코크스나 아스팔트 등이 나온다면 결합원가-3가 발생한다. 분리 후 발생하는 원가는 분리원가라 한다. 결합원가 2와 결합원가 3은 분리원가이면서 동시에 해당 단계의 결합원가이며 P2와 P3 또한 분리점이다.

3) 결합제품의 분류

결합제품은 주산물과 부산물이 있다. 주·부판매제품은 두 가지 이상이 될 수도 있다.

(1) 주산물과 부산물

결합 개별제품 중 상대적 중요성에 따라 주산물과 부산물로 나뉜다. 기업이 생산 및 판매의 중심제품을 주제품 또는 주산물이라 한다. 주제품은 회사에 대한 수익이나 명성 등에서 공헌도가 크다.

(2) 연산품과 등급품

연산품(joint product)이란 동일공정에서 나오는 복수의 주요제품으로 동일 원재료를 이용하여 생산되는 복수의 제품군을 말한다. 정유사의 휘발유, 경유, 중유, 코크스 등, 낙농업의 우유, 버터 등을 들 수 있다. 등급품은 동일한 공정에서 동일한 원재료를 이용하여 생산되나 등급이나 규격이 다른 형태로 생산되는 제품을 말한다.

2 결합원가의 배부

결합제품의 제조공정에서 재료투입 후 분리점까지의 원가를 결합원가(배부원가)라 하며, 이 원가를 분리점 이후 생산되는 개별 제품에 어떻게 배부할 것인가의 문제가 발생한다.

이런 결합원가계산은 실무에서 많이 활용되며 내·외부 재무보고서에 이용되기도 한다. 결합원가의 배부방법으로는 물리적 방법(물량기준법), 분리점 판매가치법, 균등이익률법 등이 있다.

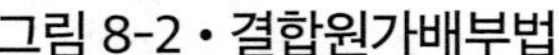

그림 8-2 • 결합원가배부법

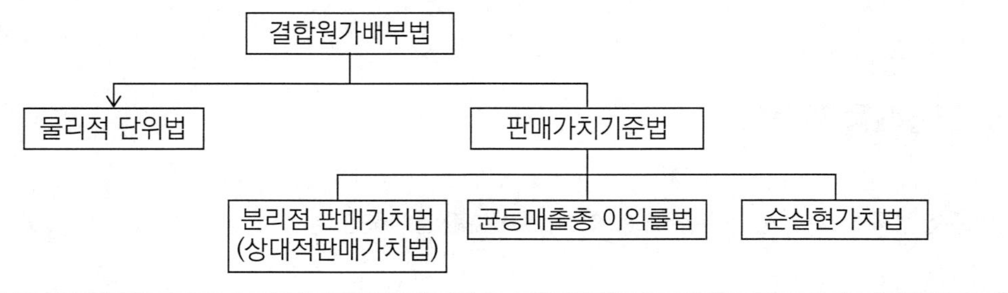

1) 물리적 단위법

물리적 단위법은 분리점에서 제품의 물리적 특성(예: 생산수량, 중량, 부피, 면적 등)의 비율을 기준으로 결합원가를 결합제품군에 배분하는 방법이다. 이 방법은 개별제품들의 판매가격과 물량 사이에 밀접한 관계가 있을 때 합리적이다.

그러나 이 방법은 중량이나 부피 등이 각 제품의 경제적 가치를 제대로 반영하지 못하는 경우에는 적용하기 어렵다. 제품의 물리적 특성이 반드시 경제적 가치를 표방한다고 보기는 어렵기 때문이다. 또한 공통적으로 적용되는 물량 척도를 정하기 곤란한 경우도 많다. 따라서 물리적 단위법은 개별제품의 물량 단위와 경제적 가치 사이에 상당한 상관관계가 있을 때 활용할 수 있다.

2) 분리점 판매가치법

분리점 판매가치법은 분리점에서 개별제품의 판매가치를 기준으로 결합원가를 배분하는 방법이다. 판매가치는 생산량에 단위당 판매가격을 곱하여 계산한다. 이 방법은 분리점 이후에 추가적 가공으로 인한 분리원가가 발생하지 않고 분리점에서 모든 결합제품이 완판되는 경우에 이용가능하다. 따라서 물리적 단위법의 단점을 개선할 수 있다. 이 방법에 의한 손익계산서에는 각 제품의 판매가에 비례하여 결합원가가 배부되므로 매출총이익률이 동일하게 계산된다.

이 방법은 이해가 쉽고 간단하다. 이 기준으로 결합원가를 배분하면 판매가치가 높은 제품에 원가를 많이 배분하고 낮으면 적게 배분하므로 실제 발생과는 괴리가 생겨 정확한 원가계산에서 벗어날 수도 있다.

3) 균등 매출총이익률법

균등매출총이익률법(constant gross margin net realizable value method)은 개별 제품의 최종판매가치를 기준으로 동일한 매출총이익률을 갖도록 결합원가를 배분한다. 이 방법은 먼저 개별제품의 매출총이익률을 구한 뒤 전체 매출총이익률과 각 제품의 매출총이익률을 동일하게 만드는 결합원가 배부액을 역산하여 구하는 방법을 적용한다. 추가가공과 판매가치가 서로 연관되어 있으며 모든 제품이 동일한 수준의 평균이익률을 낸다는 가정하에 계산하는 방법이다.

4) 순실현가치법

순실현가치법(net realizable value method)은 순실현가치를 기준으로 결합원가를 개별제품에 배부하는 방법이다.

순실현가치는 제품의 최종 판매가치에서 분리점 이후의 추가 가공원가 및 판매비용을 차감하여 계산한다.

순실현가치 = 제품 최종판매가치 - 추가가공원가 - 판매 부대비용

이 배부법은 결합원가만이 이익을 창출하는 데 기여하며 분리점 이후의 추가 가공원가는 이익을 창출하지 못한다는 가정에 기초한다. 그러나 이 가정은 비현실적이라는 문제점이 지적된다.

결합원가계산은 제품의 생산에 투입되는 원가를 직접 배부할 수 있는 방법이 없을 수도 있고, 주제품과 부산물도 시장 상황에 따라 변동될 수 있다. 이럴 경우는 순실현가치가 달라져 순실현가치법에 의한 원가배부 결과도 달라질 수 있다.

3 복수분리점의 결합원가배부

일반적인 실제 생산공정에서는 분리점이 다수 존재한다. 분리된 제품에 어느 정도 가공을 추가하여 더 높은 부가가치를 가진 제품을 생산할 수 있기 때문이다. 복수분리점이라 하더라도 하나의 분리점이 있는 경우와 원가배부의 기본원리는 크게 달라지지 않는다. 2차 분리점 이후의 결합원가는 당해 제품에 배부된 전 공정 결합원가와 분리점 이후 발생한 추가 가공원가를 고려하여 후속 분리점에서 배부해야 할 결합원가를 구성한다.

그림 8-3 • 복수분리점의 결합원가 배부

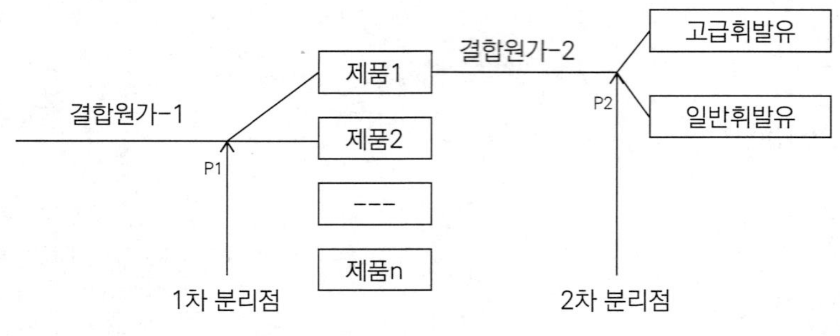

[그림 8-4]에서 보는 바와 같이 1차 분리점에서 제품 1에 배부된 원가는 2차 분리점까지 제품 1에 발생한 추가가공원가를 합하여 제품 a와 제품 b에 배부하게 된다. 이러한 흐름은 회사의 실제 생산공정도에 나타나 있다.

상기 흐름에서 결합원가를 배부하는 방법은, ① 최종 분리점에서 결합제품의 순실현가치를 계산하고 ② 각 분리점에서의 결합원가 배부율을 계산하되 공정의 역방향으로 각 분리점의 배부율을 계산한 뒤, ③ 공정흐름의 첫 원가발생부터 분리점 1까지의 원가를 집계하고 여기부터 마지막 공정의 분리점까지 결합제품별 원가를 순차적으로 배부한다.

4 부산물 회계처리와 결합원가배부

연속된 결합생산공정에서 발생하는 주산품과 부산물에 대한 회계처리방법을 살펴본다.

부산물의 회계처리방법으로는 부산물의 가치인식 시점에 따라 생산기준법과 판매기준법으로 구분한다.

1) 생산기준법

생산기준법은 부산물의 가치를 부산물의 순실현가치로 평가하여 그 생산시점에 인식하는 방법이다. 부산물의 순실현가치는 부산물의 예상 판매가에서 판매에 부가되는 예상 판매비용을 차감한 값으로 평가한다.

부산물의 가치가 평가되면 부산물을 재무상태표의 재고자산부에 부산물로 표시하고 부산물이 매각되었을 때 그 차손익을 인식하여 이를 영업외손익에 계상한다.

당해 결합공정에 주산품과 부산물만 생산된다고 하면, 부산물의 평가로 당해 주산품이 된 부산물의 평가만 남게 된다.

이상의 평가과정을 요약하면 다음과 같다.

부산물 평가액 = 부산물의 순실현가치
주산품 평가액 = 발생된 결합원가 총액 - 부산물 평가액

이러한 원가산정방법은 원가계산이라기보다 가치조사 또는 가치평가에 가깝다고 할 수 있다.

2) 판매기준법

생산기준법은 부산품의 미확정가액인 순실현가치로 평가하면서 판매차액을 별도의 영업외손익으로 인식하는 불편을 해소하고, 아예 부산품의 판매시점에 판매가액으로 부산품의 가치를 인식하는 방법이 판매기준법이다.

부산물의 발생에도 불구 회계인식을 하지 않으므로 회계원칙에 위배된다는 한계가 있다. 따라서 부산물의 가치가 미미하여 회계상 중요성이 없을 때 쓸 수 있다. 이때의 처분손익은 잡이익으로 인식한다.

부산물의 추가가공 시에는 부산물계정(재고자산)에 계상한다. 이때는 부산물의 평가가 선행되어야 한다.

[부산물의 재무제표 표시 예]

부분 재무상태표

재고자산		유동부채
1. 제품	×××	
2. 재공품	×××	
3. 원재료	×××	
4. 부산물	×××	

판매 시 현금이나 매출채권으로 계상하고 그 차액을 영업외손익으로 구분하는 것은 같다.

5 추가가공에 관한 정보제공

결합제품의 추가가공 여부 결정에 대한 정보 제공이 미흡하다는 데 대하여, 결합제품에 포함되는 정보의 유용성에 대하여 살펴본다.

분리점에 도착한 결합제품은 대부분 그대로 판매하거나 추가가공 후 판매할 수 있다.

추가가공의 의사결정에는 추가가공을 통한 제품의 가치 상승 대비 추가비용이 수익성이 있는가이다. 이에 대한 판단은 증분 개념을 도입하여 검토한다. 원가측면에서의 증분원가는 추가 가공 비용이고 수익 측면에서의 증분이익은 판매 부대비용을 차감한 추가이익, 즉 증분이익이다. 증분이익이 증분원가보다 크다면 추가가공을 하게 된다.

이 판단에는 보이지 않는 위험이 도사리고 있다. 계산상으로 증분이익이 크다 해도 현재의 제품을 추가로 가공함에 따르는 눈에 보이지 않고 계산되기 어려운 제품 실패 등이 있을 수 있다. 예로 우유로 치즈를 만들려 했으나 치즈 제조 실패 위험이 있을 수 있고, 경기변화에 따라 현재의 결합제품의 판로는 확실한데, 높은 수익을 기대한 추가 가공품의 판로가 막힐 위험성, 어떤 원인에 의한 공정수율의 하락 등, 경영에 일반적으로 도래하는 위험에 관한 고려는 별도로 하여야 한다.

이러한 의사결정 과정에 결합원가는 이미 발생된 원가로 매몰성을 가진다. 변경될 수 없는 원가로 추가 가공 제품에 대한 원가정보의 제공과 관련산업에 추가가공물품이 제공되므로 시장정보, 새 제품의 판로와 경쟁사의 가격정보, 생산량에 비추어 시장지배적 위상확보 가능성 판단 등에 유용한 정보가 제공되어야 한다.

6 결합제품의 재고수준 관리

결합공정에는 여러 종류의 제품이 하나의 또는 연속된 공정에서 생산된다.

일반적으로 이 제품들의 생산량 비율은 조정이 불가능한 경우가 많다. 여기서 문제가

되는 것은 결합제품 중 일부제품은 시장 수요가 크고 일부 제품은 수요가 적을 경우이다. 수요가 큰 제품을 기준으로 생산을 하면 수요가 적은 제품의 재고가 늘어나고 반대의 경우는 수요가 큰 제품은 재고 부족으로 판매 기회를 놓칠 수 있다는 것이다.

다른 조건이 일정하다면 경영자는 결합제품의 재고관리에 유념해야 한다. 이를 해소하기 위해 기업에서는 기술의 개발을 통해 제품 간 생산량의 비율을 기술적으로 조정하기도 하고, 덜 판매되는 제품에 대한 적극적 마케팅을 통해 잉여재고를 줄이는 노력을 하여야 한다. 이 제품은 지속적으로 생산되므로 기술연구를 통해 용도나 기능이 다른 제품으로의 전환을 유도하여야 한다.

7 결합원가배분의 내재적 한계

결합공정에 대한 결합원가의 배분에는 다음과 같은 내재적 한계가 있다.

① 결합원가의 배분은 직접비 같은 분명한 기준을 제시하지 못하고 임의적·강제적 배분방법에 의하므로 원가의 정확성을 보장하기 어렵다.

② 원가의 기능인 경영계획의 수립이나 통제수단으로 활용되기 어렵다.

③ 직접 관련된 제품 생산에 대한 추가 가공 여부 결정에 필요한 의사결정 정보를 제시하지 못한다.

OX 졸음깨우기

01 결합원가는 결합원재료(예: 원유)를 가공하는 데 들어가는 분리점까지의 원가를 말하며 이 원가는 분리된 제품들에 배부하게 되는데, 원가를 배부하는 방법은 물리적 단위법과 판매가치기준법으로 나누어지고 판매가치기준법은 다시 순실현가치법, 분리점판매가치법 및 균등매출 총이익률법으로 나뉜다. ( )

02 순실현가치법(NRV: Net Realizable Value)은 분리점에의 결합원가를 분리제품별 순실현가치를 기준으로 배부하는 방법으로, 순실현가치는 다음과 같이 계산한다.

순실현가치 = 제품 최종판매가치 - 추가가공원가 - 판매부대비용

이 계산식은 복수분리점 이후에도 동일하게 적용된다. ( )

03 결합제품(연산품)에서 개별제품의 상대적 판매가치를 기준으로 결합원가를 배분하는 방법을 상대적 판매가치법이라 한다. 이 방법은 분리점 이후에 추가가공으로 인한 추가원가가 발생하지 않고 분리점에서 모든 판매제품이 판매되는 경우에 이용한다. 따라서 상대적 판매가치법은 주·부산물을 구분할 때는 이용할 수 없다. ( )

04 ㈜신송은 결합원가 15,000원으로 제품 A와 제품 B를 생산한다. 이들은 각각 7,000원과 3,000원의 추가가공원가를 투입하여 판매한다. 순실현가치법을 사용하여 결합원가를 배부하면 제품 B의 총 제조원가는 6,000원이며 매출 총이익률은 25%이다. 제품 A의 매출 총이익률은 20%이다. ( ) (2017, CTA)

풀이

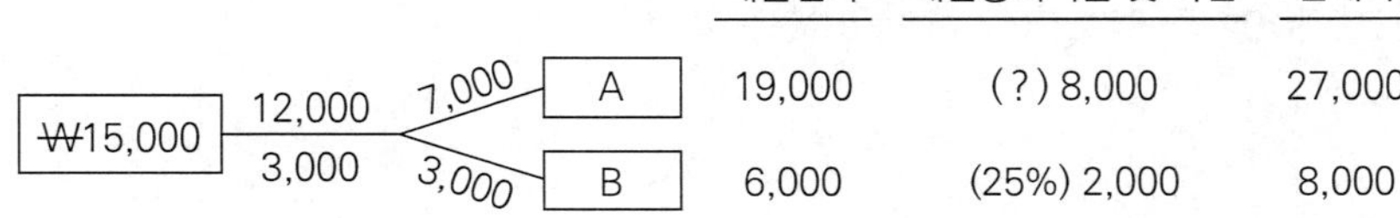

B의 제조원가 6,000원에서 12,000과 3,000원은 결정됨

B의 순실현가치: 8,000 - 6,000 = 2,000 → 2,000/8,000 = 25%

A의 순실현가치: $2{,}000 \times \frac{12{,}000}{3{,}000} = 8{,}000$

A의 판매가: 12,000 + 7,000 + 8,000 = 27,000

A의 매출총이익: (27,000 - 19,000) ÷ 27,000 = 29.63%

05 결합원가 계산의 분리점 판매가치법(상대적 판매가치법)은 모든 연산품(결합제품)들의 매출총이익률은 같다는 전제하에서 원가를 배부하는 방법이다. ( )

답 1.O, 2.O, 3.X(이용 가능하다), 4.X (24%), 5.X

선택형 지식점검하기

01 ㈜신송은 제품 A,B,C를 생산하고 있다. 20x4년 1월 중 직접재료비와 가공비는 총 400,000이었다. 모든 제품은 분리점에서 판매된다. 물량기준법을 이용하고, 제품 A의 결합원가 배부액은 얼마인가?

결합제품	생산량	단위당 판매가격
A	1,000	600원
B	200	400원
C	400	300원
계	1,600	

① 250,000 ② 50,000 ③ 100,000 ④ 400,000

풀이

결합제품	생산량	배부액	근거	단위당 제조원가
A	1,000	250,000	400,000x1,000/1,600	ⓐ 250
B	200	50,000	400,000x200/1,600	ⓐ 250
C	400	100,000	400,000x400/1,600	ⓐ 250

02 **문제 01의 자료를 이용하여 상대적 판매가치법에 따라 산출된 제품 B의 결합원가 배부액은 얼마인가? 각각의 판매단가는 600, 400 및 300원이다.**
(판매가치 = 생산량에 단위당 판매가격)

① 300,000　② 40,000　③ 60,000　④ 400,000

풀이

결합제품	생산량	배부액	근거		제품별 제조원가
A	1,000	75%	1,000x600 = 600,000	75%	300,000
B	200	10%	200x400 = 80,000	10%	40,000
C	400	15%	400x300 = 120,000	15%	60,000
계	1,600	100%			400,000

03 **다음 결합원가에 대한 설명 중 타당하지 아니한 것은?**

① 상대적 판매가치법은 분리점에서 개별제품의 상대적 판매가치를 기준으로 결합원가를 배부하는 방법으로 판매가치는 생산량에 단위당 판매가격을 곱하여 계산한다.
② 순실현가치법의 적용은 분리점에서 상대적 판매가치를 모를 경우 사용한다.
③ 순실현가치법은 판매가 추가가공 이후에 이루어져 분리점에서는 대부분 판매가치를 알 수 없기 때문에 최종 판매가치에서 분리원가를 차감한 순실현가치로 상대적 판매가치를 추정하여 결합원가를 배분한다.
④ 위 보기 ③ 중 최종판매가치로 원가를 배분하기도 한다.

04 ㈜정림은 샴푸 원료를 500원에 구입한 다음 샴푸 A와 샴푸 B를 제조하여 판매하고 있다. 비누 A는 분리시점에서 ⓐ 400으로 즉시 판매가능하며 비누 B는 추가가공(가공비 200원)하여 800원에 판매된다. NRV를 이용하여 결합원가를 배분하고 샴푸 A에 배부될 원가를 구하면 얼마인가?

① 400원　② 300원　③ 200원　④ 100원

풀이

결합제품	생산량	배부액	근거	단위당 제조원가
A	400원	200원	800	200(500x400/1,000)
B	(x)			300(500x600/1,000)
계	(y)			500

x = 800 - 200 = 600

y = 400 + 600 = 1,000

05 ㈜골통신은 결합생산공정을 통해 결합제품 x와 y를 생산 및 판매하고 있으며, 균등매출총이익률법을 적용하여 결합원가를 배부한다. 회사는 전년도 결합제품 x와 y를 모두 추가가공하여 전량 판매하였으며, 추가 가공원가는 각 제품별로 추적이 가능하고 모두 변동원가이다. 전년도 발생한 결합원가가 350,000원일 경우 제품 x와 y에 배부할 결합원가는 얼마인가? 단, 공손, 감손, 기초재공품, 기말재공품은 없다. (2022, CPA)

<자료>

제품	생산량	추가가공원가	최종판매단가
X	6,000 단위	30,000	50원
Y	10,000 단위	70,000	20원

① 제품 X: 200,000 제품 Y: 150,000　② 제품 X: 210,000 제품 Y: 140,000
③ 제품 X: 230,000 제품 Y: 120,000　④ 제품 X: 240,000 제품 Y: 110,000

풀이

개별 제품의 최종판매가치를 기준으로 동일한 매출총이익률을 갖도록 결합원가를 배분:

총이익률: {500,000-(100,000+350,000)}/500,000 = 10%

구분	매출액	추가가공원가	결합원가	원가총액	순실현가치	매출총이익률 순이익률
X	300,000	30,000	(x)	(총액 x)	30,000	10%
Y	200,000	70,000	(y)	(총액 y)	20,000	10%
	500,000	100,000	350,000	(　　)	50,000	

결합원가 x : 300,000 - 30,000 - x = 30,000 ∴ x = 240,000

결합원가 y : 200,000 - 70,000 - y = 20,000 ∴ y = 110,000

∴ 답: x = 240,000, y = 110,000

참고로 원가총액은 결합원가 + 추가가공원가이므로

원가총액 x = 240,000 + 30,000 = 270,000

원가총액 y = 110,000 + 70,000 = 180,000

답 1.①, 2.②, 3.④, 4.③, 5.④

주관식 실력향상하기

1. ㈜신송은 단일공정을 운영하고 있으며 이 공정은 4개의 결합제품을 생산하고 있다. 아래는 20x5년 3월 말의 원가 관련 자료이다.

<자료>

구분	제품 A	제품 B	제품 C	제품 D
생산량	400kg	250kg	100kg	50kg
분리점에서의 판매가격	625원	750원	800원	450원
추가가공원가	150,000	100,000	-	-
최종판매가격	900	900	800원	450원

3월 한달간 결합공장에서 발생한 결합원가는 300,000원이다.

01 모든 제품을 주산품으로 간주할 경우 다음 각 방법에 따라 결합원가를 배부하라.

(1) 물리적 단위법　　　　(2) 분리점 판매가치법

(3) 순실현가치법　　　　(4) 균등매출 총 이익률법

02 제품 C과 제품 D를 부산물로 하고 부산물의 회계처리를 다음 각 방법에 따를 경우 순실현가치법에 따라 결합원가를 배부하라.

(1) 생산기준법　　　　(2) 판매기준법

풀이

1. 모든 제품은 주산품으로 간주할 경우의 결합원가 배부

(1) 물리적 단위법

원리: 분리점에서 제품의 물리적 특성인 생산수량, 중량, 부피, 면적 등의 비율을 기준으로 결합원가를 배분.

제품	생산량	배부비율	배부액	비고
A	400kg	50.00%	150,000	
B	250	31.25	93,750	
C	100	12.50	37,500	
D	50	6.25	18,750	
계	800kg	100.00%	300,000	300,000 × 각 배부비율

(2) 분리점 판매가치법

원리: 분리점에서 개별제품의 판매가치를 기준으로 결합원가를 배분.

제품	생산량	판매가격	판매가치	배부비율	배부액
A	400kg	625원	250,000	46.30%	138,000
B	250	750	187,500	34.72	104,160
C	100	800	80,000	14.81	44,430
D	50	450	22,500	4.17	12,510
계	800	2,625	540,000	100.00%	300,000

각 제품의 순실현 가치를 기준으로 결합원가를 배분

(3) 순실현가치법

원리: 각 제품의 최종판매가치를 기준으로 동일한 매출 총이익률을 갖도록 결합원가를 배분
⇒ "균등"임

제품	생산량	판매가격	판매가치	추가가공원가	순실현가치 비율	배부비율	배부액
A	450kg	900원	360,000	150,000	210,000	48.00%	144,000
B	250	900	225,000	100,000	125,000	28.57	85,710
C	100	800	80,000	-	80,000	18.29	54,860
D	50	450	22,500	-	22,500	5.14	15,430
계	800	3050	687,500	250,000	437,500	100.00%	300,000

※ 결합원가 배분 전의 순실현가치를 기준으로 배분

(4) 균등매출 총이익률법

원리: 개별제품의 최종판매가치를 "위"

① 균등매출 총 이익률 계산

결합제품 전체 매출액 687.500

결합원가와 추가가공원가(300,000 + 250,000) (550,000)

전체 매출총이익 137,500

균등매출 총이익률 137,500 ÷ 687,500 = 20%

② 제품별 매출 총이익 계산: 제품별 매출액 x 균등매출 총이익률

제품 A: 360,000 x 20% = 72,000

제품 B: 225,000 x 20% = 45,000

제품 C: 80,000 x 20% = 16,000

제품 D: 22,500 x 20% = 4,500

③ 제품별 총 원가계산: 제품 매출액 - 매출 총이익

제품 A: 360,000 - 72,000 = 288,000

제품 B: 225,000 - 45,000 = 180,000

제품 C: 80,000 - 16,000 = 64,000

제품 D: 22,500 - 4,500 = 18,000

④ 제품별 결합원가 배부액: 제품 총 원가 - 제품 추가가공원가

제품 A: 288,000 - 150,000 = 138,000

제품 B: 180,000 - 100,000 = 80,000

제품 C: 64,000 - 0 = 64,000

제품 D: 18,000 - 0 = 18,000

2. 제품 C와 제품 D를 부산물로 간주하는 경우, 제품 A와 제품 B에 대한 결합원가 배부

(1) 생산기준법:

원칙: 부산품의 순실현가치를 결합원가에서 차감한 잔액을 주산품에 배부

① 부산물의 순실현가치 = 제품C의 순실현가치 + 제품D의 순실현가치
= 80,000 + 22,500
= 102,500

② 주산품에 배부할 결합원가 = 결합원가 - 부산품의 순실현가치
= 300,000 - 102,500 = 197,500

③ 순실현가치법에 의한 제품A와 제품B에 대한 결합원가배부

구분	순실현가치	배부비율	배부액
제품A	210,000	210,000/335,000 ≈ 62.69%	197,500원 × 0.6269 ≈ 123,763원
제품B	125,000	125,000/335,000 ≈ 37.31%	197,500원 × 0.3731 ≈ 73,737원
합계	335,000	100.00%	197,500원

(2) 판매기준법:

이 사례는 부산물의 가공 후 판매가 더 수익성이 있는 경우로, 결합원가 총액을 제품A와 제품B에 배부하고, 부산품 가치는 판매시점에 영업외수익으로 인식한다.

① 주산품 제품A와 제품B에 배부할 결합원가 총액: 300,000천원

② 순실현가치법에 의한 제품A와 제품B에 대한 결합원가 배부

구분	순실현가치	배부비율	배부액
제품A	210,000	210,000/335,000 ≈ 62.69%	300,000원 × 0.6269 ≈ 188,070원
제품B	125,000	125,000/335,000 ≈ 37.31%	300,000원 × 0.3731 ≈ 111,930원
합계	335,000	100.00%	300,000원

③ 영업외수익: 102,500 (80,000 + 22,500)

변동원가계산

문 기업의 매출이 증가하면 이익(또는 영업이익)의 증가율이 매출의 증가율에 비해 매우 가파르게 변한다. 이는 고정비 때문이다. 매출이 증가하면 변동원가는 매출에 따라 비례하여 증가하지만 고정원가는 불변하므로 그만큼의 이익 상승·하락률은 크게 반영되는 것이다. 경영자는 원가에 관리통제의 초점이 맞추어져 있다. 따라서 내부이용 목적으로 변동원가에 의한 원가계산은 의미를 가진다. 실제 원가와의 차이는 손익계산서에서 조정하여 대외 보고용으로 보고한다.

다음 자료로 변동원가에 의한 손익계산서를 작성해보라.

A기업의 제품 한 단위당 원가	
직접재료비	2,000원
직접노무비	1,500
변동제조간접비	300
변동판매관리비	400
고정제조간접비	200,000
고정판매관리비	250,000
생산 및 판매단위	1,000단위

당기 매출액은 5,400,000원이며
기초제품 금액과 기말제품 금액은 같다.

풀이

1. 원가요소별 금액 산정

직접재료비	1,000 x 2,000 = 2,000,000
직접노무비	1,000 x 1,500 = 1,500,000
변동제조간접비	1,000 x 300 = 300,000
변동판매관리비	1,000 x 400 = 400,000
고정제조간접비	200,000
고정판매관리비	250,000

2. 손익계산서

A기업의 제품 한 단위당 원가		
매출액		6,000,000
매출원가		3,800,000
기초제품재고액		0
당기제품제조원가 ㈜		3,800,000
기말제품재고액		0
변동판매관리비		400,000
공헌이익		1,200,000
고정원가		450,000
고정제조간접비	200,000	
고정판매관리비	250,000	
영업이익		750,000

㈜ 변동제품제조원가 = 2,000,000 + 1,500,000 + 300,000 = 3,800,000
(변동제품제조원가 = 직접재료비 + 직접노무비 + 변동제조간접비)
제품 한 단위당 변동제조원가 = 3,800,000 ÷ 1,000
= 3,800원

1 변동원가계산의 이해

원가회계시스템은 제조원가에 어떤 원가를 포함시키는지, 즉 제조원가의 범위에 따라 전부원가계산과 변동원가계산으로 구분한다. 일반적으로 제조원가의 요소는 재료비·노무비, 제조경비로 구분하는데 이들을 직접재료비, 직접노무비 및 제조간접원가로 직접비와 간접비를 나눈다. 이 중 제조간접원가는 변동제조간접원가와 고정제조간접원가로 구분하여 원가를 계산하는 방법을 변동원가계산이라 한다.

원가는 조업도에 따라 발생하는 원가가 고정되는가(고정비), 변동되는가(변동비)로 구분한다. 직접원가를 기준으로 원가를 계산한다고 하여 이를 직접원가계산이라고 하기도 하며, 조업도의 변동성에 초점을 맞춘다 하여 변동원가계산이라 부른다. 여기에는 직접재료원가와 직접노무원가 및 변동제조간접원가만을 제품원가에 포함하고 고정제조간접원가와 변동·고정판매관리비는 포함하지 아니한다.

작업자가 지급받는 노무비가 생산량에 따라 변화된다면 이는 변동원가이다. 직접재료비, 직접노무비 및 변동제조간접비는 생산량(조업도)에 따라 변동한다. 조업이 없으면 고정원가만 발생한다.

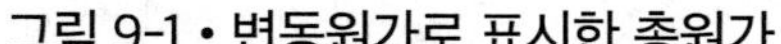
그림 9-1 • 변동원가로 표시한 총원가

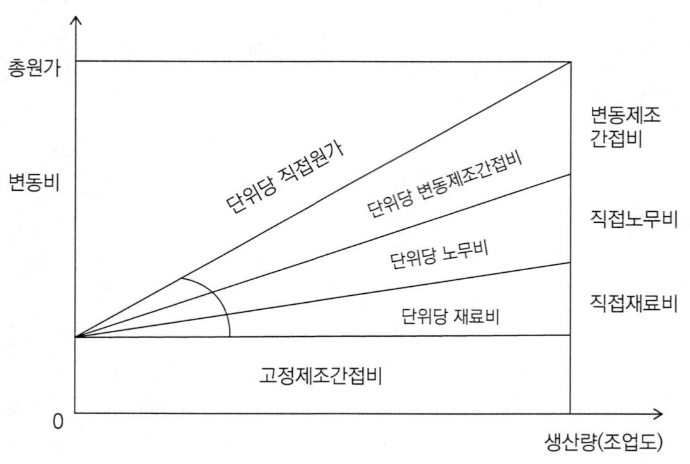

한편, 제조간접원가는 간접재료원가, 간접노무원가 및 제조경비 등 다양한 항목으로 구성된다. [표]는 고정제조간접원가와 변동원가로 구성한 변동원가 그래프이다.

직접재료비, 직접노무비 및 변동제조간접비는 생산량(조업도)에 따라 변동한다. 조업이 없으면 고정원가만 발생한다. 한편, 제조간접원가는 간접재료원가, 간접노무원가 및 제조경비 등 다양한 항목으로 구성된다. [그림 9-1]는 고정제조간접원가와 변동원가로 구성한 변동원가 그래프이다.

고정제조간접원가를 제품원가에 포함하느냐는 원가에 대한 비용인식에 기반한다. 전부원가계산에서는 고정제조간접원가를 제품원가에 포함하여 제품에 배부함으로써 판매한 제품에 배부된 원가는 매출원가를 구성하여 당기 손익으로 처리되나 판매되지 아니한 제품에 배부된 원가는 자산으로, 차기 이월된다. 이 제품들은 미래의 수익력 즉, 용역잠재력이 있다고 인정되기 때문이다. 반면 변동원가계산에서는 고정제조간접원가 총액을 발생한 기간의 비용으로 처리한다. 변동원가계산에서는 경영자에게 생산의 변동에 따른 이익의 변동성이 중요하므로 변동원가가 중요하다. 전부원가계산의 결과는 대외적으로 주주나 고객관계에 중요할 뿐이다. 경영자의 관리상 필요한 정보는 변동원가계산에서 제공된다고 할 수 있다. 조업도는 제조기업의 생산활동의 크기를 나타내며 일반적으로 주제품의 생산수량이나 직접작업시간 또는 기계가동시간 등 조업량을 대표할 수 있는 핵심적 지표를 사용하여 측정한다.

전부원가계산에 의하면 조업도가 달라질 경우 다른 조건이 동일함에도 단위당 원가가 달라진다. 조업도의 변화에 무관한 고정비가 조업도가 증가할수록 원가 분산 효과를 내기 때문이다. 그러나, 변동원가계산의 결과를 그대로는 대외보고용으로 쓸 수는 없다.

2 변동원가계산과 전부원가계산

변동원가계산에서는 고정제조간접비를 비용으로 계상하지 않으므로 외부보고용 손익계산서를 위해서는 그 전액을 기간비용으로 처리한다. 변동원가계산과 전부원가계산의 원가구성은 아래 [표]와 같으며, 이 차이는 고정제조간접비의 인식에 있으며 이를 제품원가에 포함시키면 전부원가계산이 된다.

[변동원가계산과 전부원가계산의 비교]

<table>
<tr><th colspan="3" rowspan="2">원가구성</th><th colspan="2">지출금액의 처리</th></tr>
<tr><th>변동원가계산</th><th>전부원가계산</th></tr>
<tr><td rowspan="4">제조원가</td><td rowspan="3">변동원가</td><td>직접재료비</td><td rowspan="3">제품원가(자산화)</td><td rowspan="4">제품원가(자산화)</td></tr>
<tr><td>직접노무비</td></tr>
<tr><td>변동제조간접비</td></tr>
<tr><td>고정원가</td><td>고정제조간접비</td><td rowspan="3">당기비용
(기간비용)</td></tr>
<tr><td rowspan="2">비제조원가</td><td>변동원가</td><td>변동판매관리비</td><td rowspan="2">당기비용
(기간비용)</td></tr>
<tr><td>고정원가</td><td>고정판매관리비</td></tr>
</table>

<참고> 변동판매관리비는 변동원가계산에서 제품원가가 아닌 기간비용(당기비용)으로 처리되지만 CVP 분석에서 공헌이익을 산출할 때는 변동원가에 포함시킨다.

3 손익계산서의 표시구분

변동원가를 근거로 한 손익계산서는 공헌이익을 중심으로 표시하고 있으므로 공헌이익 손익계산서라 하고 전부원가를 기준으로 작성한 손익계산서를 전부원가 손익계산서로 구분하여 표시한다. 손익계산서의 핵심목적이 영업이익을 계산하는 것이므로 영업이익을 표시한 양측의 손익계산서는 [표]와 같다.

공헌이익 손익계산서는 변동비를 제외하고 산출된 공헌이익에서 고정비를 공제하여 영업이익을 산정한다. 전부원가 손익계산서는 우리가 보통 보는 손익계산서인데 이를 고정비와 변동비 구분방식으로 표시하면 기능적 손익계산서로 전환할 수 있다.

아래 [표]의 전환손익계산서는 전부원가 손익계산서의 매출원가와 판매관리비를 변동비와 고정비로 분리하여 변동·고정비 기준 손익계산서를 작성한 것이다. 변동비와 고정비가 매출원가와 판매관리비에서 구분되므로 구조는 전부원가 손익계산서와 동일한 형태를 가진다. 발생비용의 형태만 구분하고 당기 손익의 구분은 동일하다.

이 전환손익계산서의 고정비와 변동비 구분의 어려움은 변동원가계산을 하기 위한 어려움과 같다. 기간손익계산을 중요하게 취급하는 전부원가계산의 형태를 갖추면서 동시에 매출원가와 판매관리비를 고정비와 변동비로 구분함으로써 경영자에게 유용한 정보를 제공할 수 있는 기반을 갖추고 있다. 조업도 변동에 따른 매출원가 중 변동비 변화와 판매관리비 중의 변동비 변화를 읽을 수 있기 때문이다.

[손익계산서 - 변동, 전부, 전환]

변동원가 손익계산서		전환 손익계산서		전부원가 손익계산서	
매출액	xxx	매출액	xxx	매출액	xxx
변동원가		매출원가	(xxx)		
변동매출원가	(xxx)	변동제조원가	xxx	매출원가	(xxx)
기초제품재고액	xxx	고정제조원가	xxx	기초제품재고액	xxx
당기제품제조원가	xxx			당기제품제조원가	xxx
기말제품재고액	(xxx)			기말제품재고액	(xxx)
변동판매관리비	(xxx)				
공헌이익	xxx	매출총이익	xxx	매출총이익	xxx
고정원가	(xxx)	판매관리비	xxx	판매관리비	(xxx)
고정제조간접비	xxx	변동판매관리비	xxx	판매비	xxx
고정판매관리비	xxx	고정판매관리비	xxx	관리비	xxx
영업이익	xxx	영업이익	xxx	영업이익	xxx

4 영업이익의 구분

변동원가계산과 전부원가계산 방식에 의한 손익계산서를 보면 그 차이는 고정비가 중심에 있다. 영업이익을 계산하기 위해서는 판매관리비를 감안해야 하므로 판매비와 관리비까지 고정비와 변동비로 구분해보면 생산량과 판매량이 같다면 영업이익이 같아짐을 알 수 있다. 그러나 생산량이 판매량과 달라질 경우는 응당 그렇지 않다. 아래 예제를 보자.

[예제]

제품 A 통신기기를 제작하는 회사의 생산과 판매현황이 다음과 같다.

제품 A의 판매가 500원 판매수량 1,000개일 때, 생산수량 1,000개인 경우

직접재료비 100 직접노무비 150 변동제조간접비 50 고정제조간접비 100,

판매관리비 50 (변동비 20, 고정비 30)원이다.

이 제품의 원가구조가 변하지 않는다고 할 때 ① 20x1년의 생산 및 매출수량 1,000개 ② 20x2년도에는 800개 ③ 20x3년도에는 1,200개일 경우

3개 연도에 대한 변동원가 손익계산서와 전부원가 손익계산서를 작성하고 해설하라.

답

전부원가손익계산서

과목	20x1	20x2	20x3	적요
매출액	500,000	400,000	600,000	500
매출원가	400,000	340,000	460,000	
직접재료비	100,000	80,000	120,000	100
직접노무비	150,000	120,000	180,000	150
변동제조간접비	50,000	40,000	60,000	50
고정제조간접비	100,000	100,000	100,000	1000개 기준 100
매출총이익	100,000	60,000	140,000	100
판매관리비	50,000	46,000	54,000	
변동판매관리비	20,000	16,000	24,000	20
고정판매관리비	30,000	30,000	30,000	1000개 기준 30
영업이익	50,000	14,000	86,000	
단위당총원가	400	425	358	
매출수량	1,000	800	1,200	
매출액영업이익률	10.0%	3.5%	14.3%	
매출액대비율	100%	80%	120%	기준연도대비
매출액증감율	**	Δ20%	50%	전년도대비

변동원가손익계산서

과목	20x1	20x2	20x3	적요
매출액	500,000	400,000	600,000	500
변동매출원가	300,000	240,000	360,000	
직접재료비	100,000	80,000	120,000	100
직접노무비	150,000	120,000	180,000	150
변동제조간접비	50,000	40,000	60,000	50
공헌이익	200,000	160,000	240,000	100
고정원가	150,000	146,000	154,000	
고정제조간접비	100,000	100,000	100,000	1000개 기준 100
변동판매관리비	20,000	16,000	24,000	20
고정판매관리비	30,000	30,000	30,000	1000개 기준 30
영업이익	50,000	14,000	86,000	
단위당원가	300	300	300	
단위당 공헌이익	200	200	200	
매출수량	1,000	800	1,200	
매출액공헌이익률	40.0%	40.0%	40.0%	
매출액영업이익률	10.0%	3.5%	14.3%	
영업이익증감율	*	-72.0%	514.3%	기준연도대비
영업이익증감율	*	*	*	계산 안됨

*: 적용 안됨 (N/A)

해설

전부원가계산손익계산서와 변동원가계산손익계산서의 매출액, 고정비를 제외한 매출원가 해당 항목, 판매관리비의 항목별 산출액은 같다. 따라서 영업이익은 공히 각 연도별 50,000, 14,000, 86,000원이 도출되었다. 이 중 고정비 해당 고정제조간접비와 고정판매관리비는 기준연도의 생산/판매량 1,000단위를 기준으로 하여 산출되었으며, 변동비는 해당 연도의 생산/판매량을 기준으로 산정되었다. 따라서 양 기준에 의한 비용항목의 각 금액은 다수가 같다.

그러나 이로부터 도출된 양 기준에 의한 비용의 그룹화는 달라진다. 전부원가계산에서는 그동안 보고식 손익계산서를 작성해 온 것과 같이 매출원가와 판매관리비를 계산하여 매출총이익 및 영업이익을 산출하였으나, 변동원가계산에서는 이들을 변동비와 고정비로 나누어 공헌이익을 계산하고 영업이익을 계산하였다. 그 결과 변동원가계산에서 도출되는 정보는 공헌이익 관련 정보가 추가로 표시되었다.

공헌이익의 의미는 한 단위를 판매했을 경우 이익의 발생 증분을 표시한다. 과거 이익이 경영 의사결정이 관여할 수 있는 변동원가에 의한 변동 내용을 파악할 수 있고 매출계획을 수립할 경우 원가가 일정 비율로 계산되므로 그 추정 작업이 쉽다는 것이다. 매출계획은 단기 경영의사결정 중 가장 중요한 항목이라 할 수 있다.

계산 결과를 보면, 20x1년도 생산량과 판매량은 1,000개로 같다. 20x2년도 에는 800개, 20x3년도에는 1,200개이며 모두 판매되었다. 생산량/판매량의 변동에 따라 전부원가계산의 단위당 원가와 단위당 영업이익은 많이 달라진다. 20x1년을 기준설정 초기연도로 하고 이를 대비 매출량을 20%씩 가감한 영업이익은 20x2년에는 전기대비 72%가 감소하였으며 20X3년에는 20%의 매출액 증가로 20x1년 대비 물경 514.3%나 증가하였다. 이론만이 아니고 실제 기업에서도 이것은 동일하여 전기 대비 당기에 매출이 10% 오른다면 당기순이익은 50-60% 상승하며 자금 여유와 함께 국세청과 금융기관에 동시 위신이 서게 된다.

변동원가계산에서의 단위당 변동원가는 불변이다. 단위당 공헌이익도 응당 동일하다. 생산량이 변동한다면 고정제조간접비의 단위당 부담액은 달라진다. 생산량 증가에 따른 단위당 고정비의 분담 감소에 따른 이익의 증가를 규모의 경제 효과라 한다.

[표 9-1] 고정비의 제품별 배부

구분	20x1	20x2	20x3
생산/판매수량	1,000	800	1,200
고정제조간접비	100,000	100,000	100,000
단위당부담액	100	125	83
고정판매관리비	30,000	30,000	30,000
단위당부담액	30	37.5	25
단위당고정비부담액계	130	162.5	108
총원가	(450,000)	(416,000)	(484,000)
단위당총원가	450.0	520.0	403.3
단위당고정비부담율	28.9%	31.3%	26.8%
매출액	500,000	400,000	600,000
단위당매출액	500	500	500
매출액고정비 효과	26.0%	32.5%	21.6%

[표 9-1]을 보면 제품 단위당 고정비의 비율은 매출액 대비 26.0%, 32.5% 및 21.6%가 되어 생산량 증가는 총원가를 낮추는 효과가 있음을 의미한다.

한편, 매출수량이 20%가 늘었을 때에는 제품의 가격을 47원(450-403, 10.3%) 할인할 수 있는 여력이 생겨 가격 경쟁력이 높아지는 것을 알 수 있다.

변동원가계산에서는 기술혁신을 통한 경쟁력 상승효과를 쉽게 확인할 수 있다. 기술혁신 효과는 변동비에 주로 미친다. 이는 연구자의 공헌도 즉시 산정이 가능하므로 개인별 인센티브 제도 등에 활용할 수도 있다.

5 변동원가계산의 유용성과 한계

변동원가계산에서 제공되는 정보는 경영의 계획과 통계, 성과평가 등의 의사결정에 필요한 정보를 제공한다. 변동원가계산의 유용성은 다음과 같다.

① 변동원가계산 방법에서는 발생비용이 기업이 창출하는 수익과 직접적으로 비례하여 대응되므로 수익비용 대응이 분명하여 비용 및 단기이익 관리 관점이 더 명확해진다.

② 변동원가계산은 원가를 변동원가와 고정원가로 구분하여 공헌이익을 제시함으로써 CVP분석(원가조업도 분석)에 필요한 정보를 항상 얻을 수 있다. 또한, 표준원가에 의한 관리나 변동예산과 같은 경영계획 및 통제의 수단으로 유용하다.

③ 변동원가계산의 손익계산서는 각 부문의 조업진행을 수익과 비용으로 표시하므로 사업부문별 업적보고서로 활용할 수 있다. 각 비용들에 대하여는 각 부문에서 통제할 수 있는 항목(controllable items)만 보고되기 때문이다. 이는 사업부별 R&R(Role and Responsibility) 평가의 핵심이기도 하다.

이러한 변동원가계산의 장점에도 불구하고 변동원가계산에는 다음과 같은 한계가 있다.

① 변동원가계산은 직접비와 간접비 또는 고정원가와 변동원가의 명확한 구분을 전제로 하는데 실제로 이를 정확히 구분하기는 쉽지 않으며 그만큼의 정보 활용도가 떨어진다.

② 비용인식상 고정제조간접원가를 불식함은 고정제조간접비의 중요성에 비추어 정보활용의 한계가 있다. 원가로 계산된 제품의 단가는 판매단가와 차이가 있어 제품에 대한 시장 피드백에 미묘한 차이가 있을 수 있고 따라서 이를 반영한 경영자의 판단에 오류를 야기할 수 있다.

③ 외부 보고 목적으로는 활용할 수 없다. 공헌이익과 영업이익의 차이 등 회계와 원가시스템에 이해가 적은 이용자들의 오해를 초래할 수 있다.

한편, 고정비와 변동비의 구분에 대한 단점을 살피면, 변동비로 구분되는 종업원 급여나 임금은 우리나라의 경우 이미 고정화되어 있고, 전기·가스·수도 등 누진율에 의한 사용료부과의 경우는 변동률이 다르며, 고정비로 구분하는 감가상각비도 상각방법을 정액법을 채택하는가 정률법 등 기타의 방법을 채택하는가에 따라 제품의 생산이나 판매에 따르지 않는 변동성 요소를 가지고 있다.

손익계산서의 비용계정들은 대부분 고정성과 변동성을 포함하여 각 계정을 하나로 잘라 고정비와 변동비를 단정하기 어렵다는 것이 통설이다. 따라서 통계분석의 방법으로 고정비와 변동비를 구분하거나 준고정비적 성격으로 보고 구간별 분석을 실시하거나 해야 할 수도 있음을 유념하여야 한다. 이런 경우는 매출액과 각 계정별 상관관계분석 등을 이용하여 변동성을 추정하여 변동율을 추정할 수 있다.

6 초변동원가계산

1) 개요

전부원가계산의 가장 큰 단점은 고정비를 매출원가에 포함시킴으로써 생산량의 증가에 따라 판매가 수반되지 아니하는 이익을 증가시킨다는 데 있다. 동일한 매출, 수량임에도 생산량의 증가는 제품 단위당 고정비 배부액을 줄임으로써 영업이익을 증가시키는 것이다. 이를 개선하기 위하여 등장한 것이 변동원가계산인데, 근래의 생산형태를 보면 변동비로 구분되던 여러 비용들이 자동화를 통하여 고정비화되고 남아있는 변동비성 비용계정들로 고정화됨(과거의 도서인쇄비나 자료 구입비는 인터넷 사용료와 회원가입비로 고정화됨)에 따라 전부원가계산이 가진 폐단을 변동원가계산도 가지게 되었다. 이를 해소하고자 제품의 필수 구성요소인 원재료만을 변동원가로 놓고 나머지를 전부 당기 비용처리하며 매출에 의한 이익만이 손익계산서에 표시될 수 있도록 하자고 논의되어 왔다. 이를 원가계산 방법으로 정립하였고 직접재료원가만을 제품원가로, 기타의 모든 계정들은 당기 비용으로 처리한 원가계산 방식을 만들어 냈으며 이를 초변동원가계산이라 명명하였다.

초변동원가계산과 변동원가계산 및 전부원가계산의 차이를 보이면 다음과 같다.

<table>
<tr><th colspan="3" rowspan="2">기존 분류방식의 원가구분</th><th colspan="3">원가계산 방식과 기간비용처리</th></tr>
<tr><th>전부원가계산</th><th>변동원가계산</th><th>초변동원가계산</th></tr>
<tr><td rowspan="4">매출원가</td><td rowspan="3">변동원가</td><td>직접재료원가</td><td>제조원가</td><td>제조원가</td><td>제조원가</td></tr>
<tr><td>직접노무원가</td><td>제조원가</td><td>제조원가</td><td rowspan="5">당기비용</td></tr>
<tr><td>변동제조간접원가</td><td>제조원가</td><td>제조원가</td></tr>
<tr><td>고정원가</td><td>고정제조간접원가</td><td>제조원가</td><td rowspan="3">당기비용</td></tr>
<tr><td rowspan="2">판관비</td><td>변동원가</td><td>변동판매관리비</td><td>당기비용</td></tr>
<tr><td>고정원가</td><td>고정판매관리비</td><td>당기비용</td></tr>
</table>

<참고> CVP분석에서는 변동판매관리비를 변동비에 포함시켜 분석함
생산현장의 공헌이익이냐 기업 전체의 공헌이익이냐의 관점차이임

2) 적용

초변동원가계산 방법은 제조원가 또는 총원가에서 재료비가 차지하는 비율이 높은 경우에 타당한 방법이다. 엔비디아는 차기 신제품 영업이익률을 75%를 낼 것이라 발표하였는데 칩의 개발에는 원재료 값보다 연구개발비가 훨씬 많이 들어가는 것으로, 그동안 막대하게 소요된 연구개발비가 상당부분 파악이 완료되었다고 보아야 하며, 재료비가 주 원가를 구성하므로 초변동원가 방식을 적용함이 합리적이라 보아야 할 것이다.

3) 정규 회계보고와 영업이익의 처리

대외보고용의 전부원가계산에 의한 손익계산서에는 기존의 모든 비용들을 종합하여 손익계산서를 작성한다. 이는 변동원가계산과 다를 바 없다.

영업이익의 계산은 매출액 - 매출원가 - 판매관리비로 계산되는데, 매출원가에는 직접재료비로만 구성된 기초·기말 제품이 계산에 포함되어, 이들은 고정비와 직접노무비까지 배제한 것이므로 노무비에 포함된 고정성 부분이 영향을 미쳤던 대량생산에 따른 원가 희석 요소로 제거된 영업이익이 보고될 수 있다.

4) 초변동원가계산의 한계 및 유의사항

초변동원가계산은 영업에 의한 순수한 의미의 영업이익(공헌이익)을 찾으려 하는 노력에 부합한 원가계산 방식이다. 또한, 경영계획 및 통제에도 유용하다. 그러나 이 방법을 채택하면 대외보고용 손익계산서 작성에는 이전과 동일한 노력이 들어가며, 이를 경영통제 목적에 활용하려 하면 직접재료비에 대한 관리는 철저히 수행되나 기타비용들의 경중에 따라 별도의 관심이 주어져야 한다는 결점이 있다. 그중 기타비용의 문제로 이상이 생기면 해당 항목이 원가계산 대상에서 제외되므로 주의력이 떨어졌음에 기인하는 것이니 유의하여야 한다.

OX 졸음깨우기

01 변동원가계산하의 영업이익은 판매량에 비례하지만 전부원가계산하에서의 영업이익은 생산량과 판매량의 함수관계로 결정된다. ( )

해설 이 문제에서의 변동원가계산 영업이익은 공헌이익으로 보아야 한다. 다만 지문에 따라 판단을 달리한다. 변동원가계산에서의 공헌이익은 판매량에 비례하지만 전부원가계산에서는 고정제조간접비가 생산량에 역비례하여 배부되므로 이 문제의 답은 O이다.

02 전부원가계산에서는 원가를 매출원가와 판매관리비로 분류하므로 판매량 변화에 따른 이익변화를 파악하기 어려운 반면, 변동원가계산에서는 원가를 변동원가와 고정원가로 분리하여 공헌이익을 계산하므로 판매량 변화에 의한 이익의 변화를 쉽게 알 수 있다. ( )

03 변동원가계산은 정상원가계산, 표준원가계산 개별원가계산 및 종합원가계산을 채택한 기업에 적용할 수 있다. ( )

해설 원가계산은 두세 가지를 묶어 사용할 수 있다.

04 변동원가계산은 고정제조간접원가를 기간비용으로 처리한다. 따라서 당기 매출액이 손익분기점 매출액보다 작더라도 변동원가계산에서는 이익이 보고될 수 있다. ( )

05 ㈜신송은 20x1년 1월 1일 처음으로 생산을 시작하였고, 20x1년과 20x2년의 영업활동 결과는 다음과 같다.

구분	20x1년	20x2년
생산량	1,000단위	1,400단위
판매량	800	1,500
고정제조간접원가	?	?
전부원가계산에 의한 영업이익	8,000	8,500
변동원가계산에 의한 영업이익	4,000	10,000

회사는 재공품 재고를 보유하지 않으며, 재고자산 평가방법은 선입선출법이며, 양 기간의 단위당 판매가격, 단위당 변동제조원가와 판매관리비는 동일하였다. 양 기간 20x4년과 20x5년의 발생 고정제조간접비는 각각 20,000, 35,000원이다. ( )

(2018, CPA 변형)

풀이

1) 기본사항 및 물량 흐름 정리

20x1년				20x2년			
기초제품	-	판매량	800	기초제품	200	판매량	1,500
생산량	1,000	기말제품	200	생산량	1,400	기말제품	100
	1,000		1,000		1,600		1,600

※ 차액이익의 개념으로 접근한다.

2) 20x1년

차액이익 = 전부원가계산 영업이익 - 변동원가계산 영업이익

주어진 조건에 의하여

차액이익 = 기말제품 고정제조간접비 - 기초제품 고정제조간접비

$$= \frac{\text{당기고정 제조간접비}}{\text{당기생산량}} \times \text{기말제품수량} - \frac{\text{전기고정제조간접비}}{\text{전기생산량}} \times \text{기초제품수량}$$

→ 차액이익 = 8,000 - 4,000 = 4,000

$$\rightarrow \frac{\text{당기고정 제조간접비}}{1{,}000} \times 200 - 0 = 4{,}000$$

∴ 당기고정제조간접비 = 20,000 (= 4,000 × 1,000 ÷ 200)

3) 20x2년

차액이익 = 전부원가계산 영업이익 - 변동원가계산 영업이익

= 기말제품 고정제조간접비 - 기초제품 고정제조간접비

$$= \frac{\text{당기고정 제조간접비}}{\text{당기생산량}} \times \text{기말제품수량}$$

$$- \frac{\text{전기고정 제조간접비}}{\text{전기생산량}} \times \text{기초재공품수량}$$

차액이익 = 8,500 - 10,000 = -1,500

$$\rightarrow -1{,}500 = \frac{\text{당기고정 제조간접비}}{\text{1,400 단위}} \times \text{100단위} - 4{,}000$$

∴ 당기고정 제조간접비 = 35,000

따라서, 20x1년도와 20x2년도 고정제조간접비는 각각 20,000원과 35,000원이다.

답 1.O, 2.O, 3.O, 4.X(손익분기점보다 작은 매출액 상태에서는 이익이 보고될 수 없다), 5.O

선택형 지식점검하기

01 원가계산에 포함시키는 원가의 범위를 직접재료원가, 직접노무원가, 변동제조간접원가로 하고 고정제조간접원가는 제품 원가계산의 범주에서 제외시키는, 직접원가계산이라고도 하는 원가계산 방식은 무엇인가?

① 표준원가계산 ② 종합원가계산 ③ 변동원가계산 ④ 개별원가계산

02 변동원가계산과 CVP분석의 비용분해방법에 대한 설명 중 틀린 것은?

① 양 방법 모두 비용을 고정비와 변동비로 구분한다.
② 양 방법 모두 변동비는 직접재료비, 직접노무비, 변동제조간접비로 하고 있다.
③ 변동원가계산에서는 고정제조간접비를 기간비용으로 처리한다.
④ CVP분석에서는 변동판매관리비를 변동원가로 분류한다.

03 변동원가계산에 의한 순이익이 300,000원이다. 흡수원가계산으로 순이익을 계산하면 얼마인가?

자료: 기초재공품의 고정제조간접비 7,000
기초제품의 공정제조간접비 25,000
기말재공품의 고정제조간접비 8,000
기말제품의 고정제조간접비 30,000

① 24,000 ② 30,000 ③ 35,000 ④ 36,000

04 **다음 변동예산에 관한 설명 중 틀린 것은?**

① 변동예산은 관련 범위 내에서는 어떤 생산수준에도 적용이 가능하다.
② 변동예산은 변동원가와 고정원가를 모두 고려한다.
③ 변동예산의 허용 범위 내에서는 생산수준이 증가하면 단위당 변동원가는 감소한다.
④ 변동예산은 특정수준의 조업도에서 예산과 결과를 비교할 수 있다.

05 ㈜신송의 예상 생산능력은 제품 1,000단위이며 예산 고정제조간접비는 5,000원, 실제 제조간접비는 5,500원 실제 생산은 1,200단위였다. 회사의 고정제조간접비 배부기준은 제품생산량이다.

고정제조간접비의 예산차이는 얼마인가?

① 유리한 차이 500원　　② 불리한 차이 500원
③ 유리한 차이 1,000원　　④ 불리한 차이 1,000원

풀이

예산차이 = 실제 고정제조간접비-예산 고정제조간접비
= 5,500 - 5,000 = 500 (불리)

답 1.③, 2.④, 3.④, 4.③, 5.②

주관식 실력향상하기

01 ㈜신송의 다음 자료를 이용하여 변동원가계산과 전부원가계산에 의한 손익계산서를 작성하라. 기말재고자산 평가는 총평균법에 의한다.

[자료]

적요	제1기	제2기
판매량	2,000개	3,000개
생산량	2,000개	4,000개
기초재고량	0	0
기말재고량	0	1,000개

- 기타사항

① 단위당 판매가격: 20원

② 단위당 변동제조원가: 10원

③ 고정제조원가: 2,000원

④ 변동판매원가: 단위당 2원

⑤ 고정비: 고정판매비 100원, 고정일반관리비 50원

단위당원가 등은 제 1기와 제 2기가 동일하다. 제 1기는 2023년이다.

풀이

제1기와 제2기의 기초재고량은 0이다.

(1) 근거계산

적요	제1기(2023년)	제2기(2024년)
매출액	60,000	40,000
변동제조원가	40,000	20,000
변동판매원가	6,000	4,000
고정제조원가	2,000	2,000
고정판매관리비	판:100, 일:50	판:100, 일:50
기말제품평가	전부: 10,500 변동: 10,000	0
전부매출원가	40,000+2,000-10,500	20,000 + 2,000
변동매출원가	40,000-10,000	20,000
전부판관비	6,000+100+50	4,000 + 100 + 50
변동판관비	6,000	4,000
변동고정비	제조원가:2000,판관비:150	제조원가:2000,판관비:150
전부당기순이익	22,350	13,850
변동당기순이익	21,850	13,850
전부단위당이익	7.45	6.93
변동단위당이익	7.28	6.93
판매량	3,000	2,000

※ 기말재고 산출근거: 전부 - (40,000 + 2,000) ÷ 4,000 x 1,000 = 10,500

변동 - 40,000 ÷ 4,000 x 1,000 = 10,000

(2) 손익계산서

(가) 전부원가계산 손익계산서

손익계산서

제2(당)기 2024년 1월 1일부터 12월 31일까지

㈜신송 제1(전)기 2023년 1월 1일부터 12월 31일까지 (단위:원)

	과목	제 2(당)기		제 1(전)기	
Ⅰ.	매출액		60,000		40,000
Ⅱ.	매출원가		31,500		22,000
	1. 기초제품재고액	0		0	
	2. 당기제품 제조원가	42,000		22,000	
	3. 기말제품재고액	10,500		0	0
Ⅲ.	매출총이익		28,500		18,000
Ⅳ.	판매비와관리비		6,150		4,150
Ⅴ.	영업이익		22,350		13,850
Ⅵ.	법인세비용				
Ⅶ.	당기순이익		22,350		13,850
	(단위당 이익)		(7.45)		(6.93)

(나) 변동원가계산 손익계산서

손익계산서

제 2(당)기 2024년 1월 1일부터 12월 31일까지

㈜신송 제 1(전)기 2023년 1월 1일부터 12월 31일까지 (단위:원)

	과목	제 2(당)기		제 1(전)기	
Ⅰ.	매출액		60,000		40,000
Ⅱ.	매출원가		30,000		20,000
	1. 기초제품재고액	0		0	
	2. 당기제품 제조원가	40,000		20,000	
	3. 기말제품재고액	10,000		0	
Ⅲ.	공헌매출총이익		30,000		20,000
Ⅳ.	변동판매관리비		6,000		4,000
Ⅴ.	공헌이익		24,000		16,000

Ⅵ.	고정비		2,150		2,150
	1. 제조원가	2,000		2,000	
	2. 판매비	100		100	
	3. 일반관리비	50		50	
Ⅶ.	영업이익		21,850		13,850
Ⅷ.	법인세비용		-		-
Ⅸ.	당기순이익		21,850		13,850
	(단위당이익)		(7.28)		(6.925)

※ 전부원가계산과 변동원가계산의 제2기 당기순이익 차이 500원은 기말제품 평가액의 차이임

CHAPTER 10

정상원가계산

문 변동원가계산에서는 직접재료비, 직접노무비 및 직접제조간접비를 제품제조원가에 포함시켰다. 그런데 제조경비나 제조간접비로 통칭되는 이들을 고정비와 변동비로 구분하고 표준조업도를 얼마로 할지는 상당히 어려운 과정이다. 따라서, 기업의 제조과정이 정상적으로 진행된다고 보고 직접재료비와 직접노무비는 실제 발생한 원가로 제조간접비는 정상조업도를 기준으로 한 예정배부율(정상배부율)을 사용하여 계산하는 방식이 구상되었으며, 이를 정상원가계산이라 한다.

다음 자료로 관련 계정의 금액을 계산하고 정상원가계산 손익계산서를 작성하라.

[자료]

- 당기 정상조업도: 10,000단위 생산
- 당기 실제조업도: 9,000단위 생산
- 직접재료비: 단위당 1,800
- 직접노무비: 단위당 1,200
- 제조간접비: 5,000,000
- 판매비와관리비: 6,000,000
- 기초제품과 기말제품은 2,000,000원으로 동일하다.

풀이

- 당기제품 제조원가

직접재료비 9,000 x 1,800	= 16,200,000
직접노무비 9,000 x 1,200	= 10,800,000
제조간접비 9,000 x 500	= 4,500,000
계	= 31,500,000
제조간접비 차이	= 500,000

부분 손익계산서		
매출		xxx
매출원가		32,00,000
기초제품재고액	2,000,000	
당기제품제조원가	31,500,000	
기말제품재고액	2,000,000	
제조간접비 배부차이	500,000(가산)	
매출총이익		xxx
판매비와관리비		6,000,000
영업이익		xxx
법인세비용		xxx
당기순이익		xxx

1 정상원가계산의 의의

정상원가계산(normal costing)은 직접재료비, 직접노무비는 실제원가로 계산하고 제조간접비는 정상조업도를 기준으로 한 예정률을 사용하여 계산하는 원가계산 방식이다. 개별원가계산이 실제 발생한 제조간접비를 배부기준(예정배부율 = 정상배부율)으로 배부 계산한다는 점에 차이가 있다.

개별원가계산을 비롯한 실제원가계산에서는 실제 발생한 모든 원가가 포함되므로 제품의 원가를 정확하게 파악할 수 있다는 장점이 있음에도 원가계산의 결과가 늦어짐으로 인한 원가의 가장 큰 장점인 원가관리통제 및 경영계획 등에 활용할 수 없다는 결정적 결함이 있다.

회계기간 중에도 원가정보를 수시로 필요로 하는 경영자에게 필요할 때 원가정보를 즉시 제공하는 것은 매우 중요한 일이다. 원가에는 전략수립이나 변경에 필요한 중요한 정보가 포함되어 있기 때문이다. 예정배부율을 설정할 때는 기업의 정상상태를 가정하고 설정하므로 배부차이는 또 하나의 관리 포인트를 제공하기도 한다.

2 정상원가계산의 절차

정상원가계산에서는 직접 배부되는 직접재료비와 직접노무비 외에 제조간접비는 조업도에 따라 예정 또는 정상배부율을 적용하여 원가계산을 하여 실제 원가가 산정되기 전에 마무리한다. 이를 위해서는 제조원가 예정배부율이 미리 결정되어야 하고 계산 시점의 조업도를 산정하여야 한다.

1) 제조간접원가 예정배부율

정상원가계산에서는 실제원가계산과 달리 사전에 정한 제조간접비 예정배부율, 즉 정상배부율을 사용한다. 정상배부율은 다음과 같이 계산한다.

- 제조간접원가 정상배부율= $\dfrac{\text{예상 총 제조간접원가(예산)}}{\text{예상 총 배부기준량(기준조업도)}}$
- 제품에 대한 제조간접원가 배부액 = 제조간접원가 정상배부율 × 실제조업도

정상배부율은 정상원가계산에서 실제원가계산을 하기 위하여 제조간접비를 산정하기 위한 현재의 조업도에 적용할 배부율이다. 표준원가계산이나 변동원가계산에서와 마찬가지로 예정배부율의 산정방식은 동일하다.

정상배부율은 매년 조정되어야 한다. 경제환경이나 물가의 변화에 따라 각종 물품의 가격이 변하고 특히 전력비 수도료 감가상각비(정율법을 쓸 경우는 큰 차이가 날 수 있음) 영업비나 관리비 등 유가나 환율 또는 수수료 등 변동이 심할 수 있기 때문이다.

2) 기준조업도

조업도란 기업활동의 수준 또는 정도나 진도를 나타내는 제품 생산 과정의 진행단계를 계수로 표시한 수치이다. 수치로 표시하여야 하므로 회사 내에 측정 가능한 기준치가 있던가 상태를 계수할 수 있는 어렵지 않은 수단이 있어야 한다. 이러한 조업도에 연간 계획을 수립할 때 기준으로 삼는 것으로 이론상 또는 최선을 다하여야 달성 가능한 조업도가 기준조업도이다. 조업도에는 이론상 다음의 것들이 있다.

(1) 예상조업도

경영자의 익년도 계획한 기대조업도

(2) 정상조업도

수요의 계절성 변동성 등을 감안하여 장기간 관찰된 소비자들의 평균수요를 산정하여 계산된 조업도

(3) 이론적 조업도

기계고장이나 수선이 없고 인력의 공급도 충분히 된다는 가정하에 달성할 수 있는 최고능률 상태의 조업도

(4) 실제 최대 조업도

이론적 조업도에서 현실성을 감안한 조업도.

정기적 기계수선, 휴일, 휴식, 사고 등 우발성을 확률적으로 감안한다.

이들 조업도 중에서 원가팀에서 중지를 모아 하나 또는 몇 가지를 평균 등으로 계산하여 기준으로 선정한 조업도를 기준조업도라 한다.

3) 제조간접원가의 배부

정상원가계산에서 연도 중 제조간접비를 계산하는 방법은, 당시의 실제 조업도를 계산하고 여기에 제조간접원가 예정배부율, 즉 정상배부율을 곱하여 산정한 값을 제조간접비로 한다.

3 제조간접원가 배부 및 차이 조정

정상원가계산은 기업의 조업이 정상적으로 수행되는 상황을 가정하고 원가를 계산하는 방법이므로 이 방법을 채택하는 경우 경영자에게 필요할 때 필요한 원가정보를

제공할 수 있다. 실무적으로 실제원가의 제공은 월말이 지난 후 실제 제조간접비를 산정할 시간만이 필요할 뿐이다.

1) 과대배부 과소배부

회계기간 말에는 이와 같이 산정된 원가를 정상원가계산서로 경영 통제목적상 정보를 제공하고 실제 원가가 계산되면 정상원가와의 배부차이를 조정하여 외부보고용 원가계산서를 제출할 수 있다. 이때 조정할 배부차이는 배부한 제조간접비가 실제보다 큰 경우와 적은 경우가 있는데, 전자를 과대배부, 후자를 과소배부라 한다.

이 차이는 영향을 미친 매출원가와 제품금액 및 재공품 금액을 조정하여 실제원가를 반영할 수 있다.

2) 배부차이의 조정

(1) 매출원가법

제조간접비 배부차이를 매출원가에만 반영하는 방법을 매출원가법이라 한다. 배부차이를 조정하는 방법으로는 가장 쉬우며 제조간접비 차이가 적거나 제품 및 재공품의 비중이 적을 때 사용한다.

(2) 원가요소 배부법(비례배부법)

제조간접원가의 배부로 영향을 받는 제품과 재공품까지 조정을 하는 방법이다. 제품과 재공품에 영향을 미친 부분까지 감안하여 기말 재무상태표의 제품·재공품의 금액을 조정한다. 매출원가조정법이 손익계산서만 수정하여 배부차이를 조정하는 방법임에 비해 재무상태표와 현금흐름표까지 수정하여야 하므로 한층 복잡하다. 나아가 제품·재공품 및 매출원가에 포함된 제조간접비의 비율은 전체의 비율과는 다르다.

(3) 총원가배부법

제품 · 재공품, 매출원가의 총액 비율에 따라 배부차이를 조정할 수도 있다. 이 방법을 총원가배부법이라 한다.

이 중 매출원가조정법은 적용하기가 가장 쉬우며 상대적으로 제조간접비 배부차액이 적거나 제품과 재공품의 비중이 적을 때 사용하며, 원가요소조정법은 제조간접비가 중요하며 배부차이가 크거나 제품과 재공품의 비중이 커서 전체적으로 당기 손익에 미치는 영향이 클 때, 또는 정교한 원가계산이 필요할 때 적용하며, 총원가배분법은 이 둘의 중간에 위치한다.

연습문제

OX 졸음깨우기

01 정상원가계산(Normal Costing)은 발생원가를 직접비와 간접비로 나누어 직접비인 직접재료비와 직접노무비는 실제원가로 계산하고 간접비인 제조간접비는 정상조업도를 기준으로 한 예정률(정상배부율)을 사용하여 계산하는 원가계산 방식이다. 이는 매 회계연도가 시작하기 전에 결정한다. ( )

[2-3] 정상원가계산에서 제품에 대한 제조간접원가 배부액을 계산하는 방식은 다음과 같다. 맞으면 O, 틀리면 X하라.

02 제품에 대한 제조간접원가 배부액 = 실제조업도 × 제조간접원가 정상배부율 ( )

03 제조간접원가 정상배부율 = $\frac{\text{예상 총 제조간접원가(예산)}}{\text{예쌍 총 배부기준량(기준조업도)}}$ ( )

04 정상원가계산에서 제조간접원가 정상배부율을 사용하여 제조간접원가를 배부할 경우 제조간접원가 실제 발생액과 예정배부액의 차이가 발생하는데, 이를 제조간접원가 배부차이(제조간접비 배부차이)라 한다. ( )

05 제조간접원가 배부차이가 발생하면 보고용 손익계산서에는 이것을 조정하여 보고하여야 한다. 이를 가장 잘 반영하기 위해서는 총 원가비례배분법을 쓰는 것이 좋으며 이때는 차이금액을 매출원가와 재공품 및 제품에 조정 전 손익계산서의 금액에 비례하여 배분하고 분개 및 반영하는 방법이다. ( )

답 1.O, 2.O, 3.O, 4.O, 5.O

선택형 지식점검하기

01 다음 중 정상원가계산에 관한 설명으로 옳지 않은 것은?

① 정상배부율(또는 예정배부율)은 예상총제조간접비 원가를 예상총배부기준량(기준조업도)으로 나누어 계산한다.

② 정상원가계산에서 발생한 원가차이는 비례배분법을 적용하면 재료, 재공품, 매출원가에서 조정한다.

③ 배부차이 금액이 크지 않으면 매출원가에서 조정할 수 있다.

④ 제조간접비의 과다배부시에는 유리한 예산차이가 발생한다.

02 다음은 정상원가계산 방법을 채택한 ㈜신송의 20x4년 제품 제조관련 정보이다. 제조간접원가 예정배부율을 계산하였으며, 이를 위해 설정한 제조간접원가 예산은 얼마인가?

구분	시간	구분	금액
예정 기계 가동시간	6,000시간	예정 제조간접원가 배부액	720,000
실제 기계 가동시간	5,000시간	실제 제조간접원가	780,000

① 600,000원　② 650,000원　③ 720,000원　④ 780,000원

풀이

실제 제조원가 배부율　= 실제 제조간접원가 ÷ 실제 기계가동시간
= 780,000 ÷ 6,000
= 130원/시간

예정 제조간접원가　= 예정 기계 가동시간 × 실제 제조원가 배부율
= 130 x 5,000
= 650,000

예정제조원가 배부율　= 720,000 ÷ 6,000
= 120

제조간접원가 예산　= 120 x 5,000
= 600,000
(실제 조업도에 배부될 예정제조간접원가)

03 정상원가계산의 제조간접원가 배부차이를 조정하는 분개는 다음과 같다. 제조간접원가 배부액은 20,000원이며 실제 제조간접원가 발생액은 18,000원이다.

① (차) 제조간접원가 2,000 (대) 매출원가 2,000
② (차) 매출원가 2,000 (대) 제조간접원가 2,000
③ (차) 매출원가 6,000 (대) 제조간접원가 6,000
④ (차) 제조간접원가 6,000 (대) 매출원가 6,000

답 1.② 재료, 재공품, 매출원가 -> 제품, 재공품, 매출원가, 2.①, 3.①

주관식 실력향상하기

01 ㈜신송은 원가계산시 정상원가계산을 적용한다. 다음 자료는 원가관련 자료이다. 이를 이용하여 제조간접비 차이를 계산하고 이 차이를 총 원가비례 배분법으로 배부하고 이를 분배하라.

[자료]

제조간접원가 예산: 300,000　　예정 직접 노무시간: 15,000시간
실제 발생 제조간접원가: 280,000　　실제 기계 가동시간: 12,000시간
손익계산서의 원가차이 배부전 데이터:
매출원가: 3,200,000　　제품 600,000　　재공품 200,000

풀이

1. 제조간접원가 배부차이 계산

- 제조간접원가 정상배부율 $= \dfrac{\text{예상 총 제조간접원가}}{\text{기준조업도}} = \dfrac{300{,}000}{15{,}000} = 20$
- 제조간접원가 배부액 = 실제 조업도 x 제조간접원가 정상배부율
= 12,000 x 20
= 240,000

• 제조간접원가 배부차이 = 실제 발생 제조간접비 - 제조 간접 원가배부액
= 280,000 - 240,000
= 40,000

2. 제조간접원가 배부차이의 조정

총 원가: 매출원가 3,200,000 제품 600,000 재공품 200,000 합계 4,000,000

배부계산: 매출원가 $40,000 \times \frac{3,200,000}{4,000,000} = 32,000$

제품 $40,000 \times \frac{600,000}{4,000,000} = 6,000$

재공품 $40,000 \times \frac{200,000}{4,000,000} = 2,000$

매출원가 = 3,200,000 + 32,000 = 3,232,000

제품 = 600,000 + 6,000 = 606,000

재공품 = 200,000 + 2,000 = 202,000

분개

(차) 매출원가	32,000	(대) 제조간접원가 배부차이	40,000
제품	6,000		
재공품	2,000		

3. 조정 후 계정 잔액

• 조정 후 매출원가: 3,200,000 + 32,000 = 3,232,000원
• 조정 후 제품 : 600,000 + 6,000 = 606,000원
• 조정 후 재공품 : 200,000 + 2,000 = 202,000원

CHAPTER 11

표준원가계산

앞에서 본 변동원가계산이나 정상원가계산에서는 발생원가를 고정성과 변동성으로 구분하고 과거 실적의 평균 등을 통해 단위당 소비량을 결정하여 조업도에 따라 원가를 계산하였다. 여기서, 변동비의 구분은 경영관리·통제 목적으로 변동비를 구분했다는 것이다.

우리는 여기서 단위당 직접비의 산출이 다소 과학성이 부족함을 느낀다. 따라서 단가를 과학성을 가미하며 공학적 분석법을 적용한 결과라면 경영관리의 개선에 더 도움이 될 것이라는 인식에 도달하게 된다.

다음 자료는 단위당 직접재료비와 직접노무비를 과학적 분석과 동작분석 등에 의거 설정한 표준과 실제와의 대비자료이다. 재료비 수량차이와 가격차이, 노무비 능률차이와 임률 차이를 계산하라.

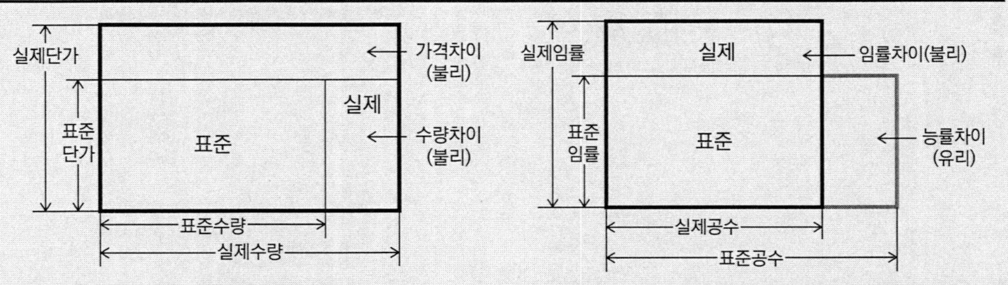

- 당월생산량: 1,000단위
- 재료투입표준: 단위당 50단위
- 재료가격표준: 단위당 30원
- 재료실제투입: 52,000단위
- 재료실제단가: 31원
- 노무투입표준: 단위당 20시간
- 노무임률표준: 단위당 20원
- 노무실제투입: 18,000시간
- 노무실제임률: 22원

풀이

- 재료비 차이
  - 재료수량차이 = (실제수량 - 표준수량) x 표준단가
    = (52,000 - 50,000) x 30= 60,000(불리)
  - 재료가격차이 = (실제단가 - 표준단가) x 실제수량
    = (31-30) x 52,000 = 52,000(불리)

- 노무비 차이
  - 노무능률차이 = (실제공수 - 표준공수) x 표준임률
    = (18,000 - 20,000) x 20= 40,000(유리)
  - 노무임률차이 =(실제임률 - 표준임률) x 실제시간
    = (22 - 20) x 18,000 = 36,000(불리)

1 표준원가와 표준원가계산

1) 표준원가의 개념

표준원가란 제품이나 서비스를 생산하는 데 필요한 원가를 미리 설정해 놓은 기준원가를 의미한다.

표준원가계산(Standard Costing System)은 실제 원가의 반영 이전 또는 생산이 있기 이전 직접재료비·직접노무비 및 제조간접비 등 모든 원가요소에 대해 원가표준(Cost Standard)을 설정하여 사전적으로 제품의 원가를 측정하는 사전원가계산 시스템이다. 원가표준의 설정은 합리적이고 과학적으로 설정하며, 한편으로는 추구할 목표를 가지고 있으므로 생산이 시행된 후 실제 발생한 원가와는 차이가 있다. 따라서 사전적으로 계산한 표준원가계산과 사후적으로 계산한 실제 원가 간의 차이는 표준원가에 설정된 가정들에 따라 해석된다. 원가표준을 설정함에는 주로 제품 분석을 통하여 특정제품 직접재료비, 제품 직접노무비 및 대부분 제조간접비까지 표준을 설정한다.

직접재료비는 부품가공을 위하여 투입되는 원재료의 손실률(loss rate)을 계산하고 공정상의 감손과 관리상의 손실까지 감안하여 재료비 표준을 계산하며, 직접노무비는 투입공수에 대하여 작업능률 및 작업 중 쉬는 시간, 작업손실 등 연월차, 휴가 등까지 감안하여 표준노무원가를 계산한다. 경우에 따라서는 노동쟁의 일수까지 감안할 필요가 있다. 간접비도 과거의 경험과 간접비의 배부관계를 합리적으로 산출하여 제품에 배부하고 제품의 표준제조원가를 산출한다.

이렇게 산정한 표준원가도 오류가 있을 수 있으므로, 실제원가와의 비교 시 표준과의 원가 차이와 함께 표준설정에 대한 오류도 함께 검증하여 제품의 기능과 설계까지 감안한 추구할 목표와 개선할 점을 찾고 발생한 차이에 대해서는 책임자를 찾아 향후의 담당업무 처리방식을 개선하도록 한다.

표준원가계산은 과학적 관리 등에서 말하는 표준 또는 행동들의 영향으로 1차 세계대전 후 불황기 경영합리화 운동의 일환으로 등장한 것이다. 이것은 원가(cost)에 관리

(management) 개념을 도입함으로써 원가회계를 원가계산 수준에서 원가관리 및 통제의 단계로 업그레이드하는 계기를 제공하였다.

제조간접원가의 계산은 실제원가계산에서는 실제 생산량에 실제 배부율을 곱하여 산정하는 것에 비해 표준원가계산에서는 표준조업도(표준배부기준량)에 표준배부율을 곱하여 산정한다.

2) 표준원가계산의 용도

① 표준원가는 제품제조의 원가표준이므로 향후의 판매계획에 따른 원가산정 및 예산편성의 기초가 된다. 표준원가는 그 스스로가 원가 목표가 된다.

② 실제 원가 대신 표준원가를 사용함으로써 매출원가나 기말 재무적 추정이 용이하다.

③ 표준원가에 의한 성과평가를 용이하게 할 수 있다. 변동예산 및 책임회계제도와 결합된 측정의 툴은 훌륭한 기능을 한다.

뒤에 설명할 원가차이분석은 표준원가의 가장 강력한 경영통제도구(management control tool)라 할 수 있다. 표준원가는 제품에 일정한 표준원가를 설정하여 사용하므로 평균법, 선입선출법 등 재고자산의 원가흐름을 가정한 평가를 할 필요도 없고 완성품 환산량 등에 대한 별도의 고려도 필요하지 않다.

2 표준원가의 설정

표준원가는 제품의 소요원가에 대하여 여러 과학적 방법에 의하여 원가를 산정하는 방법이나 미래의 목표원가를 설명한다고 볼 수 있다.

표준원가의 종류는 이상적 표준과 현실적 표준으로 나뉜다.

1) 이상적 표준과 현실적 표준

이상적 표준은 모든 작업상태가 이상적인 경우를 가정하고 설정하는 표준이다. 근로자의 휴식이나 기계고장 등을 고려하지 않고 가장 이상적 작업환경을 가정한 상태에서 발생할 수 있는 원가를 이상적 표준원가라 한다.

그러나 현실에서는 이러한 목표를 세우면 그 달성은 불가능하므로 현실적 표준을 설정하여 사용하게 된다.

현실적 표준(practical standard)은 현재의 작업환경에서 노력하면 달성 가능할 것으로 기대되는 표준을 말한다. 근로자의 휴식기간을 허용하고 기계의 고장에 따른 운휴시간을 상정하며 원자재나 부품의 Loss율도 인정한다.

현실에서 그 달성도를 평가하는 방법 등 목표를 설정하는 방식으로 많이 사용한다.

2) 재료비 표준의 설정

제품생산 한 단위당 표준직접재료비는 투입수량표준에 가격표준을 곱하여 결정한다.

표준직접재료원가 = 제품 단위당 표준직접재료수량 x 재료 단위당 표준가격

(1) 재료수량표준 설정

재료의 투입은 설계도로부터 도출되는데, 투입재료 종류, 투입유형, 투입량, 투입 원재료나 부품의 품질 수준 등이 반영되어야 한다. 신제품을 처음 시장에 출시할 경우는 설계에서 산출한 재료 명세서(inventory list) -필요한 SC 등 재질과 두께를 명시한 철판, 주물이면 그 사양, 환봉, 육각봉 등 필요한 특수 베어링과 그 번호 등-를 받아 이를 기준으로 현실적 표준원가를 산정한다. 여기에는 과거 경험을 토대로 한 Loss율이 감안된다. 이때 과학적, 공학적 접근법이 쓰여진다.

주문제작품으로 회사의 표준품으로 쓰려하는 경우는 제조사에 따른 차별원가를 요구할 수도 있다. 기존제품의 경우는 이미 표준원가 설정의 경험이 있으면 그동안 발전된 기

술수준의 반영 및 좀 더 높은 목표를 설정하기에 노력하여야 한다. 재료배합률, 가공정밀 고도화, 제품의 질과 디자인의 발전 등에 초점을 맞춘다.

(2) 재료가격 표준설정

재료의 표준 소요량이 설정된 이후에는 각 부품의 가격이 설정되어야 한다.

부품이나 원재료의 단가는 품질, 사양, 규격 등에 따라 단가가 달라지고 국내제조 또는 국외 수입인가도 차이가 있다. 여기에 부대비용을 가산하고 재료가격 변동의 위험, 구입처와 구입 방법, 거래처의 판매정책 등을 감안한다.

구매 대리인에 대한 통제력, 대안적 공급자, 구매의 시기에 따른 가격 변동성 등에 대한 정보들을 종합하여 현실적 최선의 가격표준을 설정한다. 필요시 견적을 받아 가격을 설정할 수도 있다.

3) 노무비 표준의 설정

생산에 종사하는 근로자에게 지급하는 급여는 노무비라 칭한다.

노무비는 공수(작업시간-MH:Man Hour)에 임률(시간당 지급노무비)을 곱하여 산정되는데, 이를 위해 노무비 능률표준(직접 노무시간 수)과 노무비 임률 표준(시간당 임률)로 구분하여 설정한다.

표준직접 노무원가 = 제품 단위당 직접 노무시간 수 x 시간당 표준임률

노무비 표준은 노동자의 수준(기술사, 특급, 고급, 중급, 초급 등)과 기계가 동시 고려되어야 한다. 조립이나 사상[3]의 경우 기계 가동시간이 그리 중요하지 않지만 고가의 기계를 다루는 기술자는 한정되어 있기 때문이다. 재료 이동등에 필요한 시간은 그 중요성을 보아 직접 노무원가에 포함시키거나 그것이 중요할 경우에는 간접공수로 구분시킬 수 있다.

---

3 사상이란 제품 조립을 위하여 가공된 부품에 구멍을 뚫고 테이핑을 하고 너트를 박아 조립할 수 있도록 준비하는 과정의 업무를 말한다.

(1) 노무시간 표준설정

기계는 제작사에서 기계의 성능을 제공한다. 시간당 수행할 작업의 분량, 수행이 가능한 작업 등, 그리고 잠깐씩만 쉬어주면 밤새워 불평없이 표준적 능률로 일을 한다.

그러나 사람은 그 능력에 차이가 크고 신체상태나 기분에 따라 능률에도 많은 차이가 있어 특정 작업의 소요시간 표준을 잡기가 매우 어렵다. 고전적 방법이나 시간연구와 동작연구는 지금도 쓰이고 있으며 과거 경험이나 이를 보완·입증할 산업공학적 접근도 할 수 있다. 작업명, 작업시간, 공장 내 이동, 여유시간 등을 고려하여 작업흐름도(Work Flow Chart)가 작성될 수 있고 PERT/CPM 등을 이용한 Work Time, Idle Time 등을 감안하여 표준시간이 계산될 수 있다.

(2) 임률표준의 설정

임금은 기술의 수준에 따라 지급률이 다르므로 PERT/CPM을 통해 특별히 식별된 기술자는 먼저 분리하여야 한다. 대량생산 공장이 아니면 대부분의 근로자들은 기술 수준이 다를 수 있다.

임률은 정식 급여와 각종 수당 등을 포함하여 계산한다. 회계팀의 급료와 임금계정에서 종업원 파일을 머지(Merge)하여 이 자료를 찾을 수 있다.

회사의 규모와 생산능력 및 잔업시간이 고려될 수 있다. 잔업시간은 보통 50%의 임금이 추가지급된다.

4) 제조간접비 표준의 설정

제조간접비에는 재료비 중에서 직접재료에 해당되지 아니하는 보조재료나 부품, 소모품, 경우에 따라서는 볼트나 너트 등 저가의 다량 보유 원재료, 노무비 중에서 제조 보조인력, 공장현장, 건물 등 청소·경비원, 현장관리자, 중·상급 관리 인원, 경우에 따라서는 특정 알바생 등이 이 분류에 포함되고 일반적인 간접비라고 표현하는 보조인력, 보조부문비 등이 포함되는, 어떤 경우는 중요성 있는 금액으로, 어떤 경우는 가벼운 금액으로 관리를 기다리는 비용이 제조간접비이다.

제조간접비는 일괄적으로 다룰 수 없다. 그래서 전통적 원가계산에서도 간접비를 별도로 정의하고 배부기준을 선정하여 배부를 해 왔다. 그러나 초경쟁사회인 현대에는 조그만 실수 하나가 회사의 흥망을 결정(영국 베어링스 은행(1762-1995)이 닉 리슨 한 사람의 파생상품 사기거래로 폐쇄)할 수 있기 때문에 더 이상 과거의 구태에 머무를 수 없게 되었다.

제조간접비를 적절히 배부하는 기준을 고안하여 정확한 원가계산을 하는 것은 이와 같은 초경쟁사회를 이겨내는 동력이 될 수 있다.

제조간접비는 생산의 조업도에 따라 변동하는 변동제조간접비와 불변하는 고정제조간접비로 나누어 설명하고 원가계산에 반영한다. 이렇게 나누어진 변동비와 고정비는 구분하여 표준을 설정한다. 그 계산 방식은 다음과 같다.

[간접비 배부율]

제품단위당 표준제조간접비 = 표준단위시간 x 표준제조간접비 배부율

$$\text{표준 고정제조간접비 배부율} = \frac{\text{연간 고정제조간접비 예산액}}{\text{연간 기준조업도}}$$

$$\text{표준 변동제조간접비 배부율} = \frac{\text{연간 변동제조간접비 예산액}}{\text{연간 표준조업도}}$$

$$\text{제조간접비 예정배부율} = \frac{\text{일정기간의 제조간접비 예정액}}{\text{동 기간의 예정 배부기준}}$$

제조간접비 예정액: 제조간접비 예산액
예정배부기준: 직접노동시간, 기계작업시간, 직접노무비 등

※ 배부율은 전부원가 계산에서 사용하는 배부율을 사용
※ 예정배부율은 예정조업도 상태의 고정비율과 변동비율을 기준으로 한다.

제조간접비 배부는 활동원가 부문의 활동동인과 원가동인을 사용하는 것이 타당할 수 있으며 활동원가계산의 해당 부분을 참조할 수 있다.

(1) 변동제조간접비표준의 설정

총 변동제조간접비를 가장 잘 설명해 줄 수 있는 조업도 기준을 선정한 후 인과관계 등을 고려한 모형에 따라 이를 최종적으로 선택한다.

(가) 표준변동제조간접원가의 설정

기업에 발생하는 전기료, 수도료, 가스비, 수선비 등과 같이 제품에 직접 원가를 배부하기는 어려우나 조업도에 비례한다고 볼 수 있는 비용들을 변동 제조간접비라 하고 이러한 비용들을 모아 변동제조원가 전체에 대한 표준을 설정한다. 이때 변동 제조간접원가의 공통적 원가동인을 결정한다. 기계 가동시간이나 직접 노동시간 등을 이용한다.

제품 단위당 표준 변동제조간접원가 = 단위당 표준조업도 × 표준배부율

$$\text{변동제조간접원가 표준배부율} = \frac{\text{예상조업도의 변동 제조간접원가 예산}}{\text{예상조업도}}$$

변동제조간접원가 표준배부율과 제품 단위당 표준 변동제조간접원가는 위 산식과 같이 계산된다.

정의에 따르면 예상 조업도를 얼마로 하여 목표를 설정하든 표준배부율과 단위당 간접원가는 변동이 없다. 왜냐하면

총변동제조간접원가예산 = 예상조업도 × 단위당 표준배부율

이므로, 단위당 표준배부율은 고정되어 있고 총변동제조간접원가 예산은 예상조업도에 비례한다. 예상조업도가 변화하면 총변동 제조간접원가도 변화하므로 표준배부율은 변하지 않는다. 조업도에 따라 변화하는 항목들이 잡혀있기 때문이다.

(2) 고정제조간접비표준의 설정

고정제조간접비 총액을 기준으로 하며 시설 및 생산설비 등의 규모에 따라 정해진다.

(가) 표준고정제조간접원가의 설정

감가상각비나 감모상각, 임차료 등과 같이 조업도에 무관한 간접비를 고정제조간접

비라 한다. 고정제조간접비의 표준을 설정하기 위해서는 고정제조간접비에 해당하는 모든 요소들을 집계하여 이를 총 고정제조간접원가로 하고 이것을 기준조업도로 나누어 고정제조간접원가 표준배부율을 구한다.

$$\text{제품단위당 표준 고정제조간접원가} = \text{단위당 표준조업도} \times \text{표준배부율}$$

$$\text{고정제조간접원가 표준배부율} = \frac{\text{총고정제조간접원가(예산)}}{\text{기준조업도}}$$

기준조업도는 이론적 조업도, 정상조업도 및 실제 조업도 등이 있을 수 있으며 이 중 정상조업도와 실제 조업도 또는 기업별 실정에 맞는 기준을 설정하여 적용할 수 있다. 이는 원가동인을 어떻게 설정하느냐에 따라 이론상 조업도를 조정할 수 있기 때문이다.

고정제조간접비총액은 변하지 않으므로 조업도가 올라가면 제품단위당 고정제조간접원가배부액은 감소한다. 고정비인 자동화시설을 갖추고 조업도를 올리는 것은 규모의 경제를 실현하는 방법이다.

3 제조원가의 표준차이분석

1) 차이분석의 기초

(1) 표준원가의 목적과 예산

표준원가를 어렵게 구축하는 이유는 경영상의 목표를 설정하고 이를 실행한 뒤, 목표 대비 성과를 평가하여 잘한 점은 격려하고, 부족했던 점은 원인을 분석해 시정함으로써 앞으로 더 나은 성과를 내기 위함이다. 일정 기간의 생산활동에 목표를 잡는다면 그것은 일정한 생산수량이 되고 금액으로 환산하면 목표 원가가 되며 이를 예산이라 한다. 따라서 예산을 수립하여 실행 후 예산 대비 차이를 분석하여 귀감으로 삼는 행위가 차이분석인 것이다.

(2) 고정예산과 변동예산

예산은 금액으로 나타낸 목표원가로, 예산에는 고정예산과 변동예산이 있는데 고정예산(stable budget)은 예산 수립 시 설정한 예산으로 연말에 다음 연도에 대한 목표를 설정하면서 예상조업도를 결정하여 수립하며, 변동예산(flexible budget)은 실제 조업도가 확정되고 난 후 사후적으로 실제조업도에 맞춰 재계산된 예산을 말한다.

변동예산은 조업도만 실제 수준에 맞춘 것이므로, 고정예산과 변동예산 및 실제와의 차이는 예산 수립 과정에서의 오류로 간주된다. 이는 고정제조간접비 예산 차이에서 조업도 차이를 분리하는 설명과 연결될 수 있다. 이러한 차이에 대해서는 경기 예측 오류 등 원인을 분석하고, 이를 통해 예산 수립의 정교함을 향상시킬 필요가 있다. 또한 재료비, 노무비, 제조간접비 등 각 항목에 대해 계획 대비 실적의 차이를 개별적으로 분석함으로써, 자원활용 등에 대한 경영 능력 개선에 이바지해야 한다. 이와 같은 차이분석을 실시하면, 해당 차이에 대한 책임자도 파악할 수 있다.

(3) 재료비 차이 - 수량차이와 가격차이

제조원가 중 재료비의 실제 발생액이 예산과 차이가 있다면 이것은 재료비차이라 하며 재료비 차이는 수량차이와 가격차이로 구분할 수 있다.

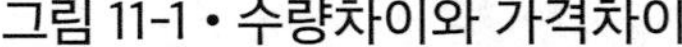

그림 11-1 • 수량차이와 가격차이

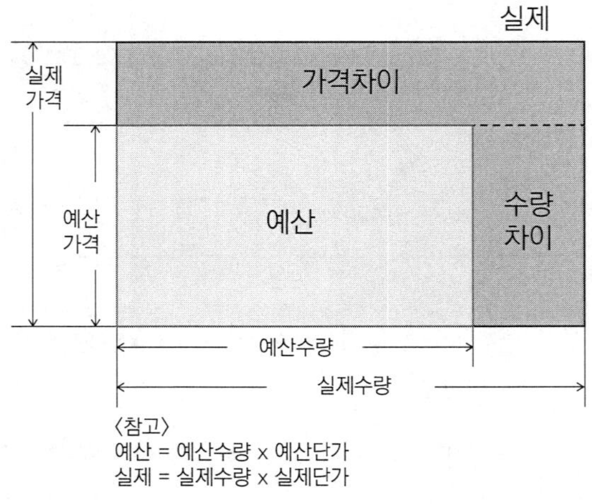

[그림 11-1]에서 보듯 수립한 원재료원가 예산보다 실제가 더 또는 덜 발생하였다면 그 차이는 다음과 같다.

재료비 차이 = 수량차이 + 가격차이

- 수량차이 = (실제수량 - 예산수량) × 예산가격
- 가격차이 = (실제가격 - 예산가격) × 실제수량

전자를 수량예측의 오류에서 발생한 차이라 하여 수량차이라 하고 후자는 가격예측의 오류에서 생긴 차이라 하여 가격차이라 한다.

(4) 노무비 차이 - 공수차이와 임률차이

수립된 표준과 그를 이용하여 예정된 표준원가와 실제 발생원가는 차이가 발생한다. 이는 직접노무에서도 같다. 노무비차이는 작업시간의 차이를 공수차이, 임금지급률 차이를 임율차이라 한다. 공수차이와 임률차이는 다음과 같이 설명될 수 있다.

그림 11-2 • 공수차이와 임률차이

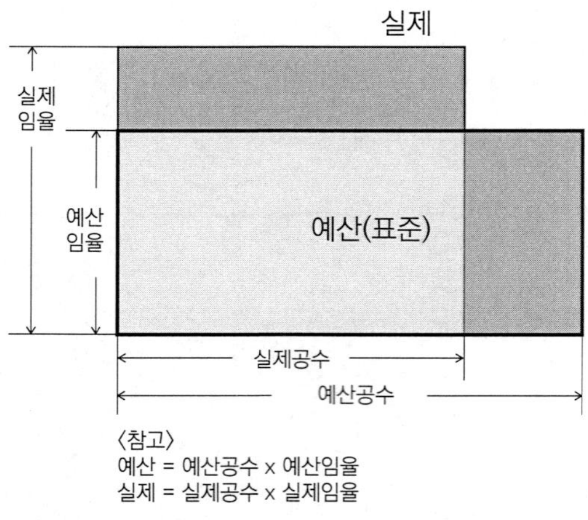

노무비에 대하여 예산 또는 표준 대비 과다투입 또는 과소투입의 결과 발생한 차이를 투입공수차이와 임률차이로 구분하여 볼 수 있다.

노무비에 대한 차이를 보면 [그림 11-2]에서 예산과 실제의 차이가 다음과 같이 계산된다.

노무비차이 = 공수차이 + 임률차이
• 공수차이 = (실제공수 - 예산공수) × 예산임률
• 임률차이 = (실제임률 - 예산임률) × 실제공수

이 식에서는 전자를 공수차이, 후자를 임률차이라 한다. 실제 공수가 예산공수보다 덜 들어간 경우를 유리한 차이, 그와 반대의 경우를 불리한 차이라 한다. 위 그림의 경우 공수 차이는 유리한 차이이다.

2) 직접재료원가 차이 상세 분석

수립된 재료비 예산을 실제 생산과정에서 맞출 수는 없다. 또 그럴 필요도 없다. 표준원가계산의 지향점은 이 차이를 따져 예산수립이 잘못 됐는지 아니면 실제 생산과정에 문제가 있었는지를 분석하여 개선을 함에 있기 때문이다.

재료비 차이는 두 가지로 나누어 볼 수 있다. 첫째, 실제 생산에 투입되는 원재료의 수량이 예산과 달라서 생기는 차이(수량차이: quantity variance)로 수량은 개수, 중량 및 부피 등으로 측정되며 표준이 설정한 합리성에 작업자의 숙련도나 Loss율 등에서 차이가 생기기 때문이다.

둘째 원재료의 가격 변동에서 오는 차이이다. 예산의 수립 시 여러 가지 예측자료에 의하여 원재료의 단가를 추정하지만 경기 변동이나, 수요 공급의 변화 또는 판매처의 가격 정책 변경 등으로 구매단가는 변경될 수 있다. 이런 가격변경에 의해 예산과 달라지는 차이를 가격차이(price variance)라 한다. 수량이 기본이므로 본 교재는 수량차이를 먼저 언급하고 다음에 가격차이를 논한다.

(1) 직접재료원가 수량차이

실제 생산에 투입된 원재료의 수량이 수립된 예산과 다름으로 발생하는 원가 차이이다. 이 차이는 재료의 효율성이 예산과 달라서 생기는 것으로 능률차이(efficiency variance)라 부르기도 한다. 다음의 산식으로 표시된다.

직접재료원가 수량차이 = (재료 실투입수량 - 재료 표준 투입수량) x 재료 표준가격
= (AQ - SQ) x SP
= 표준 투입 수량은 실제생산량에 허용된 표준수량임

AQ : Actual Quantity
SQ : Standard Quantity
SP : Standard Price

작업능률차이

직접재료원가 수량 차이는 주로 작업자의 작업능률 차이로 인해 발생하는 차이이다. 원재료의 수요가 처음 예상했던 것보다 더 소모된 것이다. 이는 원재료의 사용 시 반품 수준은 아닌 정도의 부실 원재료 입고, 가공자의 에러 발생 및 재작업, 가공 기계의 비효율 등에 의해 차이가 발생할 수 있다. 수량차이를 줄이기 위해서는 생산라인의 효율성을 높이고 품질 좋은 재료의 구매와 작업자의 숙련도 향상, 제품 설계 및 작업 방법 개선 등이 추진되어야 하며 표준소비량 설정의 타당성도 점검해 보아야 한다.

배합차이와 수율차이

직접재료원가의 차이를 배합차이와 수율차이로 분석하는 경우가 있다. 전자는 제품의 실제배합이 표준배합과 달라지기 때문에 발생하는 차이이고 후자는 생산된 제품의 불량률이 기준보다 낮아지는 것을 말한다.

배합 차이는 제품을 만드는 데 사용되는 원재료의 종류나 비율이 설계된 기준(표준 배합)과 달라지는 현상으로 주로 혼합, 조합, 합성 등의 과정을 거치는 화학 제품, 식품, 의약품, 도료, 콘크리트 등에서 원재료의 품질변화나 설비의 문제 등으로 발생한다. 배치 간 편차가 발생하거나 작업자의 실수나 작업 표준 미준수 등도 원인이 된다. 이 결과 품질저하, 불량발생, 안전문제, 나아가 생산 제품의 폐기에까지 이를 수도 있다. 배합차이는 다음과 같이 계산된다.

배합차이 = (실제 배합비율 - 표준 배합비율) × 실제 투입량 × 표준 가격

수율차이(Yield Variance)는 제품 생산에 필요한 재료의 표준 수량과 실제 투입된 수량의 차이에서 발생하는 원가의 차이로 발생 원인은 앞의 배합차이, 공정조건 미준수, 설비

문제, 작업자 숙련도 부족, 원재료 불량이나 환경요인 등이 꼽힌다. 수율차이는 다음과 같이 계산된다.

수율차이 = (실제 투입량 - 표준 투입량) x 표준 가격

(2) 직접재료원가 가격차이

구입하는 원재료의 단가가 달라진다면 응당 실제 재료비는 예산과 차이가 난다. 입고되는 원재료의 단가는 판매처에서 기술혁신이나 물가상승 등의 이유로 판매단가를 변경했기 때문에 발생한다. 직접재료비 가격 차이는 다음 산식에 의해 구해진다.

직접재료원가 가격차이 = (재료 실제가격 - 재료 표준가격) x 재료 실제수량
= (AP - SP) x AQ

AP : Actual Price
SP : Standard Price
AQ : Actual Quantity

가격 차이를 줄이는 방법 중 하나는 부품 구입 시 구입선을 다변화하여 같은 품질의 최저가 원재료를 구입하는 것이다. 표준이 실제의 상황을 잘 모르고 설정되었을 수도 있다. 차이 분석 시 반드시 표준설정에 대한 검토를 수행해야 하며 합리적 표준이 설정되도록 하여야 할 것이다. 이는 가격 차이에서 유리한 차이가 발생했다고 작업자들의 능률이 상승되었다고만 볼 수 없는 이유이기도 하다.

원재료시장의 수급 상황도 가격 차이를 유발한다. 국제 입찰을 통해 원재료나 부품을 조달하는 기업의 경우는 국제 입찰 단가가 중요한 가격 차이의 원인이 될 것이다. 이럴 경우는 구매 담당자의 주의력이 매우 중요하다.

긴급한 주문에 따른 갑작스런 생산 스케줄의 변동도 수량 차이를 야기하는 요인이 된다. 납품일정 단축에 따른 단가 상승을 초래할 수도 있다.

3) 직접노무원가차이

수립된 노무비 예산은 실제 생산과정에서 그대로 맞추어지지 않는다. 노무비원가 표준을 수립할 때의 고려 요소들과 실제 생산과정에서의 발생 상황들은 다르기 때문이다. 생산부서의 예산 달성률로 상벌을 주기도 하지만 예산 및 표준설정의 문제점에 대한 검토도 차이 분석 시에 수행되어야 한다.

노무비 차이는 크게 두 가지로 나누어 볼 수 있는데, 실제 생산과정에서 투입되는 공수가 예산 수립 시 적용한 투입공수표준과 맞지 않아 발생하는 공수차이(능률차이라 한다)와 투입되는 작업자에게 지급되는 임률의 차이로 인해 발생하는 임률차이이다.

(1) 직접노무원가 능률차이

직접노무원가 능률차이(시간차이, 공수차이)는 예산과 다른 공수(MH: Man Hour)의 투입에 있다. 이는 작업자의 숙련도, 기술력의 문제, 컨베이어 시스템의 경우 컨베이어 속도설정의 문제 또는 표준수립의 오류 등으로 인하여 발생할 수 있다.

직접노무원가 능률차이 = (실제 노무시간 - 표준 노무시간) x 표준임률※
= (AQ - SQ) x SP

AQ: Actual Quantity,
SQ: Standard Quantity,
SP: Standard Price)

※ 임률을 고정시킴

생산과정에서 발생하는 공수차이는 주로 생산부문의 책임인 경우가 많다고 볼 수 있다.

이 차이는 생산부문의 부문별 직업별 보고서에 시간을 분석하여 파악할 수 있다.

이는 노동자의 미숙련이나 직무상의 태만 또는 태업, 작업환경이나 제품설계, 작업방법의 변경, 사용 공기구의 변경, 종업원 훈련 부족, 신규인력의 배치 등이 원인이다.

(2) 직접노무원가 임률차이

직접노무원가 임률차이는 지급 노무비가 예산과 다르기 때문에 발생하는 차이이다. 종업원의 임금은 인원수의 증가 또는 감소, 임금 인상 등에 따라 달라진다. 임률 표준설정 시 이러한 조건들을 정확히 추정하기 어렵기 때문에 발생한다.

직접노무원가 임률차이 = (실제 임률 - 표준 임률) x 실제 노무시간※
= (AP - SP) x AQ

AP: Actual Price
SP: Standard Price
AQ: Actual Quantity

※ 실제 투입공수를 고정시킴

임률차이의 원인으로는, 정기적 또는 물가상승, 노조와의 협상 결과가 예측과 다른 결과 초래 등으로 인한 임금인상과, 작업량 증가 등의 원인으로 초과 작업에 따른 시간 외 근무수당 지급, 긴급작업 또는 투입 기술자 수준의 차이, 작업자 배치의 오류, 표준임률의 오류 등이라 볼 수 있다.

차이분석의 결과, 목표 미달성에 따른 책임 문제가 제기되며, 이에 따라 책임자가 규명되는 경우가 많다. 그러나 차이의 발생 자체는 생산이나 경영 활동에서 자연스럽게 일어날 수 있는 일이며, 또 일어나는 것이다. 차이가 발생했다는 것만으로 곧바로 책임을 묻는 것은 적절하지 않다. 책임 부과는 단순히 수치상의 차이로 결정할 수 있는 사안이 아니며, 표준 설정의 타당성, 조업 환경, 책임자의 권한과 역할, 조직 내 의사결정 과정, 작업상황 등 다양한 요소를 종합적으로 고려해야 한다.

4) 변동제조간접원가 차이분석

변동제조간접원가 예산이란 생산량 또는 조업도의 변동에 따라 변동하는 간접재료비, 간접노무비, 전력비 등의 비목들에 대하여 그 비율을 감안하여 표준을 설정하는 방법이다. 변동제조간접원가에 속하는 각 원가요소는 조업도의 크기에 따라 영향을 받는 것으로 가정하고 있다.

변동제조간접원가는 포함되는 항목들의 다양성으로 인해 모든 것을 반영하지 아니하고 적절한 배부기준을 사용하여 예산을 수립한다. 따라서 원가차이 분석은 배부기준(조업도)에 대한 부분과 단위당 배부율에 대한 부분으로 나누어 분석하는데, 전자를 변동제조간접원가 소비차이(spending variance), 후자를 변동제조간접원가 능률차이(efficiency variance)라 한다.

(1) 변동제조간접원가 소비차이(예산차이)

변동제조간접비의 실제 발생액과 실제 작업시간(실제 조업도)에 대한 변동제조간접비의 예산액과의 차이를 말한다. 이는 배부기준 단위당 원가인 변동제조간접원가의 배부율, 즉 실제 배부율과 표준배부율의 차이에 의해 발생된다.

즉, 실제 발생한 변동제조간접원가가 실제 조업도를 기준으로 표준적으로 발생했어야 할 금액보다 얼마나 더 쓰였는지 또는 덜 쓰였는지를 나타낸다.

변동제조간접원가 소비차이(예산차이)
= 변동제조간접비 실제 발생액 - 변동제조간접비 표준배부액
= 변동제조간접비 실제 발생액 - (표준 배부율 × 실제 조업도)
= (실제 배부율 ×실제 조업도) - (표준 배부율 × 실제 조업도)
= (실제 배부율 - 표준 배부율) × 실제 조업도

- 실제 배부율(Actual Rate, AR): 실제 변동제조간접비 총액÷실제 조업도
- 표준 배부율(Standard Rate, SR): 변동제조간접비 예산÷기준 조업도(또는 단위당 표준 변동제조간접비)
- 실제 조업도(Actual Activity, AA): 실제 생산 활동량(예: 실제 직접 노동 시간, 실제 기계 가동 시간)
- 실표준허용조업도: 실제 생산량에 대해 표준적으로 허용된 조업도(실제 생산량×단위당 표준 조업도)를 의미한다. 이는 고정제조간접비 분석에서의 '기준 조업도'와는 다른 개념이다.

○ 변동제조간접비 예산액 = 특정 조업도 수준(예: 기준 조업도)에서 예상되는 변동제조간접비 총액
○ 변동제조간접비 실제발생액 = 실제 배부율 × 실제 조업도
○ 변동제조간접비 표준배부액 = 표준 배부율 × 실제 조업도
○ 변동제조간접비 배부액 = 일반적으로 실제 생산량에 표준 조업도와 표준 배부율을 곱한 값 = 실제생산량(제품 단위당 표준 조업도) × 표준 배부율(표준 배부액이라고도 함)

소비차이(예산차이)의 원인은 제조간접비의 계획적 변동이나 낭비, 보조재료의 시장가격 변동, 공손 발생, 요금, 임금수준, 용역비의 변동 등이 있으나 원가요소의 가격 관련 부분 및 원가요소의 사용과 관련된 부분이 있어 그 원인은 다양하게 나타난다. 원가분배 및 절감의 핵심 포인트이기도 하다. 예산차이와 소비차이는 전자가 예산으로 수립된 변동제조간접비 와 실제 소비된 변동제조간접비의 차이로 정의되며, 후자는 실제 소비된 변동제조간접비와 표준배부율 기준 제조간접비의 차이로 의미상 구분되어 다른 것 같으나 계산은 같다. 다만, 전자가 예산 을 표현함으로 실무를 이끄는 의미로 사용되어 있고, 후자가 사용자 측면을 부각시킴으로써 소비측면을 표방하였을 뿐 이론과 실무상 같은 개념으로 사용한다.

(2) 변동제조간접원가 능률차이

변동제조간접원가 능률차이는 배부기준량에 대한 원가차이로 실제 배부기준량이 예산과 달라 발생하는 차이를 말한다.

변동제조간접원가 능률차이 = (실제 배부기준량 - 표준 배부기준량) × 표준배부율
= (실제 조업도 - 표준 허용 조업도) × 표준 배부율
= (AA - SA) × SR

AA: Actual Activity
SA: Standard Activity
SR: Standard Rate

표준 허용 조업도 (Standard Activity, SA): 실제 생산량에 허용된 표준 조업도
(예: 실제 생산량 × 제품 단위당 표준 직접 노동 시간)

변동제조간접원가 능률차이는 실제 조업도에 대한 변동제조간접비의 예산액과 실제 생산에 허용된 표준조업도에 대한 제조간접비 배부액의 차이이며, 변동예산을 채택하는 경우 각 조업도별 변동예산액은 조업도 기준에 변동제조간접비율을 곱하여 산출한다.

변동제조간접원가 능률차이의 원인은 변동제조간접원가 배부기준의 사용량 변화가 원인이다. 예로 배부기준으로 노동시간을 쓰고 있다면 실제 노동시간과 표준 노동시간의 차이로 발생하는 차이가 능률차이이다.

그림 11-3 • 변동제조간접비 차이

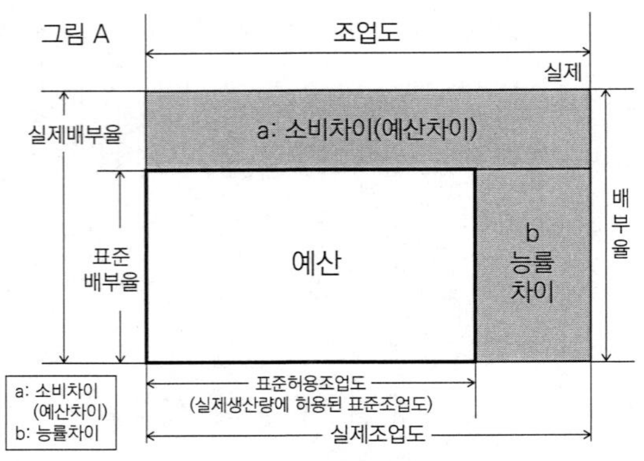

[그림] 설명:

1. 표준허용조업도는 타 저서에서는 '기준조업도'라는 말을 쓰기도 하는데, 이는 실제 생산량에 대해 표준적으로 허용된 조업도(실제 생산량×단위당 표준 조업도)로 표준조업도를 의미한다. 이는 고정제조간접비 분석에서의 '기준 조업도'와는 다른 개념이다.
2. 표준배부율: 변동제조간접비의 표준 배부율은 (변동제조간접비 예산액 ÷ 기준 조업도)로 계산되며, 제품 단위당 부과될 표준 변동비를 나타낸다. 이 배부율은 소비차이와 능률차이 모두에서 중요한 역할을 한다.
3. '제 배부율: 실제 발생한 변동 제조간접비 총액을 실제 조업도로 나눈 값으로, 실제 단위당 변동비를 나타낸다.
4. 소비차이(예산차이): 변동제조간접비의 가격(배부율) 차이를 나타낸다. '예산차이'는 고정비에서 더 흔히 쓰이지만, 소비차이와 같은 의미로 혼용되기도 한다.
5. 능률차이: 변동제조간접비 투입량(조업도)의 효율성 차이를 나타낸다.

5) 고정제조간접원가 차이분석

고정제조간접비는 조업도의 변화에 불구하고 항상 일정한 제조간접원가이므로 조업도가 높으면 제품의 단위당 이익률이 높아진다. 따라서 가격 경쟁력이 좋아진다.

(1) 기준조업도

고정제조간접비는 조업도의 증감에 관계없이 항상 일정하다. 따라서 분석을 실시할 기준이 되는 조업도를 설정하고 실제조업도와의 차이를 분석한다. 조업도에는 정상조업도, 예산조업도 또는 최대조업도가 있으나 보통은 정상조업도를 기준으로 하여 계획적 또는 경기변동적 추세를 감안하여 설정한다.

(2) 고정제조간접비 배부율

고정제조간접비를 배부할 때는 평균(정상)조업도에 대한 고정제조간접비 배부율을 사용하므로 단위당 제조원가는 변동하지 않는다.

고정제조간접비는 조업도 수준에 따라 변동하지 않고 항상 일정 금액을 유지한다. 따라서 예산차이는 별도로 구분할 수 없어 전액 소비차이가 된다. 한편 예산차이는 주로 고정제조간접원가 항목의 가격요인에 의하여 발생하므로 생산부문 경영책임자에게 원가차이의 통제 책임을 부과할 수는 없는 것으로 본다.

조업도 차이는 경기나 시장 수요와는 관계 없이 경기의 계절성으로 인해 발생한다. 한편, 공장에 과다설비로 인한 가동률의 증감에도 영향을 받는다.

실제 생산량에 허용된 표준조업도가 정상조업도보다 적으면 불리한 조업도 차이가, 초과하면 유리한 조 업도 차이가 나타난다. 표준허용시간은 생산설비의 이용도를 나타낸다.

고정제조간접원가 예정배부율에 의한 고정 제조원가 배부액과 예산의 차이는 기준조업도와 실제 생산량에 허용된 표준조업도 차이인 조업도차이로 관리한다.

(3) 고정제조간접원가 예산차이(소비차이)

고정제조간접원가는 다른 제조원가요소와는 달리 일정기간 고정되어 발생하는 비용으로 실제 발생액과 예산을 총액으로 비교하여 분석한다. 이 차이를 예산차이라 하며 소비차이라고도 한다. 또한 조업도의 변화와 무관하므로 능률적으로 통제할 수 있는 원가가 아니기 때문에 능률차이는 식별하지 아니한다. 현관에 켜놓은 전등불 전기료가 생산을 더 한다고 올라가는 것은 아니기 때문이다.

고정 제조 간접 원가 차이 분석은 실제 발생한 고정 제조 간접 원가와 예산 또는 표준원가 간의 차이를 분석하여 원가 통제 및 의사 결정에 활용하는 과정이다. 크게 예산 차이, 조업도 차이, 그리고 때에 따라 소비 차이와 능률 차이로 구분하여 분석한다.

고정제조간접원가 예산차이
= 고정제조간접비 실제 발생액 - 고정제조간접비 예산액
= 예산차이 + 능률차이(인식하지 아니함) + 조업도차이

※ 능률차이는 투입량의 변화에 대한 원가차이를 측정하는 지표이나 투입량의 변화가 없으므로 고정제조간접원가의 능률차이는 인식하지 아니한다.

- **고정제조간접비 실제 발생액:** 실제로 발생한 고정제조간접원가의 총액.
- **고정제조간접비 예산액**(Budgeted Fixed Overhead): 특정 기간 동안 발생할 것으로 예상되는 고정제조간접원가의 총액. 이는 일반적으로 예산 수립 시점에 결정된 고정된 금액이다. (실제생산량에 대한 표준조업도 × 표준배부율)

(4) 고정제조간접비 조업도 차이

표준배부율은 고정제조간접원가예산을 기준조업도로 나누어 계산한다. 따라서 기준조업도가 변치 않는 한 표준배부율은 일정하다. 고정제조간접원가는 실제 산출량에 표준조업도를 곱하여 배부액을 계산한다.

조업도차이는 이 배부액과 고정제조간접원가의 예산과의 차이를 말한다.

고정제조간접원가 총 차이는 이론적으로 소비차이(예산차이) + 능률차이 + 조업도차이인데 이 중 능률차이는 인식되지 아니한다. 따라서 고정제조간접원가 총차이는 소비차이(능률차이) + 조업도차이로 인식한다.

고정제조간접원가 조업도차이
= 고정제조간접비 예산액 - 고정제조간접비 배부액
= 고정제조간접비 예산액 - (표준 배부율 × 실제 생산량에 허용된 표준 조업도)
= (기준 조업도 - 실제 생산량에 허용된 표준 조업도) × 표준 배부율

- **기준 조업도**(Normal/Budgeted Activity): 고정제조간접비 예산을 수립하고 표준 배부율을 계산할 때 가정한 조업도 수준.
- **실제 생산량에 허용된 표준 조업도**(Standard Activity Allowed for Actual Output): 실제

생산된 양품을 만들기 위해 표준적으로 허용된 조업도(예: 실제 생산량 ×제품 단위당 표준 직접 노동 시간).

그림 11-4 • 고정제조간접비 차이 분석

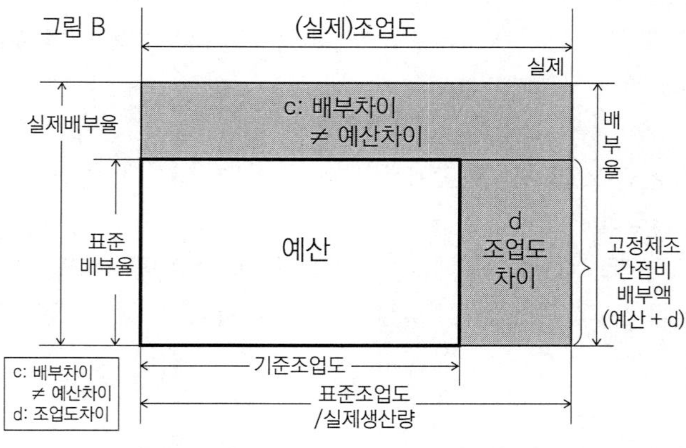

[그림설명]

고정제조간접비 그림은 변동제조간접비 그림보다 훨씬 복잡하다. 그럼에도 이 그림으로 다 설명하지 못한다. 왜냐하면 2차원 그림으로 설명할 수 없는 것이 있기 때문이다. 이 때문에 독자의 혼란이 있을 줄을 앎에도 이해를 돕기 위해 그림으로 설명하니 부족한 부분은 설명을 참조한다.

그림의 구성 요소

(1) 가로축: 조업도(Activity)

- 기준 조업도: 고정제조간접비의 예산을 수립하고, 단위당 표준 배부율을 계산할 때 사용하는 사전에 설정되는 조업도이다.
- 표준조업도/실제생산량: 실제 생산량에 대해 표준적으로 허용된 조업도를 의미한다.
- 실제 조업도: 실제로 발생한 조업도이다.

(2) 세로축: 배부율(Rate)

- 표준 배부율: 기준 조업도 고정제조간접비 예산액로 계산되는 단위당 표준 배부율이다.
- 실제 배부율: 실제 조업도 실제 고정제조간접비 총액으로 계산되는 단위당 실제 배부율이다.
- 고정제조간접비 배부액: 표준 배부율에 실제 생산량에 허용된 표준 조업도를 곱하여 제품에 부과되는 고정제조간접비 총액이다(이는 그림에서 '표준 배부율' 높이에서 예산과 d를 합한 면적을 지칭함).

그림은 조업도 차이는 보여주나 예산차이를 정확하게 보여주지는 못한다.

d: 조업도차이(Volume Variance)

- 그림에서:'표준 배부율'의 높이 안에서 '기준 조업도'와 '표준조업도/실제생산량' 간의 차이(가로 폭)로 인해 발생하는 면적이다.
- 공식: (기준 조업도 - 표준조업도/실제생산량) × 표준 배부율
- 이 공식은 고정제조간접원가 조업도차이의 표준적인 공식이다. (고정제조간접비 예산액 - 고정제조간접비 배부액)을 표시한다.

c: 배부차이(Distribution Variance)

- 이 그림에서:'실제 조업도'의 폭 안에서 '실제 배부율'과 '표준 배부율' 간의 차이(높이)로 인해 발생하는 면적이다.
- 이 부분은 고정제조간접원가의 예산차이(소비차이)의 일부를 나타낸다. 예산차이는 c와 d를 포함하여 표시된다. 예산차이 = 고정제조간접비 실제발생액 - 고정제조간접비 예산액이기 때문이다.

고정제조간접비 차이의 구조를 그림으로 도해하면 다음과 같다.

그림 11-5 • 고정제조간접비 차이의 구조

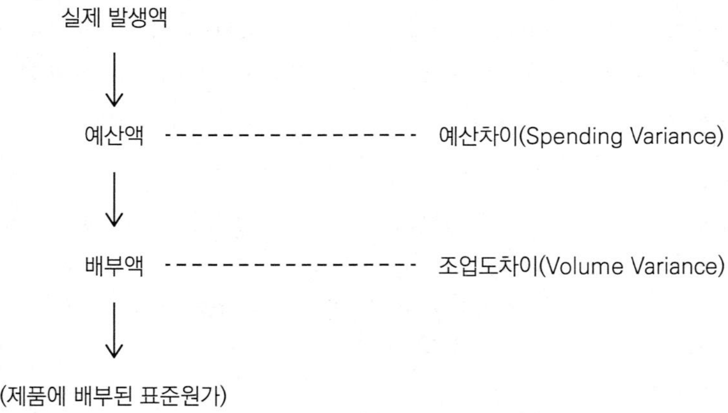

[그림 11-5]는 고정제조간접비의 예산이 수립되고 실제 비용이 발생한 후 이를 분석하면, 먼저 제조간접비 실발생액과 초기 수립한 예산과의 차이가 고정제조간접비 예산차이로 계산되며, 그 후 조업도의 차이가 계산된다는 것이다.

(5) 변동원가와 고정원가 차이 분석의 주요 차이점

변동원가와 고정원가 차이 분석의 주요 차이는 소비차이와 능률차이 및 조업도의 영향으로 다음과 같다.

구분	변동제조간접원가	고정제조간접원가
소비/예산차이	실제 배부율과 표준 배부율의 차이 ((AR - SR)×AA)	실제 발생액과 예산액의 차이 (실제액 - 예산액)
능률/조업도차이	실제 조업도와 표준 허용 조업도의 차이 ((AA - SA)×SR)	기준 조업도와 실제 허용 조업도의 차이 ((기준 - 실제 허용)×표준 배부율)
조업도 영향	능률차이에 반영됨	조업도차이에 반영됨 (생산 능력 활용도)
총 차이	소비차이 + 능률차이	예산차이 + 조업도차이

연습문제

OX 졸음깨우기

01 원가표준의 설정은 원가요소별로 이루어진다. 또한 부문, 제품 등의 책임 단위에 따라 설정된다. 또한 제품수준의 계절적·주기적 변동까지 고려하여 설정하고, 비교적 장기적으로 수요를 충족시킬 수 있는 연간 평균 조업도를 정상조업도라 한다. ( )

02 직접재료비 표준은 투입되는 원재료의 손실률(Loss Rate)을 계산하고 감손과 관리상의 손실까지 감안하여 재료에 표준을 계산하고, 직접노무비도 쉬는 시간, 작업손실, 연월차, 휴가비 등 각종 손실 가능부분에 대한 고려를 반영한 표준을 설정한다. ( )

03 ㈜신송은 표준원가계산제도를 사용한다. 다음은 이 회사의 9월 중 상시활동과 관련한 직접노무원가에 관한 자료이다. 직접노무원가 임률차이는 유리한 4,000,000원이다. ( )

[자료]

- 직접노무원가 표준임률: 10,000/hr
- 허용 표준 직접 작업시간: 8,000hr
- 실제 직접노무원가 임률: 9,500/hr
- 직접노무원가 유리한 능률차이: 4,800,000

풀이

능률차이 = (실제시간-표준시간) × 표준임률 = (실제시간 - 8,000) × 10,000 = 4,800,000

∴ 실제시간 = 7,520

임율차이= (실제임률 - 표준임률) × 실제시간 = (9,500 - 10,000) × 7,520 = -3,760,000(유리)

04. ㈜신송은 직접노무시간을 기준으로 제조간접원가를 배부한다. 20x4년도 기준조업도는 20,000시간, 실제 직접노무시간은 22,500시간. 변동제조간접비의 표준배부율은 직접노무시간당 6원이다. 아래 자료에 의하면 20x4년도 고정제조간접원가는 210,000원이다. ( )

[자료]

변동제조간접원가		고정제조간접원가	
- 실제 발생액	: 110,000	소비차이	: 30,000(불리)
- 배부액	: 138,000	조업도차이	: 27,000(유리)

풀이

위 내용을 요약하면 다음과 같다.

구분	측정치	구분	측정치
기준조업도	20,000시간	실제 직접노무시간	22,500시간
변동제조간접비표준배부율	6원/시간	고정제조간접원가 소비차이	30,000(불리)
변동제조간접원가 실제발생액	110,000	고정제조간접원가 조업도차이	27,000(유리)
변동제조간접원가 배부액	138,000		

실제 고정제조간접원가 계산

- 표준조업도: 138,000 ÷ 6 = 23,000시간
- 예산 고정제조간접원가: 180,000 (=27,000 / -3,000) × 20,000)
  - 산식: $\frac{\text{예산 고정제조간접원가}}{20,000}$ × (20,000 - 23,000) = 27,000 (유리)
- 실제 고정제조간접원가: 210,000 (=30,000 + 180,000)
  - 산식: 실제고정제조간접원가 - 180,000 = 30,000 (불리)

05 표준원가계산의 목적은 원가관리목적, 예산관리목적 및 경영 의사결정목적이 있다. ( )

답 1.O, 2.O, 3.X(9,500 - 10,000) x (8,000 - 4,800,000 10,000) = -3,760,000 (유리)
4.O, 5.O

선택형 지식점검하기

01. 표준원가계산에서 재료비 차이에는 수량차이와 가격차이가 있다. 이 중 수량차이의 원인이 아닌 것은 어느 것인가?

① 입고 시 입고수량 검수오류　② 생산 시 비효율성
③ 표준 소비량의 부적절한 설정　④ 작업방법 변경
⑤ 불량재료, 규격 외 재료사용

02 가격 차이가 나타나는 원인이 아닌 것은 어느 것인가?

① 구매 담당자의 비효율적 업무 관행　② 재료시장 가격의 불변
③ 재료 물질수준의 변화　④ 긴급주문
⑤ 구입량, 구입처, 구입방법에 차질

03 원가차이에 대한 다음 설명 중 틀린 것은 어느 것인가?

① 고정제조간접비에 대해서는 투입-산출관계가 아니므로 능률차이는 인식되지 않는다.
② 변동제조간접비 차이는 소비차이와 능률차이로 분류한다.
③ 노무비 차이는 능률차이와 임률차이로 구분되는게 능률차이는 임률차이보다 통제하기 어렵다고 인식된다.
④ 원가차이는 다양한 원인으로 발생하므로 원가차이가 발생했다고 하여 책임자를 즉각 징계할 수 있는 것은 아니다.

[4-5] ㈜신송은 2025년 창립하였으며 표준원가계산제도를 채택하였고, 2월의 작업현황은 다음과 같다. 다음 자료를 보고 물음에 답하라.

[자료]

실제 작업시간	220시간	제품단위당 표준작업시간	12시간
실제 직접노무비	440,000원	표준 임률	1,800/hr
금월중 실 생산량	20단위		

04 위 자료에 의하여 임률차이를 구하라.

① 40,000원 유리　② 44,000원 불리
③ 70,000원 유리　④ 72,000원 불리

05 위 자료에 의할 때 능률차이는 얼마인가?

① 72,000 유리　② 72,000 불리
③ 40,000 유리　④ 36,000 불리

풀이

실제 임률 = 실제 직접 노무비 실제 작업시간 = 440,000 ÷ 220 = 2,000원/hr

표준 작업시간 = 표준 작업시간 x 생산량 = 12 x 20 = 240시간

예산 노무비 = 표준시간 x 표준임률 = 240 x 1,800 = 432,000

능률차이 = (실제시간 - 표준시간) x 표준임률 = (220 - 240) x 1,800 = -36,000 (유리)

임률차이 = (실제임률 - 표준임률) x 실제시간 = (2,000 - 1,800) x 220 = 44,000 (불리)

답 1.①, 2.②, 3.③ 임률차이 통제가 어렵다고 인식된다. 4.②, 5.④

주관식 실력향상하기

01 다음 자료를 이용하여 물음에 답하시오. (2009, CPA)

㈜신송은 20x3년도에 직접재료 A와 직접재료 B를 배합하여 100개의 단일제품을 생산하였다. 직접재료의 표준원가 관련 자료는 다음과 같다. 기초 기말의 재고자산은 없다.

구분	직접재료 A	직접재료 B
표준구입가격	100원/1kg	150원/kg
표준사용량	25kg/제품 1개	25kg/제품 1개
실제구입가격	120원/1kg	130원/1kg
가격차이	48,000원(불리)	32,000원(유리)

직접재료의 수량차이를 배합차이와 수율차이로 구분하여 계산하라.

풀이

자료에 근거한 기본사항 정리

구분	직접재료 A	직접재료 B
제품 생산량	100개	
표준구입가격	100원/1kg	150원/kg
표준구입금액	250,000원	375,000
표준사용량	25kg/제품 1개	25kg/제품 1개
표준총사용량	2,500kg	2,500kg
실제구입가격	120원/1kg	130원/1kg
실제사용량	2,400kg	1,600kg
실제구입금액	288,000	338,000
가격차이	48,000원(불리)	32,000원(유리)
수량차이	-10,000(유리)	15,000(불리)

1. 기본계수도출

1) 원가차이 분석 산식

수량차이 = (실제수량 - 표준수량) × 표준가격

가격차이 = (실제가격 - 표준가격) × 실제수량

2) 계수 산출

재료A,B의 가격차이 = (실제가격 - 표준가격) × 실제수량

A: (120 - 100) * 실제수량 = 48,000 → 실제수량 = 2,400

- 실 생산량 = 2,400 ÷ 120 = 20단위
- 표준수량 = 100 × 20 = 2,000

B: (130 - 150) * 실제수량 = -32,000 → 실제수량 = 1,600

- 실 생산량 = 1,600 ÷ 130 = 20
- 표준수량 = 20 × 150 = 3,000

A,B 수량차이 = (실제수량 - 표준수량) x 표준가격

A: (2,400 - 2,500) × 100 = -10,000(유리)

B: (1,600 - 2,500) × 150 = -15,000(유리)

3) 수율차이

수율차이=재료A 표준가격x재료A 표준배합률x(전재료실총사용량 -전재료표준총사용량)

A: = 100 × {(25kg × 100개/(25kg + 25kg) × 100개)} × (4,000개 - 5,000개)
= 100 × 50% × -1,000 = -50,000

B: = 150 × {(25kg × 100개/(25kg + 25kg) × 100개)} × (4,000개 - 5,000개)
= 150 × 50% × -1,000 = -75,000

※ A배합률 = A투입량(합 단위투입량) × 생산량

4) 배합차이

배합차이 = 재료A 표준가격 × (재료A 실제배합률 - 재료A 표준배합률) × 모든재료 실제 총 사용량

$$\text{A: } = \text{재료A 표준가격} \times \left(\frac{\text{재료A 실제사용량}}{\text{모든 재료 실제 총사용량}} - \frac{\text{재료A 표준사용량}}{\text{모든 재료 표준 총사용량}}\right) \times \text{모든재료 실제 총 사용량}$$

$$= 100 \times \left(\frac{2{,}400}{4{,}000} - \frac{25\text{kg} \times 100\text{개}}{(25 + 25) \times 100}\right) \times 4{,}000$$

= 40,000 (불리)

$$\text{B: } = \text{재료B 표준가격} \times \left(\frac{\text{재료B 실제사용량}}{\text{모든 재료 실제 총사용량}} - \frac{\text{재료B 표준사용량}}{\text{모든 재료 표준 총사용량}}\right) \times \text{모든 재료 실제 총 사용량}$$

$$= 150 \times \left(\frac{1{,}600}{4{,}000} - \frac{25\text{kg} \times 100\text{개}}{(25 + 25) \times 100}\right) \times 4{,}000$$

= 150 × (0.4 - 0.5) × 4,000

= -60,000 (유리)

02 다음의 자료로 ㈜골통신의 배합차이와 수율차이를 구하라.

회사는 표준원가계산제도를 채택하고 있으며, 상호 대체가 가능한 두 종류의 노무등급인 고급인력과 저급인력을 제조공정에 투입하여 제품을 생산한다. 20x5년 3월의 각 노무등급별 표준직접노무원가에 관한 자료는 다음과 같다. (CPA 2014 변형)

구분	표준임률	실제 생산량에 허용된 표준노무시간
고급노무인력	20천원	300시간
저급노무인력	11천원	200시간

20x5년 2월의 각 노무등급별 실제 임률과 실제로 사용된 노무시간은 다음과 같다.

구분	실제임률	실제 사용된 직접노무시간
고급노무인력	22원	320시간
저급노무인력	12원	180시간

풀이

1) 직접노무원가 배합차이

기본산식: 직접노무원가 배합차이 = 고급노무인력 배합차이 + 저급노무인력 배합차이

① 고급인력 배합차이 = 고급표준임률 × (고급 실배합률 - 고급 표준배합률)
× 전실제총노무시간

* 고급 실배합률 = 고급노무실제시간/전실제총노무시간
320 / (320 + 180) = 0.64

* 고급 표준배합률 = 고급노무실제시간/전표준총노무시간
300 / (300 + 200) = 0.6

$$= \text{고급표준임률} \times \left(\frac{\text{고급 노무 실제시간}}{\text{모든 노무 실제 총시간}} - \frac{\text{고급 노무 표준시간}}{\text{모든 노무 표준 총시간}} \right) \times \text{전실제총노무시간}$$

= 20천원 × (0.64 - 0.6) × (320 + 180)
= 400천원(불리)

② 저급인력 배합차이 = 저급표준임률 × (저급 실배합률 - 저급 표준배합률)
× 전실제총노무시간

* 저급 실배합률 = 저급노무실제시간/전실제총노무시간
180 / (320 + 180) = 0.36

* 저급 표준배합률 = 고급노무실제시간/전표준총노무시간
200 / (300 + 200) = 0.4

= 11천원 × (0.36 - 0.4) × (320 + 180)
= -220천원 (유리)

직접노무원가 배합차이 = 400 - 220
= 180천원(불리한 차이)

2) 직접노무원가 수율차이

기본산식: 직접노무원가 수율차이 = 고급인력 수율차이 + 저급인력 수율차이

① 고급인력 수율차이
= 고급표준임률 x 고급표준 배합률 x (실제총노무시간 - 표준총노무시간)
= 20천원 x {300 / (300+200)} × {(320 + 180) - (300 + 200)} = 0 (유불리 없음)

② 저급노무인력 수율차이
= 저급표준임률 x 저급표준 배합률 × (실제총노무시간 - 표준총노무시간)
= 11 x {200/(300+200)} × {(320 + 180) - (300 + 200)} = 0 (유불리 없음)

수율(yield rate)은 상기 계산식으로는 0이 나와 유불리 없는 것으로 계산되나 현장에서는 수율이 동일할 수는 없다. 여기에 생산량을 추가하여 실제 수율을 산정한다.

<참고>

능률차이 고급: (실시 - 표시) × 표 임금 = (220 - 200) x 20 = 400 (불리)
저급: (실시 - 표시) × 표 임금 = (160 - 200) x 12 = 480 (유리)
임율차이 고급: (실임 - 표임) × 실시 = (22 - 20) x 320 = 640 (불리)
저급: (실임 - 표임) × 실시 = (12 - 11) x 180 = 180 (유리)

CHAPTER 12

활동기준원가계산

기업의 경쟁력은 기업의 사활을 결정한다. 특히 원가경쟁력은 중요하다. 팔수록 남는다고 판단한 제품이 팔수록 손실을 초래한다든가 팔수록 남는 제품을 팔수록 손실이라고 판단하고 생산을 중단한다면 신제품 출시가 점점 어려워지는 현대 기업들에게는 결정적 실수가 기록된다. 가격 경쟁력은 원가계산이 뒷받침한다.

지금까지 살펴본 원가계산방식의 간접비 배부는 직접비, 투입인원수, 기계가동시간 등이었으나 다소 정교함이 부족하다.

활동(activity)에 초점을 맞추어 보면, 활동 자체가 제품의 생산이며 원가의 발생이고, 제품을 생산하는 과정에서 수행되는 활동을 원가 배부 기준으로 삼을 수 있다면 원가 계산의 오차를 최소화할 수 있을 것이다.

예제:

갑 회사는 제품 A와 제품 B를 생산하고 있으며 공정 1의 종업원 투입공수는 A에 30,000시간을, B에 20,000시간을 투입하였다. 이 공정의 인건비가 총 100억원이라 할 때, A와 B에 배부되는 인건비는 얼마가 될 것인가? 다만, 회사는 활동기준 원가계산 방식을 채택하고 있으며 공정 1의 직접비 배부기준은 노동시간이다.

풀이

$$\text{제품A 배부액} = 100\text{억원} \times \frac{30,000}{50,000} = 60\text{억원}$$

$$\text{제품B 배부액} = 100\text{억원} \times \frac{20,000}{50,000} = 40\text{억원}$$

1 활동기준 원가계산의 의의

활동기준 원가계산이란 제조공정에서 발생한 원가를 제조를 수행한 활동을 기준으로 배부계산하는 것을 말한다. 제조직접비인 직접재료비와 직접노무비 또는 직접제조간접비는 제품에 직접 배부 가능한 직접원가는 제품에 직접배부하면 되지만 제조간접비는 어떤 배부방식을 써서 배부하여야 하는가에 문제가 있었다. 즉, 조업도 기준이나 직접재료비 또는 그 수량, 직접노무비 또는 그 공수(MH), 총 제조직접원가나 기계 가동시간, 면적이나 전력사용량 등을 사용하여 원가를 배부하여 왔으나, 기업들이 비용 절감을 위하여 대형 기계나 자동화를 통해 직접비를 줄이고 간접비의 비중이 늘어나고 있다. 한편, 고객의 요구는 다양해지고 제품의 종류가 거의 주문생산화되며 아이디어 창출, 설계 연구개발, 마케팅, 유통, 고객서비스 등 제품 전체의 가치사슬까지 반영하고 있다. 따라서 기업의 대외 경쟁은 극심해져 작은 이윤에 기업의 사활이 걸리고, 그에 따라 제품의 원가계산에서도 정확하고 세밀한 주의로 이익관리를 철저히 하지 않으면 안 되게 되었다.

이에 대응하여 정확한 원가계산의 도구로 등장한 것이 활동기준 원가계산이다.

활동은 원재료나 기계 또는 임직원과 제품을 매개하는 매개변수이다. 간접원가의 부적절한 방법에 의한 불합리한 원가계산보다 치밀한 원가매개체를 활용할 필요성이 대두된 것이다.

원가배부의 매개체인 활동은 제조활동이 다양해지면서 해당 활동을 구분하고 그 정보를 수정하는 것이 복잡해졌으나 다행히 기업들은 ERP나 MRP 또는 CRP, FMS, JIT 등을 통하여 활동에 대한 정보수집 가능성을 열었기에 가능한 것이 되었다.

2 활동기준 원가계산의 개념

기업의 내부에서 사람이나 기계가 활동을 하면 원재료가 가치를 증대시키면서 재공품이 되고 제품이 만들어진다. 한편 모든 활동에는 비용(원가)이 발생한다. 전통적인 원가계산 방식보다 제품에 근접한 활동을 파악하여 그 활동이 초래한 원가를 배부하는 방식이므로 개념상 최상의 원가계산 방식이라 할 수 있다.

활동이란 생산활동의 구체적 행태로 자원을 소비하는 사건(event)이나 거래(transaction)를 말하는 것으로 원가의 발생을 유발하는 원인인 원가동인(cost driver)을 포괄하는 개념이다. 때로, 생산을 담당하는 직원의 특정제품 작업시간이나 품질 담당자의 특정 생산지시서에 대한 검사활동 자재관리자의 재고 실사·확인 시간이나 장부기록 활동시간 등이 해당원가를 측정할 수 있는 동인(driver)들이다.

활동(activity)은 제품을 만들어 내기도 하면서 자원을 소비한다. 기업은 수많은 활동으로 구성되어 있다. 활동과 자원 및 제품과의 연계성은 다음 [그림]과 같다.

그림 12-1 • 활동기준 원가계산에서 활동의 위치와 역할

자원의 소비는 자산의 감소이며 그 대가는 다른 자산, 곧 제품으로 형태를 바꾸는 것을 의미한다. 활동기준 원가계산은 이전에 간접비 배부를 위하여 사용했던 배부기준과는 격을 달리한다.

3 활동기준 원가계산의 절차

활동기준 원가계산의 목적은 제품의 원가를 정확히 계산해내는 데 있다. 소품종 대량 생산으로 제품을 만들기만 하면 팔려나가던 시점이 있었지만, 지금은 기능은 물론 디자인, 색감 등 소비자의 다양한 욕구를 맞추고 많은 경쟁자들과의 생존을 위한 경쟁에서 살아나려면 이익이 되는 줄 알고 판 제품이 손실을 끼치게는 말아야 할 것이다. 그 판단은 정확한 원가계산에 있다. 최저 판매 가능 가격의 산출 및 그를 통한 가격 경쟁력을 갖추는 것은 제품전략상 가장 중요한 일이다.

활동원가계산을 수행하기 위해서는 다음의 절차를 거친다.

1) 활동구분

활동기준 원가계산에서는 활동이 활동동인(cost driver)으로 간접비 배부기준으로 사용되기 때문에 원가를 발생시키고 제품 제작에 기여하는 활동들이 어떤 것들이 있는가를 파악해야 한다. 즉, 기업 내부의 활동을 분석하는데, 자원을 사용하는 활동들을 파악하고 그 중 제품이나 서비스 등을 산출하는 데 직접적인 연관이 있는 활동들을 도출해낸다. 이를 위해서는 제품별 생산 공정도가 가장 중요하며 설계도와 작업방법서 등이 활용되고, 담당 관리자와 작업반장 등과의 면담, 설문조사 등의 방법이 활용된다. 몇 개의 후보군이 형성되면 당해 활동을 수립하는데 소요되는 비용을 파악하여 가장 효율적인 활동을 활동동인으로 선정한다. 이때 활동은 원가 풀(Cost Pool)을 형성하는 단위가 되기도 한다.

2) 활동동인과 원가동인의 선택

활동동인(activity driver)이란 자원을 소비하는 활동을 의미한다. 활동은 자원을 소비하고 활동동인은 활동의 발생 정도를 측정하는 척도이다.

이 활동은 제품으로 연결되면서 당해 활동이 목표제품의 원가를 직접 구성하거나 아니면 다른 측정할 수 있는 계수들을 매개로 할 것인지를 판단 및 선택하여야 한다. 예를 들면 자재과의 부문비용은 간접비인데 부문활동은 발주처리, 입고 및 검수관리, 현장에의 자재불출, 수불부 기입, 재고실사 등의 활동을 수행하고 이 활동을 제품별로 배분하기 위해서는 발주처리는 발주서의 발행빈도, 입고 검수 및 불출 활동에는 당해 부품의 형태와 크기 및 수량과 수행방법 등, 수불부 기입 활동에는 발주 및 출고의 횟수 등이 계량할 수 있는 대상이 된다. 발생되는 비용들, 예로 자재과이면 어느 원가동인으로 연결시켜야 할지를 분석하여 합리적 활동동인과 원가동인을 선택하는 것이 활동원가계산의 두 번째 단계에서 수행할 절차이다. 현장에서 올라온 동인분석표로 원가팀 또는 전문 활동원가 TF에서 이를 검토한다.

활동동인은 활동을 측정하는 척도이고 원가동인은 원가를 특정 원가 대상(고객, 제품 등)에 배부하는 척도이다. 일반적으로 활동의 발생 정도를 측정하는 활동동인을 원가동인으로 활용한다.

3) 동인별 타당성 분석 및 활동별 원가집계

활동동인 및 원가동인이 결정되면 이를 적용하기에 앞서 시험적 운영을 해 보아야 한다. 위에 든 자재과의 예를 연결시켜보면, 발생비용은 회계과에서 작성되는 손익계정 중에 기록되어 이 비용항목들이 선정된 활동동인으로 분류가 잘 될 것인가, 이렇게 분류된 비용들은 각 활동별 원가동인들이 대표성을 가지고 전 비용들을 잘 표방할 수 있는지, 원가동인들은 제품이나 서비스에 결정적 배분 역할을 수행할 수 있는지를 재점검하고, 실제 시험기간을 1개월 또는 3개월의 지나간 기간에 대한 테스트를 수행한다. 물론 컴퓨터 데이터를 해당 범위에 대하여 사본을 관련 각 부서에 협조를 얻어 이 데이터로 시범 테스트를 해 보는 것이다.

4) 활동원가 배분율 산정

선정된 원가동인들이 원가의 제품별 배부에 직접 쓰일 수도 있으나 그렇지 않은 경우도 있다. 횟수나 수량 등 월별로 달라지기도 하고 그 비율로의 배부가 타당치 않을 수도 있으며 그렇지 않다 하더라도 동인별 원가배부율을 정해두는 것이 좋다. 이는 다음 산식에 의한다.

$$\text{활동동인별 원가배부율} = \frac{\text{총 활동원가}}{\text{총 원가동인량}}$$

주) 총 활동원가와 총 원가동인량은 매월 또는 기간별 달라질 수 있음.

5) 활동별 원가 배부

활동으로 정의된 자산의 소비는 원가동인에 의거 제품으로 체화된다. 이 과정은 요즘은 컴퓨터 프로그램에 의하여 처리하게 되는데, 사전에 식별된 활동으로 배분된 비용을 원가동인을 이용하여 제품으로 배부한다. 직접원가들의 배부가 끝나고 간접비의 배부가 완료되면 해당 제품의 원가계산은 종료된다. 혹 활동에 의거하여 배부되지 못 하거나 불합리한 부분에 대한 조정이 필요할 수 있다.

$$\text{배부액} = \text{관련비목 금액} \times \frac{\text{해당 활동동인량}}{\text{총 활동동인량}}$$

4 활동원가의 계층구조

활동원가계산의 첫 번째 단계를 활동분석으로 정의하였다. 활동은 자원을 소비하여 원가를 발생시킨 원인으로 가치를 창출하는 기본적 단위이며, 생산과정에서 자원을 소비하는 구체적인 업무프로세스라 할 수 있다. 활동을 발생유형에 따라 다음과 같이 분류되는데 이를 활동원가의 계층구조라 한다.

[활동유형과 원가동인 활동원가의 계층구조]

활동계층	주요 활동	원가동인
단위수준	제품관련 원재료 소비활동 제품 노무활동과 기계사용 제작제품 품질검사 등	제품생산량 노무작업시간 기계가동시간
배치수준	구매주문, 운송, 작업준비(기계) 초기생산품 품질검사	원재료 주문횟수 이동횟수, 기계작업준비 시간 검사시간
제품수준	제품설계·개발활동 제품개량 및 디자인 변경 시설 및 부품관리 생산일정계획	제품 수, 활동시간 설계변경 등 횟수 부품 수
설비(공장)수준	설비(공장)유지보수 활동 보안, 안전, 경영관리 활동 감가상각, 보험료 등	점유면적 인원수, 직접재료비, 노무비[주)]

주: 일반적으로 이 계층의 원가는 특정 원가동인을 작용하기보다 총액으로 관리되거나, 공정 전체의 총괄적인 기준(예: 총 노무시간 등)으로 배부되기도 한다.

1) 단위수준 활동

단위수준 활동 및 그 원가는 제품 개체와 직접적으로 관련되는 활동에 의하여 발생하는 원가로서 제품이 직접 소비한다고 볼 수 있는 활동을 말한다. 직접 작업인력의 시간이나 제품 생산을 위하여 사용하는 기계의 가동시간, 사상 및 조립과 용접, 균형시험기(balancer), 선반의 가중, 절삭 프레스 등의 가동시간이 이 수준의 활동이다. 이 수준의 활동원가에는 직접재료원가, 직접노무원가, 직접기계원가(근래의 자동화 가공기는 작업 Lot No, 해당제품, 작업 가동시간, 생산량 및 업무수행량, 기계조작자 등의 정보를 제공한다) 및 제조간접원가인 동력비, 수선비, 공장 소모품비 등이 포함된다.

2) 배치수준 활동

배치수준 활동원가는 생산되는 제품의 작업단위(배치: Batch)별로 이루어지는 활동에 따라 발생하는 원가로서 기계 가동준비, 조립 등 작업준비, 부품 등의 운송, 구매주문 등을 수행하는 활동 등이 여기 해당된다. 이러한 활동들은 제품이나 서비스에 개별적으로는 연계가 되지 않고 일정한 묶음 단위로 관계하게 된다. 따라서 당해 활동은 식별되고 활동에 대한 원가는 식별되나 개별 제품까지는 매개변수가 필요한 것이다.

배치수준 활동원가에는 주문 횟수, 작업준비 횟수, 이동 횟수, 검사시간 등이 원가동인에 해당된다.

3) 제품수준 활동

제품수준 활동 및 그 발생원가는 제품의 연구·개발, 제품 및 공정 설계, 유지 및 개선을 위한 활동으로 이와 수반해 발생하는 원가로 주로 제품 유형이나 형태별로 발생한다. 제품의 다양성을 유지하거나 특정 제품의 생산과 판매를 지원하기 위한 목적으로 이루어진다. 이러한 활동은 제품의 종류나 계열 등에 따라 발생하는 것으로 개별제품이나 배치수와는 독립적이다. 다품종 소량생산에 더 많이 발생하는 것으로 설계 또는 검사 등의 시간이나 횟수 등이 원가동인으로 사용될 수 있다.

4) 설비 또는 공장수준 활동

설비 또는 공장수준의 활동과 그 원가는 공장 설비나 건물 등의 유지관리에 관한 활동으로 인하여 발생하는 원가를 말한다. 공장 관리자의 급료, 기계·설비의 감가상각비, 재산세 및 보험료, 교육훈련비, 도서비, 혹은 복리후생비나 수수료, 접대비 등 공장에서 발생하는 제비용 등이 이 활동에 포함되며, 노동시간, 기계시간, 작업훈련시간 등이 원가동인으로 사용될 수 있다. 이 수준에 관련된 원가는 생산되는 제품과는 무관하게 전체 제조공정을 유지하는 차원에서 발생되므로 개별제품의 수익성을 정확히 파악하는데 주의가 필요하며, 경우에 따라서는 제조간접비에 포함시키지 않거나 다른 기준으로 배부하는 것을 고려하기도 한다. 생산관리자의 관리 포인트에서는 벗어나 있기도 하다. 그러나 제품 가치 상승이나 제품 수명주기 차원의 원가·성능 경쟁력 등에서 고려되어야 한다.

5 활동기준 원가계산의 유용성과 한계

1) 활동기준 원가계산의 유용성

활동기준 원가계산은 현대와 같은 고도의 치열한 경쟁 속에서 기업의 제품전략 4P 중 가격(Price)경쟁력 확보에 가장 큰 장점을 가진 원가계산 방식이다. 여러 장점들이 있으나 이를 요약하면 다음과 같다.

첫째, 활동기준 원가계산의 장점은 가장 현실에 맞는 원가계산 방법이라는 것이다. 지금까지의 간접비 배부방식들은 다소 비슷 또는 유사한 원가를 산정하는 배분율이었다면 원가동인을 활용한 원가배부는 자원을 소비하는 활동이 만드는 제품의 원가를 계산하는 방식이므로 활동동인과 원가동인이 적합하게 설정되었다면 제품의 원가가 그보다 더 정확하게 산정될 수는 없을 것이다. 신의 계산이 아니라면 말이다.

둘째, 활동기준 원가계산 방식은 다품종 소량생산에 적합한 원가계산 방법이다. 다양한 활동과 제품 생산을 위한 고가의 자동화 장비가 도입되고 작업 준비활동이 많아 간접비가 증가되므로 이를 배분할 원가동인을 통한 사실에 가까운 원가를 산정할 수 있기 때문이다.

셋째, 활동 중 비 부가가치 활동은 제거하고 부가가치 활동 중심으로 효율적 통제를 할 수 있다.

2) 활동기준 원가계산의 한계

활동기준 원가계산이 다품종 소량생산인 현대의 다양한 제품서비스에 적합한 원가계산 방식이라 하지만 다음과 같은 한계점도 있다.

첫째, 활동기준 원가계산을 하기 위해서는 활동동인과 원가동인을 기업 내부에서 찾아야 하는데, 고급 컨설팅을 받아야 할 만큼 쉽지 않은 일로 비용이 많이 소요된다. 따라서 기업은 이러한 비용과 노력을 감수하더라도 활동기준 원가계산을 도입할 명확한 필요성과 기대 효과가 있는지를 신중하게 고려해야 한다.

둘째, 활동을 명확히 정의하고 유형별로 구분하는 기준을 결정하기가 쉽지 않으며 원가동인도 찾기가 쉽지 않다. 이런 동인들을 찾아놓고 이를 유지, 보수하는 데도 많은 노력이 소요된다.

셋째, 특정 기업에는 잘 맞지 않을 수 있다. 모든 경우에 활동기준 원가계산이 적합하다고 할 수는 없다. 다품종소량생산 기업들은 그 도입을 검토해 보아야 한다. 따라서 기업의 상황과 필요성에 따라 판단하여야 한다.

연습문제

OX 졸음깨우기

01 활동기준 원가계산은 제조간접비 배부에 초점이 놓여져 있고, 따라서 원가 중 제조간접비 비중이 높은 기업에 적용할 경우 조율이 된다. ( )

02 활동원가의 계층구조를 보면, 가장 큰 단위에서 가장 작은 단위로는 공장수준원가 > 제품 및 공정수준원가 > 작업묶음(batch)수준 > 단위수준의 순서이다. ( )

03 작업묶음 수준에 해당하는 원가항목은 자재 이동원가, 기계 작업 준비원가, 초기 생산품의 품질검사 원가 등이다. ( )

04 활동기준 원가제도가 추구하는 목적은 ( )
① 다양한 원가유발 요인을 인식·식별하여 적정한 가격결정에 이용하며
② 가능한 현실에 가까운 원가를 계산할 수 있고.
③ 제품별, 서비스별 또는 기계선별로 보다 정확한 원가분석을 할 수 있다는 것이다.

05 활동기준 원가계산의 절차는
① 기업내의 활동을 분석한다. ② 활동별 원가를 집계한다.
③ 활동별 원가동인을 파악한다. ④ 단위당 활동원가의 배부율을 산정한다.
⑤ 활동원가를 원가대상별로 배부한다의 과정을 거친다. ( )

답 1.O, 2.O, 3.O, 4.O, 5.O

선택형 지식점검하기

01 활동원가계산(Activity Based Costing)의 다음 설명에 대하여 적절하지 않은 것은?

① 활동원가 계산이란 제조공정에서 발생한 원가를 공정에서 수행된 활동을 기준으로 배부하는 것이다.

② 직접재료비 또는 직접노무비는 제품에 직접 배부하고 제조간접비는 배부방식으로 원가를 계산한다.

③ 제조간접비 배부기준은 면적, 생산수량, 직접노무비, 투입공수, 총 제조직접비나 기계 가동시간 등을 활동으로 보고 배부할 수 있다.

④ 활동기준 원가계산은 생산활동을 기준으로 원가를 배부하므로 이익관리를 잘하기는 타 원가계산 방법 대비 뒤떨어진다.

02 활동원가 계산에서 활동에 대한 다음 설명 중 틀린 것은 어느 것인가?

① 활동이란 생산활동의 구체적 형태로 자원을 소비하는 특정의 사건(event)이나 거래(transaction)를 말한다.

② 활동은 자원을 소비하되 활동의 결과로 제품을 만들어 내므로 원가배부 방법으로는 최상이라 할 수 있다.

③ 판매관리비에는 활동기준 원가계산을 적용하지 않는다.

④ 전통적인 간접원가 배부방식보다 훨씬 다양한 기준을 적용할 수 있는 방법이다.

03 다음은 활동원가 계산에서 원가의 배부과정을 나타낸다. 여기서는 배부대상원가(a), 원가동인(b) 및 이에 대한 활동원가 계층구조(c)를 표시한다. 이 그룹 중 타당하지 않은 것은 어떤 것인가?

	a	b	c
①	기계 전력비	기계 작업시간	단위수준 활동원가
②	전수검사비	검사 횟수	배치수준 활동원가
③	소모품 비용	제품생산량	단위수준 활동원가
④	제품 설계원가	제품 종류 수	제품수준 활동원가

04 활동기준 원가계산 방식을 채택하고 있는 ㈜신송의 원가관련 자료는 다음과 같다. 이 자료에 의하여 각 제품의 단위당 제조간접원가를 구하면 얼마인가? (2004, CTA 수정)

[자료]

적요	제조간접원가	원가동인 등		
		A 제품	B 제품	계
연간생산량		4,000단위	8,000단위	12,000
활동 1	50,000	100	400	500
활동 2	88,000	800	200	1,000
활동 3	90,000	600	3,000	3,600

① 23.85, 16.58 ② 3.9, 10.59 ③ 23.10, 16.95 ④ 6.6, 12.24

풀이

① 원가동인의 단위당 제조간접원가

활동 1: 50,000 ÷ (100 + 400) = 100원

활동 2: 88,000 ÷ (800 + 200) = 88원

활동 3: 90,000 ÷ (400 + 3,000) = 25원

② 제품별 제조간접비의 배부

원가동인별 단위원가		제품별 제조간접원가			
활동구분	단가	제품 A		제품 B	
		사용량	배부액	사용량	배부액
활동 1	100	100	10,000	400	40,000
활동 2	88	800	70,400	200	17,600
활동 3	25	600	15,000	3,000	75,000
제조간접비			95,400		132,600
생산량			4,000		8,000
단위당 제조간접원가			23.85		16.575

05 **활동원가의 계층구조는 단위수준, 배치수준, 제품수준 및 설비수준으로 나눈다. 이 계층구조에 대한 설명 중 틀린 것은 어느 것인가?**

① 단위수준: 제품 관련 원재료 소비활동 등으로 제품 생산량 등이 원가동인이다.

② 배치수준: 운송, 구매 등 초기 생산품의 품질검사 등으로 검사시간 등이 원가동인이다.

③ 제품수준: 제품설계·개발활동 등으로 직접작업시간 등이 원가동인이다.

④ 설비수준: 공장·설비 유지보수활동 등으로 점유면적 등이 원가동인이다.

답 1.④, 2.③, 3.②(검사별 소요공수는 다르다), 4.①, 5.③

주관식 실력향상하기

01 ㈜정림은 모터와 버너 두 가지의 제품을 제조한다. 20x4년 6월 한달 동안 모터 1,000대를 생산했으며 그 손익정보는 다음과 같다. 제조간접비는 직접노무비를 기준으로 배부하여 연간 총 제조간접비 500.000원, 총 직접노무비 1,650,000원으로 계산되었다.

구분	합계	단가	비고
직접재료비	50,000	50.0	
직접노무비	35,200	35.2	
제조간접비	?	?	
총원가	?	?	
판매단가		250	
매출총이익		?	

연간 소요된 활동수준 및 원가, 그리고 1개월 전체 및 모터반 생산량에 해당되는 소요량은 다음과 같다.

활동구분	원가동인	발생비용	연활동수	모터 월활동수
작업준비 등	작업준비 횟수	350,000	2,500개	200개
제품포장	포장횟수	90,000	1,000회	30회
제품출고	트럭 운행횟수	300,000	30,000개	250개

활동구분	원가동인	발생비용	연활동수	모터 월활동수
품질검사	검사기기가동수	160,000	8,000개	500개
수선유지	기계가동시간	200,000	5,000시간	1,000시간

활동원가 계산방식을 적용해서 이달 모터에 대한 원가동인별 원가배부액을 계산하고 제품 단위별 원가계산서를 작성하라.

풀이

1. 원가동인별 배부율 계산

활동구분	원가동인	발생비용	연활동수	모터 월활동수	배부 기준	모터 배부	원가동인
작업준비 등	작업준비 횟수	350,000	2,500개	200개	140	28,000	작업준비 횟수
제품포장	포장횟수	90,000	1,000회	30회	90	2,700	포장횟수
제품출고	트럭 운행횟수	300,000	30,000개	250개	10	2,500	트럭 운행횟수
품질검사	검사기기가동수	160,000	8,000개	500개	20	10,000	검사기기가동수
수선유지	기계가동시간	200,000	5,000시간	1,000시간	40	40,000	기계가동시간

2. 제품단위원가 계산서(월 단위 1,000대 생산)

구분	단가	월 활용 수	배부액
제조간접비계산			
작업준비 등	140	200개	28,000
제품포장	90	30회	2,700
제품출고	10	250개	2,500
품질검사	20	500개	10,000
수선유지	40	1,000시간	40,000
제조간접비계	83.2	1,000대	83,200
직접재료비	50.0		50,000
직접노무비	35.2		35,200
모터원가합계			168,400
생산량			1,000
단위당 원가			168.4
총원가			168,400
수 익			250,000
순이익			81,600

3. 해설

이 문제는 기존의 전통적 원가계산 방식과 활동원가계산방식의 차이를 적나라하게 보여주는 문제이다. 다소 극단화된 면도 있으나, 이 문제에 활동기준원가계산의 핵심이 있다. "전통원가계산의 연간 총 노무비 1,650,000원과 제조간접비 배부액 500,000원"이 계산되며 "ABC로 계산된 모터만의 연간 제조간접비 998,400원(월 83,200원 x 12개월)" 사이의 엄청난 차이가 버너 부분을 감안하지 않아도 혼란이 생긴다.

이러한 큰 차이 자체가 바로 활동기준원가계산(ABC)이 필요한 가장 중요한 이유이자, 전통적 원가계산의 한계점을 극명하게 드러내는 지점으로 볼 수 있다.

■ 이 차이가 발생하는 이유와 시사점

이 차이가 발생하는 이유와 시사점은 다음과 같다.

① 전통적 원가계산의 단순성(그리고 왜곡 가능성):

전통적 원가계산은 모든 제조간접비를 단 하나의 배부기준(예: 직접노무비 시간/원가)에 의존하여 배부한다. 문제에서 "연간 총 제조간접비 500,000원"은 아마도 예산상의 또는 실제 발생한 회사 전체의 총 제조간접비를 의미할 것이다. 이 금액은 모든 활동(작업준비, 포장, 출고, 검사, 수선유지 등)에 대한 비용을 합산하였을 것이다. 만약 직접노무비가 적게 드는 제품이 실제로는 많은 간접자원(복잡한 작업준비, 잦은 품질검사 등)을 소비한다면, 전통적 방식으로는 그 간접원가를 제대로 배부하지 못하게 될 것이다. 결과적으로 이런 제품은 원가가 과소계상되고, 반대의 경우는 과대계상된다.

② ABC의 정교함(그리고 실제 원가 반영)

ABC는 제조간접비를 여러 활동 풀(Activity Pool)로 나누고, 각 활동 풀의 성격에 맞는 원가동인(Cost Driver)을 사용하여 원가를 배부한다. 문제에서 모터 제품은 월간 직접노무비는 적었을지 몰라도(35,200원), 작업준비 횟수, 검사 기기가동수, 기계 가동시간 등과 같은 고비용 활동들을 상대적으로 많이 소비했을 가능성이 높다.

ABC는 이러한 활동별 자원 소비 패턴을 추적하여 제조간접비를 배부하므로, 모터 제품이 실제로 소비한 간접원가를 훨씬 더 정확하게 반영하게 된다. 그 결과, 전통적 방식에서 배부될 것으로 예상했던 것보다 훨씬 더 많은 제조간접비(연 998,400원)가 모터에 배부되었으며 직접노무비는 모터 생산 노무비가 연으로 환산해도 422,400원이 되어 제시된 직접노무비와 1,227,600원이나 차이가 생긴다.

따라서 전통원가계산과 ABC의 "차이가 너무 큰 현상"이야말로, 회사가 만약 모터와 버너 같은 두 가지 제품을 생산하는데, 이들이 간접자원(활동)을 소비하는 패턴이 서로 크게 다르다면, 전통적 원가계산 방식으로는 정확한 제품 원가를 알기 어렵다고 볼 것이다.

■ 전통적 원가계산의 문제

① 가격 결정 오류: 원가가 과소계상된 제품을 너무 싸게 팔거나, 원가가 과대계상된 제품을 너무 비싸게 팔아 경쟁력을 잃을 수 있다.

② 수익성 분석 왜곡: 실제로는 손실이 나는 제품을 이익이 나는 제품으로 오인할 수 있다.

③ 의사결정 오류: 제품 포트폴리오, 생산 방식 변경 등의 전략적 의사결정이 잘못될 수 있다.

이런 문제점들 때문에 활동기준원가계산이 극도의 경쟁 환경 하의 고도화된 산업 사회 안에서 더욱 중요하게 여겨진다고 볼 수 있다.

CHAPTER 13

공손

공장에서 무결점운동(ZD운동: Zero Defect)을 하더라도 작업불량이나 파손 및 작업 부산물 등 손실(Loss)은 발생한다. 제작 중 손실이 나는 물품을 공손품이라 하고 여기서 발생하는 손실을 공손이라 한다.

공손은 발생된 공손품의 원가를 측정하여 처리하며, 회사에서 용인된 공손률(공손 허용률) 안에 발생하는 정상공손과 허용률을 초과하는 비정상공손으로 구분하며, 전자는 제품 제조원가에, 후자는 영업외비용에 포함한다.

회사의 총 제조원가는 300,000원이다. 공손 허용률은 4%로 설정하였다. 당기의 총 공손은 20,000원이다. 당기 회사의 재무제표에는 매출원가 280,000원 기말제품 50,000원 기말재공품 30,000원이다. 공손을 총 원가에 배부하고 계정별 처리금액을 계산하라.

풀이

비정상공손: 20,000 - 12,000 = 8,000 → 영업외비용

정상공손: 300,000 x 4% = 12,000

배부: $12,000 \times \frac{280,000}{280,000+50,000+30,000} = 9.333$ - 매출원가

$12,000 \times \frac{50,000}{360,000} = 1.667$ → 기말제품

$12,000 \times \frac{30,000}{360,000} = 1.000$ → 기말재공품

계정별 처리금액

1. 영업외비용 - 공손	:	8,000
2. 매출원가	:	9,333
3. 재공품	:	1,000
4. 기말제품	:	1,667
계	:	20,000

1 공손의 개념

공손(Spoilage)은 생산과정에서 일정하게 발생하는 불량품, 즉 품질 규격이나 기준에 미달하는 불합격품을 의미한다.

목표하는 품질의 제품을 생산해내기 위해서는 품질수준에 맞는 원재료와 일정수준 이상의 기술인력이 잘 설계된 시방서에 따라 온 정성을 다하여 작업에 집중하여야 한다. 이 중 하나라도 오류가 있으면 목표한 품질수준의 제품은 나오지 않는다. 공손은 생산 현장에서는 일상적인 일이다. 컨베이어 생산시스템의 중량 체크 등 스팟 검수시스템이 벨트 위를 이동하는 불량품을 쳐서 불량품 통으로 떨어트리는 것이나 철제나 주물을 가공하는 과정에서 재질의 불균질성이나 바람주머니를 발견하고 불량처리 하기도 하며, 화학공정에서는 최종 시험에서 산도나 재료의 배합 비율이 맞지 않아 전체를 불량처리하는 경우도 있다. 작업설물(scrap)이 발생하기도 한다. 공손은 손실(loss)과는 구분된다. 전자는 작업 중 불량이 발생하는 것을 의미하는 반면, 후자는 정상적인 작업과정에서 원료의 기화나 고온의 혼합공정에서 자연적 증발 등에 따른 감모손실도 발생한다. 기계공정에서도 정밀 가공 과정상 연마 중 원재료가 페이퍼에 의해 갈려나가기도 한다. 이러한 손실은 작업과정의 허용된 범위 내에서 발생하는가가 통제 관리 포인트이다. 회사에서는 정상적으로 발생하는 불량률을 정규회계상에서 손실 처리하였다면 그 인정여부에 대하여는 세무당국과 논란의 소지가 있다.

공손이 발생한 철재 등은 품질불량으로 공급자에게 재 조달을 요청할 수 있을 것이다. 분해 또는 재가공하여 사용할 수 있는 경우는 공정에서 재사용할 수도 있다. 화공약품 등의 원료도 마찬가지이다. 원재료 불량으로 내부에서 발생한 손실에 대한 배상문제는 별도이다. 한편, 내부 작업실수로 인한 것은 내부에서 처리하여야 하니 이 손실은 회사가 부담하여야 한다. 공손은 공장관리의 핵심이다. 작업중 산출되는 작업설물, 공손 및 손실을 어떻게 회계처리하는가는 단기손익계산 등에 매우 중요하며 공손회계에서 다룬다.

2 정상공손과 비정상공손

기업에 발생하는 공손의 원인은 공장운영의 효율성이나 기물수준 또는 사용하는 기계의 정밀도, 측정 또는 계량 및 시험기의 수준 및 작업자의 주의력 등 다양하다. 이러한 공손은 회사에 물질적 손해를 초래하는데, 이를 회계처리함에는 발생한 공손이 허용범위 안(정상공손)이냐 허용범위 밖(비정상 공손)이냐를 먼저 구분하여야 한다. 정상공손(Normal Spoilage)은 효율적인 작업 환경하에서는 작업의 성격상 피할 수 없이 발생되는 공손을 말한다. 이는 단기적으로는 회사 내부에서 통제 불가능으로 본다. 따라서 이러한 공손은 그 원가를 정상품의 원가를 포함시켜야 한다.

비정상공손(Abnormal Spoliage)은 효율적인 공장 운영상황에서는 발생하지 않는 것으로, 원재료의 부실(납품오류나 회사 입고검수시스템의 문제도 있음)이나 기계고장 또는 작업자의 부주의 등에 의해 발생하는 것으로 공장관리에 좀 더 주의를 기하였으면 발생하지 않았을 것들이다. 이러한 비정상공손은 공장운영의 비효율성에 근거해 발생하는 것으로 낭비로 보며, 이러한 비정상공손의 원가는 제품원가가 아닌 발생기간의 손실(당기영업외손실)로 처리한다.

정상 공손품 수량 = 정상품(합격품) 수량 × 공손 허용률 (if > 실제 공손량)
비정상 공손품 수량 = 공손품 수량 - 정상 공손품 수량 (≥ 0)

정상 공손품 수량은 일반적으로 검사 시점을 통과한 합격품 수량에 정상 공손율을 곱하여 산정하거나, 검사점을 통과한 모든 수량에 정상 공손율을 곱하여 산정한다. 비정산 공손품 수량은 총공손품 수량에서 정상 공손품 수량을 차감한 후의 양이다.

공손을 파악하는 기준은 검사점 통과기준과 검사점 도달기준이 있다.

검사점 통과기준은 검사를 통과한 합격품의 수량을 기준으로, 검사점 도달기준은 검사를 받은 모든 수량을 기준으로 정상공손한도를 계산하는 것이다. 따라서 검사점 통과기준과 검사점 도달 기준 사이에는 정상공손품 수량을 산정하는 기준치가 달라진다. 이 점은 합리적으로 관리상 허용률과의 관계에서 조정하여 사용한다. 그러나 보통 공손율은 공손량을 총 작업량으로 나누어 계산한다.

당기에 공정을 착수하여 검사합격을 받은 제품은 검사점 통과기준과 도달기준 모두 정상공손량 산출을 위한 기준수량에 포함된다. 그러나 기초재공품과 기말재공품에 대하여는 검사를 하였는가와 완성도가 검사점을 통과하였으면 이미 전기에 정상공손품 수량 산출에 감안이 된 것으로, 재공품으로 계산된 것은 합격품으로 판정된 것이며 동 완성도 검사품에 대한 공손율이 반영된 것으로 볼 수 있다. 따라서 이 수량의 당기 공손품 계산에의 반영여부 평가방법(선입선출법과 평균법)에 따라 다르게 적용된다.

기말재공품의 경우에는 기말재공품이 검사점을 통과하였을 경우에는 검사점 도달 및 검사에 합격하였음을 나타내는 것이며, 동일 완성도의 재공품 공손율을 반영하는 것이다. 따라서 기말재공품 중 검사품을 정상공손품 수량 산출의 기준수량으로 인정하는데 무리가 없다. 이 역시 평가방법(평균법과 선입선출법)의 선택에 따라 달라진다.

3 공손원가의 회계처리

공손은 기업자산의 감소가 다른 자산의 증가나 부채의 감소 또는 수익의 발생으로 연결되지 않았음을 말한다. 이러한 자산의 감소를 처리하는 방법은 당해 공손을 인식하지 않는 방법과 인식하는 방법이 있다.

1) 공손원가 무인식법

공손원가 무인식법은 공손품의 발생에 따른 공손원가를 별도로 계산하여 처리하지 않는 방법으로 재료의 소비는 공손을 발생시킨 후 완성품에 이르는데 이 과정에도 공정에 투입된 전체 원재료는 모두 재료비로 인식하는 것이다. 따라서 제품의 재료비에 공손원가가 포함되고, 이것은 제품을 거쳐 판매시 매출원가를 구성한다.

이 방법은 발생한 공손이 정상 공손일 경우에는 문제가 없으나 비정상 공손이 발생한 경우에는 원가의 왜곡과 손익계산의 오류가 발생할 수 있다. 당기손익에 포함되어야 할 공손원가가 제품이나 재공품에 전가되어 차기로 이월되는 경우가 발생하는 것이다.

2) 공손원가 인식법

공손원가 인식법은 당기에 발생한 공손원가를 계산하여 적절한 회계처리를 하는 것이다. 정상 공손원가와 비정상 공손원가를 구분하여 정상공손원가는 생산에 필연적인 것으로 보아 재공품과 제품 등에 배부하여 매출원가로 인식하고, 비정상 공손원가는 효율적 공장운영이 되었다면 발생하지 않았을 비용으로 보아 영업외 비용으로 처리한다.

정상 공손품 원가는 당기검사를 통과 합격한 제품에 배부하면 된다. 검사 시점까지의 재공품 완성도가 반영되므로 재공품 판단을 다시 할 필요는 없다.

공손원가 인식법이 원가를 더 잘 표현한다고 하여 더 많이 쓰이고 있다.

4 종합원가계산의 공손원가계산과 배부

공손원가를 별도로 인식하는 공손인식법에서는 공손품을 정상공손품과 비정상공손품으로 계산하며, 정상 공손원가는 제품원가에 포함하고 비정상 원가는 영업외비용인 기간비용으로 처리한다.

종합원가계산은 정상적인 절차를 거쳐 수행하면서 공손원가를 반영하면 된다.

1) 평균법

평균법에서는 기초 재공품 중 미검품들은 실제 완성도와 무관하게 당기에 검사를 통과한 것으로 간주한다. 따라서 정상 공손원가는 당기에 검사 통과 여부와 상관없이 전체

단위수 기준으로 배부된다. 기말 재공품의 경우, 해당 재공품의 완성도가 검사 시점보다 높은 부분만이 검사 시점을 통과한 것으로 간주된다. 즉, 기말 재공품이 검사 공정을 통과하지 않은 경우, 해당 수량은 정상 공손원가의 배부 대상에서 제외되며, 그 결과 정상 공손원가는 검사공정을 통과한 재공품 및 완성품에 배부된다.

평균법에서는 기초재공품의 완성분과 당기착수 당기완성품을 동일하게 취급하므로 기초재공품이 당기에 검사를 통과하는 경우에는 다음과 같이 정상공손원가를 배부한다.

$$완성품\ 배부액 = 정상공손원가 \times \frac{완성품\ 수량}{완성품\ 수량 + 기말재공품\ 수량}$$

$$기말재공품\ 배부액 = 정상공손원가 \times \frac{기말재공품\ 수량}{완성품\ 수량 + 기말재공품\ 수량}$$

공정기간이 길어 한 결산기 동안 다 처리되지 못하는 경우는 미완성인 기말재공품이 검사 공정을 통과하였으면 원가배분 원칙에 따라 배분하고 통과하지 아니 하였으면 그냥 두면 된다.

2) 선입선출법

공손품 원가계산은 공정의 투입수량과 산출수량을 파악하고 그 중 공손품의 수량을 계산한다. 투입수량은 기초재공품 수량과 당기 착수량, 산출수량은 공손수량 및 기말제품과 재공품 매출수량의 합계이다.

※ 투입수량 = 기초재고 + 당기 착수

산출수량 = 제품 + 재공품 + 매출수량 + 공손품

공손품 수량은 정상 공손품 수량과 비정상 공손품 수량으로 분류한다.

비정상 공손품 수량 = 공손품 수량 - 정상품 수량 x 공손 허용률

이 산식은 공손품 발생량이 정상 공손품 수량을 초과한다는 전제하에서 비정상 공손을 구하는 산식이다. 기초재공품과 기말재공품은 검사시점 통과 후인가 도착 전인가에

따라 기준을 세워 반영한다. 기초재공품은 검사시점에 미달하는 완성도의 경우에는 투입 미검수품으로 분류되고(기초재공품이 검사시점에 도달하기 전에 탈락하는 경우는 제외), 기말재공품의 경우는 검사시점 이후의 완성도만 포함한다. 공손품은 검사를 받은 제품의 수량에는 포함되나 합격품에는 포함되지 않는다.

> 완성품 환산량 총 수 = 기초재공품 당기완성량 + 당기착수 당기완성량
> + 정상 공손품 환산량 + 비정상 공손품 환산량 + 기말재공품 환산량
> 또는
> 완성품 환산량 총 수 = 완성품 수량 - 기초재공품 환산량 + 정상 공손품 환산량
> + 비정상 공손품 환산량 + 기말재공품 환산량
> ※ 공손품을 제외하면 일반 종합원가계산의 경우와 동일하다.
>
> $$\text{완성품 환산량 단위당 원가} = \frac{\text{당기 총 원가}}{\text{완성품 환산량 총 수}}$$
>
> ※ 공손분은 검사 공정까지만 완성도에 포함된다.

완성품 환산량 단위당 원가는 당기 투입원가를 배부하는 편의성 일시적 매개변수이다.

정상·비정상 원가 모두 완성품 환산량 단위당 원가를 수량에 곱해서 구한다. 비정상 공손원가는 영업외비용으로 처리하지만 정상 공손원가는 제품에 배부되므로 배부대상을 정해야 하는데, 그냥 두면 기말재공품과 완성품 모두에 배부되나 편의상 별도로 배부하기도 한다. 매출을 포함한 완성품 모두가 대상이 된다. 배부기준이 되는 수량은 기말재공품 수량은 그대로 사용한다. 검사 단위도 수량이기 때문이다.

기말재공품은 완성도가 검사시점보다 클 경우 당기 검사를 통과하여 합격한 것으로 본다. 기초재공품과 기말재공품의 검사통과 여부에 따라서 정상 공손원가 배부는 다음과 같다.

(가) 기초재공품과 기말재공품이 모두 당기의 검사를 통과하는 경우

- 완성품에 배부 : $\text{정상 공손원가} \times \frac{\text{당기착수 당기완성품 수량}}{\text{당기완성품 수량} + \text{기말재공품 수량}}$
- 기말재공품에 배부 : $\text{정상 공손원가} \times \frac{\text{기말재공품 수량}}{\text{당기완성품 수량} + \text{기말재공품 수량}}$

(나) 기초재공품은 당기의 검사를 통과하지 않고 기말재공품은 당기의 검사를 통과하는 경우

- 완성품에 배부 : 정상 공손원가 × $\frac{\text{당기착수 당기완성품 수량}}{\text{당기착수 당기완성품 수량 + 기말재공품 수량}}$
- 기말재공품에 배부 : 정상 공손원가 × $\frac{\text{기말재공품 수량}}{\text{당기착수 당기완성품 수량 + 기말재공품 수량}}$

(다) 기초재공품의 검사 완료 여부에 따른 구분

재공품은 완성도 평가를 해야 하며, 완성도가 기말재공품 평가에 영향을 미친다. 재공품은 기초와 기말로 나누어 잡고, 검사 통과 여부에 따라 배부계산식이 달라진다. 어느 경우든 이러한 상황을 판단하고 감안하여야 한다. 이 중의 한 예인 기초재공품의 검사통과 여부에 따른 처리방법은 다음과 같다.

a. 기초재공품은 검사통과 기말재공품은 검사 불통과 시
 : 정상공손원가를 모두 당기완성품에 부과
b. 기초 · 기말재공품이 모두 당기검사 불통과 시
 : 정상공손품원가를 모두 당기착수 당기완성품에 배부
c. 기초재공품은 검사 불통과, 기말재공품은 검사 통과 시
 : 정상 공손율 원가를 당기투입량(당기투입 당기 완성 + 기말재공품) 전체에 배부한다.
 정상 공손원가는 검사 시점을 통과한 합격품에만 부과된다.

5 공손품의 처분

공손품은 자사에서 타 공정에 활용가치가 있으면 그를 활용하고 타인이 활용가치가 있으면 외부에 처분할 수도 있다. 철재의 경우는 고철로, 알루미늄 원재료인 경우는 알루미늄 설물로 판매가 가능하다. 이런 경우 공손품은 순실현가치에 의해 자산으로 인식해야 한다.

공손이 발생하여 공손원가가 계산되었다면, 공손원가는 계산된 가액에서 공손품의 순실현가치를 차감한 금액으로 계산하여야 한다. 이는 정상공손품과 비정상공손품을 구분하여 각각 계산하여야 한다고 본다.

공손품의 순실현가치 = 공손품의 예상 판매가치 - 공손품의 판매 부대비용
정상 공손원가의 제품원가 배부액 = 정상 공손품 원가 - 정상 공손품의 순실현가치
비정상 공손원가의 공손손실 = 비정상 공손품 원가 - 비정상 공손품의 순실현가치

연습문제

OX 졸음깨우기

01 공손(Spoilage)이란 생산과정에서 일정한 규격이나 품질 수준에 미달하는 불합격품의 생산을 말하되, 공손이 허용 범위안이냐 허용 범위를 초과하느냐에 따라 정상공손과 비정상공손으로 분류하고, 이 중 정상공손만 당기원가에 조정하고 비정상공손은 영업외손실로 회계처리한다. ( )

02 정상공손원가는 완성품과 기말재공품에 배부할 수 있다. 기초재공품은 당기의 검사를 통과하지 않고 기말재공품은 당기의 검사를 통과하는 경우의 배부식은,

- 완성품 배부액 = 정상공손원가 x $\frac{\text{당기착수 당기 완성품 수량}}{\text{당기착수 당기완성품 수량 + 기말재공품 수량}}$
- 기말재공품 배부액 = 정상공손원가 x $\frac{\text{기말재공품` 수량}}{\text{당기착수 당기완성품 수량 + 기말재공품 수량}}$

으로 계산된다. ( )

03 공손품이 보수함으로 그 기능 또는 성능이 완전 회복되지 않고 그 일부를 다시 생산할 경우 당해 공손품의 원가는 추가적으로 발생하는 제조원가에서 공손품의 평가액을 차감한 가액으로 한다. ( )

04 정상공손이 공정 중에서 발생하는 경우 공손 발생시점의 진척도가 기말재공품의 자척도를 초과할 경우 완성품에만 공손원가를 부과한다. ( )

05 ㈜신송은 공업용 모터를 주문 생산하고 있다. 20x4년 3월 중 작업량 4,000개가 제시된 제조지시서 #101의 생산과 관련된 자료는 다음과 같다.

단위당 직접재료비	: 1,400원
단위당 직접노무비	: 800원
단위당 제조간접비 배부액	: 1,200원
계:	3,400원

최종 검사과정에서 보고된 공손품 정보는 다음과 같다.

발견공손품 수　1,000개
재작업수량　500개　투입 재작업비　50,000원
외부매각수량　800개　매각대금　250,000원

이때 발생한 정상제품의 단위당 원가는 4,000원이다. ( )

풀이

총 원가 3,400 x 5,000 + 재작업원가 50,000 - 처분가액 250,000 = 16,800,000원
단위당 원가: 16,800,000 ÷ (4,000 - 800) = 5,250

답 1.O, 2.O, 3.O, 4.O, 5.O

선택형 지식점검하기

01 작업폐물 또는 작업설물은 생산공정에서 작업 중 발생하는 찌꺼기 등으로 타 산업에서는 용해 등의 과정을 거쳐 활용할 수도 있는 것이다. 작업폐물에 대한 다음 설명 중 맞는 것은 어느 것인가?

① 작업폐물이란 공장의 여러 산출물 중에서 판매가치나 수량 측면에서 상대적으로 중요성이 낮은 제품을 말한다.
② 작업폐물의 순실현가치는 항상 양수(>0)이다.
③ 작업폐물의 원가는 모두 영업외비용으로 처리한다.
④ 작업폐물은 매각하여 처리할 수 있다. 이 금액은 영업외이익으로 처리하거나 중요성이 있을 경우는 원가 반영을 검토하여야 한다.

02 작업중에 발생하는 공손에 대한 회계처리 방법으로 맞는 것은?

① 비정상 공손원가는 영업외비용으로 처리한다.
② 비정상 공손원가는 제품에만 배부한다.
③ 정상 공손원가는 제품에만 배부한다.
④ 정상 공손원가는 매출원가에만 배부한다.

03 공손에 대한 설명이다. 이 중 올바르지 않은 것은 어느 것인가?

① 공손품에 대한 보수를 통하여 합격품이 될 수 있는 경우 이 보수비는 정상화된 공손품의 원가에 가산한다.

② 정상 공손은 그 공손이 원가계산 대상에 추적 가능하면 공손금액을 그 원가개상에 가산한다.

③ 기초재공품이 전기에 공손검사를 받지 않았다면 당기발생 공손품은 모두 당기에 착수한 부분에서 발생한 것이다.

④ 정상공손은 생산과정에서 불가피하게 발생하는 예측된 공손이다.

[4-5] 다음 자료를 사용하여 질문에 답하라. (2014, CPA 변형)

㈜골통신기술은 세 개의 공정을 통하여 제품을 생산하고 있으며 종합원가계산, 가중평균법 평가법을 채택하고 있다. 직접재료는 각 공정의 초기에 전량투입, 가공원가는 전 공정에 걸쳐 균등하게 발생한다. 아래 자료는 20x5년 2월 제 3공정 자료이다.

구분	물량단위	가공원가완성도	전 공정원가	직접재료원가	가공원가
기초재공품	5,000단위	40%	21,000	3,000	15,650
당기투입	20,000	?	83,800	92,000	182,500
완성품	18,000	?			
기말재공품	6,000	40%			

제3공정에서는 공손품 검사를 공정의 50% 시점에서 실시하며, 당월에 검사를 통과한 합격품의 5%를 정상 공손으로 간주한다. 정상 공손원가는 당월 완성품과 월말재공품에 배부하는 회계처리를 한다. 2월 중 발견된 공손품은 즉시 폐기되며 처분가치는 0원이다.

04 20x5년 2월 제 3공정의 원가요소별 완성품 환산량을 계산하라.

	전공정원가	직접재료원가	가공원가
①	18,000단위	18,000단위	18,000단위
②	25,000단위	25,000단위	18,900단위
③	25,000단위	25,000단위	25,000단위
④	25,000단위	24,000단위	22,100단위

05 20x5년 2월 제 3공정의 비정상 공손원가와 완성품 원가와 관련된 월말분개를 하라?

① 차) 제품	311,602		대) 재공품-제3공정	313,194
비정상공손	1,592			
② 차) 제품	277,677		대) 재공품-제3공정	279,269
비정상공손	1,592			
② 차) 제품	323,813		대) 재공품-제3공정	325,136
비정상공손	1,323			
④ 차) 제품	297,269		대) 재공품-제3공정	298,861
비정상공손	1,592			

※ 비정상공손은 영업외비용

풀이

제3공정, 원가흐름

	구분	투입수량	전공정원가	직접재료원가	가공원가	계
투입	기초재공품(40%)	5,000	21,000	3,000	15,650	39,650
	당기투입	20,000	83,800	92,000	182,500	358,300
	계	25,000	104,800	95,000	198,150	397,950
산출	완성	16,000	75,456	68,400	167,746	311,602
	공손-정상	900	3,773	3,420	4,718	11,911
	공손-비정상	100	419	380	524	1,323
	기말재공품(40%)	2,000	25,152	22,800	25,162	73,114
	계	19,000	104,800	95,000	198,150	397,950

주: 위 굵은 선 박스 내의 금액은 아래 풀이 과정 중 계산의 결과에 따라 결정되므로 계산의 진행에 따라 삽입하게 됨

완성품환산량

구분	전공정 원가	기초완성	당기완성	공손 (정상)	공손 (비정상)	기말 재공품	계
재료비	83,800	5,000	13,000	900	100	6,000	25,000
가공비	완성도	60%	100%	50%	50%	40%	40%
	21,000	3,000	13,000	450	50	2,400	18,900
판단 근거	104,800	5000x60%	13,000x100%	(18,000 - 기초미완성, 당기투입완성)			

배부	전공정원가	20,960	54,496	3,773	419	25,152	104,800
	직접재료비	19,000	49,400	3,420	380	22,800	95,000
	가공원가	31,452	136,294	4,718	524	25,162	198,150

NOTE

1. 전공정원가는 전공정 이월로 공정 시점에서 100% 투입되므로 각 산출물별 완성도는 100%로 함
2. 직접재료원가는 공정 시점에서 100% 투입되므로 각 기말 산출물별 완성도는 101%로 함
3. 가공원가는 기초재공품, 당기 투입, 기말재공품별 표와 같이 완성 기여를 보이고 있음

따라서, 재료비는 총 재료량으로, 가공원가는 가공비 완성 환상량으로 배부함에 이의 없음.
다만, 전공정원가는 이미 완성된 원가라는 측면에서 기말에 존재하는 완성품, 재공품, 공손품 등에 배부하는 것은 맞으나 과연 어떤 비율로 배부할 것인지 이론이 있음. 여기서는 재료비율에 의거 배분하기로 함.
원칙은 재료비는 재료비 비율(완성도 기준)로 함이 타당할 것임.

분개

차변		대변		적요
재공품	293,150	재료비	95,000	3월 투입에 대한 분개
제품	323,523	노무비	198,150	
		재공품	324,836	제품계정 이체
공손(영업외비용)	1,323			공손, 기간비용 인식

답 1.④, 2.①, 3.③, 4.② 5.③

주관식 실력향상하기

01 ㈜골통신기술은 미통신기기를 만드는 회사로 가공원가는 공정 전반에 걸쳐 발생한다. 3월 초 기초재공품(가공원가 완성도 60%) 100기(기는 소작업단위)에 포함된 가공원가는 500원이다. 생산공정의 중간지점에서 품질검사를 실시한 결과 공손품이 100기가 발생하여 모두 비정상 공손(가공원가 완성도 50%)으로 간주하였다. 3월 중 완성품은 250기이며, 기말재공품(가공원가 완성도 80%)도 250기가 존재한다. 선입선출법과 평균법으로 기말재공품에 배부된 가공원가를 각각 산정한 금액이 동일하다면 3월 중 투입한 총 가공원가는 얼마인가?

단, 소수점 이하 자릿수는 절사한다. (2010, CPA)

풀이

1) 물량 흐름

물량흐름

기초 (60%)	100	기초완성	100
당기투입	500	당기완성	150
		(비)공손 50%)	100
		기말재공품(80%)	250
	600		600

재공품

완성	250	기초	40
(비)공손	50	당기완성	150
기말재공품	200	(비)공손	50
		기말재공품	200
	500		460

2) 기말재공품 가공원가

- 가중평균법 가공원가 $= \dfrac{\text{기초재공품 원가 + 당기 가공원가}}{\text{완성품 환산량}} \times \text{기말재공품 환산량}$

$= \dfrac{2{,}000 + \text{당기 가공원가}}{440\ \text{단위}} \times 360$

- 선입선출법 가공원가 $= \dfrac{\text{당기가공원가}}{\text{완성품 환산량}} \times \text{기말재공품 환산량}$

$= \dfrac{\text{당기 가공원가}}{400} \times 360$

3) 전제에서, 가중평균법 가공원가 = 선입선출법 가공원가

$$\frac{500 + \text{당기 가공원가}}{440\ \text{단위}} \times 200 = \frac{\text{당기 가공원가}}{400} \times 200$$

∴ 당기 가공원가 = 5,000

PART

COST
ACCOUNTING
CALCULATION
ACCOUNTING
LEDGER
TAX FORM
COST
INNOVATION
REVENUE
ANNUAL
PAYMENT
FINANCIAL
REPORT

원가응용

chapter 14 판매가격결정
chapter 15 원가추정과 학습효과
chapter 16 이전가격
chapter 17 원가·조업도·이익 분석
chapter 18 품질원가
chapter 19 예산
chapter 20 자본예산
chapter 21 책임회계와 성과평가

CHAPTER 14

판매가격결정

원가의 기능은 제품의 과거인 원가의 계산만 하는 것은 아니다. 판매가는 원가에 일정 이익을 가산하는 것이므로 적정이윤의 산정에도 기여한다.

문 신약을 개발하였다. 제품의 수명은 5년으로 추정된다. 이 약품의 개발에는 2,000억 원의 연구개발비가 투입되었으며, 매년 100억 원의 원가와 원가의 20%의 판매관리비가 예상된다. 생산량은 매년 1,000만개로 예상하며 판매단가는 수명주기원가계산(Life-cycle cycle costing)으로 계산한다. 판매가와 연 매출액 및 예상 이윤을 추정하라.

풀이

구분	적요	수명주기 총액	수명주기 총액
추정 생산기간	5년	5년	
추정 생산량(수명주기)	1,000만개/연	50,000,000단위	1000만X5
연구개발비	2,000억원	200,000,000,000	
연도별 추정원가	100억원	50,000,000,000	100억x5년
연도별 판매관리비	20억원	10,000,000,000	20%
수명주기 총 비용		260,000,000,000	
제품단위당 생산원가		5,200	2,600억/5천만개
원가(률)		(? %)	
판매단가	Lifecycle Costing	10,400	5200/50%
연매출액 추정		104,000,000,000	10,400x1000만
5년매출액	1천만X9160	520,000,000,000	10,400X5
5년총원가		260,000,000,000	5200x5천만
5년이익(영업이익)		260,000,000,000	(650-520)x5천만개 50% 수준

답 고가의 연구개발비가 투입되는 제품으로 영업이익률은 50% 정도를 예상하여야 할 것임.
판매단가는 영업이익률을 50%로 하여 10,000원 ~ 15,000원으로 추정.
고가정책 또는 저가정책 등에 따라 다른 가격이 제시될 수 있음.
가격경쟁이 심할 경우는 경쟁자의 가격정책을 면밀히 검토하여야 함.

1 판매가격과 원가

가격은 제품이나 용역을 외부에 제공할 때 대가로 지급받는 금원을 말한다. 이 가격에는 기업의 이익(마진)이 붙어있다. 이익은 원가에 이것을 생산한 기업이 향유할 것으로, 원가에 가산하여 판매하는 것이다. 이는, 투자자들에 대한 배당의 재원으로 사용하고, 이를 축적하여 새로운 사업에 투자를 하기도 한다.

정부에서는 이윤율을 25%까지 인정하고 있다.

> 계약예규(원가계산기준) 제 14조(이윤)
> 이윤은 영업이익(비영리 법인의 경우에는 목적사업 이외의 수익사업에서 발생하는 이익을 말한다. 이하 같다.)을 말하며 제조원가 중 노무비, 경비와 일반관리비의 합계액(이 경우에 기술료 및 외주가공비는 제외한다.)의 25%를 초과하여 계상할 수 없다.

제품의 가격은 당 제품에 대하여 소비자가 지불하려는 금원의 크기 범위 내에서 당 제품의 원가를 초과하는 일정 금액을 산정하게 된다. 제품의 원가는 원가계산을 하면 알 수 있고, 소비자가 지불하려는 금원은 제품에 첨부된 다양한 기능과 유용성이 좌우하는데, 이는 기술이 결정하게 된다. 따라서 제품의 가격은 기술의 크기에 따라 제작자의 재량의 범위가 넓어진다고 할 수 있다.

그림 14-1 • 가격결정도

위 [그림 14-1] 가격결정도에서 제품원가(ⓐ)는 판매관리비까지 포함한 총원가를 말한다. 기술은 이 원가에 나름의 가치(ⓖ)를 발생시켜준다. 이 제품은 사용가치(ⓒ)가 있고 사람마다 이러한 기능의 이런 제품이라면 얼마를 줄 수 있다는 지불의사(WTP)(ⓓ)가 형성될 수 있다. 가격은 WTP의 한도 내에서 기업에 적정한 이윤을 포함시켜 결정된다. 사용자는 지불한 금액과 사용가치의 차이를, 공급자는 판매가격과 원가와의 차이를 이익으로 향유하게 된다.

바꾸어 말하면, 소비자의 지불의도 안에서 가격이 결정되므로 WTP가 높아야 하며, WTP가 높으려면 사용가치가 높아야 하고, 사용가치가 높으려면 기술가치가 높아야 한다는 것이다. 이 갭이 클수록 가격 결정 융통성은 커진다. 이는 결국 기술력의 범주 안으로 들어와 높은 기술을 가진 기업들의 이익률이 매우 높은 것을 볼 수 있는데, 그들은 사용가치가 매우 큰 제품을 생산하고 원가보다 매우 높은 가격으로 판매를 하기 때문이다. 반대로 기술력이 매우 낮다면 시장에서 값을 제대로 받지 못할 것이다.

제품의 판매가격을 결정하는 방법은 ① 원가+ 이익 방법, ② 가격 목표를 먼저 결정하는 방법 및 ③ 제품 수명 주기에 의한 가격결정 방법이 있다.

2 '원가+' 방법

'원가+' 란 원가에 이윤을 더한다는 말이다. 가격은 매우 예외적인 경우를 제외하고는 마진을 얻어야 하므로 생산원가보다는 높은 값에 결정된다. 일반적으로는 회사에서 대량생산하는 제품을 표준품이라 하며, 이는 여러 과학적 방법 및 원가투입 경제성을 고려한 최저가 생산품이며, 일반 소비자를 대상으로 최대의 수요를 가지고 박리다매(薄利多賣: 이익은 적게 붙이고 많이 판다) 할 수 있는 제품으로 기업 입장에서 최저가로 시장에 낼 수 있는 제품이다. 이 '원가+' (원가가산) 가격 결정방법은 기준원가(base cost)를 먼저 산정하고, 여기에 일정 이익을 가산(mark-up: 이익가산)하여 판매가격을 결정하는 방법이다.

이때 사용하는 원가계산 방법은 전부원가계산이나 공헌이익법을 쓸 수 있다. 이 방법이 제시하는 가격결정 구도는 다음과 같다.

[표 14-1] 원가+ 접근법

원가계산서(A: 전부원가 접근법)	
직접재료비	xxx
직접노무비	xxx
변동제조간접비	xxx
고정제조간접비	xxx
제조원가(전부)	xxx
판매비와관리비	xxx
이익가산(%)	xxx
목표판매가	xxx

원가계산서(B: 공헌이익 접근법)	
직접재료비	xxx
직접노무비	xxx
변동제조간접비	xxx
변동판매관리비	xxx
공헌이익	xxx
고정비	xxx
이익가산(%)	xxx
목표판매가	xxx

<참고> 변동원가계산에서는 변동판매관리비는 기간 비용으로 처리한다.

* 공헌이익 접근법에서는 변동원가를 합산하여 변동비를 도출한 후 고정비와 이윤을 가산하여 판매가를 결정한다. 가산이익률에 고정비를 포함시킬 수 있으나 조업도 수준에 따른 변동성을 고려해야 한다.
* 이익은 목표 이익률(가산이익률)을 사용한다.

목표 판매가가 결정되면 이를 놓고 여러 정책적 판단을 거쳐 판매가를 결정한다. 대리점 관계나 특판, 수출, 직판, 휴게소 판매, 총판 관계, 운송비 등을 감안한다.

1) 전부원가법

전부원가는 제품제조에 소요되는 총 원가를 제품에 배부하는 방법이므로 판매비와 관리비는 원가에 포함되지 않는다. 가산이익 속에 포함되어야 한다. 제품원가에 일정 이익을 가산하여 판매가를 결정하는 것을 가산이익률 가격결정(Markup pricing)이라 한다. 판매관리비는 여러 제품에 관련하므로 제품별 배분 등 별도로 감안한다.

2) 공헌이익법

제품 생산에 소요되는 원가 중 변동비만을 가산한 원가에 일정률의 마진(목표 이익률로 계산)을 가산하여 판매가를 정하는 방법이다. 고정비가 포함되어 있지 않으므로 고정비를 별도의 항목으로 추가하거나 가산이익률에 포함시켜야 한다. 가산이익률에 포함시키면 조업도의 변동에 따라 원가의 변동성이 커짐에 유의해야 한다. 제품당 배당되는 원가의 크기는 낮은 조업도에 커지고 높은 조업도에 낮아지기 때문이다.

3) 가산이익률의 결정

원가+ 이익 결정에서 가장 중요한 요소는 산출된 원가에 가산될 이익률이다. 이 방식은 산출된 원가에 이익을 가산하지만 이 방법에서 쓰는 원가계산 방식의 원가개념이 다르기 때문이다.

제품의 가격은 [그림 14-1] 가격결정범위에서 보듯, 총 원가를 초과하여야 함에 제시된 원가가 전부원가계산의 경우 판매비와 관리비가, 공헌이익법에 의할 경우 고정 제조간접비와 고정 판매관리비가 누락되어 있다. 변동 판매관리비를 원가에 가산하는 이유는, 이익구조분석에 유용한 공헌이익법을 채택한다고 보기 때문이다.

가산이익률은, 회사의 목표 투자수익률을 달성할 수 있는 수준에서의 이익률을 계산하며, 사용 원가계산방식에서 누락된 원가를 감안한다.

이때 주의할 점은 전부원가 방식에서는 고정판매관리비의 영향이, 공헌이익 방식에서는 고정제조간접비와 고정판매관리비가 조업도(판매량)의 크기에 반대되는 방향으로 단위당 이익에 영향을 준다는 것이다.

이때 적용할 수 있는 산식을 보면 다음과 같다.

[이익률 산정 접근법]

<전부원가 접근법>

$$\text{가산이익률 (목표이익률)} = \frac{\text{목표이익 + 판매비와관리비}}{\text{원가(전부원가)}}$$

$$= \frac{\text{(투자액 중 당해사업할당액} \times \text{목표 투자수익률) + 판매비와 관리비}}{\text{원가(전부원가)}}$$

<공헌이익 접근법>

$$\text{가산이익율} = \frac{\text{목표이익 + 고정비(제조간접비 및 판매관리비)}}{\text{변동비}}$$

$$= \frac{\text{(투자액 중 당해사업할당액} \times \text{목표 투자수익률) + 고정비(제조간접비 + 판관비)}}{\text{변동비}}$$

* 고정비를 원가계산서에 넣는 경우는 산식에서는 제외한다.

※ 참고: 공헌이익율법에 의하면 가산이익율이 50% 이상 100%에 근접할 수 있다. 이를 소비자 단체 등에 여과없이 노출될 경우 단순히 이익률만 소비자에 회자되어 문제가 될 수 있음을 대비하여야 한다.

3 목표원가에 의한 방법

처음 잘 팔리던 제품에 경쟁제품들이 다수 참입(參入: 경쟁제품들이 시장에 들어옴)되고 경쟁이 심해지면 블루오션이 레드오션으로 변화된다. 이런 경우는 경쟁이 심화되고 기술 차별성도 없어져 가격 경쟁의 극심화로 출하가를 시장 경쟁력을 중심으로 맞추어야 할 필요성이 있을 수 있다. 경쟁우위 확보를 위해 가격에 원가를 맞추어야 한다. 이럴 경우이 가격에 원가를 맞출 수 있느냐의 문제가 생긴다. 원가가 먼저 결정되는 것이다. 이렇게 원가를 거꾸로 맞추기는 쉽지 않다.

목표원가와 동기화시키는 과정은 다음과 같다.

그림 14-2 • 목표원가 조정 Flow

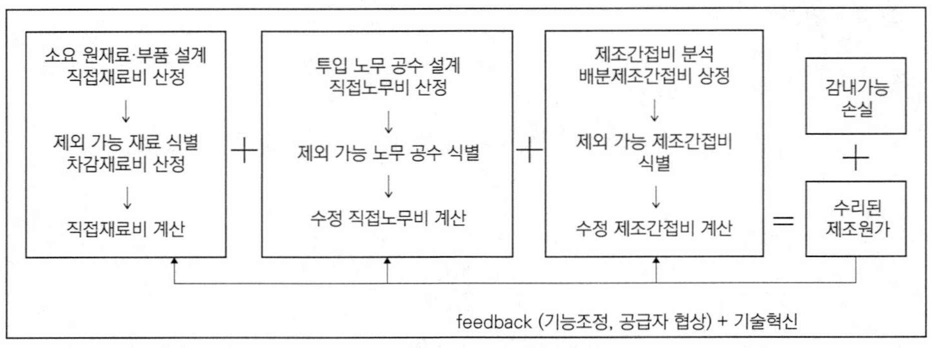

[그림설명]

[그림 14-2] 목표원가조정 Flow는 원가 절감에 절감을 더하여 최소로 줄여 목표원가에 도달시키는 과정을 표시한다. 초기 설계에는 설계팀에서 현재까지 식별된 최소원가를 설계하고, 생산부와 연구소에서는 이를 놓고 원재료와 공정의 최적화 및 거래선에 대한 협상을 통해 원가를 절감하는 노력을 연구소와 엔지니어링을 포함 과학적 분석과 함께 MVP(최소기능제품)에서부터 검토하게 된다.

시장에 출시하는 제품의 가격을 현재 수준의 제품 이익률을 조정하여 낼 수 있으면 걱정할 것은 없다. 그러나 시장 상황이 여기에 이르면 다른 기업들도 동일한 상황으로 초저가화한 제품을 출시하였을 것이므로 뼈를 깎는 노력, 융합을 하지 않고는 살아남을 수 없다. 이런 경우 필요한 것은 기술혁신이다.

다수의 부품이 행하던 기능을 하이브리드(Hybrid: 집적)화 하여 부품들을 통합하는 등으로 원가를 절감하여 획기적 상품을 내는 것이 최상의 대안이라 할 것이다.

일반적인 원가절감 과정은 위 [그림 14-2]에 따른다. 최소기능제품(MVP: Minimum Viable Product)도 고려해 볼 수 있다. 이러한 특수목적의 기능 상당수를 제거한 제품(예로 효도폰의 경우)과 같이 목적성 절감이 아니고, 정상 또는 추가된 기능을 전제로 경쟁을 하기 위해서는 재료비, 노무비, 제조간접비의 원가절감을 위한 전사적 총력경주가 필요하며 설계 변경이나 매입 거래처의 협조도 필요하다.

최후의 카드는 이번 경쟁에서 이기고 경쟁사들의 도태 후 시장을 장악하겠다는 목표로 결손을 감수하는 것도 생각하게 된다. 이 방법은 운영자금 조달이 문제인데, 상당한 유보액이 없으면 투자자의 도움이 필요하다.

4 제품 수명주기에 의한 가격결정

제품수명주기원가계산(product life-cycle costing)이란 제품의 개발 과정을 포함하여 당해 제품의 폐기까지 제품 수명주기 동안 소요된 모든 시험·연구·개발비 및 제비용들을 포함하여 원가를 산정하는 방식이다.

어떤 원시인이 돌칼을 만들어 팔 때 칼을 만들어 파는 사업은 우연히 만들었을 경우 1회로 끝이 난다. 토끼 한 마리를 받고 팔았다면 재생산을 고려하지는 않을 수 있다. 그러나 만약 그가 수익을 목적으로 재생산을 고려하고 이익을 추구하였다면 그는 영업마인드가 생겨 상인이 된 것이다.

현대의 경쟁사회에서 승리하기 위해서는 성공자들의 성공스토리에서 볼 수 있듯 끊임없는 연구개발이 성공의 열쇠이다. 또한 연구개발비도 막대하게 들어간다. 이렇게 개발된 연구개발비를 초기 생산공급·판매되는 제품에서 전부 회수하기는 어렵기도 하거니와 모든 원가를 단기간에 생산되는 제품에 부담시키는 것 자체가 옳지 않다. 따라서 현대의 바이오산업(bio-industry)이나 반도체, IT산업 등에서는 출시되는 제품들에 대해 당해 제품의 수명주기 전체에 걸쳐 생산·판매되는 제품들 전체에 원가를 배부해야 한다는 논의가 되고 있을 것이다.

이 방법을 적용하려면 개발 및 생산되는 제품에 대한 추정 내용연수와 판매량 등이 합리적으로 예측되어야 한다. 초 경쟁으로 들어선 현대사회에서 불확실한 미래를 예측하기는 쉽지 않으나 경영자는 여기 답을 하는 것도 그 책임이라 할 수 있는 것이다.

[표 14-2] 제품 수명주기에 의한 제품원가 계산

제품원가계산서

추정생산기간 ⓓ	×× 년
추정 생산량 ⓔ	×× 단위
기 발생 연구개발비 ⓐ	××× 원
연도별 추정원가 합계 ⓑ	×××
연도별 판매관리비 합계 ⓒ	×××
합계(ⓐ+ⓑ+ⓒ)	×××
추정 총 생산량 ⓔ	××
제품 단위당 생산원가	×××

[표 14-2]는 제품 수명주기 원가계산의 구조이다.

기 발생 연구개발비ⓐ는 당해 제품을 개발하기 위한 연구개발비이며 추정 생산기간은 제품의 판매 존속기간이다. 이 기간 전체를 통한 생산 및 판매량은 ⓔ로 표시되어 있다. 최근 IT관련 제품의 경우 그 수명이 1년 내지 2년 정도이나, 연구개발을 계속한다고 할 때 엔비디아의 AI 기술과 MPU는 그 수명이 더 길 듯하고, 특허를 통해 강력한 보호를 받는 바이오 관련 제약사들도 그 기간을 더할 수 있을 것이다. 1년을 초과하는 장 기간에 대한 수익과 비용은 현재 가치를 감안할 수 있다.

제품의 판매가격은 여기서 계산된 제품 단위당 생산원가를 참고하여 전략에 따른 가격을 결정하게 된다.

OX 졸음깨우기

01 이윤은 원가에 가산하여 판매하는 부문으로 판매가 - 원가로 계산한다. 판매가는 대단히 중요한 것으로 이를 결정할 때 이론적으로는 원가+ 방법(전부원가법, 공헌이익법) 및 목표원가에 의한 방법, 제품 수명주기에 의한 방법 등이 있다. ( )

02 기업의 제품가격 결정은 소비자가 지불하려는 금액(WTP: Willing To Pay) 안에 있는 것이 합리적이다. 이 금액은 회사의 당해 제품 생산 및 판매원가보다 높아야 한다. 소비자의 지불액과 원가와의 차이는 회사의 이익으로 회사가 향유하며 소비자는 당해물품의 사용가치와 지급액과의 차이만큼의 이익을 향유한다. 소비자의 사용가치를 높이는 방법은 기술의 개발로 가치가 높은 기술을 제품에 체화시키는 것이다. 그래서 기술개발, 기술혁신이 중요한 것이다. ( )

03 신제품의 개발 속도가 빨라지고 제품의 수명은 점점 짧아지고 초단수명의 제품들도 등장하고 있다. 이때, 발생원가 중 연구개발, 설계 등에 소요되는 원가는 점점 늘어나고 있다. 판매 후의 폐기원가, 원상 회복원가도 검증하고 있다. 이럴 때 연구개발 비용이 큰 기업이 가격 결정방법으로 채택할 수 있는 것은 목표원가에 의한 가격 결정방법이다. ( )

04 제품 수명주기 원가계산(LCC)에서 참조하는 제품 수명주기 중 연구개발 및 설계단계는 시장조사 등을 통하여 고객 욕구변화를 파악하고 신제품을 개발하여 제품 및 생산공정까지를 설계하는 단계로 특정제품에서는 제품 수명주기 전체에 걸쳐 발생하는 원가의 80~85%가 이 주기에서 발생된다고 한다. ( )

05 판매 후 서비스와 폐기 주기는 제품이 판매된 후부터 폐기 시까지의 원가가 발생하는 단계이다. 전통적 원가관리 회계는 이를 반영하지 못하나 제품의 수명이 짧아지고 고객서비스 및 폐기비용 증가, 개발비의 증가에 따라 제품 수명주기 전체에 걸쳐 발생하는 원가를 반영할 필요성이 대두되었다. ( )

답 1.O, 2.O, 3,X(제품 수명주기 가격결정방법), 4.O, 5.O

선택형 지식점검하기

01 다음은 제품 수명주기 원가계산이 반영하고 있는 제품의 수명주기 모델이다. 이 중 제품 수명주기 원가계산에서 반영하고 있지 않은 것은 어느 것인가?

① 아이디어 발상 단계　② 연구개발·설계 단계
③ 생산 단계　④ 판매 후 서비스와 폐기 단계

02 특정 제품의 장기 추정원가를 삼는, 허용원가를 계산하는 원가계산 방식으로 경쟁시장의 상황을 고려하여 표준기술 및 공정을 전제로 추정하며 현실보다는 다소 낮은 가격으로 금액이 결정되는 가격 결정방식은 어느 것인가?

① 제품 수명주기에 의한 가격 결정방법　② 목표원가에 의한 가격 결정방법
③ 공헌이익에 의한 가격 결정방법　④ 원가+ 가격 결정방법

03 아래 자료로 이 제품에 대한 목표가격을 계산하라. 목표가격은 변동비의 60%를 법인세 차감 전 이익으로 계산한다.

구분	단위당변동비	고정비
제조원가	150	160,000
판매관리비		800,000

① 186　② 226　③ 256　④ 306

풀이

단위당 변동원가	150
단위당 변동판매관리원가	10
단위당 변동비	160
단위당 이익가산액(변동비의 60%)	96
목표판매가격	₩256

답 1.①, 2.② 3.③

주관식 실력향상하기

01 회사는 복숭아 통조림을 생산하여 판매하고 있다. 내년도 예상 판매가격 결정을 위한 자료는 다음과 같다. 이를 이용하여 본 제품의 판매가격을 전부원가계산에 의하여, 변동원가계산에 의하여 각각 산정하라.

목표가격은 전부원가의 40%, 변동원가의 60%를 이익으로 가산하는 판매 가격 정책은 수립하고 있다.

[자료]

	단위당 변동비	고정비
제조원가	260	1,200,000
판매관리비	12	360,000

이 경우 전부원가계산과 변동원가계산 각각에 의한 목표 판매가격을 계산하라. 판매 예상량은 50,000개이다.

풀이

1. 전부원가계산에 의한 경우

단위당 변동비	260
단위당 고정비	24
단위당 전부원가	284
이익가산(40%)	114(전부원가의 40%)
단위당 목표판매가	398

2. 변동원가계산에 의한 경우

단위당 변동제조원가	260
단위당 변동판매원가	12
단위당 변동비	272
단위당 이익가산(60%)	163
	435

CHAPTER 15 원가추정과 학습효과

타 회사에 견적을 내거나 정부 프로젝트에 투찰을 하는 등 제품의 미래원가를 추정해야 할 때가 있다. 산업공학적 방법을 쓸 수도 있고 과거 경험률을 쓰기도 한다. 학습곡선은 이때 쓸 수 있는 대표적인 예이다.

제품 A 100단위를 첫 생산에 10시간이 들었다.
두 번째 100단위에는 9시간이 소요되었다.
이 제품 400단위 생산에 들어가는 시간은 얼마나 걸리겠는가?

풀이

$$\text{학습률(R)} = \frac{\text{제품의 누적생산량이 두배일 때의 단위당 평균노무시간}}{\text{제품 첫 단위 생산의 단위당 표준 평균 노무시간}}$$

$$= \frac{9}{10} = 0.9$$

소요시간 = $0.9^2 \times 100 \times 4 = 32.4$시간

1 원가추정 개요

1) 원가추정과 원가함수

원가는 경영계획과 통제에 아주 중요한 역할을 한다. 목표 대비 현재의 진도가 좀 늦다 싶으면 생산을 독려할 수 있는 방책을 찾아 유효한 통제를 행하고, 입고되는 원재료의 가격이 기대보다 높거나 인력조달에 임율이 높아질 것 같으면 실적에 따른 평가를 위해서라도 적절한 대응책을 강구한다.

원가추정은 경영계획의 핵심도구이다. 시장조사와 영업부의 매출계획에 의거 판매계획을 수립하면 원가추정계산에 의거 원가 및 이익계획을 수립한다. 원가추정은 회사 과거의 원가자료를 분석하고 경제현황과 경쟁관계, 시장상황, 생산직원들의 기술수준과 설비의 자동화, 나아가서는 직원 사기까지도 연계된 복잡한 계산함수를 구성한다. 이와 같은 변수들의 복합함수는 조업도를 포함한 여러 원가동인의 변동에 따른 총 원가의 움직임으로 나타나는데, 이러한 행태는 결국 원가함수에 의해 나타나게 된다. 결국 원가추정은 원가함수의 도출과 그 적용이라 할 수 있다.

2) 원가행태별 원가함수의 적용

기업의 생산목표(목표 조업도)에 대한 원가는 하나의 변수로 추정하기는 어렵다. 원가의 발생과 거기 미치는 변수들은 셀 수 없을 만큼 많기 때문이다. 그러나 사회과학인 원가 회계에서는 모든 것을 단순화하여 조업도라는 하나의 변수로 설명하려 한다. 특히 이 원가 함수곡선은 직선이 아닐 수도 있다. 그러나 이를 단순 1차 함수로 정의하는 것은 상대적으로 원가함수의 도출 및 총 원가 산출이 쉽기 때문이며, 지금까지의 적용 경험 동과오 없이 적용해 왔다. 무엇보다 목표와 실적 간 차이발생은 당연한 것이며 차이를 발견하고 나면 차이에 대한 다양한 원인을 찾아 포괄적인 평가로 처음의 목적이 달성되었기 때문이다.

간단한 산식으로 원가요소별 차이를 구하는 방식을 보이면 다음과 같다.

총원가계산 : $Y = a + b \bullet X$
변동원가계산 : $V = b \bullet X\ (b > 0)$
고정원가 : $F = a\ (a > 0)$
준변동원가 계산 : $V_s = a_s + b \cdot X(a > 0,\ b > 0)$, ($a_s$: 조업도 '0'의 고정원가)
준고정원가 계산 : $F_{s1} = a_1$
$F_{s2} = a_2$
$F_{s3} = a_3$

Y: 총 원가, X: 원가동인
$a,\ a_1,\ a_2,\ a_3,\ a_s$: 각 단계별 고정원가, $V,\ V_s$: 변동원가(율)
b: 단위당 변동원가, $F,\ F_{s1},\ F_{s2},\ F_{s3}$: 각 단계별 고정원가

2 원가추정 방법

원가추정은 위에서 정의한 계산식을 적용해 나가는 과정이라 할 수 있다. 원가가 조업도에 무관한 고정비와 조업도에 비례하는 변동비로 구분되는 한, 생산하는 제품은 동일하여 투입 원재료나 작업량이 변화되지 않는다면,

총 원가 Y = a + b • x

로 표시될 수밖에 없다.

이 산식에서 고정비는 일정하고 변동비도 동일제품 생산에 소요되는 원가이므로 일정하다고 보아야 한다. 문제는 조업도인데, 조업도로 선정한 기준변수가 과연 1단위 증가할 때 단위당 변동원가(변동비율)로 추가생산이 가능한가는 좀 다르다. 원가 요소별 차이가 있기 때문이다.

1) 산업공학적 추정법

원가함수의 산업공학적 접근법은 특정 원가요소의 총 원가 연관요인을 산업공학적 IPO(input-process-output)인 관계에 의하여 분석함으로써 원가함수를 도출하는 방법이다. 작업자의 행동에 관련되는 노무비는 시간연구와 동작연구 등을 통하여 제품 1단위를 어느 정도의 기술수준 기술자가 몇 공수(MH: Man Hour)가 소비되는가를 분석하여 금액을 산정할 수 있다.

산업공학적 접근을 통한 원가요소 분석법은 다음과 같다.

- 노무비: 시간·동작 연구로 소요시간과 소요비용(직접비)산정, 효율적 동작과 비효율적 동작을 발견하고 개선함. 상여금, 퇴직급여, 제수당 등을 포함하여 산정
- 동력비: 작업에 사용되는 기계의 동력 사용량 측정, 적용, 전기, Gas, 수도 등 동일하게 측정
- 외주가공비: 외주작업 단위별 계약 및 작업량 분석 적용
- 운반보관비: 보세창고 등 공시단가 갱신, 운임 분석 및 장기 계약 등을 감안하여 산정

산업공학적 방법은 원가의 발생형태가 과거와 현저하게 달라질 경우나 신제품 출시, 생산방식의 변경 시 사내 과거데이터 사용이 불합리하다는 등 한계가 있다. 따라서 비용기준을 설정할 때 과거 비용 데이터의 현실화가 필요하다.

2) 경험율법

(1) 고저점법

고저점법은 조업도와 원가와의 관계를 가장 높은 조업도와 가장 낮은 조업도에서 각각 나타나는 총 원가점을 X·Y축 사분면에 표시한 후 이를 연결하는 직선을 원가함수로 하는 방법이다. 이는 과거 회사의 원가자료를 이용하며, 고정비가 일정하고 원가·조업도의 기울기는 변동비를 나타낸다는 가정이 들어있다. 이 방법은 단순하지만 원가점에 이상 상황이 있을 때는 적용에 왜곡을 초래한다. 이를 해소하기 위해서는 선택된 조업도에 대해 예외적인 상황이 있었는가를 면밀히 검토하여야 한다.

(2) 산포도법

산포도법은 과거의 다양한 조업도 수준들을 X·Y축 사분면에 표시하고 이 점들의 추세를 전문가적 판단에 의한 상관계수를 구하여 이를 변동비율로 하는 것이다. 이 방법은 원가와 조업도의 관계를 보다 과학적으로 도출할 수는 있으니, 고저점법의 문제인 예외적인 사항들에 대한 검토가 되어야 한다.

(3) 회귀분석법

회귀분석(regression analysis)은 독립변수와 종속변수간의 상관관계를 분석하는 통계적 방법이다. 이는 위에서 가정한 산포도에서 통계적 함수를 만들어 적용한다. 통계 Tool이나 Excel에 자료를 넣으면 상관함수를 만들어 준다. 이 방법은 고저점법이나 산포도법에 비해 보다 객관적인 관계함수를 추정할 수 있다고 본다.

3 학습효과와 학습곡선

학습효과(learning effect)란 한 인간이 동일한 일을 여러 번 반복할 때 처음 하는 일과 2회째, 3회째 반복하는 일의 소요시간이 단축된다. 그 이유는 나중 일은 먼저 해 본 일로부터 학습하며 얻은 지식이 있으므로 더 쉽게 일할 수 있다는 것으로, 이것은 우리 일상에 들어와 상식화된 것이다. 학습곡선(learning curve)이란 이러한 학습효과의 진행정도를 도표와 함수로 나타낸 것이다.

생산현장에서도 이러한 효과는 당연히 나타난다. 동일한 제품을 지속적으로 작업한 근로자는 작업 오더에 대하여는 아무 거리낌없이 작업에 임하지만, 종전 제품과는 전혀 다른 제품의 제조 오더가 떨어지면 초기의 생산수율은 당연히 떨어진다. 이는 먼저 생산된 제품보다 나중에 생산된 제품의 단위원가가 낮아진다는 것을 의미한다.

생산현장의 학습곡선은 계속생산에 따른 단위 생산시간, 또는 누적 평균시간, 증분(한계) 단위시간은 감소한다. 이 중 단위당 생산시간의 감소율이 가장 분명하다. 학습곡선 모형은 [그림 15-1] 학습곡선으로 표시된다. 생산현장의 경우 누적 평균시간 대비 누적생산량이 두 배가 될 때마다 누적 평균시간이 감소하는 비율이 기울기로 나타난다. 이 학습곡선 모형에서는 누적 생산량이 두 배로 증가할 때마다 단위당 누적 평균시간이 얼마나 감소하느냐를 학습률 S%로 표시한다. 이는 아래 지수함수 도표로 표시할 수 있는데, 누적 생산량이 증가할 때마다 소요되는 단위당 생산시간의 관계를 표시하고 있다.

그림 15-1 • 학습곡선

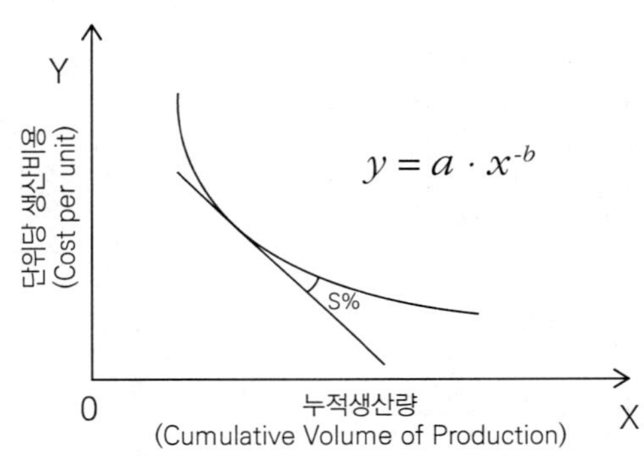

$y = a \cdot x^{-b}$ 학습곡선

y : 단위당 누적 평균시간 또는 원가

a : 첫 번째 단위의 생산시간

x : 누적 생산량

b : 학습지수($0 < b < 1$): 학습곡선의 기울기

S : 접선 기울기(%)

이 학습곡선을 도출하려면 ① 첫 번째 제품을 생산하는데 소요되는 시간 a, ② 학습곡선의 기울기를 나타내는 학습지수 b를 알아야 한다. 학습지수는 학습률과 누적생산량의 관계로, 학습지수를 도출하는 과정은 다음과 같다.

$$\text{학습률}(k) = \frac{\text{누적생산량이 두 배일 때}(2x)\text{의 단위당 누적 평균시간}}{\text{누적 생산량이 한 배}(1x)\text{일 때의 단위당 평균시간}}$$

$$k = \frac{a \cdot (2x)^{-b}}{a \cdot x^{-b}} \rightarrow k = 2^{-b}$$

양변에 Log를 취하면

$\log k = -b \log 2k$

$\therefore$ 학습지수(b) = $-\dfrac{\log k}{\log 2}$

※ 다음 번 생산시에는 동일한 학습효과가 나타난다는 가정이 있다.

학습곡선에 의한 누적 평균시간에 단위당 생산량을 곱하면 제품 생산에 소요되는 총 누적시간(원가)을 구할 수 있다. 단위당 누적 평균시간(y)에 누적 생산량(x)를 곱하면 제품 생산에 소요되는 총 누적시간(원가)를 계산할 수 있다.

총 누적시간 = 단위당 누적 평균시간 x 누적 생산량

$y \cdot x = (a \cdot x^{-b}) \cdot x = a \cdot x^{1-b}$

- 총 노무비 = 총 누적시간 x 임율

총 누적시간에 임율을 곱하면 노무비가 산출된다. 누적시간을 시간 단위별로 산출하면 시간 단위당 노무비가 산출되고 이를 도표화 하면 시간 학습곡선이 도출된다.

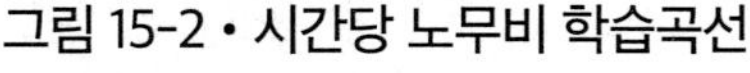

그림 15-2 • 시간당 노무비 학습곡선

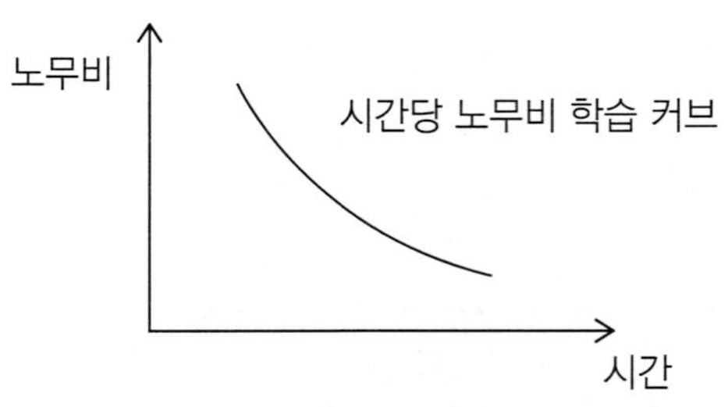

학습효과는 현실에서 많이 적용된다.

특정제품의 개당 견적과 대단위의 견적은 학습곡선의 차이를 반영한다. 과거 우리나라 산업화를 견인했던 신발, 의류산업, 조선과 Hybrid 전자산업, 다수의 목조건물 건축사업, 컨베이어 시스템에 의한 조립산업 등 시간을 함수로 하는 거의 모든 산업에 쓰인다고 할 수 있다. 기업 내부의 관리지표로도 생산 총 소요시간 예측, 일정계획, 원가표준의 수립 등에 사용되기도 한다.

4 학습곡선을 이용한 생산원가의 추정

학습곡선은 작업을 계속함에 따라 작업 단위당의 시간이 감소한다는 것을 나타낸다. 즉, 작업시간에 따라 작업능률의 변화를 나타내주는 것이다. 작업은 반드시 첫 단위부터 시작하므로 어떤 생산작업도 학습곡선이 적용되지 않는 분야는 없다고 볼 수 있다. 따라서 학습곡선을 구하고 누적 평균작업량과 누적 평균작업시간을 구하면 생산 LOT(작업단위)에 대한 생산제품의 생산단가를 도출할 수 있다.

> 추정할 비선형 학습곡선: $y = a \cdot x^{-b}$
> 양변에 log를 취하면 : $Ly = La - bLx$
> 선형 학습곡선화 : $\log y = c - b\log x$
> ($\log y = Ly$, $\log a = c$, $\log x = Lx$)

$Ly = c - bLx$는 선형모델이므로 고저점법이나 산포도법, 회귀분석법 등을 적용할 수 있다. 앞에 살펴본 바와 같이 이들의 방식을 활용하면 c나 b의 계수를 도출할 수 있다.

따라서 구해진 c와 b로부터 log 역함수로 변환하여 a와 b로 나타나는 비선형의 학습곡선을 추정한다.

[학습곡선 예제]

문: ㈜신송의 신제품 첫 한 단위를 생산하는 데 필요한 시간은 180시간이었으며, 두 번째 단위는 108시간이 소요되었다. 기타 자료는 다음과 같다.

단위당 직접재료비: 1,000,000원 직접 노동시간당 임율: 20,000/MH

변동 제조간접원가: 직접 노동시간당 5,000원 고정 제조간접비: 5,000,000원

1. 직접 노동시간에 대한 학습율을 계산하고 학습곡선을 구하라.
2. 제품 4단위를 생산하는 데 필요한 총 제조원가는 얼마인가?

답

1. 학습률 = $\dfrac{\frac{180+108}{2}}{180} = \dfrac{144}{180} = 80\%$

학습률(k) = $\dfrac{a \cdot (2x)^{-b}}{a \cdot x^{-b}} = 0.8 \rightarrow 2^{-b} = 0.8$(log로 변환하면) - $b\log 2 = \log 0.8$

(a: 첫 단위 소요시간, b: 학습지수, x: 제품생산량)

학습지수 $b = \dfrac{log0.8}{log2} \approx -0.32192809488$

학습곡선 $y = 180 \cdot x^{-0.3219}$

2. 제품 4단위 생산에 필요한 누적 평균시간 = $180 \cdot 4^{-0.3219} = 115.2$

제품 4단위 생산에 필요한 총 누적시간 = 115.2 × 4 = 460.8시간

[참고 : 도표법]

누적생산량	평균 직접 노동시간	누적 직접 노동시간
1	180시간	180시간
2	144(180시간 x 0.8)	288시간(144시간 x 2단위)
4	115.2(144시간 x 0.8)	460.8시간(115.2시간 x 4단위)

제품 4단위를 생산하는 데 필요한 총 제조원가

직접재료비 1,000,000 × 4단위 = 4,000,000
직접노무비 20,000 × 460.8시간 = 9,216,000
변동 제조간접비 5,000 × 460.8 = 2,304,000
고정 제조간접비 5,000,000 = 5,000,000
총 제조원가 = 20,520,000원

OX 졸음깨우기

01 동일한 일을 여러 번 반복할 때, 처음하는 일과 여러 번 반복할 때의 소요시간은 감소한다. 이것은 학습효과라 하며 이러한 현상을 그래프로 나타낸 것을 학습곡선이라 한다. ( )

02 학습효과는 사람에 따라 또는 조직에 따라 다르겠지만 중요한 것은 학습율과 일정 업무수행의 총 기간(총 누적시간)이다. 이들은 다음 식으로 산출된다. ( )

$$\text{학습률}(k) = \frac{\text{누적생산량이 두 배일 때(2X)의 단위당 누적 평균시간}}{\text{누적 생산량이 한 배(1X)일 때의 단위당 평균시간}}$$

$$k = \frac{a \cdot (2x)^{-b}}{a \cdot x^{-b}} = 2^{-b}$$

$\rightarrow \log k = -b\log 2$

양쪽에 log를 취하면

$$\therefore \text{학습지수 } b = -\frac{\log k}{\log 2}$$

- 총 누적시간 = 단위당 누적 평균시간 x 누적 생산량
  $y \cdot x = (a \cdot x^{-b}) \cdot x = a \cdot x^{1-b}$
- 총 노무비 = 총 누적시간 x 임률

03 다음 자료에서 최초 8단위를 생산할 때 소요되는 총 누적노무시간은 72,000분으로 추정된다. 노무시간은 누적 평균시간 모형을 따른다.(2010 CTA 변경) ( )

누적생산량	누적 총 노무시간(분)
1	10,000
2	18,000

풀이

$$\text{학습률(k)} = \frac{\text{제품의 누적생산량이 두 배일 때의 단위당 평균 노무시간}}{\text{제품 첫 단위 생산의 단위당 평균 노무시간}}$$

$$= \frac{18{,}000/2}{10{,}000} = 0.9$$

소요시간 $= 0.9^3 \times 10{,}000 \times 8$(단위) = 58,320분 ($\therefore 8 = 2^3$)

04 ㈜골통신은 A형 학습모형(누적 평균시간 모형)이 적용된 '제품X'를 개발하고, 최초 4단위를 생산, 전량 판매하였다. 이후 신형인 'X-plus' 4단위 고급 요청에 따라 설계 변경 및 신규작업자 채용, 생산에 들어간다. 이때는 B형 학습모형(증분 단위당 시간 모형)이 적용되는 것으로 분석되었다.

누적생산량	A형 학습 모형이 적용될 경우	B형 학습 모형이 적용될 경우
	누적 평균 노무시간	증분 단위 노무시간
1	120.00	120.00
2	102.00	108.00
3	92.75	101.52
4	86.70	97.20
5	82.28	93.96
6	78.83	91.39
7	76.03	89.27
8	73.69	87.48

회사가 제품 'X-plus' 4단위를 생산한다면 제품 X 4단위를 생산하는 경우와 비교하여 총 노무시간은 184시간 증가한다. ( )

풀이

총 노무시간 증가(감소)

= X-plus 4단위 생산시간 - X 4단위 추가 생산시간

= 426.72 - 242.72

= 184

X-plus 4단위 생산시간 = 120 + 108 + 101.52 + 97.2 = 426.72시간

X 4단위 추가 생산시간 = 73.69 x 8 - 86.7 x 4 = 242.72시간

답 1.O, 2.O, 3.X(58,320분), 4.O

선택형 지식점검하기

01 세 가지의 투자안에 투자 의사결정을 하려 한다. 예상 투자이익은 A안 80,000,000원, B안 5,000,000원 C안 65,000,000원이다. 이 중 A에 투자했을 경우 기회원가는 얼마인가?

① 80,000,000 ② 65,000,000 ③ 5,000,000 ④ 75,000,000

02 다음 중 재량 고정원가는 어느 것인가? (2009. CTA)

① 감가상각비 ② 감모상각 ③ 연구개발비 ④ 교육비

03 다음 중 원가추정 방법에 관한 설명으로 옳지 않은 것은 어느 것인가? (2009, CTA) ( )

① 산업공학적 분석법은 과거자료 없이 미래원가를 추정하는데 사용된다. 따라서 간접비 추정이 어렵다.

② 고저점법은 원가자료 중 가장 큰 원가수치와 가장 작은 원가수치 차이를 고정비라고 가정한다.

③ 산포도법이 고저점보다 더 정확한 원가함수가 도출된다.

④ 계정분석법을 사용하면 각 계정을 고정원가와 변동원가로 구분하는데 자의성이 개입될 수 있다.

04 다음 자료로 총 제조원가를 계산하라.

[자료] 기본원가: 32,000원, 가공원가: 24,000원, 제조간접원가: 18,000원

① 30,000 ② 50,000 ③ 54,000 ④ 72,000

풀이

총 원가 = 직접재료비 + 직접노무비 + 제조간접원가 = 26,000 + 6,000 + 18,000 = 50,000
기본원가 = 직접재료비 + 직접노무비, 32,000 = 직접재료비 + 6,000, 직접재료비 = 26,000
가공원가 = 직접노무비 + 제조간접원가, 24,000 = 직접노무비 + 18,000, 직접노무비 = 6,000

05 고저점법에 의한 원가 추정방법으로 회사의 원가를 추정하려 한다. 20x4년 9월의 조업도는 70기계시간으로 예상된다.

월	기계시간(조업도)	총 원가(억원)	비고
5	20	90	
6	10	70	최저점
7	30	110	
8	50	150	최고점

총 고정원가와 단위당 변동원가를 산정하라.

	총 고정원가	단위당 변동원가		총 고정원가	단위당 변동원가
①	50	2	②	60	3
③	70	4	④	80	5

풀이

고저점법이므로

저점: 기계시간 10, 총 원가 70억원

고점: 기계시간 50, 총 원가 150억원

사분면에서 양 점의 식을 구하면

$y = a \cdot x + b$

70 = $a \cdot 10 + b$, 150 = $a \cdot 50 + b$

a,b를 구하면 a = 2b = 50

고정비 (b): 50원

단위당변동비 (a): 2원

답 1.②, 2.③, 3.②(총 변동원가 차이로 가정한다) 4.②, 5.①

CHAPTER

16 이전가격

기업 내부의 독립적인 사업부문 간에 제품이나 용역을 제공할 때 무상으로 제공하는 기업은 없을 것이다. 이때 부과되는 가격을 이전가격이라고 한다. 이는 각 부문의 성과를 공정하게 평가하기 위해 부과된다.

A사는 부품 a를 지사에 공급하고 있다. 이 부품은 외부에 판매도 하고 있다.
부품 a의 타사 판매가는 단가 300만원, 제조원가는 250만원 이다. 이전가격은 얼마인가?

풀이

특별한 이유가 없으면 300만원을 책정하는 것이 타당하다.

A사의 부품 a는 외부에 300만원에 판매될 수 있는 시장이 존재하므로, 내부 거래 시에도 이 시장가격을 이전가격으로 설정해야 한다.

- **판매 부문(A사)의 관점**: 판매 부문은 해당 부품을 외부에 300만원에 판매하여 이익을 얻을 수 있다. 따라서 내부 지사에 공급할 때도 최소한 300만원의 가격을 받아야 손해를 보지 않고, 내부 거래로 인해 성과가 저하되지 않는다.
- **구매 부문(지사)의 관점**: 지사는 이 부품을 외부에서 구매한다면 300만원을 지불해야 한다. 따라서 내부에서 300만원에 구매하는 것이 외부 구매와 비교하여 불리하지 않다.
- **기업 전체의 관점**: 외부 시장가격이 존재하고 해당 부문이 외부 판매 기회를 포기해야 한다면, 시장가격을 이전가격으로 설정하는 것이 기업 전체의 이익 극대화에 기여하고 각 부문의 합리적인 의사결정 및 공정한 성과 평가를 유도할 수 있다.

1 이전가격의 의의

회계 시스템의 계정 중 재무제표 능력이 없는 계정이나 무엇보다 어려운 계정이 있다. 본 지점 계정 또는 관계사 계정이 그것이다. 실제로 회계학을 전공한 한 사람이 계정 하나만 담당하는 것을 보았다. 본지점 계정은 분점과 지점 간의 거래 내용을 관리하는 계정이다. 본 지점 간의 거래는 지점이 사용할 현금만 보내는 것이 아니라 판매할 상품의 이전이나 판매대금의 본점 송금, 매출채권의 이전, 채무의 전환 등 특정 자산이나 부채의 관리권을 조정할 때 실물은 옮겨가고 그 관리는 본 지점 계정을 통하여 한다.

이러한 사내거래는 본 지점 간만이 아니고 부문 간에도 발생한다. A부문이 담당한 판매상품을 B부문이 급히 요청하여 이전하는 경우, 소요자금의 긴급이체, 사용 기계의 공장 이전 등 기업에서 발생하는 부문 간 거래는 많다. 부문 간 물품을 이전하는 경우 상호 거래가격을 정하여 거래하는데 이때 형성되는 가격을 이전가격(transfer price)이라 한다. 즉, 이전가격은 동일 기업 내에서 부문 간 또는 본 지점 간 재화나 용역이 이전(내부매매)될 때 형성되는 거래가격이라고 할 수 있다. 실제로 기업에서는 이전 가격을 매우 중요하게 보고 있다. 이 가격은 보통 시가로 거래하는 것을 원칙으로 하고 있기도 하다. 왜냐하면 기업의 엄정한 부서별 성과평가를 하여야 하며 내부거래에서 발생한 거래에 대하여는 부(富)의 전환이 이루어진 것이 확인되면 여기에 대하여는 엄중한 세금(인정이자)이 부과되기 때문이다.

이전가격은 보통 사내 대체가격 또는 그냥 대체가격이라고도 한다. 이전가격의 설정 목적은 앞에 든 세무상 과세 문제도 있지만 세간에 회자되는 부의 이전에 대한 사회의 관심과 감시의 눈이 있고, 정상적인 경영의 입장에서는 각 부문의 성과 측정에 편향성이 없는 평가로 경영에 합리성을 기하는 데 목적이 더 크다.

2 이전가격의 분류

이전가격은 시장가격을 기준으로 대부분 내부거래 가격으로 하고 있으나, 원가계산을 이용한 방법이나 또는 협의에 의한 방법을 쓰기도 한다.

1) 시장 가격기준 결정방법

부문 간 이전되는 재화나 용역을 시장가격 기준으로 결정하는 방법이다. 관계 부문을 포함하여 공개 경쟁입찰을 붙이는 것도 좋은 방법이다. 다만 시장이 불안정하면 이를 적용함에 불합리성이 개입될 수 있다.

2) 원가계산 기준

대체되는 물품이나 용역의 원가를 계산하여 이를 이전가격으로 하는 방법이다. 주요 방식으로는 다음과 같은 것들이 있다.

- **변동원가 기준:** 제품의 변동원가만을 이전가격으로 설정하는 방법이다. 이는 구매 부문의 단기적인 의사결정에 유리할 수 있으나, 판매 부문이 고정원가를 회수할 수 없어 수익성이 왜곡될 수 있다는 단점이 있다.
- **전부원가 기준:** 제품의 변동원가와 고정원가(제조간접비 배부액 포함)를 모두 포함한 전부원가를 이전가격으로 설정하는 방법이다. 이는 판매 부문이 모든 원가를 회수할 수 있게 하여 성과 평가에 유리하지만, 구매 부문의 최적 의사결정을 저해할 수 있다.
- **원가 가산 기준:** 변동원가나 전부 원가에 일정 수준의 이익(마진)을 가산하여 이전가격을 설정하는 방법이다. 이는 판매 부문의 이익 창출 동기를 부여하고, 구매 부문에게도 합리적인 가격을 제시하려는 목적이 있다.

3) 협의에 의하는 방법

이전가격은 부문 간 협의에 의하여 결정할 수 있다. 이 방법은 각 부문의 자율성이 보장되는 것 같으나 세법, 공정거래법, 세간의 눈치 등을 감안하고 추진하여야 한다. 동 지사 간 해외 이전가격 문제로 가끔 언론에 노출되는 경우 등을 참조하여야 한다. 구매 부서에서는 향후의 경영 평가를 대비하여라도 시가 이상으로 구매할 이유는 없다.

OX 졸음깨우기

01 이전가격이란 동일기업 내에서 부문 간 또는 관계회사나 본 지점 간 재화나 용역이 이전될 때 이에 대하여 형성되는 가격을 이전가격이라 한다. 이전가격은 시가로 하는 것이 원칙이다. ( )

02 이전가격은 신중하게 결정되어야 한다. 이전가격을 잘못 책정하면 세무당국의 간섭이 생길 수도 있다. 이전가격의 결정 방법은 시장가격을 기준으로 하는 시장가격기준, 거래되는 제품이나 용역의 원가를 산정하여 결정하는 원가계산기준 및 협의에 의하는 방법이 있다. ( )

03 귀하는 귀하의 소속회사의 생산품 A 부품에 대하여 "乙"사와 MOU 협상 중이라 최근 A 부품은 생산량에 비해 수요가 감소해 월 100만개를 생산하고 확정 납품수량은 50만개이다. "乙"사는 타사와의 거래를 중단하고 귀사와 거래를 하고자 한다. 계약조건이 다음과 같을 때, 협상 최저가는 단가 2,000원이다. ( )

[자료] A 부품의 월 생산능력 1,000,000개

단위당 변동원가	900원
단위당 고정원가	400원
단위당 변동판매원가	300원
정상 판매가	2,000원

답 1.O, 2.O, 3.X{변동원가(900 + 300 = 1,200)가 되어야 할 것이다}

선택형 지식점검하기

01 ㈜신송에서는 두 이익 중심점 A, B 사업부가 있다. A 사업부에서 만든 부품 갑은 외부 판매도 가능하고 B 사업부에서 사용하기도 한다. 사업부 이전 시에는 판매비는 발생하지 않는다.
A 사업부의 생산능력은 100,000개이며 외부 판매량도 100,000개이다.
B 사업부의 이 부품 수요량은 10,000개이며 이 부품은 당해 부품 생산에 단위당 변동제조원가 3,000원 고정제조원가 700원, 변동판매비 300원이다.
이 부품에 대한 A 사업부의 최소 이전가격은 얼마인가? 이 부품의 시장가격은 5,000원이다

① 3,000원 ② 3,700원 ③ 4,000원 ④ 4,700원

풀이

총 원가 = 3,000 + 700 + 300 = 4,000원
판매비가 없으므로 이전가격은 시가에서 판매변동비를 공제한 가격이 타당하다.
5,000 - 300 = 4,700

02 문제 **01**에서 외부판매 가능량이 50,000개로 감소하였다. 이 경우의 부문 이전가격은 얼마가 되어야 하는가? 최소 이전가격으로 계산하라.

① 3,000원 ② 3,700원 ③ 4,000원 ④ 4,700원

풀이

최소 이전가격이므로 변동비만 받으면 된다. 변동비를 초과하는 비용은 고정비 회수에 목적을 둔다. 예로, 3,500원을 받을 수 있으면 500원은 고정비를 회수할 수 있다.

3,000 + 0(300) = 3,000
최소 이전가격 = 변동비용 + 기체비용

답 1.④, 2.①

CHAPTER 17

원가·조업도·이익분석

사업을 처음 시작한 초보사업자의 꿈은 사업에서 벌어서 비용을 조달하는 것일 것이다. 이익은 없어도 외부자금은 차용하지 않는 매출액이 손익분기점이다. CVP 방식으로 목표이익을 달성할 매출액도 계산할 수 있다.

어느 회사의 고정비가 500만원이고 제품 한 단위당 5만원씩 이익이 발생(공헌이익)한다. 이 제품 몇 개를 팔아야 손익분기점이 되겠는가? 또, 그때의 매출액은 얼마인가?

풀이

고정비 500만원을 1단위 5만원씩으로 커버해야 하니
500만원 ÷ 5만원 = 100개
이때의 매출액은 (손익분기점의 정의로부터)
비용 = 고정비 + 변동비 = 매출액이므로
500만원 + 100개 x 5만원 = 1,000만원

1 CVP분석의 개념

CVP 분석은 생산되는 제품의 원가·조업도·이익의 상호관계에 대한 분석(Cost Volume-Profit analysis)이라고 한다. 이는 기업의 경영계획, 특히 단기 이익계획을 수립할 때 활용하는 방법이다.

CVP 분석을 통하여 이익이 0원이 되는 매출액이나 판매량(손익분기점)을 계산하거나 이익 목표를 세워놓고 이를 달성하기 위한 매출액이나 판매량을 추정할 수 있다. 변동원가가 고정원가를 구분하는 직접원가계산이 기본개념을 제공하고 있다.

1) 공헌이익

공헌이익은 CVP 분석의 가장 중요한 개념이다. 공헌이익(Contribution Margin: CM)은 매출액에서 변동원가를 차감한 금액으로 계산된다. 기업의 원가는 고정원가와 변동원가로 구성되는데 특정 제품의 제조에는 재료비나 노무비 등 직접 소요되는 변동비가 작업 과정에서는 중요하며 고정원가는 직접 관여되지 않는다는 데서 공헌이익의 개념이 등장하였다. 공헌이익이 고정비를 커버하고 목표이익을 달성하게 한다.

공헌이익(CM) = 매출액(S) - 변동원가(VC)
CM = S - VC (공헌이익)
VC: Variable cost (변동비)
S: 매출액
CM: 공헌이익
VC: 변동원가

이 식을 단위당 개념으로 변경하면 다음과 같다.

단위당 공헌이익(Unit CM) = 단위당 현재가격(P) - 단위당 변동원가(V)

2) 공헌이익률

공헌이익의 개념을 총 매출액에 대한 비율로 나타낸 것을 공헌이익률(Contribution Margin Ratio: CM Ratio)이라 한다.

$$\text{공헌이익률} = \frac{\text{공헌이익(CM)}}{\text{매출액(S)}} \rightarrow \frac{\text{단위당 공헌이익(UCM)}}{\text{단위당 판매가격(UP)}}$$

$$\rightarrow \frac{CM}{S} = \frac{UCM}{UP}$$

CM: Contribution Margin
S: Sales
UCM: Unit Contribution Margin
UP: Unit Price

2 손익분기점 분석

손익분기점(Break Even Point: BEP) 분석은 CVP 분석의 출발점이자 기업의 본격 사업 출발점이다. 남의 돈으로 경영하던 회사가 드디어 자기가 벌어 운영할 수 있게 된 것이다.

손익분기점은 외부자금 유입 또는 외부로 잉여 현금의 유출이 없는 매출액을 의미한다. 이 개념에 따라 손익분기점 공식을 유도해보면 아래와 같다.

1) 손익분기점

손익분기점 매출액과 손익분기점 매출량의 계산식 유도 과정을 보이면 다음과 같다.

(1) 손익분기점 매출액

① 손익분기점은 이익 0원인 매출액을 말한다.

→ S(매출액) - E(비용) = 0 (이익)

→ $S = E$

② 비용분리, 고정비와 변동비 → $S = FC + VC$

→ $E = FC + VC$ ($S = FC + VC$. ∴ $E = S$)

양변을 S로 나누면 $\frac{S}{S} = \frac{FC}{S} + \frac{VC}{S}$ → $1 - \frac{VC}{S} = \frac{FC}{S}$

③ $1 - \frac{VC}{S}$를 V'라 하고 양변을 V'로 나누고 S를 곱해주면

$$V' = \frac{FC}{S} \rightarrow S \cdot \frac{V'}{V'} = \frac{\frac{FC}{S} \cdot S}{V'} \rightarrow S = \frac{FC}{V'} \quad \rightarrow \quad S(1 - \frac{VC}{S})/V' = \frac{FC}{S} \cdot S/V'$$

$$S = \frac{FC}{1 - \frac{VC}{S}} \qquad\qquad S = \frac{FC}{V'}$$

$$\therefore S = \frac{FC}{1 - v}$$

S : 매출액

FC : 고정비

VC : 변동비

$\frac{VC}{S}$: 변동비율(소문자 v로 표시)

v : 변동비율 ($\frac{VC}{S}$)

[필요계수 도출방법]

손익분기점을 계산하기 위해서 필요한 계수는 다음과 같다.

S: 계산결과 (손익분기매출액)

FC: 고정비

v: 변동비율 (VC/S)

이 계수들은 전기 손익계산서를 분석하여 구한다.

전기 손익계산서를 보면

매출액(S): 전기 매출액

고정비 합계액: FC

변동비 합계액: VC

변동비율을 구한다.

변동비율 = $\frac{VC}{S} = v$

여기서, 조업도(s)에 무관하게 발생하는 고정비는 당기 매출액에 영향을 받지 않으므로 전기 고정비(F)는 당기 고정비와 동일하며, 변동비율(v)도 조업도에 영향이 없이 일정하다. 따라서 이 계수들을 이용하여 당기의 손익분기점(BEP) 매출액을 구하는 데 문제가 없다.

즉, 다음과 같이 당기 손익분기점(매출액)이 산출된다.

$$S_0 = \frac{FC}{1 - v}$$

(2) 손익분기점 매출량

손익분기점매출액산출 기본공식은

$$S = \frac{FC}{1 - v}$$

여기에 단가를 개입시키면 (S = Q • a)

$$Q \cdot a = \frac{FC}{1 - v} \rightarrow Q = \frac{FC}{a \cdot (1 - v)}$$

$a \cdot (1 - v) = (a - av)$= (단가 a - 단가 중 변동비 부분 av) = 공헌이익

단위당판매가격 – 단위당변동원가 = 단위당공헌이익(UCM-unit contribution matigin)

$$\rightarrow Q = \frac{FC}{UCM} = \frac{\text{고정비}}{\text{단위당 공헌이익}}$$

즉, 손익분기점 판매량 = $\frac{\text{고정비}}{\text{단위당 공헌이익}}$

2) CVP 도표와 PV 도표

[그림 17-1]은 원가 · 이익 · 조업도 도표이다. 조업도에 따른 매출과 고정비, 변동비, 총매출액, 총 원가, 손익분기점, 이익과 손실이 잘 나타나 있다.

그림 17-1 • CVP 도표

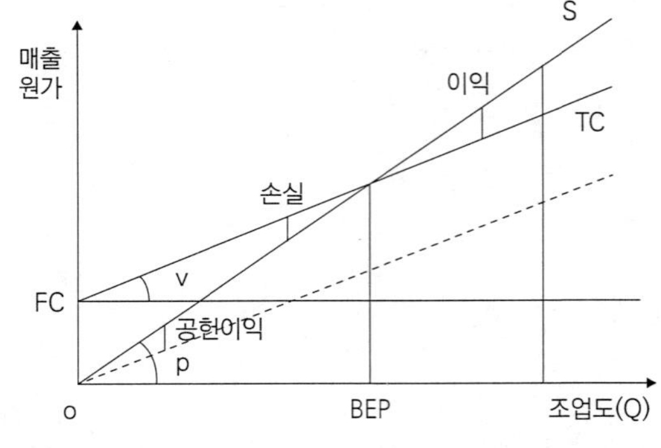

총 원가선(TC)과 매출액선(S)이 만나는 지점이 손익분기점(BEP)이며 그 차액이 이익 또는 손실로 나타난다. 매출이 증가함에 따라 변동비선 각도만큼 이익은 증가한다. 공헌이익이 고정비를 초과할 때부터 이익이 발생한다.

고정비가 크면 변동비율이 작아지고 공헌이익률이 커진다. 따라서 자동화 대규모 시설을 갖추고 있으면 손익분기점을 넘기면서 이익선은 가파라진다.

아래의 PV도표를 참조한다. PV도표는 CVP도표에서 조업도와 이익만을 추출한 것이다.

그림 17-2 • PV도표

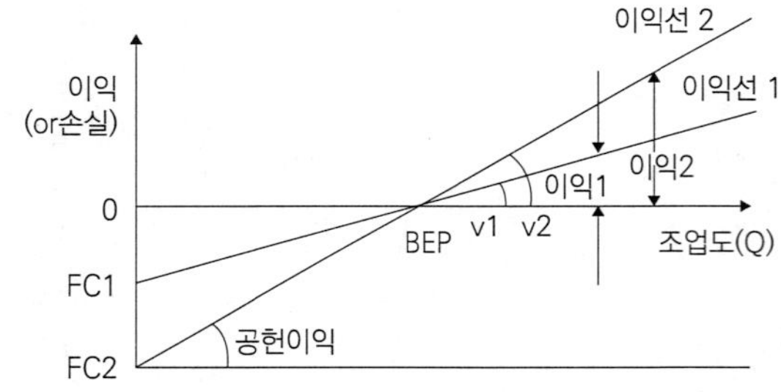

[그림] PV도표를 보면 고정비가 FC_1일 때 손익분기점을 넘으면 이익1만큼 이익이 생긴다. 제2고정비(FC_2)의 경우는 조업도가 낮을 때는 고정비로 인해 손실이 크나 *BEP*를 넘으면서 가파른 이익의 상승을 볼 수 있다. FC_1과 FC_2는 고정비 투자 후의 고정비라 이 도표에서 공헌이익은 고정비점에서의 이익선과의 차이이다.

3) 목표이익 달성을 위한 매출목표 설정

“이익 목표를 세우고 이 목표를 달성하는 데 매출을 얼마를 해야 할까”라는 질문에 대한 답을 CVP분석은 낼 수 있다.

CVP 도표를 보면, 손익분기점(BEP)을 초과한 매출액부터는 이익이 발생하기 시작한다. 특정한 목표이익을 달성하고자 할 경우, CVP 도표에서 고정비 선을 목표이익만큼 수직으로 올리면, 총매출선과 새로 조정된 고정비+목표이익 선이 교차하는 지점이 바로 그 목표이익을 달성하기 위한 매출액이 된다.

이것을 손익분기점 산출식에 적용하면 다음과 같다.

$$\text{손익분기점 매출액} = \frac{\text{고정비}}{\text{단위당 공헌이익률}}$$

고정비에 목표 매출액을 더하여 이 공식을 적용하면,

$$\text{목표매출액} = \frac{\text{고정비 + 목표이익}}{\text{공헌이익률}}$$

$$\text{목표판매량} = \frac{\text{고정비 + 목표이익}}{\text{단위당 공헌이익}}$$

4) 안전도와 안전한계

안전도(Degree of safety) 또는 안전한계(Margin of Safety: M/S)란 손익분기점을 초과하는 매출액을 의미한다.

[그림] 안전도에서는 BEP 매출액을 넘는 실제 매출액을 달성하였는데 실제 매출액은 BEP 매출액보다 MS = 실제 매출 - BEP 매출액만큼 크다. 이 MS를 회사가 손실을 발생시키지 않으면서 허용할 수 있는 최대한의 매출액 감소 허용치를 안전한계라 하고 이를 달성한 정도를 안전도라 하여 ‘안전한계 ÷ 실제 매출액’으로 계산한다.

안전한계와 안전도는 다음과 같이 계산된다.

안전한계 = 실제매출 - BEP 매출액
안 전 도 = 안전한계 ÷ 실제매출액

※ 안전한계의 금액이 음수(-)일 경우에는 의미가 없으므로 사용하지 않는다.

그림 17-3 • 안전한계와 안전도

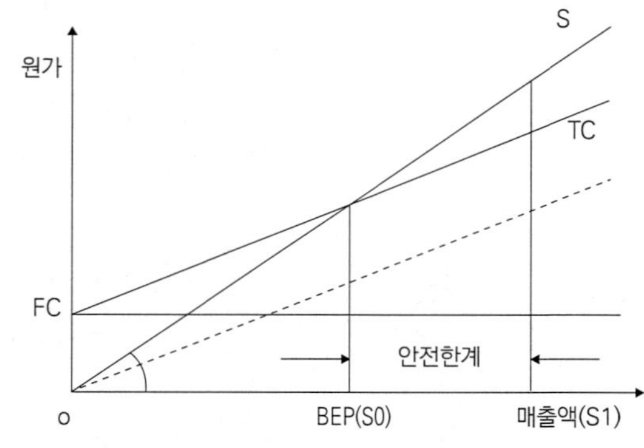

S : 매출선
TC : 총비용선
S0 : 손익분기점매출액
S1 : 실제매출액

5) 영업 레버리지

CVP 분석은 제품에 포함되는 고정비와 변동비로 공헌이익을 산출하고 이를 이용하여 이익목표를 어떻게 달성할 것인가를 다룬다. 변동비를 초과하는 이익을 공헌이익이라 하고 start up의 로망인 BEP(손익분기점매출액)의 산출을 해 보았다. 이것을 판매관리비를 감안한 영업이익까지 확장 해보면, 영업이익은 매출액의 변화에 따라 변동하고 그 변동폭은 매출액의 증가율보다 높은데 이것은 회사의 고정비 때문이다. 이를 영업 레버리지도(DOL: Degree of Operating Leverage)라 하며 이것을 수식으로 표시하면 다음과 같다.

$$\text{영업 레버리지도(DOL)} = \frac{\text{영업이익 변화율 }(\Delta OP)}{\text{매출액 변화율 }(\Delta S)} = \frac{\text{공헌이익 (CP)}}{\text{영업이익 (OP)}}$$

OP: 영업이익 - Operational Profit
CP: 공헌이익 - Contributional Profit
ΔS: 매출액 변화율
ΔOP: 영업이익 변화율

영업 레버리지도는 매출액의 변화에 대한 영업이익의 변화율을 의미하며 영업 레버리지는 매출액의 변화에 대한 영업이익의 변화율을 의미한다. 영업 레버리지도를 인용한 영업이익의 변화율 계산은 다음과 같이 한다.

영업이익 변화율 = 매출액 변화율 x 영업 레버리지도

영업 레버리지도는 공헌이익을 영업이익으로 나누어 계산하므로 영업이익이 0원이라는 손익분기점에서 DOL은 무한대가 되며 BEP에서 멀어질수록 -1 또는 1에 수렴한다.

6) 다품종의 손익분기점 분석

제품을 한 가지만 생산하는 기업은 그리 많지 않다. 위에서의 예는 하나의 기업에 하나의 제품 생산을 가정하였으나, 다품종의 경우 손익분기점 및 CVP 분석의 강점을 활용할 수 있는가의 의문이 있다.

결론적으로 다품종의 경우 CVP 분석은 활용할 수 있으나 이를 위해서는 제품의 배합과 평균 공헌이익률의 개념을 초대하여야 한다.

제품배합 그룹에 대하여는 다음과 같이 계산할 수 있다.

$$\text{다품종 손익분기점} = \frac{\text{고정비}}{\text{가중평균 공헌이익률}}$$

※ 가중평균 공헌이익률 = ∑(각 제품의 공헌이익률 x 매출비중)

7) 법인세를 고려한 CVP 분석

기업 의사결정에 소요되는 재무정보 중 법인세는 대단히 중요하다.

기업이 기대하는 목표이익은 세후 목표이익을 의미하며 이것을 (1-법인세율)로 나누어 세전 목표이익을 환산하여 계산한다.

$$\text{세전 목표이익} = \frac{\text{세후 목표이익}}{(1 - \text{법인세율})}$$

$$\text{목표 매출액} = \frac{\text{고정비} + \dfrac{\text{세후 목표이익}}{(1\text{-법인세율})}}{\text{공헌이익률}} = \frac{\text{고정비 + 법인세감안 목표이익}}{\text{공헌이익률}}$$

$$\text{목표 매출수량} = \frac{\text{고정비} + \dfrac{\text{세후 목표이익}}{(1\text{-법인세율})}}{\text{단위당 공헌이익}} = \frac{\text{고정비 + 법인세감안 목표이익}}{\text{단위당 공헌이익}}$$

3 CVP 분석의 한계

CVP 분석은 위에 설명한 장점 외에 다음과 같은 사용상 주의할 점이 있다.

① 제품 단위당 판매가격과 변동비가 조업도의 변동과 관계없이 항상 일정하다고 가정하나, 판매량 증가에 따른 할인이나 세일행사 등의 원가증가 효과와 규모의 경제나 학습효과 등 원가감소효과 등이 영향을 미친다.

② 모든 원가가 발생원가를 고정원가와 변동원가로 구분할 수 있다는 가정도 의문 대상이다. 준변동비와 준고정비 등이 있으며 복잡한 현실이 어떻게 반영될 것인가의 검토가 필요하다.

③ 생산량과 판매량이 일치한다는 가정은 현실과 다르다.

④ 복수제품에 사용되는 CVP 계산상 판매배합(Sales Mix) 구성에 여러 문제가 있다.

⑤ 화폐의 시간가치, 인플레이션 등을 고려하지 않고 있다.

그러나 CVP 분석은 단기 분석이며 강력한 경영지원 툴을 제공한다고 볼 수 있다.

OX 졸음깨우기

01 원가·조업도·이익 분석(CVP Analysis)은 생산되는 제품의 원가와 그 제품 생산을 위한 조업도 및 이익 간의 상호 관계에 대한 분석으로, 공헌이익을 중심으로 분석하며 기업의 경영계획이나 단기이익 계획수립에 이용된다. ( )

> 공헌이익(CM) = 매출액(S) - 변동원가(VC)
>
> $$공헌이익률(CMR) = \frac{공헌이익(CM)}{매출액(S)} = \frac{단위당\ 공헌이익(UCM)}{단위당\ 판매가격(UP)}$$

02 안전한계(Margin of Safety)란 손익분기점을 초과하는 매출을 의미한다. 안전도(Degree of Safety)는 실제 매출액과 안전한계의 비율을 의미한다. ( )

> 안전한계 = 실제매출 - BEP 매출액
> 안전도 = 안전한계 ÷ 실제 매출액

03 ㈜정림은 장난감 볼을 생산하여 판매하고 있다. 볼의 개당 판매가격은 7,200원이며 개당 변동비는 3,600원, 연간 고정비는 5,000,000원이다. 회사의 당기 이익목표는 2,000,000원이다. 회사의 손익분기점(BEP)은 10,000,000원, 1,945개를 판매하면 목표이익 달성, 개당 공헌이익은 3,600원, 목표이익을 달성할 경우의 M/S비율은 44%이다. ( )

풀이

$$BEP = \frac{5,000,000}{1 - 3,600/7,200} = \frac{5,000,000}{0.5} = 10,000,000$$

$$목표이익\ 매출액 = \frac{5,000,000 + 2,000,000}{0.5} = 14,000,000$$

안전한계 = 14,000,000 - 10,000,000 = 4,000,000

M/S 비율 = (14,000,000 + 10,000,000) ÷ 14,000,000 = 35%

판매량 = 14,000,000 ÷ 7,200 = 1,945개

공헌이익 = 7,200 - 3,600 = 3,600

04 원가구조(고정원가와 변동원가의 구성비율)에서 고정원가의 비중이 높을수록 매출액 증감에 따른 영업이익의 변동성이 높으며 M/S비율이 높을수록 기업은 안정성이 높다고 판단할 수 있다. ( )

05 변동원가는 매출액의 80%, 손익분기점 매출액은 S_0, 총 고정원가는 FC, 목표 영업이익은 매출액(S)의 30%일 때, 달성해야 할 매출액은 12.5FC로 계산된다. ( )

풀이

BEP 매출액 S_0는 $S_0 = \frac{FC}{1-v} = \frac{FC}{0.8}$

목표 매출액 S_1은 $S_1 = \frac{FC + 0.3S_0}{1-v}$

$= (FC + 0.3 \times \frac{FC}{0.2}) / 0.2$

$= 2.5FC / 0.2$

$= 12.5FC$

답 1.O, 2.O, 3.X{M/S 비율은 35% (M/S비율 = 안전한계 ÷ 실제매출액)}
4.O{고정원가/(1-변동비율)와 $(S_1 - S_0)/S_1$)을 동시 묻는 문제}, 5.O

선택형 지식점검하기

01 다음은 BEP 분석에서의 민감도에 대한 설명이다. 이 중 옳지 않은 것은?

① 고정원가가 중요하면 손익분기점 판매량과 매출액은 증가한다.

② 제품 판매단가가 증가하면 손익분기점 판매량은 감소한다.

③ 단위당 공헌이익이 증가하면 손익분기점 매출액은 감소한다.

④ 단위당 변동원가가 증가하면 목표 달성 매출액은 감소한다.

02 ㈜신송의 금년도 판매하는 디스크의 단위당 가격은 2,000원, 공헌이익률은 40%이며, 총 고정원가는 3,000,000원이다. 금년도 안전한계(M/S)를 1,300,000원으로 예상할 경우 금년도 제품 판매량은 얼마인가?

① 10,000 ② 11,000 ③ 12,000 ④ 15,000

풀이

S1 - S0 = 1,300,000

S0 = 3,000,000 ÷ 0.4 = 7,500,000

$N = \frac{S+M}{P-V} \rightarrow \frac{7{,}500{,}000 + 1{,}300{,}000}{2{,}000 - 1{,}200} = 11{,}000$개

03 CVP 분석이 성립되기 위해서는 여러 가정들이 성립되어야 한다. 다음 중 잘못된 것은 어느 것인가?

① 회사는 한 종류의 제품만 생산 및 판매한다는 가정이 성립되어야 한다.
② 화폐의 시간가치 및 물가변동과 무관하다.
③ 생산량은 판매량보다 항상 커야 한다.
④ 수익과 원가는 선형적 관계이며, 원가는 고정원가와 변동원가로 분리 가능하다.

답 1. ④ $\frac{S}{P-V}$, V가 증가하면 BEP는 커짐, 2. ②, 3. ③(생산량 = 판매량의 가정이다)

주관식 실력향상하기

01. 회사의 20x4년도 1월의 원가자료는 다음과 같다.

단위당 변동비 3,000원	단위당 판매가격 5,000원
월 고정비 총액 1,000,000원	목표이익 400,000원

1) 손익분기점 매출액, 매출량, 공헌이익, 공헌이익률, 이익도표를 산출하라.

풀이

① BEP 매출액 $S_0 = \frac{FC}{1-v} = \frac{1,000,000}{1-0.6}$ = 2,500,000원

② BEP 매출량 $N0 = S0$ ÷ 판매가 = 2,500,000 ÷ 5,000 = 500개

③ 공헌이익 ㄱ. 단위당 공헌이익 = 5,000 - 3,000 = 2,000원

ㄴ. 총 공헌이익 = 500개 × 2,000 = 1,000,000원

(2,500,000 - 3, 000 × 500 = 1,000,000)

④ 이익도표

a. 목표매출액 산출

S1 = (1,000,000 + 400,000) / (1-0.6) = 3,500,000

b. 이익도표

원가 - 조업도-이익도표

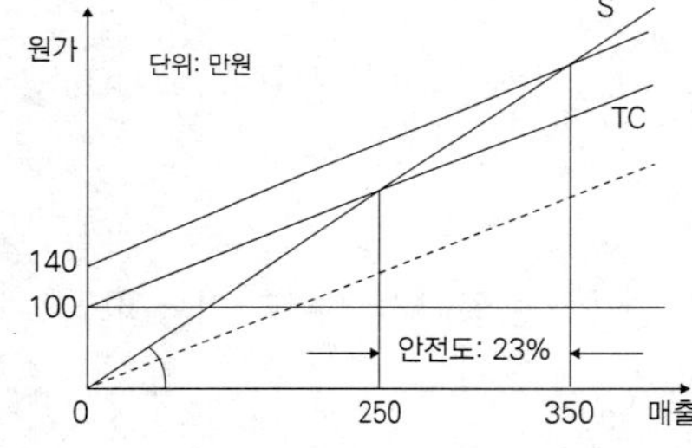

BEP 매출액: 2,500,000

목표매출액: 3,500,000

변동비율: 0.6

안전도: 1,000,000

→ 28.5%

2) 목표이익을 달성하기 위한 매출액과 매출량을 계산하라.

풀이

① 목표이익 매출액 = $\frac{FC + TP}{1-v} = \frac{1,000,000 + 400,000}{1-0.6}$ = 3,500,000원

② 목표이익 매출량 = 매출액 ÷ 단가 = 3,500,000 ÷ 5,000 = 700개

3) M/S비율은 얼마인가?

풀이

M/S비율 = $(S_1 - S_0) / S_1$

= (3,500,000 - 2,500,000) ÷ 3,500,000

= 28.5%

CHAPTER

18 품질원가

제품을 구매하였다가 불량으로 A/S를 받는다거나 제품을 교환해본 경험이 있을 것이다. 기업은 이러한 고객 대응이 모두 비용이 된다.

회사는 매출액 3,000억원까지는 허용가능 품질 불량률을 생산원가의 0.1%로 하고 있다. 현재 매출액이 2,500억원, 매출 총이익률을 30%이면 허용 불량원가는 얼마인가?

풀이

생산원가: 2,500억원 x 70% = 1,750억원

허용 불량원가 : 1,750억원 x 0.1% = 1.75억원

제품을 구매하였다가 불량으로 A/S를 받거나 제품을 교환해본 경험이 있을 것이다. 기업은 이러한 고객 대응에 발생하는 모든 활동을 비용으로 인식한다.

품질(Quality)이란 제품이나 서비스와 기능, 특성, 안정성 등의 측면에서 소비자의 기대를 충족시키는 정도라고 할 수 있다. 중국의 저가 제품들이 상륙했으나 유해성 기준에서 어린이들에게 건강상 매우 좋지 않은 성분들이 검출되어 사회적 물의를 빚었다. 품질은 가격과 함께 소비자들이 제품을 다시 찾는 조건이 되며 장기적으로는 기업 흥망의 열쇠라 할 것이다. 기업은 불량품, 낭비요소, 비 부가가치활동 등을 제거하기 위한 활동에 전력을 다하여야 한다.

품질을 유지하고 개선하는 데는 비용이 들어간다. 이를 품질비용이라 하며 좋은 품질을 위하여 소비자의 평가와 품질의 원가를 깊이 고려할 필요가 있다.

1 품질원가의 종류

품질원가(Quality Cost)란 불량품을 줄이고 예방하기 위해 소요되는 원가라 할 수 있고, 불량품의 발생으로 인하여 추가되는 비용과 품질의 유지를 위한 비용으로 구분할 수 있다.

1) 예방원가

품질원가 중 예방원가란 불량품의 발생을 사전에 예방하기 위해 쓰이는 원가를 말한다. 불량품은 제품 생산 시에도 발생하지만 제품이 소비자 구매 후에도 발생한다. 오히려 생산과정이나 제품의 시험과정에서 발생하는 불량품은 폐기하거나 불량률의 한도 개념으로 처리할 수 있으나 소비자가 제기하는 제품 불량은 감내하기 어려울 수도 있다. 불량품이 아예 발생하지 않는 품질관리체계의 설치, 운영, 품질 엔지니어링 등의 과학적 체계와 시장조사, 품질교육, 예방설비유지, 품질문제 발생 시 대응체계 등을 품질 관리상 예방원가라 할 수 있다.

2) 평가원가

불량품을 발견하기 위하여 제품을 평가하는 비용을 평가원가(appraisal cost)라 한다. 원재료나 제품의 검사 및 시험, 생산 중 분기점에서의 점검체계, 검사설비 및 품질검사 인력의 유지 등으로 인하여 소요되는 원가를 말한다.

3) 내부·외부 실패원가

실패원가(failure cost)는 제품이 기업의 품질기준에 미달하여 지불해야 하는 원가를 말한다. 내부 실패원가(internal failure cost)는 제품이 소비자에게 전달되기 이전에 발견되어 이를 수선하느라 소요되는 원가로 공손처리, 재작업, 작업 중단, 검사 등으로 발생하는 원가를, 외부 실패원가(external failure cost)는 소비자가 발견한 불량품에 대한 대응에 소요되는 원가로 교환, 반품 및 고객지원, 보증수리, 경우에 따라서는 사회적 물의 비용이나 소송비용 등을 포함한다.

외부 실패원가에는 기업 명성의 실추나 고객 이탈 등의 비용을 측정하기 어려우나 실제로 기업에 타격을 주는 큰 비용들이다.

2 품질과 품질원가의 관리

품질원가관리(quality cost management)는 품질원가를 최소화하기 위한 체계적 관리활동, 나아가서는 품질 제고로 기업의 장기적 성장을 유도하기 위한 활동을 의미한다. 불량률 '0'은 현실적으로는 불가능하므로 목표는 경제성 원칙하의 품질원가의 최소화하는 데 모아진다.

1) 허용 가능 품질 불량률

품질불량을 줄이기 위한 비용과 품질불량의 발생으로 회사에 부담시키는 불량처리비는 상충관계(Trade-off)에 있다. 이런 경우 불량률의 증가로 발생하는 실패원가는 우상향하고 불량률을 높게 유지할수록 통제원가는 낮아진다. 통제원가와 실패원가의 관계 그래프를 그려보면 [그림 18-1]과 같고 품질관리비는 통제원가 + 실패원가라 할 때 그 최소치는 양 곡선의 만나는 부분이 되게 된다.

그림 18-1 • 품질원가관리 Graph

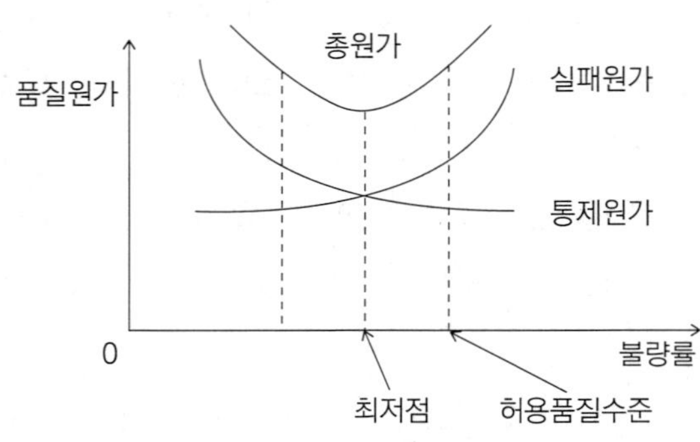

[그림 18-1] 품질원가관리 Graph에서는 불량률의 증가에 따른 실제 원가와 통제원가 및 총 원가를 표시하고 허용 품질 수준을 원가 최저점(허용 가능 품질 수준, AQL: Acceptable Quality Level)을 중심으로 일정 범위를 잡고 있다. 기업은 자체 불량률과 원가곡선을 도출하여 허용 품질 범위를 잡고 불량률을 관리하도록 하여야 한다.

2) 무결점주의

무결점주의는 결점 제로(0)를 유지하는 것이 품질원가를 최소화하는 것이라는 인식에서 시작되었다. 규모가 있는 기업들의 공장 입구에는 ZD(Zero Defect) 운동을 펼치고 있다는 "ZERO DEFECT"의 캐치 프레이즈가 게시된 것을 종종 볼 수 있었다.

불량 허용에 대한 인식은 전사적 품질관리 또는 통합품질관리(Total Quality Management: TQM)가 도입되면서 통제원가에 대한 관점이 바뀌고 무결점주의가 자리를 잡게 되었다.

이 관점에서는 불량률이 증가되면서 실제원가도 증가하지만 통제원가도 어느 정도까지는 증가하다가 불량률이 "0"에 가깝게 유지되면서 감소한다는 것이다. 이 가정에서는 통제원가를 증가시켜 불량률이 '0' 가까이 유지되어 정착되면 작업자의 의식이나 원재료 납품처의 의식이 변하여 모두가 ZD가 몸에 배고 품질 관리원가가 감소할 수 있다는 것이다.

이를 실현하기 위해서는 예방 활동의 확대가 중요할 것이다. 무결점주의 그래프의 예는 아래 [그림]과 같다.

그림 18-2 • 무결점주의 관점

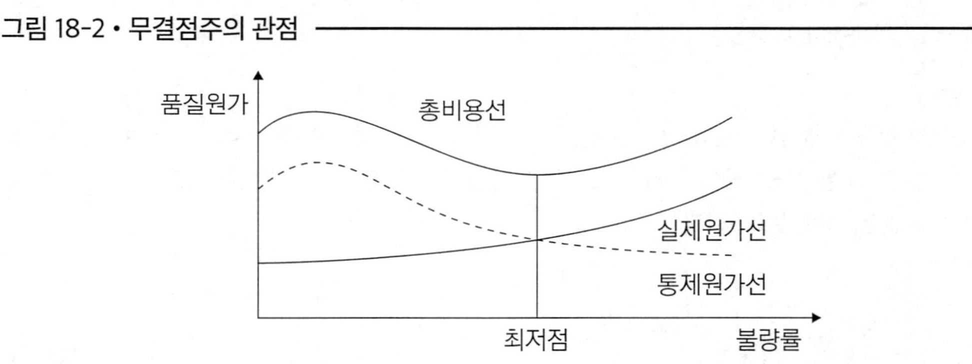

연습문제

OX 졸음깨우기

01 품질이란 제품이나 서비스가 기능, 특성, 안정성 등의 측면에서 소비자의 기대를 충족시키는 정도라고 할 수 있다. 품질원가는 제품의 품질을 일정 수준으로 유지하기 위한 비용을 말하며 실패원가 + 통제원가로 계산된다. ( )

02 ZD(Zero Defect)운동이란 회사가 만드는 제품에 결점을 '0'(영)으로 하자는 구호로, 결점 제로에는 무한 통제비용이 들어가나 실제 이 운동을 해보니 일정 수준 이상에서는 비용의 상승이 정지한다는 것을 알았으며, 따라서 이 무결점 운동으로 품질의 고급화를 이루는 경우가 많이 발생했다. ( )

03 불량률이 증가하면 실패원가는 증가하며 실패원가를 줄이기 위해서는 통제원가를 늘려야 한다. 품질원가를 줄이기 위해서는 허용 가능 품질 관점이 도입되어야 하고 어느 정도의 불량률은 허용되어야 한다고 한다. ( )

답 1.O, 2.O, 3.O

선택형 지식점검하기

01 다음 중 제품의 품질 및 품질원가에 관한 설명으로 옳지 않은 것은?

① 품질원가에는 실패원가와 통제원가가 있다.
② 통제원가는 예방원가와 평가원가를 말한다.
③ 내부실패원가와 외부실패원가는 기업 내·외부에서 발생된 불량품의 원인으로 야기되는 비용의 발생을 의미한다.
④ 예방원가와 평가원가가 증가하면 내·외부 실패원가도 증가한다.

02 **품질원가는 다양한 형태로 발생된다. 불량품이나 낮은 품질 수준의 제품이 고객에게 인도되기 전에 발견되어 공손품, 작업설물, 재작업 등으로 인하여 비용이 발생하였다면 이는 무슨 원가인가?**

① 예방원가 ② 평가원가
③ 내부실패원가 ④ 외부실패원가

03 **반품처리 비용, 고객보상금, 소송에 따른 법률비용 등은 어떤 원가인가?**

① 평가원가 ② 반품처리원가
③ 내부실패원가 ④ 외부실패원가

답 1.④(실패원가는 감소한다), 2.③, 3.④

CHAPTER 19

예산

기업이 미래, 주로 내년의 살림살이를 계획하는 것이 예산이다. 예산은 종합예산으로 편성되고 부문에서는 세부계획이 수립되어 연간 관리 및 통제의 도구로 쓰이고 연말에는 성과평가의 지표가 되기도 한다.

A회사는 전국을 5개 권역으로 나누어 다음과 같은 판매 및 생산계획을 세웠다. 각 제품별 매출 및 생산계획을 작성하라.

[20x5년 판매 및 생산계획]

시장	판매할당	매출계획	제품계획	비중	판매기준	원가기준
1권역	40%	①( )억원				
2권역	20%	②( )억원	제품 A	50%	⑥( )	⑨( )
3권역	20%	③( )억원	제품 B	30%	⑦( )	⑩( )
4권역	15%	④( )억원	제품 C	20%	⑧( )	⑪( )
5권역	5%	⑤( )억원				
계	100%	10,000억원		100%	⑫( )억원	⑬( )억원

※ 매출총이익률: 30%

풀이

① 4,000 ② 2,000 ③ 2,000 ④ 1,500 ⑤ 500 ⑥ 5,000 ⑦ 3,000
⑧ 2,000 ⑨ 3,500 ⑩ 2,100 ⑪ 1,400 ⑫ 10,000 ⑬ 7,000

1 예산의 분류와 기능

예산(Budget)이란 기업의 미래, 특히 차년도의 계획을 재무적 차원에서 회계수치로 표현한 것, 대부분은 종합예산을 말한다. 예산에는 기업의 달성 가능성에 대한 포부가 포함되기도 하며 계획을 기준으로 경영통제의 수단으로 사용되기도 한다.

예산수립에는 표준원가가 유용하다. 설정된 각각의 원가표준 자체가 회사의 지향점이고 현재 가지고 있는 문제점들의 개선 후 달성해야 할 목표를 담고 있기 때문에 표준원가를 기준으로 예산을 편성하면 예산 그 자체가 목표이며 통제 기준이 되기 때문이다.

예산은 편성되는 기간에 따라 장기예산과 단기예산으로 구분되기도 하고 정규예산과 특별예산, 종합예산과 개별예산, 고정예산과 변동예산 등으로 나뉜다.

- 예산의 포함범위에 따른 분류: 종합예산, 개별예산, 부문예산
- 정규적 편성 여부에 따른 분류: 정규예산, 특별 또는 임시예산
- 기간의 장단에 따른 분류: 장기예산, 중기예산, 단기예산
- 조업도에 따른 분류: 고정예산, 변동예산
- 예산의 계속성에 따른 분류: 계속예산, 단속예산
- 예산의 책임성에 따른 분류: 책임예산, 임의예산

예산은 잘못 이용되면 단기목표 및 단기 성과 평가에 치중하면 회사의 장기목표나 미션, 또는 비전을 망각하고 큰 방향성에서 벗어날 수 있다.

그러나 예산은 제시된 수치를 통해 경영자의 의도를 전달하고 종업원들의 행동지침을 주게 된다. 성과평가의 기준으로서의 역할을 하며 일정계획과 중장기계획 실행의 방향성을 주고 목표달성의 촉진제가 된다.

따라서 잘 세워진 예산은 그 어떤 지휘자나 통제자보다 훌륭한 역할을 하기도 한다.

2 종합예산의 편성

종합예산(master budget)은 기업 전체를 대상으로 1년 기준으로 편성한 예산을 말한다. 종합예산에는 투자 의사결정을 위한 자본예산과 특별한 부문에 대한 장기 종합계획 등과는 다르다.

1) 계정별 종합예산

종합예산은 영업예산과 재무예산으로 구분한다.

(1) 영업예산

영업예산은 판매예산, 제조예산 및 비용예산으로 구분한다.

(가) 판매예산

금액으로 표시된 판매에 대한 예산이다. 대승적으로는 시장 점유계획으로 시작, 구체적으로는 경쟁사와 경쟁제품에 대한 대책을 기술부문과 협의하여 수립한다. 시장분할을 계획하며 지역별 판매금액목표를 수립하고 영업사원별 판매 목표를 부여한다. 이를 수량으로 표시하고 기간으로 배분한다.

(나) 제조예산

제조계획에 따른 예산이다. 판매예산에서 수립된 기간별 판매 계획은 회사 내 판매수량 = 기초재고 + 당기생산 - 기말재고의 계산으로 판매된다. 생산부서의 제조예산은 이 산식 중 당기생산 또는 당월 생산량이 된다.

① **원재료 예산**: 원재료 예산은 영업의 판매계획, 생산의 제조계획에 따라 원재료의 수급에 대한 계획을 말한다. 생산에 차질없는 원재료의 확보 · 공급이 목적이다. 재고자산은 JIT(Just In Time: 필요 시 원재료 조달, 무재고 시스템)의 경우 사용량 = 기초재고 + 매입량 - 기말재고의 산식으로 계산된다. 그 외는 보유재고를 감안한다.

원재료비는 매입량 × 매입단가로 계산되며 Loss를 감안한 발주 및 재고확보와 단가 변동에 대하여 적용단가의 합리적 추정이 필요하다.

② **노무비 예산**: 노무비는 생산 작업자에 대한 인건비이다.

자동화 기기에는 생산수율과 소요인력이 계산된다. 기타의 가공공정과 조립공정에 필요한 인력(기술수준 고려)과 그 공수(MH: Man Hour)를 계산하고 인건비를 계산한다. 제수당, 연장근로에 대한 가산임률, 퇴직급여나 연월차, 휴가 등을 고려한다.

③ **제조경비 예산**: 제조경비는 지급경비, 측정경비, 월할경비 및 발생경비로 구분되며, 전력비, 수도·가스비, 운임, 여비, 감가상각비, 보험료, 제세공과 각종 수수료 등은 과거 데이터를 이용하여 발생기준을 잡아 예산을 편성한다. 구분이 어려운 것은 노무비나 재료비 또는 총 원가 등의 일정율로 편성할 수도 있다.

④ **재고수준 결정**: 재고의 확보가 없으면 급한 주문이 있을 때 판매기회를 잃을 수 있다. 이를 대비하여 재고수준을 일정하게 가져갈 필요가 있다. 재고 보관비와 판매기회 상실에 따른 손실의 상호 관계를 비용을 최소화하는 수준을 정하여 재고수준을 관리한다.

(다) 비용예산

① **매출원가 예산**: 매출원가는 판매된 제품의 제조원가이다.

매출원가 = 기초상품 재고액 + 당기제조 비용 - 기말제품 재고액으로 계산되므로 판매계획, 제조계획 및 재고수준 계획을 감안하여 매출원가 예산을 수립한다.

② **판매비 예산**: 판매비 예산은 당해 예산상 수립되는 제품을 판매하기 위한 영업 또는 마케팅, 전략기획의 마케팅 부분 예산 등을 포함한다. 광고 및 접대비, 사은품 등 제반 비용들이 포함된다.

③ **관리비 예산**: 기업은 각 부문들이 각자의 역할을 수행함으로 운영된다. 생산이나 영업에 관련되지 않는 부문은 관리부문으로 볼 수 있다. 사장이나 이사들의 급여외수당, 본사건물의 감가상각, 관리직원의 급여 등은 관리비로 판매비와 함께 손익계산서의 판매관리비에 계상된다.

(2) 재무예산

재무예산은 현금예산을 말한다. 현금은 예금을 포함 외상매출금이나 받을어음의 회수, 지급채무의 지급, 필요시 소요자금의 차입이나 대여 등에 관한 예산을 수립한다.

현금의 수입은 기업으로서 최종적인 것이며, 현금및현금등가물 계정은 재무상태표의 최상단에 있다. 판매 시 판매의 기회를 놓치면 안 되듯 현금을 회수할 때 그 기회를 놓치면 안 된다.

(3) 관련 서류

예산 관련 서류로는 예산 재무상태표, 예산손익계산서, 예산현금흐름표 등을 작성한다. 수지계획서가 포함된다. 이러한 서류 작성을 위한 근거 문서가 포함된다.

2) 종합예산의 편성 흐름

판매예산부터 시작하여 생산예산을 거쳐 예산 손익계산서와 예산 재무상태표에 이르는 예산 편성시 과정을 보이면 아래 [그림 19-1]과 같다.

그림 19-1 • 예산편성흐름도

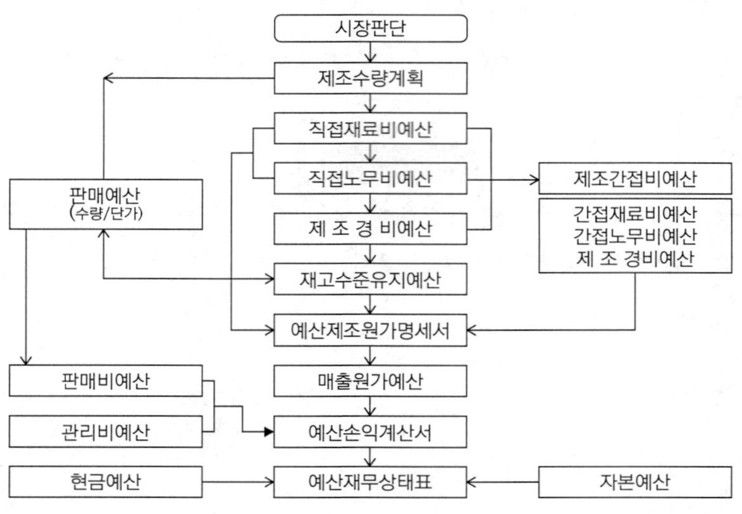

3 예산의 관리 통제

예산은 편성으로 그 사명이 종료되지 않는다.

예산 기간이 지나가면서 집행된 예산의 균형이 맞는가를 확인하고 집행의 타당성을 평가하여야 한다. 경과된 기간의 비율 대비 그 집행의 균형을 검토하여 이상 징후의 발생 및 이상 발생 시 그 대책을 수립하는 것이 중요하다. 예산은 그 자체로 경영통제의 수단이 되기 때문이다.

1) 매출예산의 통제

매출 달성률은 경과기간에 맞아야 한다. 계절성 제품의 경우 계절 가중치를 감안하여야 한다. 영업의 부문별이나 영업사원별 지역별 제품의 그룹별 또는 제품 개별의 실적을 관리한다. 목표 미달성의 경우 추진중인 대형 매출 협상 등 기간 전체로서의 매출 총액 달성에 대한 전반적 방법론이 제시되어야 한다.

2) 비용예산의 통제

헛된 비용을 쓰지 않는 것이 중요하다. 경과기간 대비 비용의 집행률은 계절적 특성을 반영한 지출계획을 감안하여 평가한다.

회사카드를 사용하는 직원들의 카드사용 통제는 중요하다. 사용의 목적과 범위를 분명히 하고 부적절한 사용에 대한 통제 수단을 강구하여야 한다. 위법한 사용은 나중 회사가 책임을 부담하게 되기도 한다.

3) 제조예산의 통제(R&D 포함)

제조예산은 경과기간 대비 생산량으로 통제한다. 생산량 속에는 원부자재의 조달, 인력 수급 및 제경비의 지출이 포함된다. 원자재 부족으로 인한 생산의 차질은 용납될 수 없으며 생산 형태에 따른 조달 체계를 점검하여야 한다. 수시 매입단가 확인이 필요하다.

매출예산과 재료비 노무비 제조경비 등 예산 실적 대비 생산 예산의 통제 개선 포인트가 식별되고 점검되어야 한다.

대외공시는 대부분 분기별로 하므로 분기별 실적관리 및 세부 통제 도구를 가동하는 것이 중요하다. 그러나 작업상의 자율성은 최대한 보장되어야 한다.

MES나 ERP를 도입하거나 MRP(Material Requirement Planning)나 CRP(Capacity Requirement Plan) 시스템이 가동되고 있는 경우 BOM(Bill of Material)을 활용한 자재사용에 대한 검토를 적절한 간격으로 수행하고 BOM의 소요량 표준의 타당성에 대하여도 주기적으로 검토한다. 불량 또는 감손율의 합리적 설정은 중요하다.

OX 졸음깨우기

01 예산(Budget)이란 기업의 미래, 특히 차년도의 계획을 재무적 수치로 표현한 것을 말한다. 예산은 정규예산과 특별예산, 종합예산과 개별예산, 고정예산과 변동예산으로 구분한다. ( )

02 예산의 편성 과정은 판매예산 및 판매관리비 예산편성 → 제조예산 및 재고 유지계획 → 직접재료비 및 직접노무비 예산 → 제조경비예산 → 매출원가예산 → 예산 손익계산 및 현금예산 → 예산 재무상태표 작성의 순서로 한다. ( )

03 예산 중 재무예산은 현금을 중심으로 현금의 수입과 지출, 즉 판매후의 매출채권과 그 회수를 중심으로 하며 자산의 이동·증감을 수반하므로 예산 손익계산서, 예산 재무상태표 및 예산 현금흐름표를 제공하나 영업예산은 생산된 제품이나 서비스의 판매에 초점이 맞추어져 있으므로 시장분석 및 판매 중심의 예산으로 관련 제조 및 판매와 그 관리에 대한 예산이 중심이 된다. 그러나 단기성이므로 자본예산은 포함되지 않는다. ( )

답 1.O, 2.O, 3.X(자본예산도 포함된다)

선택형 지식점검하기

01 종합예산은 기업이 매년 편성해야 하는 중요 경영활동이다. 종합예산편성의 시작은 어디부터인가?

① 판매예측과 판매예산 ② 판매비와 관리비예산
③ 제조예산 ④ 자본예산

02 회사는 1월 판매계획으로 갑제품 100,000단위의 생산을 계획하였다. 이 제품 1단위를 생산하기 위해서는 A재료 2단위와 B재료 5단위가 필요하다. 다음 상황에서 A와 B를 몇 단위씩 발주하여야 하는가?

	1월 1일 실제재고	1월 계획수량	비고
제품 갑	50,000	30,000	-
부품 A	60,000	30,000	2단위
부품 B	30,000	20,000	5단위

① A: 100,000, B: 300,000　　② A: 110,000, B: 350,000
③ A: 130,000, B: 390,000　　④ A: 150,000, B: 400,000

풀이

제품생산량: 30,000 + 100,000 - 50,000 = 80,000
부품소요량: A: 30,000 + 80,000 x 2 - 60,000 = 130,000
B: 20,000 + 80,000 x 5 - 30,000 = 390,000

03 다음은 종합예산에 관한 설명이다. 이 중 적합하지 않은 것은?

① 1년을 단위로 편성하게 된다.
② 기업 전체를 대상으로 편성된다. 독립채산제를 운영하는 기업에서는 각 독립된 부문별로 편성할 수 있다.
③ 대형 프로젝트이면 개별 프로젝트 단위로 편성이 가능하다.
④ 영업예산과 재무예산으로 구분된다.

답 1.①, 2.③ 3,③

CHAPTER

20 자본예산

자본예산(Capital Budget)은 예산(Budget)의 일종이나 자본(Capital)에 대한 예산이다. 자본은 자기자본과 타인자본으로 구성되므로, 이는 자본조달 및 차입금에 대한 계획을 의미한다. 본사 사옥 매수, 공장증설, 자동화시설 등의 계획으로 종합예산과는 별도로 계획된다.

문 회사는 국제경쟁이 치열해짐에 따라 원가경쟁력을 높이기 위하여 핵심공정의 자동화를 추진하기로 하였다. 이 시설의 경제적 내용연수는 3년으로 판단되며, 그 내용이 아래와 같을 때 귀하는 이 예산을 실행하겠는가? (회사의 내부 이익률은 20%이다.)

계획	1차년도 투자	2차년도 경쟁력 50% ↑	경쟁력 30% ↑	경쟁력 20% ↑
매출이익률 영향		30% ↑	20% ↑	10% ↑
Cash Flow	- 1,400억	+600	+900	+360

풀이

$$\text{Net Cash Flow} = \frac{600}{1+20\%} + \frac{800}{(1+20\%)^2} + \frac{360}{(1+20\%)^3} - 1{,}400 = -67$$

결론) IRR에 의한 현금흐름은 음수로 투자 부적격으로 나타난다. 다만 내부 수익률만으로는 판단이 어렵다.

4년 이후의 수익기여 정도를 재산정, 당해 시설의 수명 종료 후 매각가 등을 함께 판단하여야 하되, 경기 하락 시에는 투자 가치가 상승할 수 있다는 점을 감안하여야 한다.

1 자본예산의 의의

자본예산(Capital Budget)이란 기업이 매년 수립하는 단기 경영계획과는 달리, 장기적인 관점에서 대규모 자본 지출을 수반하는 투자 프로젝트를 계획(평가하고 승인)하는 과정을 말한다. 이러한 투자 프로젝트는 투자 효과가 1년을 초과하며, 주로 토지, 건물, 대규모 자동화 설비 도입과 같은 유형자산 취득, 또는 타사와의 M&A, 신기술 사업부 인수 등과 같은 무형자산 및 사업 확장을 포함한다.

이러한 대규모 투자에는 일반적으로 외부 자본(주주나 채권자, 특히 신규 투자자) 조달이 필요하며, 투자자들은 합리적인 경제 주체로서 자신들의 이익 극대화를 추구한다. 따라서 투자자의 승낙을 얻기 위한 협상 시, 투자자가 기대하는 이익을 명확히 제시하는 것에 집중해야 한다. 이때 필수적인 것이 사업계획서이며, 그중에서도 예상 투자 이익을 구체적인 재무 수치로 산출한 자본예산이 가장 중요한 부분을 차지한다.

자본예산은 크게 네 가지 평가 모형으로 나뉜다.

① **회수기간법:** 투자한 원금을 회수하는 데 걸리는 기간을 측정. (화폐의 시간가치 미고려)

② **회계적 이익률법:** 회계적 이익을 기준으로 투자안의 수익성을 평가. (화폐의 시간가치 미고려)

③ **순현가법**(NPV): 투자액과 미래 현금 유입액을 할인율로 할인하여 현재가치를 계산한 후, 순현재가치가 양수(+)인지를 판단한다.

④ **내부수익률법**(IRR): 투자안이 자체적으로 가지는 이익률이 투자자의 요구수익률을 초과하는지를 판단한다.

이러한 방법들은 각기 장단점을 가지고 있으며, 일반적으로 투자 예산을 제시할 때는 두 가지 이상의 모형을 활용하여 다각적으로 분석한 결과를 제시하는 것이 일반적이다.

이러한 투자에 대해서는 투자자와의 관계(IR: Investor Relationship)를 충분히 구축하고, 명확한 평가 기준을 수립해야 한다. 또한, 투자 실행 후에는 사후 통제 및 성과 평가 과정을 정립하고, 투자 계획의 수립, 검토 및 사후 관리에 있어 적절한 권한 위임 체계를 갖추는 것이 필수적이다. 이하에서는 자본예산의 주요 모형들을 상세히 검토한다.

2 자본예산 모형

자본모형에는 화폐의 시간가치를 어떻게 보느냐에 따라 화폐의 시간가치를 고려한 할인모형(discounting model)과 고려하지 않은 비할인 모형(nondiscounting model)이 있다.

(1) 비할인 모형

화폐의 시간가치를 고려하지 아니한 모형에는 회수기간법과 회계적 이익률법이 있다.

(2) 할인모형

화폐의 시간가치를 고려한 모형에는 내부수익률법과 순현재가치법이 있다.

(3) 양 모형의 장단점

이론적인 관점에서는 화폐가치를 고려한 할인모형이 더 우월하지만 실무에서는 간단하고 단순 명쾌한 비할인모형이 많이 쓰인다. 예로, 어느 투자안이 '원금회수를 2년에 할 수 있어' 하는 것은 결정적 의사결정의 조건이 되기도 한다. 이럴 경우 비할인모형인 회수기간법이 쓰여진다. 상세한 분석과 전문가적 접근에는 응당 할인모형이 동반되어야 한다.

3 비할인모형

비할인모형은 미래 현금흐름을 현재가치로 할인하는 이자율(할인율)을 적용하지 않는다.

1) 회수기간법

회수기간법(payback period method)은 특정 투자안에 대하여 초기투하자본(투자원금)을 사업을 통하여 회수하는 데 걸리는 기간을 계산하여 투자자에게 제시하는 방법이다. 여러 대체안 중에 이 기간이 가장 짧은 안이 선택된다. 단일안일 경우는 투자자의 기호가 높은 수익률이나 장기간의 이윤 향유보다 투자원금의 빠른 회수에 관심있는 경우 간편한 논리를 제공할 수 있는 방법이다. 그러나 사업의 수익성과 이자율에 무관하므로 화폐의 시간가치를 고려하지 않고 회수기간 이후의 현금흐름은 무시하여 상세한 분석에는 한계가 있다.

$$\text{회수기간(연)} = \frac{\text{최초 투자액}}{\text{연간 현금유입액}}$$

지속 투자가 이루어지는 경우는 투자액에 연속 투자액을 더하여 회수기간을 산정한다.

2) 회계적 이익률법

회계적 이익률법(accounting Rate of Return method)은 전통적인 회계모형(현행회계 기준)에 의해 회계적 이익률을 산출하여 가장 높은 이익률을 가진 투자안을 선택하는 방법이다. 이 방법은 회계자료를 그대로 이용하여 신뢰성이 있고 투자수익률 산정이 쉬워 적용하기가 쉽다. 그러나 경영 의사결정 목적이 아닌 외부보고용으로 제시된 자료를 사용하며, (내부의사결정용이 아님) 화폐의 시간가치를 고려하지 아니하고, 발생주의회계라는 한계가 있다.

$$\text{회계이익률(\%)} = \frac{\text{연 평균 순이익 증가분}}{\text{원천 투자액(또는 평균 투자액)}}$$

연 평균 순이익 증가분 = 연 평균 현금유입 증가분 - 연 평균 감가상각비

4 현금흐름할인모형

현금흐름할인모형(cashflow discounting model)은 화폐의 시간가치를 감안하여 평가일 현재의 순현재가치를 기준으로 평가 및 투자의사결정을 하는 방법이다.

1) 순현재가치법

순현재가치법(net present value method)은 투자안의 순현가를 계산하여 순현가가 양의 값(+)을 가지면 투자 가치가 있는 것으로, 음의 값(-)을 가지면 그 투자안은 투자가치가 없는 것으로 판단하는 모델이다. 양의 값을 가진 투자안이 여럿이 있는 경우, 투자자는 그중 가장 큰 값을 갖는 투자안을 선택하게 되는데, 모델의 한계를 잘 알고 있는 투자자라면 순현가의 크기 외에 비재무적 비가시적 사안들까지 고려하여 의사결정을 할 것이다. 순현가 산정방법을 식으로 표시하면 다음과 같다.

$$NPV = PV(CI) - PV(CO)$$

$$= \frac{CF_1}{(1+r)} + \frac{CF_2}{(1+r)^2} + \dots + \frac{CF_n}{(1+r)^n} - I_0$$

$$= \sum_{t=1}^{n} \frac{CF_t}{(1+r)^t} - I_0$$

여기서 NPV = net present value

$PV(CI)$: present value(cash inflow) - 현금유입의 현재가치

$PV(CO)$: present value(cash outflow) - 현금유출의 현재가치

CF: cash flow(CI: Cash Inflow, CO: Cash Outflow)

r: 할인율(시장이자율, 요구수익률 또는 자본비용)

I_0: 투자액(여러 번 투자할 경우 투자액도 현재가치를 계산함)

2) 내부수익률법

내부수익률(IRR: Internal Rate of Return)이란 투자 대상인 프로젝트가 가지는 내재적 이익률이다. 내부수익률이 할인율(또는 평가시점의 시장이자율, 투자자의 요구수익률이나 자본비용)

보다 크면 당해 투자안의 이익률이 회사가 요구하는 최소수익률보다 크다는 것이니 투자 대상이 되며, 낮으면 다른 투자안을 찾게 된다. 내부수익률은 유효이자율이라고도 하며 당해 투자로부터 기대되는 현금 유입액의 현가와 투자액을 일치시키는 할인률을 말한다.

$$NPV = \sum_{t=1}^{n} \frac{CF_t}{(1+r)^t} - I_0 \; (=0)$$

$$\rightarrow I_0 = \sum_{t=1}^{n} \frac{CF_t}{(1+r)^t}$$

이때 r은 시행착오법 또는 재무계산법 등을 이용하여 산정한다.

한편, 엑셀에서는 IRR 함수를 이용하여 r을 구할 수 있다. 일정기간 현금흐름 추정치를 주고 IRR(n1, n2)를 입력하면(셀입력: =IRR(n1, n2)) 할인율을 반환한다.

※ 순 현재가치(NPV)가 0인 할인율이므로 투자액과 현금유입액의 현재가치가 일치되는 할인율을 내부이익률(IRR)이라 한다.

이 방법은 화폐의 시간가치를 고려하고 증분분석(투자 한 단위를 증액시킴에 따라 현금흐름이 어떻게 달라지는지를 분석하는 것)을 통해 투자규모를 조정할 수 있다. 내부 수익률이 자본비용[4]보다 클 경우 이 투자안은 투자대상이 된다.

자본비용(부채와자본의 가중평균자본비용)은 다음과 같이 계산된다.

$k = k_e \times \frac{E}{D+E} + k_d \times \frac{D}{D+E}$	r_f : 무위험이자율
	D : 타인자본
$k_e = r_f + \beta(R(m) - r_f) + a$	E : 자기자본
k = 가중평균자본비용	t : 법인세율
k_e : 자기자본비용	β : 베타
k_d : 타인자본비용	$R(m) - r_f$: MRP(Market Risk Premium)

자본비용은 자기자본수익률과 타인자본비용의 가중평균이다. 자기자본비용은 CAPM(자본자산가격결정모형)이라는 방법에 의하여 산정하고, 이는 시장수익률을 대상기업의 시장적응률로 환산하여 산정한다. 위 k_e 의 산정식이 CAPM모델(자본자산가격결정 모형: Capital Asset Pricing Model)이다. 자세한 내용은 가치평가모델을 참고하기 바란다.

4 자본비용: 자본을 조달하는 데 들어가는 비용으로. 지급할 이자를 말하며 타인자본비용과 자기자본비용이 있다. 자기자본은 이자를 지급하지 않는 것 같으나 실제는 타인자본보다 훨씬 큰 비용을 부담하고 있다.

OX 졸음깨우기

01 자본예산이란 일상적으로 매년 수립하는 차년도 경영계획과는 달리, 장기적으로 대규모의 대단위 투자계획을 말한다. 자본예산모형은 회수기간법, 회계 이익률법, 순현가법 및 내부 이익률법 등이 있다. ( )

02 특정한 대규모 프로젝트에 투자를 하고 투자액 전액이 언제쯤 회수되는가는 투자자의 입장에서 불확실한 투자를 감행할 것인가를 결정하는 매우 중요한 요소이다.
동일한 조건의 경우라면 투자자는 이 기간이 짧은 투자안을 선택할 것이다. 이때, 수익률이 다소 높아도 회수기간이 짧으면 항상 짧은 회수기간의 투자안으로 결정되며 이렇게 결정하는 의사결정 방법을 회수기간법이라 한다. ( )

03 투자안의 내부 이익률(IRR)이 일반적 투자이익률보다 크면 이 프로젝트는 투자적격으로 보고되고 채택된다. 내부 이익률(유효 이자율)은 당해 투자로부터 기대되는 현금흐름(유입액)과 투자액(유출액)을 일치시키는 할인율을 말한다. ( )

$$NPV = \sum_{t=1}^{n} \frac{CF_t}{(1+r)^t} - I_0 \; (= 0)$$

$$I_0 = \sum_{t=1}^{n} \frac{CF_t}{(1+r)^t}$$

답 1.O, 2.O 3. X (항상 선택되지는 않는다. 다른 적절한 방법이 있을 경우 이를 활용한다)

선택형 지식점검하기

01 ㈜신송은 자동화시설을 갖추려 하고 있다. 이 시설로부터 매년 20,000,000원의 cash inflow가 예상되고 있다. 이 시설의 설치가는 100,000,000원이다. 자동화시설의 내용연수는 5년이며 잔존가치는 '0' 정액법에 의해 상각을 실시한다. 이 기계의 회수기간은 얼마인가?

① 3.5년 ② 4년 ③ 4.5년 ④ 5년

02 다음은 NPV 법에 대한 설명이다. 적절하지 않은 것은?

① 투자 기간 동안의 cash inflow는 내부 수익률로 재투자하는 것을 전제로 하고 있다.
② 순 현재가치 = 현금유입액의 현재가치 - 현금유출액의 현재가치
③ 투자안에 대한 투자의사 결정 시 다른 요인이 없고 NPV > 0 이면 투자안을 채택한다.
④ 각 투자안 들에 대해서는 가치 자산의 원칙이 성립한다.

03 다음의 자본예산분석 방법에 대한 설명이 맞는 것은?

ⓐ 회수기간법은 회수시점 이후의 현금흐름을 고려하지 않는다.
ⓑ 회계적 이익률법은 화폐의 시간가치를 고려한다.
ⓒ 내부 이익률은 현재 투자액과 투자에 의한 현금유입액의 합계가 동일해지는 할인율이다.
ⓓ 순 현가법에서는 투자안의 순 현가가 양(+)인 경우 투자안을 채택한다.

① ⓐ, ⓑ, ⓒ ② ⓐ, ⓒ, ⓓ ③ ⓑ, ⓒ, ⓓ ④ ⓐ, ⓑ, ⓒ, ⓓ

답 1.④(감가상각은 고려하지 않는다), 2.①, 3.②

주관식 실력향상하기

01 ㈜정림은 잉여자금과 축적된 신용을 이용해 신규투자를 계획하고 있다. 다음의 두 프로젝트 중 어느 안을 선택할 것인가? 두 안에 대해 순 현가(할인률 15%)를 계산하고 내부 이익률을 계산한 뒤 투자의견을 피력하라.

[자료] 투자안별 추정 현금흐름

(단위:억원)

연도	프로젝트 A	프로젝트 B
20x5	-800	-700
20x6	350	400
20x7	350	250
20x8	350	250
20x9	350	250

풀이

1) 회수기간법에 의한 평가

지문상의 투자안별 추정현금흐름으로 회수기간을 산정하면 다음과 같다.

- 프로젝트 A: 투자액 800원을 회수하는 시점은: 2년 3.4개월
- 프로젝트 B: 투자액 700원을 회수하는 시점은: 2년 2.4개월

∴ 회수기간법 기준으로는 프로젝트 B가 더 유리합니다.

2) 투자안의 순현가 산정

- 프로젝트 A의 순현가: $\frac{350}{(1.15)} + \frac{350}{(1.15)^2} + \frac{350}{(1.15)^3} + \frac{350}{(1.15)^4} - 800$

  $= \frac{350}{(1.15)} + \frac{350}{1.3225} + \frac{350}{1.52088} + \frac{350}{1.74901} - 800$

  = 199.24 (소수점 3자리 4사 5입)

- 프로젝트 B의 순현가: $\frac{400}{(1.15)} + \frac{250}{(1.15)^2} + \frac{250}{(1.15)^3} + \frac{250}{(1.15)^4} - 700$

  = 144.18

∴ 투자안 A가 유리하다.(55억 원)

3) IRR법

- 프로젝트 A의 IRR(r): $\frac{350}{(1+r)} + \frac{350}{(1+r)^2} + \frac{350}{(1+r)^3} + \frac{350}{(1+r)^4} - 800$

  을 만족시키는 r을 구하면

F요소법 등을 이용하면

$800 = 350 \times F$

$\therefore F = 2.286$

여기 가장 근접한 할인율은 27%

∴ 시장 이자율을 10%로 보면 A project는 투자대상임

- 프로젝트 A의 IRR(r): $\frac{400}{(1+r)} + \frac{250}{(1+r)^2} + \frac{250}{(1+r)^3} + \frac{250}{(1+r)^4} = 600$

  을 만족시키는 r을 구하면

  36% < r < 37%. 36.5%로 가정

A, B 양측을 엑셀의 IRR 함수에 대입하면 다음과 같다.

투자안 A의 IRR = 36.21%

투자안 B의 IRR = 20.73%

∴ IRR 기준으로는 프로젝트 A가 유리하다.

※ IRR 함수 적용

적용식: IRR (Value, {guess})

적용: cell별 B_2 = -10,000, B_3 = 3,000, B_4 = 4,000, B_5 = 5,000일 때

B_6 = IRR(B_2 : B_5) 하면 8.9%를 반환한다.

{guess}는 option으로 guide라고도 하며 IRR의 근사값으로 추정할 수치를 지정하지 않으면 0.1로 계산된다.

4) 투자의견

상기 프로젝트 A와 B는 회수 기간법으로는 B안이 유리, 프로젝트 순현가는 B가 유리(199.24 : 244.18), IRR을 계산해보면 A가 유리(36.21% : 20.73%)하다. 이것은 투자평가의 순위충돌(Ranking Conflict)이라 하는 것으로 이런 경우는 이론상 NPV 평가치를 기준으로 판단한다. NPV는 프로젝트가 기업의 가치를 절대적인 금액으로 얼마나 증가시키는지를 직접적으로 보여주기 때문이다.

따라서 기업 가치 극대화라는 목표에 따라 프로젝트 A를 선택하는 것이 합리적이라고 보아야 한다. 회수기간법은 유동성 측면에서 보조적인 지표로 활용될 수 있으나, 장기적인 수익성을 판단하는 데는 한계가 있다. 회사가 안전성이 있고 투자차액 100억 원의 조달에 문제가 없다면 "A"를 선택한다.

책임회계와 성과평가

경영 책임이란 좁게는 좋은 제품을 생산하여 고객에게 기쁨과 만족을 주고 함께 일하는 이들과 화합하며 주주에게 적정한 배당을 주는 권한과 의무라 할 수 있다. 넓게 보면 특정 책임 중심점(Responsibility Center)의 관리자에게 부여된 자원(예산)에 대한 관리 및 통제 권한과 그 권한 행사의 결과에 대한 성과 책임을 의미한다. 기업 조직과 자원의 효율적인 운영을 위해 각 사업부나 부서에 독립적인 의사결정 권한과 그에 따른 책임을 부여하는 개념이다.

문 아래 세 사업부의 경영 성과를 평가하고 개선책을 제시하라.

구분	사업부 A	사업부 A	사업부 C
투자액(단위:억원)	300	200	50
사업기간 영업이익(단위:억원)	69	36	19
요구수익률(이자율)	8%	8%	8%

각 사업부의 성과를 평가하기 위하여 투자수익률(ROI)과 잔여이익(RI)을 계산하라. 요구수익률은 연 10%이다.

풀이

1. 각 사업부의 성과 계산:

구분	사업부 A	사업부 A	사업부 C
① 투자액	300억원	200억원	50억원
② 영업이익	69억원	36억원	19억원
③ 요구이익(①×10%)	300억×10%=30	200억×10%=20	50억×10%=5
④ 투자수익률(ROI, ②÷①)	69억÷300억=23.0%	36억÷200억=18.0%	19억÷50억=38.0%
⑤ 잔여이익(RI, ②-③)	69억-30억=39억원	36억-20억=16억원	19억-5억=14억원

[설명]

- 자본이자(Capital Charge 또는 Imputed Interest): 사업부가 투자한 자본에 대해 최소한으로 벌어들여야 하는 이익(요구수익률 10%)을 의미한다.
- 투자수익률(ROI: Return on Investment): 투자된 자산 대비 영업이익의 비율로, 자산 활용의 효율성을 나타낸다.
- 잔여이익(RI: Residual Income): 영업이익에서 요구이익(자본이자)을 차감한 금액으로, 사업부가 요구수익률을 초과하여 벌어들인 절대적인 이익을 나타낸다.

2. **각 사업부의 경영 평가 및 개선책 제안**

1) 사업부 A

- ROI는 23.0%로 요구수익률(10%)보다 높으며, RI도 39억원이므로, 사업부 A는 성공적인 경영 성과를 보였다. 투자된 자본을 효율적으로 활용하여 기업 가치를 증대시킬 수 있다.
- 개선책: 현재의 높은 수익성을 유지하기 위해 지속적인 매출 성장 전략과 원가 관리에 집중해야 한다. 또한, 투자 효율성을 더욱 높일 수 있는 기회를 모색해야 한다.

2) 사업부 B

- ROI는 18.0%로 요구수익률(10%)보다 높으며, RI도 10억원이므로, 사업부 B도 양호한 경영 성과를 보인다. 요구수익률을 초과하는 이익을 창출하고 있다.
- 개선책: 사업부 B의 ROI는 18.0%로 사업부 A의 ROI 23.0%, C의 ROI 38.0%에 비해 상대적으로 낮으므로, 투자수익률 증대에 노력할 필요가 있다. 이를 위해 매출 증대 전략(예: 신규 시장 개척, 제품 혁신) 또는 비용 효율화(예: 생산 공정 개선, 간접비 절감) 방안을 적극적으로 모색하고 실행해야 한다. 또한, 투자 자산의 회전율을 높이는 방안도 고려할 수 있다.

3) 사업부 C

- ROI는 38.0%로 세 사업부 중 가장 높으며, RI도 15억원이므로, 사업부 C는 매우 뛰어난 경영 성과를 보이고 있다. 특히 소규모 투자액 대비 높은 효율성을 입증했다.
- 개선책: 현재의 높은 투자 효율성을 유지하면서, 추가적인 투자가 이루어질 경우에도 유사한 높은 수익성을 달성할 수 있도록 사업 확장을 신중하게 고려해야 한다. 다른 사업부의 모범이 될 수 있다.

3. **종합 의견:** 세 사업부 모두 요구수익률(10%)을 초과하는 성과를 달성하여 기업에 긍정적인 기여를 할 것으로 평가되었다. 특히 사업부 C는 투자수익률 측면에서 가장 효율적이며, 사업부 A는 가장 많은 절대적 이익(잔여이익)을 창출하고 있다. 사업부 B는 양호한 성과를 보였으나, 상대적으로 다른 사업부 대비 ROI 개선의 여지가 있다.

1 책임회계의 의의

책임회계제도란 기업조직 내 특정 업무수행 권한이 있는 조직(중심점)의 경영과정과 결과를 회계적으로 측정하여 보고하고 그 성과를 평가하는 것으로 평가대상은 조직 또는 개인이며 이를 책임중심점이라 한다. 책임 중심점에는 R&R(역할과 책임, Role & Responsibility)이 부여되며, 투자액을 주고 수익과 비용 통제권을 준다. 나아가 책임중심점 관리자에 대한 평가를 수행한다. 조직의 경영 성과 향상을 목적으로 하는 회계제도이다. 성과평가란 책임중심점에 대한 계획과 실적의 차이를 분석하는 과정이다.

2 책임중심점 분류

책임회계제도하에서의 성과평가는 책임자가 권한과 책임이 있고 통제권이 있는 책임중심점별로 이루어진다. 이 책임중심점에는 input - process - output 관계가 성립하는데, input은 원재료나 노동력의 투입을, output은 유·무형의 가치로 이 가치를 산출하기 위해서 process가 작동하며 책임자는 어떤 관리통제를 하거나 입력 대비 결과 가치로 평가를 받는다. 이러한 책임 중심점은 원가중심점, 수익중심점, 이익중심점 및 투자중심점 등으로 분류된다.

1) 원가중심점

당해 사업부의 관리책임자가 원가의 발생에 대해 책임을 지는 조직 단위를 말한다. 이는 실제로 생산활동을 수행하는 제조부문, 생산을 지원하는 보조부문, 그리고 본사 내의 다양한 비용 발생 부문들을 포함한다. 원가중심점의 성과는 예산 및 표준원가 시스템에 의해 평가되고 통제될 수 있으며, 이러한 방식은 가장 널리 사용되는 관리회계

기법 중 하나다. 제조기업에서는 일반적으로 생산부문이나 제조부문이 대표적인 원가 중심점으로 설정된다. 이때 원가중심점의 책임자는 원가의 발생에 대해서만 책임을 지며, 수익이나 투자 등 다른 재무성과에는 책임을 지지 않는다.

2) 수익중심점

매출에 대한 책임중심점으로 판매 부문이 해당한다. 산출물인 매출만을 성과로 측정받는다. 재화나 용역을 판매하는 지역 대리점 등이 이에 해당한다.

3) 이익중심점

수익과 원가 모두에 책임을 지는 중심점이다. 회사 전체 또는 독립된 특정부문으로 독자적인 활동을 하는 조직이 이에 해당한다. 성과평가의 기준이 이익이면 그 통제는 고정비를 제외한 공헌이익으로 함이 타당하다. 이 부문 관리자는 제품의 판매가격, 전략 및 생산계획의 권한까지 행사한다.

4) 투자중심점

이익은 물론 투자의사 결정에 대하여도 책임을 지는 중심점이다. 현대 경영은 기능을 소규모 단위로 쪼개 그 부문에 권한과 책임을 부여해가는 추세이며, 나아가 특정 부문에 수익과 비용의 통제는 물론 투자의사 결정권까지 주는 것은 그에 대한 책임의 범위 명확히 하고 성과를 극대화하기 위한 것이다.

3 성과평가 보고

성과보고서는 책임중심점의 역할과 책임을 받는 권한에 따라 이루어진 성과를 측정하여 논공행상 하기 위해 책임중심점별로 작성된다.

성과보고서는 각 중심점별 하위에서 작성하여 최종 상층에서 집계, 최종으로는 책임자가 요약, 보고한다.

보고서는 예산과 실적을 비교하여 예산차이 중심으로 분석하여 보고한다. 차이 원인이 분석되고 원인과 작업 수행자, 향후 개인적 개선할 사항, 조직의 관리통제상 보강해야 할 항목들에 대하여 가능한 상세히, 개선점에 초점을 맞추어 보고한다. 보고서에 들어갈 내용들을 요약하면 다음과 같다.

① 목적 적합성

성과보고를 중심으로 보고되는 문서이니 그 목적을 잊으면 안 된다. 차이가 분석되고 원인과 대안이 분석되어야 한다.

내용 중 통제 가능한 부분과 통제 불능 부분으로 분리하여 통제 불능분은 외부 환경의 사전 조정으로 처리할 수 있었는지 분석하고 통제 가능분은 통제 실패의 원인을 분석하고 개선점 등 향후 경영에 소요될 사항들을 분석하며 심도 깊게 보고한다.

② 적시성

보고의 타이밍이 맞아야 한다. 경영자 및 관리자의 의사결정에 이용할 수 있도록 하여야 하며 파급되는 시점도 감안한다.

③ 경제성

성과보고서의 보고에 따른 비용, 즉 보고서를 작성하는데 외부연구기관의 별도 연구나 시험기관의 시험 보고서 등 너무 많은 비용이 든다면 이는 고려하여야 한다.

④ 동기부여

성과보고서는 종업원들의 징계에 목적이 있는 것이 아니다. 향후 작업 환경을 어떻게 더 좋게 가져갈 것인가, 작업자들의 기술 수준을 높이고 협력적·발전적 분위기로 기업경쟁력을 높이기 위함이다.

표준의 수립이나 목표의 설정 등에 종업원들이 함께 참여하는 것은 좋다. 비난이나 벌칙의 목적이 아님을 명심하여야 한다.

이러한 성과평가에는 책임중심점별로 당해 관리자가 통제가능한 수익, 원가 또는 이익만을 대상으로 하여야 한다.

4 책임중심점별 성과평가

원가중심점, 수익중심점, 이익중심점 및 투자중심점 들은 그 결과에 대하여 평가를 하고 성과에 따른 보상을 하여야 한다. 역할이 있으면 수행 및 성과에 대한 보상과 벌칙이 주어져야 하기 때문이다. 각 책임중심점의 책임자는 주어진 역할에 따라 합당한 평가를 받으면 된다.

1) 원가중심점에 대한 평가

원가중심점은 비용이 발생하여 그에 대한 통제의 성과를 평가하는 것으로 원가발생부서인 다음의 부서 및 그 책임자를 대상으로 한다.

- 생산부문
- R&D 부문
- 품질관리 부문
- 고객서비스 부문
- 정보서비스 팀
- 공공기관의 행정지원부서, 교육부서
- 그 외 각 부문

(1) 생산부문

조업도에 따라 변동비가 결정되는 생산부문에는 실제 생산비 발생액과 정상원가 또는 표준원가에 따른 조업도 기준 비용이 평가의 주가 된다. 여기에 예산에 따른 원가발생의 균형이 평가될 수 있다.

고정비, 변동비 방식의 성과평가는 재료비 및 노무비의 직접비에 대한 분석으로 주로 분기별 재료비 및 노무비 차이분석을 통해 성과를 평가하며, 예산에 대하여는 경과기간의 비율별 또는 계절성 제품의 경우는 그 변동성을 감안한 평가를 하여야 한다.

(2) R&D 부문

연구개발 부문의 원가중심점 성과평가는 연구개발계획 대비 진행상황과 이에 따른 비용의 정상지출에 초점에 맞추어진다. R&D 부문에 대한 원가 중심점으로 평가할 때는 집행액보다는 지출해야 할 필수원가의 집행이 정상 집행이 되었는지에 관심이 모아진다. 아울러 연구 진도에 따른 성과는 별도로 평가한다.

(3) 기타부문

기업에서 그 외의 부문에서 집행하는 비용의 중요한 부분은 주로 임원들이 사용하는 카드사용 비용의 합리성에 대한 통제가 중요하다. 회사별 CEO 또는 총수의 통제하에 스스로의 통제 기준을 설정하는 것이 좋다. 각 부문에서의 집행비용들에 대하여는 부문별 통제 기준점을 설정하고 이를 통한 할당원가의 통제를 수행할 수 있는 것이다.

2) 수익중심점에 대한 평가

수익중심점은 영업부문이거나 또는 생산과 직결된 영업 · 생산의 통합부문이라고 볼 수 있다. 일정 매출액을 수익중심점인 영업부문에 부과하고 기간과 여건의 변동에 따른 수익목표 달성에 대한 목표완성도 등을 평가한다.

수익중심점을 기준으로 한 분석은 기간별 분석이나 지역 판매거점별 달성률 분석이나 영업담당사원별 달성도, 세부 팀별 평가 후 회사의 실정에 맞춘 조정이 수행된다. 또한 제품별 분석이나 판매 형태별 - 직판, 방판, 인터넷 판매 및 판매거절 등 사유들에 대한 분석을 통해 성과에 대한 보상이나 특별한 전략을 선택할 수 있다.

3) 이익중심점에 대한 평가

이익은 매출과 비용의 차이이므로 이익중심점에서는 수익과 비용에 관한 성과평가를 동시에 수행한다. 이익중심점은 프로젝트나 제품생산, 판매의 단위가 일정규모 이상일 때 이익중심점을 설정할 수 있다. 판매계획과 비용계획을 별도로 수립할 수 있는 규모가 되고 각각에 대한 통제를 수행할 수 있어야 하기 때문이다.

이익중심점에서는 목표로 한 이익의 달성여부를 평가하며 매출의 경우는 국내외, 시장별, 제품 분류별, 주제품과 부제품, 재고 부족에 따른 타사상품의 매출 등에 관한 분석이 필요하다.

원가와 관련해서는 원가중심점에서 설명한 비용에 대한 분석 및 평가를 수행하되 이익중심점에서는 수익과 비용을 동시에 관장할 수 있으므로 수익·비용 대응의 원칙에 따라 균형된 분석을 수행할 수 있다. 공통비의 배부는 매우 중요하다. 비용은 직접비와 간법비를 구분하고 배부된 간접비를 포함하여 차이분석을 실시하고 평가할 수 있다.

5 투자중심점의 성과평가

투자대상 또는 투자프로젝트에 투자하는 책임회계인 투자중심점은 실제 발생하는 원가의 통제는 물론이고 이익과 그 원천인 투자에까지 권한과 책임을 부담하는 중심점이다. 그 평가방법은 다음과 같다.

1) 투자중심점에 대한 평가

(1) 표준변동원가계산 손익계산서

1년 이하의 기간일 경우 사용한다. 공헌이익에 의한 평가를 수행한다.

투자중심점의 매출액, 변동원가, 고정비를 도출하여 공헌이익과 영압이익을 산정한다.

(2) 지수에 의한 평가

다음의 평가지표에 의하여 지수의 특성에 따라 평가한다.

① 투자이익률(Return On Investment: ROI)

② 잔여 이익(Residual Income: RI)

③ 경제적 부가가치(Economic Value Added: EVA)

2) 투자이익률의 측정

이익과 투자액의 비율이 투자이익률이다. 이익을 당해 사업에 투자한 금액과 대비하여 비율을 산출한다. 투자이익률(ROI: Return On Investment)의 산출은 다음과 같이 한다.

$$ROI = \frac{\text{이익}}{\text{투자액}}$$

투자액과 이익은 다양하게 사용한다. 이익은 당기손이익, 영업이익 또는 법인세 공제 전 순이익이나 EBIT(Earnings Before Interest and Tax), EBITDA(Earnings Before Interest, Tax, Depreciation and Amortization) 등을 쓰며, 투자액은 '총자본(부채총계+자기자본), 자기자본, 자기자본+비유동부채(비유동자산의 상대개념)' 특정 프로젝트에 대한 투자액을 쓰기도 한다.

$$\text{투자중심점의 투자이익률} = \frac{\text{투자중심점의 영업이익}}{\text{투자중심점의 영업자산}}$$

보통은 투자중심점의 영업이익과 영업자산의 비율로 계산한다.

(1) 이익의 측정치

이익의 측정은 보통 EBIT(당기순이익 + 이자 + 법인세비용)로 하나 영업이익으로 측정한다. EBIT를 영업이익의 뜻으로 언급하는 경우도 있으나 EBIT에서는 영업외비용 중 이자비용만 감안한다는 것은 유념하여야 한다. 그러나 손익계산서의 영업외비용은 정상 영업주기 내에서는 이자비용이 핵심이다.

(2) 투자액 측정치

투자액은 투자중심점의 성과평가의 경우에는 당해 투자중심점의 영업자산으로 한다. 비영업용 자산은 포함시키지 않는다. 비영업용 자산은 당해 투자중심점에서 사용하지 않는 자산(소모공구까지도)은 배제하여야 한다. 재고실사 때 비사용자산은 과감히 투자중심점(자산리스트)에서 배제한다.

3) 투자중심점과 기업의 목표

투자중심점의 목표는 ROI만으로 세우는 것이 아니다. 경제적 부가가치(EVA)나 잔여이익의 개념을 사용할 수도 있다. 이들의 특징과 한계를 잘 파악하여 분석결과와의 차이에 대한 해석에 유의하여야 한다.

(1) ROI

잔여이익과 경제적 부가가치가 절대적 측정치임에 비해 ROI는 상대적 측정치이다. 평가지수로 ROI를 선택할 경우 투자중심점 책임자는 회사 수익성보다 부문 ROI를 중심으로 의사결정을 할 수 있다. 그러나 부문 최적화가 아니라 회사 전체 최적화가 목적임을 인식하고 이런 경우는 회사 전체로서의 통제가 필요하다.

$$투자수익률 = \frac{투자중심점의\ 영업이익}{투자중심점의\ 영업자산}$$

$$= \underset{(매출액이익률)}{\frac{투자중심점의\ 영업이익}{투자중심점\ 매출액}} \times \underset{(영업자산회전율)}{\frac{투자중심점\ 매출액}{투자중심점\ 영업자산}}$$

이 산식이 가지는 중요 의미는 ROI는 매출액 이익률과 영업자산회전율로 결정되며 이는 제품매출의 이익률 향상(기술격차가 결정)과 활발한 영업활동(영업자산의 회전)이 결정한다는 것을 알 수 있다.

(2) 경제적 부가가치

(가) EVA 지표의 의미

경제적 부가가치(EVA)는 기업 자체의 이익이므로 기업이 수익성이 있다는 것은 투자자의 입장에서는 투자 효익이 있다는 것이며 기업은 자체 도생이 된다는 의미이다.

① EVA가 '0'보다 크다는 것은 기업의 세후 순영업이익이 투하자본에 대한 자본비용보다 크다는 것이므로 채권자나 투자자에게 지급할 금융 비용의 문제는 없다. 기업에 유보되는 경제적 이익이 축적된다.

② EVA가 '0'보다 작다는 것은 자본주나 채권자에게 지급할 이익이 부족하므로 다른 쪽에서 필요자금을 충당하여야 한다.

(나) EVA의 계산

기업은 기업 자체의 이익을 평가해 보아야 한다. 기업 실체론에 따르면 타인자본이나 자기자본 모두 기업 입장에서는 타인자본이다. 타인자본에는 비용이 발생한다. 따라서 당기순이익에서 타인자본 비용과 자기자본 비용을 공제한 순수한 의미의 기업 이윤을 계산할 필요가 있는데, 이것이 경제적 부가가치(EVA: Economic Value Added)로 다음과 같이 계산된다.

EVA = 세후 영업이익 - 영업 자본비용
= (영업이익 - 법인세 비용) - (타인자본비용 + 자기자본비용)
= 영업이익 × (1 - 법인세율) - (총 자산 - 유동부채) × 가중 평균 자본비용

(다) EVA 증대 방안

매출액의 증대 및 비용의 절감을 통한 이익의 증대는 EVA를 증가시키기 위한 당연한 방책이다. 비효율적인 자산이나 유휴설비의 처분은 효율적 경영을 위한 방책이며 적정 수준의 유형자산(비유동자산)과 재고자산의 유지는 이들의 확보에 들어가는 비용의 감소 및 관리비를 줄일 수 있다.

팔수록 손실이 발생하는 저수익성 제품의 철수 및 저수익성 프로젝트나 사업부문을 과감히 철수나 폐기함도 필요하다.

반대로 고수익성 제품을 출시 및 집중하고 사업부문도 고수익성을 위한 연구를 한다. 또한 자본 조달 리스트를 줄이는 방안으로 자기자본 비용과 타인자본 비용 절감을 위한 노력의 경주 및 필요시 자본구조의 재조정도 필요하다.

(라) EVA의 활용

EVA는 기업의 외부나 내부에서 활용할 수 있다.

경영 내부에서는 경영자 보상이나 사업부문 업적평가, 사업부문에서 자원배분, 사업부문의 평가 및 기업 내부 의사소통, 나아가서는 활동기준 원가계산에 사용되며, 외부적으로는 기업평가의 중심점을 이루고 있다. 주주 및 채권자에 대한 설명 및 투자나 여신거래를 여는 단초적 역할을 한다.

(3) 잔여이익

잔여이익(residual income) 개념은 미국 GE(General Electric)사가 개발한 투자 평가기법이다. 잔여이익은 영업자산으로부터 회수해야 할 최소한의 이익을 초과하는 영업이익을 말하며 유보이익이라고도 한다. 다음과 같이 계산한다.

잔여이익 = 투자중심점의 영업이익 - 투자중심점의 영업자산에 대한 이자

위 식은 또,

잔여이익(RI) = 투자중심점의 영업이익 - 투자중심점 영업자산 최저 필수 수익률
- 투자중심점 영업이익: 투자중심점 부문이익
- 최저 필수 수익률: 투자금액 x 가중평균 자본비용률
- 가중평균자본비용률: WACC

로 표시된다.

이는 기업의 영업이익이 투자중심점 영업자산의 최저 필수수익률을 초과하는 값으로 측정되므로 잔여이익이 양수이면 투자대상이거나 양호한 경영을 하고 있다는 의미가 된다. 즉, 잔여이익이 0보다 크면 당해 사업의 수익성이 있다는 말이다. 투자자는 이 프로젝트에 대한 투지이유를 찾은 것이다.

투자중심점의 투자안을 평가할 때에는 ROI가 적합하다. ROI는 기업 실체론적 접근법의 하나이다. 한편, 투자 프로젝트의 평가 선호도는 일반적으로 NPV, RI, ROI 등이 거론되고 있다.

4) 세계 기업들의 재무성과측정 핵심 비율

(1) 세계 기업들이 쓰는 재무비율

세계적인 기업들이 쓰는 재무비율은 다음과 같은 것들이 있다

(가) 주로 활용하는 비율

1. 유동비율(Current Ratio)
2. 당좌비율(Quick Ratio)
3. 부채비율(Debt Ratio)
4. 자기자본비율(Equity Ratio)
5. 매출액영업이익률(Operating Margin)
6. 순이익률(Net Profit Margin)

7. 총자산이익률(ROA, Return on Assets)

8. 자기자본이익률(ROE, Return on Equity)

9. 주가수익비율(PER, Price Earnings Ratio)

10. 주가순자산비율(PBR, Price-to-Book Ratio)

(나) 업종별 선호 비율

이들은 업종, 규모, 전략에 따라 주로 사용하는 지표는 조금씩 달라진다. 예를 들어, 금융권은 ROE와 자기자본비율을 특히 중요시 여기며, 제조업체는 ROA와 매출이익률에 더 집중하는 경향이 있다.

업종별 선호하는 비율은 다음과 같이 구분할 수 있다.

1. 제조업 및 생산 기업

재고회전율(Inventory Turnover): 재고 관리 효율성 중시

매출채권회전율(Accounts Receivable Turnover): 채권 회수 능력 중시

ROA(총자산이익률): 자산 활용의 효율성 평가

영업이익률 / 순이익률: 수익성 지표

2. 금융기관(은행, 보험사 등)

자기자본비율(Equity Ratio): 재무 안정성 핵심

레버리지 비율: 자본 대비 부채 수준

순이자마진(Net Interest Margin): 수익 창출 능력

적정자본비율(Capital Adequacy Ratio): 금융 규제 준수와 안정성

3. 기술 및 IT 기업

매출 성장률: 성장성 중심

영업이익률 / 순이익률: 수익성이 중요

R&D 투자 비율: 혁신 역량 평가

현금 유동성(Current Ratio): 운영 안정성 확보

4. 유통 및 서비스업

매출액 대비 영업이익률: 수익성 지표

고객 유치 및 유지 비율: 고객 관련 지표(비재무적이지만 중요)

운영효율성 지수: 비용 절감, 운영 효율 평가

5. 대형 기업 또는 안정성 중시 기업

부채비율: 재무 건전성 유지

유동비율 / 당좌비율: 단기 지급 능력

ROE: 주주 수익률 중시

(다) 기업별 선호 비율

기업별 선호하는 나름의 재무성과 측정지표를 보면 다음과 같다.

Microsoft Corporation(마이크로소프트): ROE, ROA, PER, PBR, 매출액영업이익률, 배당수익률

Amazon.com, Inc.(아마존): 매출액, 영업이익률, ROA, ROE, 운영현금흐름, 영업이익률

Facebook(Meta Platforms, Inc.): 매출액, 영업이익률, 순이익률, ROE, PER

Alibaba Group(알리바): 매출액, 영업이익률, ROE, ROA, PBR, 부채비율

Volkswagen AG(폭스바겐): ROE, ROA, 매출액영업이익률, 부채비율, 유동비율

Toyota Motor Corporation(도요타): ROA, ROE, 매출액영업이익률, 재고회전율

HSBC Holdings plc: ROE, 자기자본이익률, 부채비율, 순이자마진, 유동비율

포드자동차(미국, 자동차): 순이익, ROS(Return on Sales), ROI

지네스(Guinness)(영국): 순이익, ROS

미쓰이(일본, 무역): 매출액, 순이익

피렐리(이태리, 타이어): 순이익, 현금흐름

Swedish Match(스웨덴, 담배): ROI

퀘이커 오츠(Quaker Oats Company)(미국, 식품): 순이익, 잔여이익(RI), EVA

(2) 듀퐁의 자기자본이익률 분석

사업을 하면 이윤이 남아야 한다. 이윤은 투자금액의 얼마를 남기느냐로 결정한다. 기업이 한 해의 사업을 기초 자기자본을 가지고 시작한다. 따라서 자기자본이익률은 매우 중요하다.

듀퐁(Dupont)은 자기자본이익률을 세부적으로 분해하였다(Dupont ROE decomposition). 듀퐁의 R&D 분석률은 대단히 유용한데, 자기자본은 주주의 총 투자액이며 기업실체의 자본으로 보고 주주 투자수익이 얼마나 이루어졌나, 그 원인은 무엇인지를 분석하는 방법이다.

$$ROE = \frac{\text{이익}}{\text{자기자본}} = \frac{\text{이익}}{\text{매출액}} \times \frac{\text{매출액}}{\text{총자산}} \times \frac{\text{총자산}}{\text{자기자본}} \left(= \frac{\text{타인자본 + 자기자본}}{\text{자기자본}}\right)$$

= 매출액순이익률 x 총자산회전율 x 재무레버리지(자기자본비율의 역수)

로 요약된다.

자기자본과 총자산은 기초와 기말의 평균으로 계산한다.

듀퐁은 ROE를 [그림 21-1]과 같이 분해하였다.

그림 21-1 • 듀퐁의 ROE 계층도

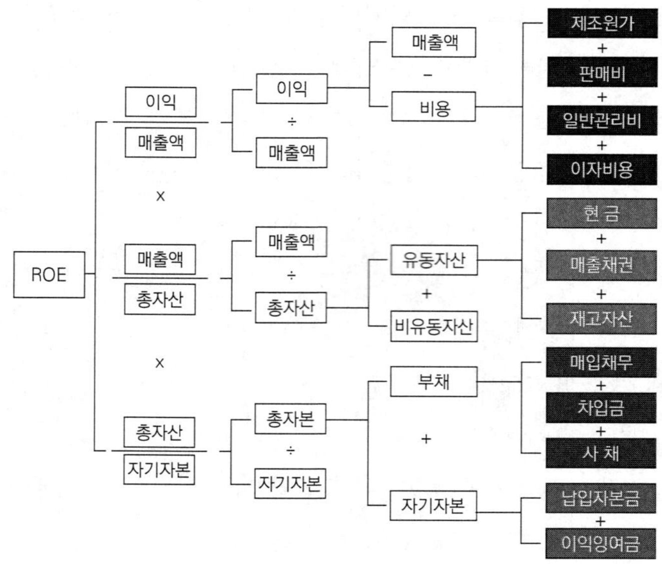

* 자기자본, 총자산 및 총자본은 기초와 기말의 평균으로 계산((기초 + 기말) ÷ 2)

듀퐁의 이 계층도는 투자에 대한 이익률을 매출과 비용들(제조원가, 판매비, 일반관리비 및 이자비용)을 연계시킨 이익과, 자산(유동자산, 비유동자산) 및 부채(매입채무, 차입금 및 사채)와 자기자본(납입자본금, 이익잉여금)의 관련성을 비율로 풀어낸 것이다.

연습문제

OX 졸음깨우기

01 책임회계제도는 기업조직 내 특정 업무수행 권한이 있는 조직이나 개인의 성과를 평가하는 것을 말하며 책임중심점은 원가중심점, 수익중심점, 이익중심점 및 투자중심점으로 구분한다. ( )

02 경영의 성과평가는 회사의 이익을 나타내는 EBIT(이익 + 세금 + 이자)로 한다.
투자중심점에 대한 평가는 공헌이익에 의한 평가 또는 지수평가방법인 투자이익률(ROI: Return On Investment), 잔여이익(RI: Residential Income) 및 경제적 부가가치(EVA: Economic Value Added)로 수행한다. ( )

03 투자중심점을 평가할 때는 부문자산 투자는 장기적 계획이므로 최소단위 1년이 요구되며, ROI나 RI는 보통 연간기준으로 계산된다. 투자이익률은 EBIT를 사용하고 매출액 이익률 및 자본이익률로 측정할 수 있다. ( )

답 1.O, 2.O, 3.X(자본예산이 포함된다, 나머지는 맞음)

선택형 지식점검하기

01 책임회계에 대한 설명이다. 이 중 타당하지 않은 것은?

① 책임회계제도에서는 책임중심점 관리자에게 책임부문의 이익을 최대화하는 데 있지만 이는 기업 전체의 이익과도 조화를 이루어야 한다.
② 책임회계에서의 관련 원가는 부문 경영자의 통제가능원가에 한정되게 계산한다.
③ 책임회계에서 통제불가능원가는 특정 부문에 배분되는 반면, 통제가능원가는 배분되지 않는다.
④ 책임회계제도하에서 작성되는 관리목적의 내부보고서는 통제가능원가에 한한다.

2-3 다음 자료에 의하여 다음 물음에 답하라.

ⓐ 예산편성	ⓓ 표준원가시스템 및 그 보고서
ⓑ 투자이익률(ROI)	ⓔ 표준변동원가계산 손익계산서
ⓒ 잔여이익(RI)	ⓕ 표준재무상태표

02 **책임회계제도하에서 원가중심점 평가방법은?**

① ⓐ, ⓑ　② ⓑ, ⓓ　③ ⓓ, ⓔ　④ ⓐ, ⓓ

03 **책임회계제도하에서 책임중심점 평가방법은?**

① ⓐ, ⓑ　② ⓑ, ⓓ　③ ⓓ, ⓔ　④ ⓐ, ⓓ

답 1.③, 2.①, 3.④

주관식 실력향상하기

01 ㈜삼성은 아래와 같이 세 개의 사업부를 독립적으로 운영하고 있다. 회사의 재무적 자료는 다음과 같다.

[자료]

(단위: 만원)

구분	사업부 A	사업부 B	사업부 C	계
총자산	(　　)	(　　)	(　　)	10,000,000
영업자산	1,000,000	3,000,000	5,000,000	9,000,000
유동부채	300,000	500,000	1,500,000	2,300,000
매출액	2,000,000	5,000,000	10,000,000	1,700,000
영업이익	30,000	60,000	900,000	1,800,000

[기타자료]

타인자본 5,000,000　　　타인자본비용 10%

자기자본 5,000,000　　　자기자본비용 14%

법인세율　　　40%　　　최저 필수 이익률 12%

[물음]

1. 가중평균 자본비용을 구하라.
2. ROI를 이용한 각 사업부의 영업성과를 평가하라.
3. ROI에 의한 성과평가를 비판하고 RI에 의한 각 사업부의 성과를 평가하라. 투자중심점의 영업자산 최저 필수 수익률은 12%로 한다.
4. RI에 의한 성과평가를 비판하고 EVA에 의한 각 사업부의 성과를 평가하라 ← (각 사업부의 총 자산은 영업자산 비율로 배분)

풀이

(1) 회사의 가중평균 자본비용

전제: 비유동부채에만 자본비용을 부과한다. (5,000,000 - 2,300,000 = 2,700,000)

구분	금액	비율	세후비용	가중률
고정부채	2,700,000	35%	0.1 x (1-0.4) = 0.06	0.021
자기자본	5,000,000	65%	0.14	0.091
계	7,700,000	100%		0.112 (11.2%)

(2) 영업성과 평가(ROI)

구분	영업자산	영업이익	투자이익률
사업부 A	1,000,000	300,000	30%
사업부 B	3,000,000	600,000	20%
사업부 C	5,000,000	900,000	18%

결론: 사업부 A의 투자이익률이 30%로 가장 우수함

(3) 영업성과 평가(RI)

잔여이익(RI) = 투자중심점의 영업이익(부문이익) - 투자중심점의 영업자산 최저 필수 수익률(투자금액 X, 자본비용)

구분	영업이익	최저 필수 이익	잔여이익	영업자산 잔여이익률
사업부 A	300,000	1,000,000 x 12% = 120,000	180,000	18%
사업부 B	600,000	3,000,000 x 12% = 360,000	240,000	8%
사업부 C	900,000	5,000,000 x 12% = 600,000	300,000	6%

결론: 잔여이익(RI)에 의한 각 사업부 이익은 사업부 C가 가장 높음

투자효율성을 감안(영업자산 잔여이익률)하면 사업부 A가 월등함

따라서, 다른 사업부가 없고 다른 투자안이 없으면 사업부 A의 사업확장을 꾀할 필요가 있음(4)

영업성과 평가(EVA)

EVA = (영업이익 - 법인세 등) - (타인자본비용 + 자기자본비용)

i) 각 사업부의 총 자산 및 이자부 부채(비유동부채)계산

구분	사업부 A	사업부 B	사업부 C	계	비고
배부액	111,111	333,333	555,556	1,000,000	영업자산비율
영업자산	1,000,000	3,000,000	5,000,000	9,000,000	
총 자산	1,111,111	3,333,333	5,555,556	10,000,000	
자기자본(배부)	555,555	1,666,667	2,777,778	5,000,000	영업자산비율
유동부채	300,000	500,000	1,500,000	2,300,000	
비유동부채	255,556	1,166,666	1,277,778	2,700,000	
계	811,111	2,833,333	4,055,556		

ii) 가중평균 자본비용: 11.2%

적용: 편의상 10%를 적용

iii) EVA계산

사업부	영업이익	법인세 등(40%)	부리대상(자+타)	자본비용	EVA
사업부 A	300,000	120,000	811,111	81,111	98,889
사업부 B	600,000	240,000	2,833,333	283,333	76,667
사업부 C	900,000	360,000	4,055,556	405,556	134,444
계	1,800,000	720,000	7,700,000	770,000	310,000

결론: EVA 계산결과 사업부 C의 이익이 가장 큼

영업자산 EVA율은 사업부 A가 가장 높음

(5) 종합결론:

ROI로 평가한 결과 사업부 A의 투자이익률이 가장 높음
RI로 평가한 결과 사업부 C의 잔여이익이 가장 높음
EVA로 평가한 결과 사업부 C의 경제적 부가가치가 가장 높음
다만, 투자효율성으로 보면 전체적으로 사업부 A가 효율적이며,
가능하면 사업부 A의 사업 확대가 필요하다.

PART

04

COST
ACCOUNTING
CALCULATION
ACCOUNTING LEDGER
TAX FORM
COST INNOVATION
REVENUE
ANNUAL PAYMENT
FINANCIAL REPORT

정부사업 원가계산

chapter 22 정부원가계산
chapter 23 학술연구용역 원가계산
chapter 24 엔지니어링사업 원가계산
chapter 25 소프트웨어사업 원가계산

CHAPTER 22

정부원가계산

문 정부원가계산과 일반원가계산의 차이는 무엇인가?

답 정부원가계산은 공공성이 있으므로 주관적 요소를 제거하고 객관적 요소를 중시하고 주관성이 개입될 내용들은 내용을 정하거나 구간을 제시하여 큰 범주에서 벗어나지 않도록 하여 누가 원가계산을 해도 격차가 크지 않도록 규정화되어 있다. 정부는 원가계산기관을 지정하여 원가계산 수요에 대응하고 있다.

정부 원가계산 수요에 대응하는 법령의 체계는 다음과 같다.

(1) 관련 법령체계(괄호는 본서의 압축 표기법)

원가계산의 수요는 계약시 가격을 결정하는데 있다. 계약에 관하여는 국가를 당사자로 하는 법률에서 정하고 있으며, 원가계산의 구체적인 사항은 행정규칙으로 기획재정부에서 정한 예정가격작성기준에서 정하고 있다.

이 기준은 정부사업 예정가격을 작성하는 근거와 방법을 정하고 있다. 모든 국가 계약에 관한 원가의 산정은 국가계약법에 의하는데, 그 위임의 근거를 다음과 같이 하고 있다.

■ 예정가격작성기준

기준 제1조(목적) 이 예규는 「국가를 당사자로 하는 계약에 관한 법률 시행령」(이하 "시행령"이라 한다) 제9조제1항제2호 및 「국가를 당사자로 하는 계약에 관한 법률 시행규칙」(이하 "시행규칙"이라 한다) 제6조에 의한 원가계산에 의한 예정가격 작성, 시행령 제9조제1항제3호 및 시행규칙 제5조제2항에 의한 표준시장단가에 의한 예정가격 작성 및 시행규칙 제5조에 의한 전문가격조사기관(이하 "조사기관"이라 한다.)의 등록 등에 있어 적용하여야 할 기준을 정함을 목적으로 한다.<개정 2015.3.1.>

이 기준에서 정하는 예정가격은 정부 계약을 위한 가격을 말하며, 계약을 체결하고자 하는 사항의 가격의 총액에 대하여 이를 결정하여야 한다. 장기계속공사, 장기물품제조 등에 대하여는 그 총액(관급자재금액은 제외)에 대하여 예정가격을 결정한다.
예정가격 작성의 가장 큰 원칙은 소요 재원의 가격을 당시 거래되는 시가를 적용하는 것이다. 이 가격은 거래실례가격으로 하며 거래실례가격을 확인할 수 없는 경우 원가계산에 의한 가격(재료비·노무비·경비와 일반관리비 및 이윤 포함)으로 한다. 공사는 표준시장단가로 한다. 그 외

감정가격, 유사물품의 거래실례가격 및 견적가격 등은 시가 대용으로 활용할 수 있다(제9조제1항제1, 2호).

규정의 예(국계법시행령):
국계법시행령 제9조(예정가격의 결정기준)
① 각 중앙관서의 장 또는 계약담당공무원은 다음 각 호의 가격을 기준으로 하여 예정가격을 결정하여야 한다.
1. 적정한 거래가 형성된 경우에는 그 거래실례가격(법령의 규정에 의하여 가격이 결정된 경우에는 그 결정가격의 범위 안에서의 거래실례가격)
2. 신규개발품이거나 특수규격품 등의 특수한 물품·공사·용역 등 계약의 특수성으로 인하여 적정한 거래실례가격이 없는 경우에는 원가계산에 의한 가격. 이 경우 원가계산에 의한 가격은 계약의 목적이 되는 물품·공사·용역 등을 구성하는 재료비·노무비·경비와 일반관리비 및 이윤으로 이를 계산한다.
3. 공사의 경우 이미 수행한 공사의 종류별 시장거래가격 등을 토대로 산정한 표준시장단가로서 중앙관서의 장이 인정한 가격
4. 제1호 내지 제3호의 규정에 의한 가격에 의할 수 없는 경우에는 감정가격, 유사한 물품·공사·용역 등의 거래실례가격 또는 견적가격

제2호에서 원가계산을 언급하고 있다.

그 외 특수한 경우의 가격 결정 방법은 2항 이후에서 다음과 같이 정하고 있다.

동령동조:
② 제1항의 규정에 불구하고 해외로부터 수입하고 있는 군용물자부품을 국산화한 업체와 계약을 체결하려는 경우에는 그 수입가격 등을 고려하여 방위사업청장이 인정한 가격을 기준으로 하여 예정가격을 결정할 수 있다.
③ 각 중앙관서의 장 또는 계약담당공무원은 제1항의 규정에 의하여 예정가격을 결정함에 있어서는 계약수량, 이행기간, 수급상황, 계약조건 기타 제반여건을 참작하여야 한다.
④ 제1항 내지 제3항 외에 예정가격의 결정에 관하여 필요한 사항은 기획재정부장관이 정한다.

예정가격 작성에 관한 국계법 시행규칙 및 예정가격 작성기준에로의 위임입법의 근거를 열어 놓고 있다.

원가계산에 포함되는 비목 등은 제2항 이후에서 다음과 같이 정하고 있다.

규정예(국계법 시행규칙):
시행규칙 제6조(원가계산에 의한 예정가격의 결정) ① 공사·제조·구매(수입물품의 구매는 제외한다) 및 용역의 경우 영 제9조제1항제2호에 따라 원가계산에 의한 가격으로 예정가격을 결정함에 있어서는 그 예정가격에 다음 각 호의 비목을 포함시켜야 한다.

1. 재료비: 계약목적물의 제조·시공 또는 용역등에 소요되는 규격별 재료량에 그 단위당 가격을 곱한 금액
2. 노무비: 계약목적물의 제조·시공 또는 용역등에 소요되는 공종별 노무량에 그 노임단가를 곱한 금액
3. 경비: 계약목적물의 제조·시공 또는 용역등에 소요되는 비목별 경비의 합계액
4. 일반관리비: 재료비·노무비 및 경비의 합계액에 제8조제1항(제10호를 제외한다)의 규정에 의한 일반관리비율을 곱한 금액
5. 이윤: 노무비·경비(기획재정부장관이 정하는 비목은 제외한다) 및 일반관리비의 합계액에 제8조제2항(제3호는 제외한다)에 따른 이윤율을 곱한 금액

법령체계는 다음과 같다.

법령체계 및 본서의 표기법:
국가를 당사자로 하는 계약에 관한 법률(국계법, 국가계약법)
국가를 당사자로 하는 계약에 관한 법률 시행령(국계령)
국가를 당사자로 하는 계약에 관한 법률 시행규칙(국계칙)
예정가격 작성기준(예)
※사용례: 국계령§9①2 - 국가를 당사자로 하는 계약에 관한 법률 시행령 제9조 제1항 제2호

<참고>

상속세 및 증여세법에서는 상속재산 또는 증여재산을 상속개시일 또는 증여일(평가 기준일) 현재의 시가에 따라 평가하는 것을 원칙으로 한다(상증법§60①). 그러나 시가를 산정하기 어려운 경우에는 보충적 평가방법에 의하고 있다. 재산에는 상속 또는 증여되는 부동산과 주식을 포함한다. '시가'란 '불특정 다수인 사이에 자유로이 거래가 이루어지는 경우에 통상 성립된다고 인정하는 가액'(상증법§60②)이며, 수용·공매 가격 및 감정가격 등을 포함한다. 다만, 시가를 산정하기 어려운 경우에는 해당 재산의 종류·규모·거래상황 등을 감안하여 보충적 평가방법으로 평가하게 된다(상증법§60③). 보충적 평가방법이란 자산가치와 수익가치를 가중평균하여 산정하는 방식으로 가격을 산정하는 것을 말한다.

1 개요

1) 정부회계의 특이점

앞에서 지금까지 살펴본 원가계산은 회사의 실적 - 당기순이익 - 을 계산하여 기업의 경영실적과 재무상태 등을 표현한 재무제표를 기업의 이해관계자들에게 공시하고 좋은 애고(愛顧)관계를 통해 필요자본조달을 용이하게 하고 매입 또는 매출의 기회를 얻도록 하는 대외업무와, 제품이나 재공품, 이들의 부서별, 특정 부속이나 기간별 원가를 산정하며 내부통제의 목적으로 사용하는, 즉 보고자 중심의 원가계산이었다.

정부에서도 많은 사업을 시행하고 있으며 이들 사업은 민간 또는 공공 사업자들에게 주어지고 계약에 의하여 시행되며 공사 또는 제품의 원가는 공공성을 띠게 되므로 이때의 원가계산은 공공적 성격을 띠게 된다. 원가산정의 객관성과 공정성이 중심이 되고 따라서 기업이 계상하는 재료의 손실률이나 작업설물의 처리방법, 노무비를 계산하는 임률 등에 대하여 일정한 기준을 제공하게 된다. 이러한 계산 또는 평가의 기준은 법규에 의하여 엄정하게 정하여 시행되고 있다.

국가를 당사자로 하는 계약에 관한 법률(이하 국가계약법) 제8조의2에서는 가격의 결정에 대하여 각 중앙관서의 장 또는 계약담당공무원은 입찰 또는 수의계약 등에 부칠 사항에 대한 낙찰자 및 계약금액의 결정기준으로 삼기 위하여 미리 해당 규격서 및 설계서 등에 따라 예정가격을 작성하여야 한다고 하고 있다. 우리나라의 공공계약에 관하여는 국가계약법 제1조에서 "국가를 당사자로 하는 계약에 관한 기본적인 사항"을 정하여 계약업무를 원활하게 수행할 수 있도록 하고 있다.

이 법에서는 국가를 권위적 우월적 존재가 아닌 계약 당사자로서의 평등한 지위에서 계약 및 사업수행을 유도하고 그 시행령 및 기획재정부 계약예규('예정가격 작성기준')에서 구체적 사항을 정하고 있다. 이 국가 계약 관련법은 민간이 업무를 수행하는 데에도 계약업무에 대한 기준을 제시하고 있다.

국가 원가 계산인 예정가격의 결정에 관하여는 국가계약법 시행령 제9조에서는 예정가격의 결정 기준을 다음과 같이 정하고 있다.

① 적정한 거래가 형성된 경우는 거래실례가격(국계§9①1)

② 거래실례가격이 없는 경우에는 원가계산에 의한 가격(국계§9①2)

③ 공사의 경우 표준시장 단가(국계§9①3)

④ 그 외는 감정가격, 유사한 물품·공사·용역 등의 거래실례가격 또는 견적가격(국계§9①4)

정부의 가격 평가의 기본은 시가를 기준으로 하며 거래 실례 가격이 기준이 된다. 그러나 거래 실례는 대부분 존재하기 어려우므로 공공 계약의 계약 금액은 대부분 원가계산에 의하여 결정하게 된다. 이 경우 원가계산에 의한 가격은 계약의 목적이 되는 물품·공사·용역 등을 구성하는 재료비·노무비·경비와 일반관리비 및 이윤으로 이를 계산한다(국계령§9①2).

2) 정부원가계산 법규체계

■ **기본규정:** 국가를 당사자로 하는 계약에 관한 법률 시행령(약칭: 국가계약법 시행령)

- 거래실례가격 및 표준시장단가에 따른 예정가격의 결정(국계령§5)
  - 조달청장이 정하여 통보한 가격(국계령§5①1)
  - 전문가격조사기관(원가계산용역기관)이 조사하여 공표한 가격(국계령§5①2)(예§31),
  - 각 중앙관서의 장 또는 계약담당공무원 2 이상의 사업자에 대하여 당해 물품의 거래 실례를 직접 조사하여 확인한 가격(국계령§5①3)

■ **하부규정:** 국가를 당사자로 하는 계약에 관한 법률 시행규칙(약칭: 국가계약법 시행규칙)

제5조: 거래실례가격 및 표준시장단가에 따른 예정가격의 결정

제6조: 원가계산에 의한 예정가격의 결정

- 원가계산에 의한 예정가격의 결정 시-공사·제조·구매·용역(수입제외)(국계칙§6①)

1. 재료비: 소요되는 규격별 재료량에 단위당 가격을 곱한 금액
2. 노무비: 소요되는 공종별 노무량에 노임단가를 곱한 금액
3. 경비: 계약목적물의 제조、시공 또는 용역 등에 소요되는 비목별 경비의 합계액

4. 일반관리비: 재료비, 노무비, 경비의 합계액에 8조제1항 일반관리비율을 곱한 금액

5. 이윤: 노무비 · 경비 및 일반관리비의 합계액에 제8조제2항의 이윤율을 곱한 금액

- 수입물품의 원가계산(국계칙§6②)

1. 수입물품의 외화표시원가
2. 통관료
3. 보세창고료
4. 하역료
5. 국내운반비
6. 신용장개설수수료
7. 일반관리비: 상기 1~6호 합계액에 제8조제1항제10호의 일반관리비율을 곱한 금액
8. 이윤 : 상기 2~7호의 합계액에 제8조제2항제3호의 이윤율을 곱한 금액

제7조: 원가계산을 할 때 단위당 가격의 기준

- 원가계산 시 단위당 가격의 기준(국계칙§7①)

1. 거래실례가격 또는 지정기관이 조사하여 공표한 가격. 다만 다른 기관의 정함이 있을 경우는 그 가격
2. 8조: 원가계산에 의한 예정가격 결정시의 일반관리비율 및 이윤율
3. 제10조: 감정가격 등에 의한 예정가격의 결정
    1. 감정가격, 유사거래실례가격, 견적가격(국계칙§10,1~3호)

■ **영제9조에 의한 예정가격을 결정하고자 할 때 :** 예정가격조서를 작성하여야 함

작성자 – 중앙관서의 장 또는 계약담당공무원(국계령§4)

■ **예정가격작성기준**[기획재정부계약예규 제785호, 2025. 5. 1., 일부개정]

원가계산에 의한 예정가격 작성(공사 · 제조 · 구매(수입물품의 구매는 제외한다) 및 용역/칙제6조), 표준시장단가에 따른 예정가격의 결정/칙제5조제2항)에 적용하며, 원가계산은 제조원가계산과 공사원가계산 및 용역원가계산으로 분류하고(예§3) 원가는 재료비, 노무비, 경비, 일반관리비 및 이윤으로 구분하여 작성한다(예§4).

이 비목들은 다음과 같이 계산한다(예 §5① - 국계칙§6①과 대비)

- 재료비 = 재료량 × 단위당 가격
- 노무비 = 노무량 × 단위당 가격
- 경비 = 소요(소비)량 × 단위당 가격

재료비, 노무비, 경비의 각 세비목 및 그 물량(재료량, 노무량, 소요량) 산출은 계약목적물에 대한 규격서, 설계서 등에 의하거나, 계약상대방으로 적당하다고 예상되는 2개 업체 이상의 최근 연도 원가계산자료에 의거하여 계약목적물에 관계되는 수치를 활용(수의계약 대상업체에 대하여는 해당업체의 최근 연도 원가계산자료). 동 업체의 제조(공정)확인 결과를 활용

- 예정가격 작성시 주의사항(예§6)
  - 계약수량, 이행의 전망, 이행기간, 수급상황, 계약조건 기타 제반 여건을 고려
  - 표준품셈을 이용하여 원가계산을 하는 경우에는 가장 최근의 표준품셈을 이용
  - 단위당 가격 산정시 소요물량·거래조건 등 제반사정을 고려하여 객관적으로 산정

3) 예정가격 작성기준의 체계

예정가격 작성기준은 장으로 편성되어 있으며 그 내용은 다음과 같다.

- 제2장 원가계산에 의한 예정가격 작성 -

제3조 원가계산의 구분: 제조원가계산, 공사원가계산, 용역원가계산(예§3)

제4조 원가계산의 비목: 재료비, 노무비, 경비, 일반관리비, 이윤(예§4)

제5조 비목별 가격결정의 원칙: 재료비, 노무비, 경비의 계산(예§5① 국계칙§6①과 대비)

제5조 제1항 계산식(예§5①)

- 재료비 = 재료량 × 단위당가격
- 노무비 = 노무량 × 단위당가격
- 경 비 = 소요(소비)량 × 단위당 가격

제5조 제2항 단위당 가격: 시행규칙 제7조에 의한다(예§5②)

- 원가계산 시 단위당 가격의 기준(국계칙§7①):
  1. 거래실례가격 또는 지정기관이 조사하여 공표한 가격

제5조 제3항 물량의 산출(예§5③)

- 물량(재료량, 노무량, 소요량) 산출: 규격서, 설계서 또는 원가계산자료(예§34)

제5조 제3항 세비목의 산출(예§5③)

- 일반관리비, 간접노무비 등: 사전 공고한 공사원가 제비율(예§5②)

2 제조원가 계산

1) 재료비 계산

재료비는 제조원가를 구성하는 직접재료비(예§9①)와 간접재료비(예§9②)를 계산하고, 작업설물, 부산품, 연산품 등은 그 매각액 또는 이용가치를 추산하여 공제하여 계산한다(후단:§9④).

직접재료비는 계약목적물의 실체를 형성하는 물품의 가치로서 주요재료비와 부분품비로, 간접재료비는 계약목적물의 실체를 형성하지는 않으나 제조에 보조적으로 소비되는 물품의 가치로 소모재료비, 소모공구 · 기구 · 비품비 및 포장재료비를 말한다(예§9①)

(1) 재료소요량 산출

재료소요량 산출을 위한 항목 및 내역과 검토 대상 자료는 다음과 같다.

직접재료(예§9①)

- 주요재료: 제품규격서, 설계서, 도면, 견본품, 생산자료, 원가계산자료 등 검토
- 부분품비: 목적물에 원형대로 부착되는 물품(매입부품, 수입부품, 외장부품 기타)

간접재료(예§9②)

- 간접재료 산출: 목적물의 실체구성을 하지는 않으나 제조에 보조적으로 소비되는 물품

- 소모재료비: 기계오일, 접착제, 용접가스, 장갑, 연마제 등 소모성 물품
- 소모공구 기구 비품비: 내용연수 1년 미만, 상각대상 이하 금액의 공·기구 비품
- 포장재료비: 포장에 소요되는 재료

재료의 소요량 및 주·부재료 판단에는 다음 자료 등을 검토할 수 있다.

- 제작 및 공정 도면
- 재료 투입 수량, 작업용 BOM
- 자작 재료 내역, 구입 부품 내역
- Cutting 설계도
- 회사 제품 부품 목록(part list)
- 구매실적 자료 등 제품의 실상 파악을 위한 모든 자료

(2) 재료비의 계산

직접재료비는 다음과 같이 계산한다.

재료비 = Σ재료소요량 × 단위당 가격
재료소요량 = 정미량 × (1 + 손실률) × (1 + 불량률)

이 산식은 원재료를 가공·조립하는 경우 손실과 불량의 인정률을 포함한 산식으로 단순 조립공정에는 적용하지 아니한다.

① 손실률: 제품 생산과정에서 정상적으로 발생하는 손실의 비율

손실량 = 투입원재료 중량 - 완성 제품의 당 원재료 중량
재료소요량 = 정미량 x (1 + 손실률) x (1 + 불량률)

② 불량률: 가공 및 사상·조립 과정에서 발생하는 불량품의 비율

불량률 = 불량량 + 총 생산량의 투입량

이때의 불량은 완전히 폐기되어 회복 불가능한 불량품을 말한다.

③ 시료율: 재료 등의 검사나 시험에 소요되는 시료의 비율을 의미한다.

시료율: 시료량 ÷ 납품수량

시료율은 계약특수조건 등에 의거하여 시료율이 인정되는 경우에만 적용하며 재료소요량 산출식에 (1 + 시료율)을 곱하여 계산한다.

④ 수율: 검수 합격품(양품)의 투입원재료에 대한 비율, 공손, 감손 등의 비율이다.

수율: 양품의 원재료량 ÷ 원재료 투입량

수율 산정 시 인정되는 공손·감손 등은 과학적, 기본적 차원에서 인정되는 것으로 한다. 작업자(업체)의 귀책 사유에 의한 것은 인정되지 아니한다.

<참고> 인정 불량률, 시료율 등

국세청이 직접 제품 불량률을 인정하지는 않는다. "방산물자 감손율 산정지침" 대비 일반 기업이 시료율이나 불량률 등을 인정받기 위해서는 주로 KS 인증, ISO 인증, 또는 품질 관련 인증을 통해 객관적인 증명을 받을 수 있다. KS 인증은 한국산업표준에 적합한 제품 생산 체계를 갖추고 있음을, ISO 인증은 국제 표준에 따라 품질 관리 시스템을 구축하고 있음을 인정받는 제도이다.

1. KS 인증

KS 인증은 국가표준(KS)에 따라 제품을 지속적으로 생산할 수 있는 체제임을 KS인증기관을 통해 인정받는 법정 임의 인증 제도이다.

인정 방법: KS 인증을 받기 위해서는 KS 인증 기관(한국화학융합시험연구원 등)에 신청하여 심사를 받아야 한다.

인정 시료율/불량률 관련: KS 인증을 받으면 제품의 품질이 한국산업표준에 적합한 것으로 인정받게 되므로, 이를 통해 시료율이나 불량률에 대한 객관적인 증명을 할 수 있다.

관련 기관: 한국화학융합시험연구원 등

2. ISO 인증:

ISO 인증은 국제 표준(ISO)에 따라 품질 관리 시스템을 구축하고 있음을 인정받는 인증제도이다.

인정 방법: ISO 인증을 받기 위해서는 ISO 인증기관에 신청하여 심사를 받아야 한다.

인정 시료율/불량률 관련: ISO 인증을 통해 품질 관리 시스템이 국제 표준에 부합함을 인정받으면, 이를 통해 제품의 품질에 대한 객관적인 증명을 할 수 있다.

관련 기관: ISO 인증기관(예: 한국인증심사협회)

3. 기타 품질 인증:

싱글 PPM 품질인증: 중소기업을 대상으로 하는 품질 인증 제도 중 하나로, 제품의 품질 불량률에 따라 인증을 받을 수 있다.

품질 혁신 유공자 포상: 품질 혁신 활동을 통해 우수한 성과를 거둔 기업이나 개인을 포상하는 제도이다.

기타 인증: 제품 특성에 따라 관련 기관에서 인증

4. 일반 기업이 인정받는 방법

인증 신청: KS 인증, ISO 인증 또는 기타 관련 인증 기관에 인증 신청하면 된다.

심사 준비: 제품, 시스템, 관련 자료 등 관련 자료

심사 통과: 심사를 통과하면 인증서가 나온다.

인증서 발급: 인증기관으로부터 인증서를 발급받는다.

5. 인증서의 활용: 인증서를 활용하여 제품의 불량률 등에 객관적인 증명을 할 수 있다. 그러나 제품원가계산에 대하여 국세청의 인정 여부는 기관의 성격이나 산정 기준 등 별도로 판단을 하게 된다.

(3) 재료소요 정미량 산출

재료 소요 정미량은 다음과 같이 산출한다.

① 제품 규격 및 사양에 의한 물리적·화학적 분석과 검증

② 제품 규격, 사양 및 제조 공정을 고려, 실제로 측정

③ 제품 생산 실적 자료를 검토

④ 관련 기관의 공표된 자료(국세청 생산수율표 등)

⑤ 기타 - 연구 기관의 연구결과, 용역기관의 용역보고서 등

예: 콘크리트 및 포장용 재료의 경우, 시멘트 3%, 잔골재/채움재 12%, 굵은 골재 5%, 관 및 구조물의 기초재료 4%, 원형철근 5%, 이형철근 3% 등 및 작업 시간 제한 할증(신고허가 조건 등으로 하루 6시간만 작업하는 경우) 공사현장의 지세 조건에 따른 노무비 할증(도서지구 최대 50%) 등 허용

기타재료: 시방서 또는 품샘에 할증률이 명시되어 있는 경우 적용, 명시가 없는 경우에는 관련 기준 검토 및 적용

(4) 국내구입 재료단가의 결정

예정가격의 결정기준(제5조)에 의하면 재료비(노무비 및 경비 포함)의 단위당 가격은 국가계약법 시행규칙 제7조(거래실례가격) 및 동 제10조(감정에 의한 가격)에 따라 구분하여 다음과 같이 정하고 있다.

(가) 거래실례가격(국계칙 §7①)

시중에 적정한 거래가 형성되고 있는 물품의 가격으로 다음과 같다.

① 거래실례가격 또는 통계작성지정기관이 조사하여 공표한 가격
다만, 행정안전부장관이 단위당 가격을 별도로 정한 경우 또는 지방자치단체의 장이 별도로 행정안전부장관과 협의하여 단위당 가격을 조사·공표한 경우에는 해당 가격

② 조달청장 또는 기획재정부 장관에게 등록한 기관이 조사하여 공표한 가격

③ 계약담당공무원의 조사가격(복수가격 조사)

(나) 가격조정(국계칙 §7②)

상기 가격을 적용할 때 다음의 경우에는 해당 임금단가에 그 임금단가의 100분의 15 이하에 해당하는 금액을 가산할 수 있다.

① 국가기술자격자로 기능계 기술자격을 취득한 자를 특별히 하고자 하는 경우

② 도서지역(제주특별자치도를 포함)에서 이루어지는 공사의 경우

(다) 감정가격 등(국계칙 §10,1-4)

① 법에 의해 등록된 감정평가법인 또는 감정평가사가 감정평가한 금액

② 유사한 거래실례가격: 유사성은 기능과 용도로 판단

③ 견적가격: 계약 상대자 또는 제3자로부터 직접 제출받은 가격

(5) 수입재료의 단가

수입재료의 단가는 수입원가계산방식에 따른다.

(가) 수입 완제품 구매시

① 수입물품의 외화표시 원가

② 통관료

③ 보세창고료

④ 하역료

⑤ 국내운반비

⑥ 신용장개설 수수료

⑦ 일반관리비: ①~⑥ 합계액의 8%

⑧ 이윤 : 상기 수입비용 중 수입물품원가를 제외한 금액의 10% 계상

⑨ 세액 : 관세, 부가가치세 등 부대세액 포함

(나) 재료비 단가의 결정

다음의 비목들은 재료비 단가 결정에 편입된다.

- 수입물품의 외화표시원가
- 통관료
- 보세 창고료
- 하역료
- 국내운반비
- 신용장개설 수수료

그 외 부가가치세, 관세 등

(6) 부대비용

재료 구입과정에서 발생하는 관련 부대비용을 말하며, 매입수수료, 회사까지의 운임, 하역비, 보관비, 보험료, 관세 등이 포함된다.

재료의 입고시점 이후 발생되는 비용은 포함하지 않으며, 재료검수비, 정리, 선별, 보관, 내부운반 및 구입사무비 등은 내부 부대비용으로 그 금액이 크지 않고 실제 측정이 쉽지 않으므로 포함하지 않는다.

매입세액을 환급받지 못하는 면세사업자 등은 부가가치세를 합산 계산한다.

예정가격에 포함되는 세액은 다음과 같다. 이들은 상황에 따른 판단이 필요할 수 있다.

① 부가가치세법에 의한 부가가치세

② 개별소비세

③ 교육세법에 의한 교육세

④ 관세법에 의한 관세

⑤ 농어촌특별세법에 의한 농어촌특별세

⑥ 취득세, 등록세

⑦ 공사손해보험료

⑧ 지방세

⑨ 기타 공과금

(7) 농·축·수산물 물가조사 및 가격 적용

계절적 가격 등락폭이 큰 농·축·수산물의 물가조사 및 가격 적용은 다음과 같이 한다.

(가) 물가조사

① 필수조사: 법적, 정책적으로 필히 조사해야 하는 경우로, 정부 통제가격, 농수산물 유통공사 가격(유통조사 월보), 축산물 등급 판정소 가격(특산물 등급정보) 등

② 임의조사: 상황상 필요에 따라 물가조사를 실시, 가락시장가격, 농협가격(조사월보), 신문기재 가격, 수협가격(조사계보), 관련업체 구입 및 조사가격

(나) 조사가격

① 시기별 가격: 계절별 시기별로, 원가계산시점 기준 최근 월의 통계실적 자료 적용, 성수기 가격 적용 등 필요 시 적절한 시기의 통계자료 적용가

② 지역별 가격: 전국지역 평균가격이나 도, 시, 군 구별 또는 특정 지역별 조사

③ 유통 단계별 가격: 정부기관 수매가, 방출가, 관련업체 구입 및 조사가, 산지시장, 법정 도매시장, 중매·중간도매상 등 유통단계 가격 조사

(8) 간접재료비 계산

소모재료, 소모 공기구, 비품비는 일반적인 배부기준에 의거 계산하고 포장재료비는 직접재료비와 같이 개별 계산방식에 의해 계산한다.

(가) 소모재료비, 소모성 공구·기구·비품비의 배부

소모재료비 등은 가격법과 시간법에 의거 배부한다.

(a) 가격법

① 직접재료비법: $= \dfrac{\text{일정기간의 간접재료비 총계}}{\text{일정기간의 직접재료비 총계}} \times \text{당해 제품의 직접재료비}$

② 직접노무비법: $= \dfrac{\text{일정기간의 간접노무비 총계}}{\text{일정기간의직접노무비 총계}} \times \text{당해제품의 직접노무비}$

③ 직접원가법 $= \dfrac{\text{일정기간의 간접원가 총계}}{\text{일정기간의 직접원가 총계}} \times \text{당해제품의 직접원가}$

(b) 시간법

① 직접작업시간법: $= \dfrac{\text{일정기간의 총 간접재료비}}{\text{직접 작업 연 시간수}} \times \text{당해 제품 직접 소요 작업시간 수}$

② 기계작업시간법: $= \dfrac{\text{일정기간의 총 간접재료비}}{\text{기계작업 연 시간수}} \times \text{당해 제품 기계작업 소요시간 수}$

(나) 포장재료비 계산

포장재료비는 직접재료 소요량에 포장재료 단위당 가격을 곱하여 계산한다.

(9) 작업설물 등의 평가

예정가격 작성기준 제9조 제4항에서 계약목적물의 제조중에 발생되는 작업설, 부산물, 연산품 등은 그 매각액 또는 이용가치를 추정하여 재료비에서 공제하여야 한다고 하고 있다. 이때의 매각가치는 공정가치평가방법에 의한 평가 등과 같이 합리적이어야 한다.

2) 노무비 계산

기업에서 지정하는 임금은 복리후생비 등 간접적 노무비를 포함, 기업의 노무지출 총액을 말한다. 이는 기본급과 제수당 및 상여금, 퇴직급여 등을 포괄한다.

노무비의 계산은 다음과 같이 한다.

직접노무비 = 노무량 x 노무단가(임률)

(1) 노무량의 산정

노무량은 제품 제조공정에 투입된 노동력의 집계단위로 원가계산대상 기간 동안 제품 생산활동에 직접 투입된 작업자들의 작업시간(MH: Man Hour 또는 MD: Man Day)으로 측정한다. 노무량의 측정은 과학적으로 분석하는 방법과 공정별로 시간을 측정(정미시간)하는 방법 및 과거의 생산실적을 분석하여 산정하는 방법 등이 있다.

(가) 과학적 분석법

<산식>

노무량 = 공정별 작업시간 ÷ 공정별 생산량

※ 이 계산은 정상조업도를 상정하여 계산한다.

(나) 정미시간 산정법

<산식>

노무량 = 공정별 측정시간 ÷ 공정별 생산량 × (1 + 여유율)

※ 공정시간은 스톱워치 등에 의해 측정하고 여유율은 작업 여유율이며 공장 평균 숙

련도 작업자를 대상으로 해야 한다.

(다) 과거 실적 분석법

<산식>

노무량 = 산정된 작업시간 ÷ 생산량

※ 과거 자료에 의하여 작업시간을 산출하고 해당 기간의 생산량을 도출한다. 작업 미완성분은 완제품 환산량을 계산하여야 한다.

(2) 노무비 계산과 지급액

시간 등 임금이나 급료의 지급단위당 지급액을 임률이라 한다.

(가) 기본급

기본급은 지정기관이 조사·공표하는 직종별 단위당 가격(시중 노임단가)을 적용하여야 하며 기본급의 성격상 포함하는 수당 등을 검토하여 적용하여야 한다. 임금의 조사보고는 정보통신 노임단가는 한국소프트웨어산업협회, 제조노임은 중소기업중앙회, 공사노임은 대한건설협회 등이 연 1회 조사·보고한다.

(나) 제수당

기본급 이외에 수당 명목으로 지급하는 비용으로 근로기준법에서 정하는 추가수당만을 인정한다. 주 52시간을 기준으로 하므로 이를 초과하는 근로시간에 해당하는 수당은 계상이 불가하다.

- **근로기준법상의 제수당**

  ① 연장근로수당(근로기준법 제56조)

  ② 야간근로수당(근로기준법 제56조)

  ③ 휴일근로수당(근로기준법 제56조)

  ④ 연차휴가수당(근로기준법 제60조)

  ⑤ 해고예고수당(근로기준법 제26조)

  ⑥ 휴업 수당(근로기준법 제46조)

(다) 상여금

기본급의 400%를 상한으로 지급 실적을 기준으로 계상한다.

(라) 퇴직급여 충당금

근로자퇴직급여보장법 제8조(퇴직금 제도의 설정 등)에 의하여 사용자는 계속근로 1년에 대하여 30일분 이상의 평균임금을 퇴직금으로 지급할 수 있는 제도를 설정하도록 하고 있다. 지급 대상 금액은 평균임금으로 하고 평균임금은 이를 산정하여야 할 사유가 발생한 날 이전 3개월 동안의 평균임금을 계산한다.

$$\text{퇴직급여충당금(퇴직급여)} = (\text{기본급}+\text{제수당}+\text{상여금}) \times \frac{1}{12} \times \frac{\text{1년간계속사용인분의 급여액}}{\text{총사용인분의 총급여액}}$$

(3) 간접노무비 계산

(가) 간접노무비의 산정

예정가격 결정기준 제10조(노무비)제2항(간접노무비)에서는 직접 제조작업에 종사하지는 않으나, 작업현장에서 보조작업에 종사하는 노무자, 종업원과 현장감독자 등의 기본급과 제수당, 상여금, 퇴직급여충당금 등의 합계액으로 한다.

② 간접노무비는 직접 제조작업에 종사하지는 않으나 작업 현장에서 보조작업에 종사하는 노무자, 종업원과 현장감독자 등의 기본급과 제수당, 상여금, 퇴직급여 충당금의 합계액으로 한다.(예§10④)

③ 제2항의 간접노무비는 제34조의 규정에 의한 원가계산자료를 활용하여 직접노무비에 대하여 간접노무비율(간접노무비/직접노무비)을 곱하여 계산한다. 정리하여 특별한 사유가 없는 한 ③항은 ②항을 초과할 수 없도록 하고 있다.(예§10⑤)

간접노무비는 다음 식으로 계산한다.

간접노무비 = 직접노무비 x 간접노무비율

(나) 간접노무비율

간접노무비율은 다음과 같이 산정된다.

$$간접노무비율 = \frac{최근연도\ 간접노무비\ 합계액}{최근연도\ 직접노무비\ 합계액} \times 100(\%)$$

(다) 간접노무비 대상 비목

작업현장에서 보조작업에 종사하는 관리감독자와 노무자 등에 대한 지급액으로 간접부문인 생산관리, 구매관리, 창고관리, 영선, 용수, 동력, 운반, 치공구 제작, 공장경비, 설계, 기획 시험연구 및 품질관리, 공장사무, 공장복지 등의 업무에 종사하는 인력에 대한 임금 등을 계상한다.

다만, 다음 직종 종사자는 직접 노무비에 계상한다.

① 생산 부서의 직·반장

② 공정 간 검사, 완제품 검사공

③ 생산 공정에 고정 배치되어 제조 작업에 필수 투입되는 운반공

④ 금형 제작공

3) 경비계산

(1) 경비

경비는 제품의 제조를 위하여 소비된 제조원가 중 재료비, 노무비를 제외한 원가를 말하며 일반관리비와는 구분된다. 제조기간의 소요(소비)량을 측정하거나 예정가격 작성기준 제34조에 의한 원가계산자료나 계약서, 영수증 등을 근거로 하여 산출한다.(예§11①②)

(2) 경비의 비목

경비의 세비목은 다음 각호의 것으로 한다. (예§11③)

1. 전력비, 수도광열비는 계약목적물을 제조하는 데 직접 소요되는 해당 비용
2. 운반비는 재료비에 포함되지 않는 운반비로서 원재료 또는 완제품의 운송비, 하역비, 상하차비, 조작비 등

3. 감가상각비는 제품생산에 직접 사용되는 건물, 기계장치 등 유형고정자산에 대하여 세법에서 정한 감가상각방식에 따라 계산한다. 다만, 세법에서 정한 내용연수의 적용이 불합리하다고 인정된 때에는 해당 계약목적물에 직접 사용되는 전용기기에 한하여 그 내용연수를 별도로 정하거나 특별상각할 수 있다.
4. 수리수선비는 계약목적물을 제조하는 데 직접 사용되거나 제공되고 있는 건물, 기계장치, 구축물, 선박차량 등 운반구, 내구성공구, 기구제품의 수리수선비로서 해당 목적물의 제조과정에서 그 원인이 발생될 것으로 예견되는 것에 한한다. 다만, 자본적 지출에 해당하는 대수리 수선비는 제외
5. 특허권사용료는 계약목적물이 특허품이거나 또는 그 제조과정의 일부가 특허의 대상이 되어 특허권 사용계약에 의하여 제조하고 있는 경우의 사용료로서 그 사용비례에 따라 계산
6. 기술료는 해당 계약목적물을 제조하는 데 직접 필요한 노하우(Know-how) 및 동 부대비용으로서 외부에 지급하는 비용을 말하며 「법인세법」상의 시험연구비 등에서 정한 바에 따라 계상하여 사업연도로부터 이연상각하되 그 적용비례를 기준하여 배분 계산
7. 연구개발비는 해당 계약목적물을 제조하는 데 직접 필요한 기술개발 및 연구비로서 시험 및 시범제작에 소요된 비용 또는 연구기관에 의뢰한 기술개발용역비와 법령에 의한 기술개발촉진비 및 직업훈련비를 말하며 「법인세법」상의 시험연구비 등에서 정한 바에 따라 이연상각하되 그 생산수량에 비례하여 배분 계산한다. 다만, 연구개발비중 장래 계속생산으로의 연결이 불확실하여 미래수익의 증가와 관련이 없는 비용은 특별상각할 수 있다.
8. 시험검사비는 해당 계약의 이행을 위한 직접적인 시험검사비로서 외부에 이를 의뢰하는 경우의 비용을 말한다. 다만, 자체시험검사비는 법령이나 계약조건에 의하여 내부검사가 요구되는 경우에 계상할 수 있다.
9. 지급임차료는 계약목적물을 제조하는 데 직접 사용되거나 제공되는 토지, 건물, 기술, 기구 등의 사용료로서 해당 계약 물품의 생산기간에 따라 계산
10. 보험료는 산업재해보험, 고용보험, 국민건강보험 및 국민연금보험 등 법령이나 계

약조건에 의하여 의무적으로 가입이 요구되는 보험의 보험료를 말하며 재료비에 계상되는 것은 제외

11. 복리후생비는 계약목적물의 제조작업에 종사하고 있는 노무자, 종업원등의 의료위생약품대, 공상치료비, 지급피복비, 건강진단비, 급식비("중식 및 간식제공을 위한 비용을 말한다." 이하 같다) 등 작업조건유지에 직접 관련되는 복리후생비
12. 보관비는 계약목적물의 제조에 소요되는 재료, 기자재 등의 창고 사용료로서 외부에 지급되는 경우의 비용만을 계상하여야 하며 이 중에서 재료비에 계상되는 것은 제외
13. 외주가공비는 재료를 외부에 가공시키는 실가공비용을 말하며 부분품의 가치로서 재료비에 계상되는 것은 제외
14. 산업안전보건관리비는 작업현장에서 산업재해 및 건강장해예방을 위하여 법령에 따라 요구되는 비용
15. 소모품비는 작업현장에서 발생되는 문방구, 장부대 등 소모품 구입비용을 말하며 보조재료로서 재료비에 계상되는 것은 제외
16. 여비 · 교통비 · 통신비는 작업현장에서 직접 소요되는 여비 및 차량유지비와 전신전화사용료, 우편료
17. 세금과 공과는 해당 제조와 직접 관련되어 부담하여야 할 재산세, 차량세 등의 세금 및 공공단체에 납부하는 공과금
18. 폐기물처리비는 계약목적물의 제조와 관련하여 발생되는 오물, 잔재물, 폐유, 폐알칼리, 폐고무, 폐합성수지등 공해유발물질을 법령에 따라 처리하기 위하여 소요되는 비용을 말한다.
19. 도서인쇄비는 계약목적물의 제조를 위한 참고서적구입비, 각종 인쇄비, 사진제작비(VTR제작비를 포함한다) 등
20. 지급수수료는 법령에 규정되어 있거나 의무지워진 수수료에 한하며, 다른 비목에 계상되지 않는 수수료
21. 법정부담금은 관련법령에 따라 해당 제조와 직접 관련하여 의무적으로 부담하여야 할 부담금

22. 기타 법정경비는 위에서 열거한 이외의 것으로서 법령에 규정되어 있거나 의무지워진 경비
23. 품질관리비는 해당 계약목적물의 품질관리를 위하여 관련 법령 및 계약조건에 의하여 요구되는 비용(품질시험 인건비를 포함한다)을 말하며, 간접노무비에 계상되는 것은 제외
24. 안전관리비는 제조현장의 안전관리를 위하여 관계법령에 의하여 요구되는 비용

4) 일반관리비 계산

(1) 일반관리비의 내용

일반관리비는 기업의 유지를 위한 관리활동부문에서 발생하는 제비용으로 제조원가에 속하지 아니하는 모든 영업비용 중 판매비 등을 제외한 다음의 비용을 말하며 기업 손익계산서를 기준하여 산정한다(예§12).

1. 임원급료 2. 사무실직원의 급료 3. 제수당 4. 퇴직급여충당금 5. 복리후생비 6. 여비 7. 교통 · 통신비 8. 수도광열비 9. 세금과공과 10. 지급임차료 11. 감가상각비 12. 운반비 13. 차량비 14. 경상시험연구개발비 15. 보험료 등

(2) 일반관리비율의 산정

일반관리비는 제조원가에 별표3에서 정한 일반관리비율(일반관리비가 매출원가에서 차지하는 비율)을 초과하여 계상할 수 없다.

일반관리비율은 다음과 같이 산정된다(예§13).

$$\text{일반관리비} = \text{제조원가} \times \text{일반관리비율}$$

$$\text{일반관리비율} = \frac{\text{최근연도 일반관리비 합계액}}{\text{최근연도 매출원가 합계액}} \times 100(\%)$$

[별표 3] 일반관리비율

업종	일반관리비율(%)
ㅇ **제조업**	
음·식품의 제조·구매	14
섬유·의복·가죽제품의 제조·구매	8
나무·나무제품의 제조·구매	9
종이·종이제품·인쇄출판물의 제조·구매	14
화학·석유·석타·고무·플라스틱제품의 제조·구매	8
비금속광물제품의 제조·구매	12
제1차 금속제품의 제조·구매	6
조립금속제품·기계·장비의 제조·구매	7
기타물품의 제조·구매	11
ㅇ **시설공사업**	8

주1) 업종분류: 한국표준산업분류에 의함(2024.7.1 개정 전 분류기준임)

(3) 일반관리비의 체감 적용

공사업의 일반관리비의 내용은 제12조와 같고 [별표3]에서 정한 일반관리비율을 초과하여 계상할 수 없으며, 아래와 같이 공사규모별로 체감 적용한다(예§20).

종합공사		전문·전기·정보통신·소방 및 기타공사	
공사원가	일반관리비율(%)	공사원가	일반관리비율(%)
50억원 미만	8.0	5억원 미만	8.0
50억원~300억원 미만	6.5	5억원~30억원 미만	6.5
300억원 이상	5.0	30억원 이상	5.0

적용: (조달청) 2025.5.1 이후

5) 이윤 계산

이윤은 영업이익을 말하며 공사원가중 노무비, 경비와 일반관리비의 합계액(이 경우에 기술료 및 외주가공비는 제외한다)의 25%를 초과하여 계상할 수 없다(예§14). 공사원가계산에서는 15%이다(예§21).

이윤계상 한도: 제조업 25%, 공사 15%

6) 공사손해보험료

공사손해보험료는 계약예규「공사계약일반조건」제10조에 의하여 공사손해보험에 가입할 때에 지급하는 보험료를 말하며, 보험가입대상 공사부분의 총공사원가(재료비, 노무비, 경비, 일반관리비 및 이윤의 합계액을 말한다. 이하 같다)에 공사손해 보험료율을 곱하여 계상한다(예§22).

② 발주기관이 지급하는 관급자재가 있을 경우에는 보험가입 대상 공사부분의 총공사원가와 관급자재를 합한 금액에 공사손해보험료율을 곱하여 계상한다.

③ 제1항에 의한 공사손해보험료를 계상하기 위한 공사손해보험료율은 계약담당공무원이 설계서와 보험개발원, 손해보험회사 등으로부터 제공받은 자료를 기초로 하여 정한다

3 계약방법

국가계약법은 계약방법의 종류와 계약방법에 따른 원가계산 실시기준을 정하고 있다.

1) 계약의 원칙

국가와 개인 간의 계약에 있어 가장 중요한 원칙은 대등한 관계를 유지한다는 것이다. 국가계약법 제5조는 "계약은 서로 대등한 입장에서 당사자의 합의에 따라 체결되어야 하며, 당사자는 계약의 내용을 신의성실의 원칙에 따라 이행하여야 한다"고 하고 있다.

[국가계약법 시행령 제4조]

계약을 체결함에 있어서 법, 이념 및 관계법령에 규정된 계약 상대자의 계약상 이익을 부당하게 제한하는 특약 또는 조건을 정하여서는 아니된다.

[물품구매 (제조)계약 일반조건 제3조 제3항]

물품구매계약 특수조건에 「국가를 당사자로 하는 계약에 관한 법령」 물품관련 법령 및 이 조건에 의한 계약 상대자의 계약상 이익을 제한하는 내용이 있는 경우 특수조건의 동 내용은 효력이 인정되지 아니한다.

2) 계약의 유형

국가와의 계약은 일반경쟁을 원칙으로 하되 제한 경쟁 또는 수의계약의 길을 열어놓고 있다.

계약의 방법에 대하여 국가계약법 제7조에서는 "계약을 체결하려면 일반경쟁에 부쳐야 한다. 다만, 계약의 목적, 성질, 규모 등을 고려하여 필요하다고 인정되면 대통령령으로 정하는 바에 따라 참가자의 자격을 제한하거나 참가자를 지명하여 경쟁에 부치거나 수의계약에 의할 수 있다."

계약은 확정계약과 개산계약 및 경쟁계약과 수의계약, 사무원가 검토조건부 계약으로 나뉜다.

(1) 확정계약

정부계약방식의 일반적인 방식은 확정계약이다. 물가변동이나 설계변경 등 외에는 계약금액 조정 사유가 되지 않는 계약이다.

(2) 개산계약

개산계약은 사업 수행에 대한 위험을 전적으로 정부가 부담하는 계약이다.

개산계약은 계약체결 시점에서 예정가격 결정이 곤란한 경우, 즉 개발 시제품의 제조계약, 시험·조사·연구 용역 계약, 정부 투자기관 또는 정부 출연기관과의 법령의 규정에 의한 위탁 또는 대행 계약 등에 있어서 미리 가격을 정할 수 없을 때에는 미리 개산가격을 정하여 개산계약을 체결할 수 있다. 이때에는 입찰 전에 계약 목적물의 특성, 계약 수량 및 이행기간 등을 고려하여 원가 검토에 필요한 기준 및 절차 등을 정하여 이를 입찰에 참가하고자 하는 자가 열람할 수 있도록 하여야 한다. 이는 정부가 정산 위험을 부담하는 계약으로 계약이 완료된 후에 미리 정해진 기준에 따라 정산한다. 이 계약하에서는 계약자가 원가절감 등에 대한 유인요인이 없어 정부가 불리한 계약형태라 할 수 있다.

[국계법 제23조(개산계약)]

각 중앙관리의 장 또는 계약담당공무원은 "개발 시제품의 제조계약, 시험·조사·연구용역 계약, 정부 투자기관 또는 정부 출연기관과의 법령의 규정에 의한 위탁 또는 대행계약 등에 있어서 미리 가격을 정할 수 없을 때"에는 대통령령[국계령 제70조(개산계약)]이 정하는 바에 의하여 다음과 같이 개산계약을 체결할 수 있다.

① 각 중앙관서의 장 또는 계약담당 공무원은 법제적조의 규정에 의하여 개산 계약을 체결하고자 할 때에는 미리 개산가격을 결정하여야 한다.

② 각 중앙관서의 장은 제1항의 규정에 의하여 개산계약을 체결하고자 할 때에는 입찰 전에 계약 목적물의 특성·계약수량 및 이행기간 등을 고려하여 원가 검토에 필요한 기준 및 절차 등을 정하여야 하며, 이를 입찰에 참가하는 자가 열람할 수 있도록 하여야 한다.

③ 계약 담당 공무원은 제1항의 규정에 의하여 개산계약을 체결한 때에는 이를 감사원에 통보하여야 하며, 계약의 이행이 완료된 후에는 제9조 및 제2항의 규정에 의한 기준 등에 따라 정산하여 소속 중앙관서장의 승인을 얻어야 한다.

(3) 경쟁계약

전문성·기술성이 요구되는 물품 또는 용역계약은 계약의 목적 및 조건을 지정 공고하여 자격을 갖춘 불특정 다수만으로 하여금 경쟁하여 입찰하게 하고 그중 가장 유리한 조건을 제시한 자를 낙찰자로 결정하는 계약이다.

공고방법은 정보처리장비, 신분, 관보, 게시 등을 활용할 수 있다.

경쟁계약의 종류에는 ① 제한 경장 계약 ② 지명 경장 계약 ③ 유사물품 복수 경쟁계약 등이 있다.

(4) 수의 계약

특정용역을 수행할 수 있는자가 오로지 한 사람이거나 기타 특수한 상황에서는 수의 계약을 체결할 수 있다. 국가계약법 제7조에 따라 계약의 목적, 성질, 규모 등을 고려하여 필요하다고 인정되면 수의계약에 의할 수 있다고 하고 있다.

(5) 사후 원가 검토 조건부 계약

프로젝트나 용역의 계약에는 계약금액이 정해지는 것이 원칙이다. 그러나 일부 비목 등에 불확실성이 있어 원가의 사전 확정이 곤란하다고 판단되는 경우에 계약 이행이 완료된 이후 지급대금을 확정하는 계약을 말한다.

사후 원가 검토 조건부 계약에서의 원가계산은 정부는 입찰 전에 계약 목적물의 특성, 계약 수량 및 이행기간 등을 고려하여 당해 계약에 부합되는 사후 원가 검토 기준 및 절차(별도로 정할 수 있음)를 미리 정하고 미리 정하고 계약 이행이 완료되는 시점에서 계약 상대자의 실제 사업수행 실적과 관련 비용자료를 조사·분석하여 실적에 대한 원가계산을 실시하고, 그 결과를 가지고 계약금액을 확정하는 계약이다. 미완성분에 대한 삭감조항이 있다.

이 방법으로 체결한 계약들은 일부 분쟁에 휘말리기도 한다. 사용한 비용의 인정 여부를 놓고 상당한 신경전을 벌인다. 신규 조달 품목이나 가격 저항이 극심한 품목 또는 사업목적상 필요하다고 인정되는 품목, 착수가 시급하나 목표가 불확실한 경우 등에 이 계약형식으로 업무를 추진할 수 있다.

3) 계약 유형별 원가계산 실시기준

(1) 확정계약에서의 원가계산 실시 기준

(가) 업무처리 절차

확정계약의 업무처리 절차는 다음과 같다.

사업계획 → 예정가격 작성 → 입찰 → 계약체결 → 과업수행 → 준공 → 대가 지급
(공개경쟁 & 낙찰)

(나) 단계별 원가계산 실시

(a) 예정가격 작성단계

이 단계에서는 원가계산기관이 예정원가계산 또는 원가검토를 실시한다.

(b) 과업수행단계

원가계산기관은 ① 물가 변동시 ② 설계 변경시 ③ 기타 계약내용 변경시 필요에 따라 계약금액 조정 업무를 수행할 수 있다.

(c) 준공단계

준공시에는 사후 원가검토 조건부계약 등 필요시 준공정산 용역을 수행할 수 있다.

(다) 지급 대가 확정과 계약금액 조정

용역이 완성되면 종료하고 검수 후 대가를 지급한다.

계약금액 조정 요건과 관련 규정은 다음과 같다.

물가변동으로 인한 계약금액 조정: 국계령 제64조

설계변경으로 인한 계약금액 조정: 국계령 제65조

기타계약내용변경으로 인한 계약금액 조정: 국계령 제66조(공사기간, 운반거리 변경 등)

(2) 개산계약에서의 원가계산 실시 기준

(가) 업무처리 절차

개신계약에서의 업무처리 절차는 다음과 같다.

사업계획 →개산가격 결정 → 입찰 → 계약체결 → 과업수행 → 준공 → 대가 결정지급
(공개경쟁 & 낙찰)

(나) 단계별 원가계산 실시

(a) 개산가격 결정단계

원가검토기준 및 절차 수립

(b) 계약체결 단계

잠정 계약금액 결정

(c) 과업 수행단계

설계변경 또는 그로 인한 잠정 계약금액 변경

※ 최종 계약금액 확정시 상한선 변경

(d) 준공

정산원가계산 실시

- 계약체결 시점을 기준으로 산정
- 물가변동으로 인한 계약금액 조정시 해당 용역 수행

(다) 대가 확정 및 지급

원가정산을 실시하고 지급할 금액을 확정한 후 지급 조건에 따라 지급한다. 선급금을 지급할 수도 있다. 지급대금은 정산원가계산 금액에 계약체결 당시의 낙찰률을 적용한 금액으로 확정한다.

지급금액 = 정산원가계산금액 x 당시 낙찰율

(3) 사후 원가검토 조건부 계약

(가) 업무 처리절차

사후 원가검토 조건부계약에서의 업무 처리절차는 다음과 같다.

사업계획 → 예정가격 작성 → 입찰 → 계약체결 → 과업수행 → 준공 → 대가 지급
(공개경쟁 & 낙찰)

(나) 단계별 업무 수행

(a) 사업계획

정부사업의 상부하달 프로젝트 또는 필요한 프로젝트 계획을 수립한다.

(b) 예정 가격 작성

예정 가격은 예정 원가를 계산하여 책정한다. 정산에 필요한 사후 원가 검토 기준 및 절차를 수립하여 공시한다.

(c) 입찰

정부 입찰 사이트인 "나라장터"등을 활용한다. 사후 원가 검토 기준과 절차도 공시한다.

(d) 낙찰 및 계약 체결

미리 설정된 낙찰자 결정 방법에 의거 낙찰자를 선정하고 적합한 용역수행자와 계약을 체결한다.

(e) 과업수행

낙찰자는 과업을 조건에 맞추어 수행하고 정부는 이를 감시·감독한다. 계약이 변경되고 설계가 변경되면 변경된 내용에 따라 과업을 수행한다. 계약금액 상한선도 변경된다.

(f) 준공

과업완료 조건에 부합되면 검수하고 준공한다.

(g) 대가결정 및 지급

사후 원가 계산을 실시하고 공사 완성율 및 비용 인정범위 등 지급할 금액을 확정하고 지급 조건에 따라 지급한다. 선급금을 지급할 수도 있다.

(다) 원가계산 비목별 산정기준

사후 원가 검토 기준 및 절차에서 정하는 원가계산의 비목별 산정기준을 현재의 원가계산 기준을 참조하여 미리 정할 수도 있다. 이 기준은 원가계산관리지침 등 관련 행정규칙에 따라 실제 발생된 원가자료를 중심으로 정산함을 원칙으로 하되 사후 원가 검토 기준 및 절차를 미리 정하여 계약 시 계약서에 첨부한다.

4) 예정가격 작성의 원칙

정부사업 계약 시 사용하는 예정가격 산정은 다음과 같은 원칙에 의거 자료를 조사하고 보고서를 제출하여야 한다. 다음 내용은 원가계산 용역 제안요청서에 포함되는 내용의 일부이다. 원가계산의 원칙과 자료 등의 보안 관련 요구사항 등을 정하고 있다.

(1) 원가계산 원칙

- 원가계산은 최근의 자료를 활용하여 공인된 방법 및 과학적인 근거에 따라 현황조사 및 분석하여야 하며, 사용된 방법·기술·자료 등을 명기하고, 인용한 경우에는 인용 문헌 혹은 그 출처를 반드시 표기하여 정확한 조사 근거를 제시한다.
  - 원가계산용역에 적용되는 자료는 기획재정부의 계약예규를 기본으로 하며 정부 또는 공공단체가 발행하는 자료를 활용하여야 한다(예 : 학술연구용역 인건비 기준 단가, 소프트웨어 사업 대가, 엔지니어링 사업 대가 등).
  - 단가적용은 조달청 가격정보, 물가자료 및 견적이나 통계자료를 참고할 수 있다.
- 원가계산 기관이 원가계산 용역 수행 중 발주처의 요구 시 전문가의 자문을 받거나, 지적사항에 대한 보완 및 반영이 필요한 경우 적극 수용하여야 한다.
- 원가계산 기관은 원가계산 용역 완료 후에도 용역 수행 내용과 관련하여 발주처의 자문 또는 자료 요청이 있을 경우에는 이에 응하여야 하며, 필요 시 전문가를 추가로 참여시키거나 별도 자문회의를 개최하여야 한다.
- 원가계산 기관의 귀책사유가 아닌 불가피한 이유로 원가계산 용역 기간이 지연될 경우, 발주처는 원가계산 용역 기간을 연장할 수 있으며, 계속 추진이 불가능하거나 불필요하다고 판단될 경우에는 원가계산 중지를 명할 수 있다.
- 발주처와 계약업체는 상호 합의에 의해 원가계산용역 조건을 변경할 수 있다.
- 원가계산 기관은 원가계산 용역 수행 중 참여자를 변경하여야 하는 사유가 발생하는 경우 즉시 발주처에 통보하고, 인수인계를 철저히 하여야 한다.
- 발주처는 다음과 같은 사유로 원가계산 업체가 원가계산 용역 수행이 곤란하다고 판단될 경우에는 계약을 해지·해제할 수 있다.

- 원가계산용역 수행이 불가능하다고 인정될 때
- 발주처의 정당한 요청에 불응할 때
- 기타 중대한 계약 조건의 위반이 있을 때

(2) 보안 유지

- 본 제안요청서의 전체 또는 일부가 제안서 제출 이외의 다른 목적으로 사용되어서는 아니 되며, 원가계산 기관은 발주처의 보안 요청을 준수하여야 한다.
- 원가계산 기관은 보안대책을 수립하여 보안에 만전을 기하여야 한다.
  - 원가계산 용역과 관련하여 발주처에서 제공한 참고자료는 원가계산 용역 완료 후 전량 폐기 또는 반환하여야 한다.
- 원가계산과 관련하여 취득한 모든 자료와 성과물은 대외비로 취급하며, 발주처의 승인 없이 임의로 소유하거나 복사 또는 외부 유출을 금지한다.
- 계약 담당 부서에서 의뢰한 건은 발주처 내의 타부서 또는 외부에 모든 자료 및 성과물 등의 유출을 금지한다.
- 개인정보보호, 시스템 보안 등에 있어 관련 법률 및 지침에 위배하지 않도록 사업을 수행하여야 한다.
- 원가계산 용역 기관은 원가계산 중 얻게 되는 모든 자료를 그 외의 목적으로 이용하거나 누설할 수 없으며, 계약완료 후에도 보안을 유지하여야 한다.
- 원가계산 용역업체는 원가계산 시 근거가 되는 자료 및 증빙서류, 관계 법령을 각 보고서에 첨부하여 제출하여야 한다.
- 기타 보안상 하자가 없도록 하여야 하며, 보안상 불이행으로 발생되는 모든 책임은 원가계산 용역 기관이 진다.

(3) 원가계산 방법

원가계산은 다음과 같이 한다.

- 원가검토 방법론의 구체성, 적용성: 재료비, 노무비, 경비, 일반관리비, 이윤 등 규정에 의한 산정

- 법규: 기획재정부의 계약예규, 국가계약법 시행령, 규칙 등 준수
- 자료: 정부 또는 공공단체 발행 자료(학술연구용역 인건비기준단가, SW사업대가, ENG사업대가) 활용

• 구체적인 시장가격 조사 방법: 조달청 가격정보, 물가자료 및 통계자료, 견적
• 원가계산 의뢰 목적 사업의 과업지시서, 제안요청서, 제작사양서 등 검토 방법 등 설계도와 시방서 등의 독해 능력을 통하여 소요 원자재, 소요 공수 및 제경비 등을 도출하여야 한다. 소프트웨어 개발 사업의 경우는 제안요청서만 가지고도 기능점수를 산정할 수 있어야 한다. 이 경우는 기능점수 도출 비용은 별도 정산한다.

(4) 가격 조사에 활용되는 가격

가격 조사에 활용되는 정보인 물가 자료, 통계 자료, 견적은 다음과 같이 구분된다. 가격 정보는 시장에서 통용되는 재료의 단가를 조사한 자료를 의미하며, 물가 자료는 물가 변동을 파악하기 위한 지표이다. 통계 자료는 공공기관에서 발표하는 경제 관련 통계 수치, 그리고 견적은 특정 공사나 용역에 대한 예상 비용을 제시하는 자료이다.

1. 가격 정보

물가정보: 한국물가정보(K-PIC) 등에서 조사하여 발표하는 가격 정보.

유통물가: 조달청에서 제공하는 가격 정보.

거래가격: 시장에서 실제로 거래되는 가격 정보.

조사단가: 특정 기관에서 조사하여 발표하는 단가 정보.

가격정보: 조달청 나라장터에서 제공하는 단가 정보.

2. 물가 자료

소비자물가지수: 통계청에서 발표하는 물가 변동 지수.

생산자물가지수: 생산 단계에서 거래되는 상품 및 서비스의 가격 변동을 측정하는 지수.

수출입물가지수: 수출 및 수입 상품의 가격 변동을 측정하는 지수.

3. 통계 자료

국가통계포털 (KOSIS): 통계청에서 제공하는 다양한 통계 자료.

한국은행 경제통계시스템: 한국은행에서 제공하는 경제 관련 통계 자료.

국토교통부 통계누리: 국토교통부에서 제공하는 건설 관련 통계 자료.

4. 견적

시공사 견적: 실제 공사를 수행하는 업체에서 제시하는 예상 비용.

전문가 견적: 건설 관련 전문가가 제시하는 예상 비용.

표준시장단가: 정부에서 제시하는 표준화된 단가 정보.

정부노임단가: 정부에서 고시하는 건설 분야 노임 단가 정보.

5. 거래 실례 가격

과거 실제로 거래된 가격 정보를 활용하는 방법. 조달청에서 조사하여 통보하는 가격, 전문 가격조사기관이 조사하여 공표한 가격, 지방자치단체 또는 계약담당자가 직접 조사한 가격 등. 국가기관, 지방자치단체, 공공기관이 물품 생산자 또는 판매자로부터 구매한 가격도 포함될 수 있다.

6. 표준 품셈

건설공사 등에서 사용되는 표준적인 가격 기준. 건설공사비 적산 시 기초자료로 활용되며, 공공공사 예정가격 산정에 중요한 역할을 한다. 다만, 현행 표준품셈은 다양한 작업 조건 및 환경을 반영하기 어려울 수 있다는 한계가 있다.

7. 단가 계약 가격

조달청이 수요기관 공통으로 소요되는 물품의 생산자 또는 판매자와 단가 계약을 체결한 가격. 해당 물품의 구매 가격을 예측하는 데 유용하게 활용될 수 있다.

8. 설계 가격 또는 추정 가격

설계 단계에서 산정되는 가격 또는 계약 담당 공무원이 물품, 공사 등의 가격을 추정하여 결정하는 가격. 소요 예산이나 예정 가격을 산정할 때 기초자료로 활용된다.

9. 유통 물가

기업과 공공기관의 예산 운용 및 공사비 산정에 필요한 가격 정보를 조사, 분석하여 제공하는 자료. 물가 자료, 유통 물가, 물가 정보지 등이 해당된다.

10. 일위대가표

공사에 필요한 재료, 인력 등의 비용과 내역을 표 형태로 정리한 자료. 발주처에 공사 내역을 설명하거나 입찰 시 활용될 수 있다.

11. 기타

1) 전문 가격조사기관의 자료: 한국물가협회 등 전문 기관에서 조사, 공표한 가격 정보를 활용할 수 있다.
2) 온라인 가격 정보: 인터넷 쇼핑몰, 가격 비교 사이트 등 온라인 플랫폼에서 제공하는 가격 정보를 활용할 수도 있다.
3) 사례 연구 및 벤치마킹: 유사한 상품이나 서비스의 시장 가격을 조사하거나, 경쟁사 또는 선도 기업의 가격 정책을 분석하여 참고할 수 있다.
4) 협상 및 계약: 공급자와의 협상을 통해 최종 가격을 결정할 때, 시장 조사 결과를 토대로 유리한 조건을 확보할 수 있다.

이 외에도 다양한 방법들을 조합하여 가격 조사를 진행할 수 있다.

참고사항

가격 조사는 위에서 언급된 다양한 자료들을 참고하여 종합적으로 진행한다. 각 자료는 조사 대상, 조사 방법, 발표 기관 등이 다르므로, 활용 시에는 각 자료의 특성을 고려해야 한다.

예정가격 작성 시에는 각 기관에서 제공하는 가격 정보를 활용하여야 한다.

시공사에서 설계 변경으로 인한 계약 금액 조정 요청 시, 발주 기관은 위 자료들을 참고하여 단가를 조사하고 적용한다.

(5) 조달청 가격 정보

1. 조달청 가격 정보: 조달청에서 제공하는 공공 조달 물품 및 서비스의 가격 정보

- 나라장터 (www.g2b.go.kr) 웹사이트에서 확인하거나, 공공데이터포털에서 관련 데이터를 다운로드

- 조달청은 시설공통자재 가격 정보 및 시장시공 가격 정보를 제공하며, 이는 공공기관의 예산 편성 및 계약 업무에 활용된다.

2. 조달청 가격 정보 확인 방법

- 나라장터 (www.g2b.go.kr) 접속: 조달청 나라장터 웹사이트에 접속. 시설공통자재 가격 정보 및 시장시공 가격 정보를 제공
- 가격 정보 검색 또는 분류별 조회: 필요한 품목이나 서비스에 대한 가격 정보를 검색하거나, 분류별로 조회
- 데이터 다운로드: 필요한 경우 공공데이터포털에서 관련 데이터를 다운로드한다.

3. 조달청 가격 정보 제공 범위

- 시설공통자재 가격 정보: 토목, 건축, 기계설비, 전기, 정보통신 등 시설 공사에 사용되는 자재의 가격 정보
- 시장시공가격: 시설공사에 소요되는 단위당 공사비(재료비, 노무비, 경비 포함)로, 직접 수행한 업체로부터 조사한 가격
- 원자재 판매가격: 조달청에서 비축한 원자재의 판매 가격 정보

※ 참고: 여기 소개되는 가격 정보는 조달청이 조사하여 공표한 가격이며 부가가치세, 제경비 등은 제외되어 있고, 조달청의 예산 편성 및 계약 업무에 활용됨

4. 조달청 단가를 확인하는 방법

1) 조달청 나라장터 홈페이지에서 단가 확인
   - 전자서고 검색: 조달청 나라장터 홈페이지(http://www.g2b.go.kr)[전자서고]에서 품명, 품목 등을 검색하여 단가 확인
   - 가격정보 검색: 왼쪽 메뉴에서 [가격정보]를 클릭하여 MAS(다수공급자) 계약 단가, 시설공통자재 가격정보 등 확인
2) 조달청 비축물자 웹사이트(https://www.pps.go.kr/bichuk/index.do): 비축물자의 판매가격 정보. 원자재 판매가격(예: 알루미늄, 구리 등)에 대한 지방청별, 품목별 판매가격 정보를 포함

3) 공공데이터포털(https://www.data.go.kr/): 조달청 제공 시설공통자재 가격정보, 조경수목 가격정보, 시장시공가격 정보. 파일데이터 또는 오픈API 형태로 제공. 예, "조달청_시설공통자재 가격정보 내역" 파일데이터를 다운로드하여 확인할 수 있음
"조달청_나라장터 가격정보현황서비스" 오픈API를 이용하여 프로그래밍 방식으로 가격정보를 활용할 수도 있음
4) 한국표준품셈정보원 활용: 한국표준품셈정보원(https://www.kseis.co.kr/menu02.jsp)에서 건설, 전기, 정보통신 부문의 표준품셈 및 조달청 가격정보를 확인할 수 있음. 여기서 제공하는 표준시장단가 및 표준품셈 정보를 통해 시설공사의 적정 단가 산정에 참고
5) 기타: 나라장터 사용자 매뉴얼: 나라장터 사용자 매뉴얼(예: 영상 자료)을 참고하여 입찰 및 계약 절차와 관련 정보를 확인
조달청 공고: 조달청에서 발간하는 각종 공고 및 자료를 통해 가격 정보, 입찰 정보 등을 확인할 수 있음

(6) 그 외 다음의 정보들이 있음

1) 조달청_OpenAPI 참고자료_나라장터_가격정보현황서비스_1
2) 비축물자 웹사이트: 원자재, 생활필수품 등을 정부가 직접구매, 비축하여 공급함으로써 장·단기 물자 수급의 원활화와 물가안정을 도모.
3) 계약체결 당시(계약일)에 적용되는 거래실례가격 (조달청 「가격정보」 게재가격, 전문가격조사기관이 조사, 공표한 가격, 계약담당공무원이 2인 이상의 사업자에 대하여 거래실례를 직접 조사하여 확인한 가격), 통계작성승인을 받은 기관이 조사·발표한 시중노임 등을 기준으로 가격을 산정-물가조정

<참고> 계약보증금 등에 관한 사항

계약보증금 및 하자보증금은 「조달청 내자구매업무 처리규정」 제48조의2(계약보증금), 제59조(하자보수 보증금)의 적용을 받는다.

- **계약보증금**

제48조의2(계약보증금) ①계약담당과장은 「국가계약법 시행령」 제50조제1항 또는 「지방계약법 시행령」 제51조제5항에서 정한 계약보증금을 납부하게 하여야 한다.

- **하자보수보증금**

제59조(하자보수 보증금) ① 계약담당과장은 물품 및 용역의 특성상 하자보수보증이 필요하다고 인정되는 경우에는 물품(용역)별 하자담보 책임기간을 정하고 계약상대자로 하여금 물품의 경우 계약금액의 100분의 5, 용역의 경우 계약금액의 100분의 2(「국가계약법 시행규칙」 제72조제1항 및 「지방계약법 시행규칙」 제70조제1항에서 정한 경우에는 그 금액)에 해당하는 하자보수 보증금을 납부하게 할 수 있다. 다만, 「국가계약법 시행령」 제62조제4항 또는 「지방계약법 시행령」 제71조제4항에 따라 하자보수보증금 전부 또는 일부를 면제할 수 있다. 이 경우 하자보수보증금 지급각서를 제출하게 하여야 한다.

② 삭제

③ 계약담당공무원은 제1항과 제2항의 하자보수보증금을 납부토록 할 경우에는 해당 물품의 대가를 지급하기 전까지 수요기관에 납부하게 하여야 한다. 다만, 단가계약 체결건에 대해 하자보수보증금을 일괄 납부하고자 하는 계약상대자의 경우 계약체결일 이후부터 필요한 시기에 조달청에 일괄하여 납부하게 할 수 있다.

④ 계약담당과장은 제1항부터 제3항까지 규정의 하자보수보증 조건으로 계약을 체결하고자 하는 경우에는 구매결의 및 입찰공고서에 하자보수보증 조건임을 표시하여야 한다.

⑤ 계약담당과장은 수요기관이 긴급한 하자보수에 사용할 목적으로 하자보수보증금의 직접 지급을 요청하는 경우, 보증기관에 대하여 해당 하자보수보증금을 수요기관의 지정계좌로 직접 지급하도록 할 수 있다.

5) 기타사항

(1) 예정가격을 작성하지 않아도 되는 경우

예정 가격을 작성하지 않아도 되는 경우는 몇 가지가 있다. 수의계약, 협상에 의한 계약, 경쟁적 대화에 의한 계약, 개산계약 등이 이에 해당하며, 특히 협상에 의한 계약은 정보과학기술 등 지식기반 사업에 적용될 수 있다.

(가) 협상에 의한 계약(국계령 제43조: 협상에 의한 계약)

1) 계약이행의 전문성 · 기술성 · 긴급성, 공공시설물의 안전성, 국가안보목적등의 이유로 필요하다고 인정되는 경우에는 제안서를 제출받아 평가하여 협상적격자를 선정할 수 있다.
2) 지식기반 사업(국계령 제43조의2): 정보과학기술 등 집약도가 높은 지식을 활용하여 고부가가치를 창출하는 "지식기반사업"은 협상에 의한 계약체결방법을 우선 적용할 수 있다.

(나) 경쟁적 대화에 의한 계약(국계령 제43조의3: 경쟁적 대화에 의한 계약 체결)

전문성 · 기술성이 요구되는 물품 또는 용역계약은 "경쟁적 대화" 및 제안서를 제출받아 평가하여 계약을 체결할 수 있다.

(다) 개산계약(국계법 제23조, 국계령 제70조) 시제품 제조계약, 시험 · 조사 · 연구용역계약 등 미리 가격을 정할 수 없는 경우 영에 의거 개산계약(概算契約)을 체결할 수 있다.

(2) 예정가격의 비치 등

① **예정가격비치**(제7조의 2): 경쟁계약/수의계약의 경우에는 예정가격을 결정하여 개찰장소/가격협상 장소에 비치하여야 하며 누설되지 않도록 하여야 한다.
② **예정가격 결정방법**(제8조): 예정가격은 총액제 원칙, 예외적으로 단가제 허용
③ **예정가격 조서 작성**(제4조): 예정가격을 결정하고자 할 때에는 미리 예정가격 조서를 작성하여야 한다.

학술연구용역 원가계산

문 귀하가 근무하고 있는 ㈜정림이 인문경제사회연구회에 학술연구용역을 제시하려 한다. 이 용역에 제시할 인건비 금액은 얼마인가?
회사의 월 급여자료는 다음과 같으며 연구원들은 3개월 간 50%를 참여한다.

회사급여자료	
부문장(이사)	800만원
부장(박사, 책임연구원)	600만원
과장(연구원)	400만원
연구원(연구보조원)	300만원

<참고자료>

'2025년도 학술연구용역 기준단가	
등급	월임금
책임연구원	3,705,904
연구원	2,841,638
연구보조원	1,899,539
보조원	1,424,702

풀이

등급	월임금	월급여자료	기간	연구비
책임연구원	3,705,904	부장(박사, 책임연구원) 600만원	3	11,117,712
연구보조원	1,899,539	과장(연구원) 400만원	3	5,698,617
보조원	1,424,702	연구원(연구보조원) 300만원	3	4,274,106
계				21,090,435

부문장을 연구원으로 참여시키는가는 문제에 따라 판단을 요함

학술연구용역이라 함은 학문분야의 기초과학과 응용과학에 관한 연구용역 및 이에 준하는 용역을 말하며, 위탁형용역과 공동연구용역 및 자문형용역으로 구분한다.(예§23①1)

학술연구용역 원가계산은 예정가격작성기준 제30조에서 정한 당해기준 제2장 제4절(학술연구용역 원가계산)에 해당하는 원가계산이다.

학술연구용역은 제조나 공사, 엔지니어링, 소프트웨어 사업, 문화사업, 환경사업 등을 제외하고 학문적 연구를 통해 진실을 헤쳐나갈 대상에 대한 연구, "학문 분야의 기초과학과 응용과학에 관한 연구용역 및 이에 준하는 용역(예정가격 작성기준 제23조 제1호)에 대하여 적용하는 원가계산이다.

1 학술연구용역 원가계산의 세 가지 방법

학술연구용역 원가계산은 계산대상 학술용역에 대하여 투입되는 연구원의 인건비(노무비)와 발생하는 경비 및 일반관리비 등으로 구분하여 계산한다.

학술연구용역을 이행방식에 따라 구분하면,

① 위탁형 용역 : 용역계약을 체결한 계약상대자가 자기 책임하에 연구를 수행하여 연구 결과물을 용역 결과 보고서 형태로 제출

② 공동연구형 용역 : 용역 계약체결자와 탐구기관이 공동으로 연구를 수행

③ 자문형 용역 : 계약체결자가 발주기관의 특정 현안에 대한 의견을 서면 또는 구두로 제시하는 방식.

공동연구형용역과 자문형 용역의 원가계산에는 경비항목 중 최소한의 필요항목만 계상하고 일반관리비는 계상하지 아니한다(예§24, 단서).

학술연구용역에 대한 원가계산은 학술연구용역 원가계산서를 작성하고, 비목별 산출근거를 명시한 기초계산서를 첨부하여 제출한다.

2 학술연구용역 비목별 계상기준

학술연구용역의 계상대상 비목은 노무비(인건비), 경비, 일반관리비 및 이윤이다.

다만, 공동연구형 용역 및 자문형 용역의 경우(예§23, 1호 나다목에 정함)에는 경비항목 중 최소한의 필요항목만 계상하고 일반관리비는 계상하지 아니한다(예§24, 단서).

1) 인건비

인건비는 당해 목적 용역에 직접 종사하는 연구 요원의 급료를 말한다.

인건비의 계산은 투입 연구요원의 수에 별표 5에서 정한 기준단가를 곱하여 계산하며, 기본급과 상여금 및 퇴직급여(예정가격 작성기준 제26조, 퇴직급여 충당금으로 되어 있음)의 합계액으로 한다.

(1) 인건비 계상 대상 항목

① 기본급

② 상여금(기본급의 400%를 초과할 수 없다)

③ 퇴직급여

(2) 인건비는 다음 산식에 의하여 계산된다.

인건비 = 소요공수 X 학술용역 인건비 단가

① 소요공수 : 업무별 작업투입시간

② 인건비 단가 : 예규 시행일이 속하는 다음 연도부터는 전년도 소비자물가 상승률 만큼 인상하여 적용

[학술 연구용역인건비 기준단가(2025년)]

등급	월임금
책임연구원	월 3,705,904원
연구원	월 2,842,638원
연구보조원	월 1,899,539원
보조원	월 1,424,702원

주1) 이 기준단가는 계약예규 제26조 제2항에 따라 소비자물가상승률(2020년 기준 2.3%)을 반영하여 산정된 금액임.

주2) 본 인건비 기준 단가는 1개월을 22일로 하며 용역 참여율 50%로 산정한 것이며 용역 참여율을 달리하는 경우에는 기준 단가를 증감시킬 수 있다.

<참고> 평균근무일수의 조정(22일 → 20일)

정부용역 수행 공수계산에 적용되는 평균근무일수는 월평균근무일수에 대한 기준은 시대와 사회적 변화에 따라 조정되어 왔다. 1992년에는 월평균 근무일수를 25일로 설정하였고, 2003년에는 이를 22일로 조정하였다. 따라서 그동안 22일, 20.6일, 20일 등으로 각각 적용하여 왔다. 이는 법률의 혼란이 있어 각 임금단가 조사 기관마다 임의로 적용해 왔기 때문이다. 2025년도는 학술연구용역에서는 22일을, 엔지니어링 사업은 20.5일을, SW 사업의 경우는 20.6일을 적용한다. 그러나 2024년 4월 25일 대법원 판결에서 20일로 변경되었다. 이 변경은 근로기준법의 개정과 사회적·경제적 변화를 반영한 결과로, 근로자들의 근로 여건과 공휴일 증가 등을 고려하여 조정된 것이다.

(3) 연구원의 구분

① 책임연구원 : 해당 용역 수행을 지휘 감독하며 결론을 도출하는 역할을 수행하는 자로 대학 부교수 수준의 기능을 보유하고 있어야 하며, 1인을 원칙으로 하되 용역 성격상 다수의 책임자가 필요한 경우에는 인정된다.

② 연구원 : 책임연구원을 보조하는 자로서 대학 조교수 수준을 보유하고 있어야 한다.

③ 연구 보조원 : 통계처리 · 번역 등을 수행하는 연구 보조자

④ 보조원 : 타자, 계산, 원고정리 등 단순한 업무처리를 수행하는 자

2) 경비

학술연구를 수행하는 데 필요한 경비로 여비, 유인물비, 전산처리비, 시약 및 연구용 재료비, 회의비, 임차료, 교통통신비 및 감가상각비를 말한다. 그 외의 경비계정은 허용이 안된다. 각 비목별 계상 기준은 다음과 같다.

(1) 비목별 산정기준

(가) 여비 :

A. 여비는 「공무원여비규정」에 의한 국내여비와 국외여비로 구분하되 이를 인정하여야 목적이 달성될 경우에만 계상하며, 공무원의 여비는 계상할 수 없다.(예§27,1호 가)

B. 국내여비는 시외여비만을 계상하되 연구상 필요불가피한 경우 외에는 월15일을 초과할 수 없으며, 책임연구원은 「공무원여비규정」 제3조관련 별표1(여비지급구분표) 제1호등급, 연구원, 연구보조원 및 보조원은 동표 제2호등급을 기준으로 한다.(예§27,1호 나)

① 여비의 종류 : 여비는 운임 · 일비 · 숙박비 · 식비 · 이전비 · 가족여비 및 준비금 등이다.

② 여비의 지급구분 : 여비지급은 별표 1의 여비지급구분표에 따른다.
(공무원여비규정제3조(여비의지급구분))

③ 여비의 계산 : 여비는 일반적인 경로 및 방법에 의하여 계산한다. 특이한 경우에는 실제 여행한 경로를 인정한다.(공무원여비규정제4조(여비의계산))

④ 여행을 위하여 실제로 필요한 일수에 의함. 부득이한 사유로 늘어나는 일수는 인정

⑤ 여비의 구분계산 : 여행 중 법령의 변경 등에 의하여 여비를 구분하여 계산할 필요가 있는 경우에는 그 사유가 발생한 날을 기준으로 계산한다. 다만, 이동 중인 경우에는 그 사유가 발생한 후 최초의 목적지에 도착한 날을 기준으로 구분하여 계산한다.

⑥ 여비 중 운임(국외여행의 운임은 제외)과 숙박비를 결제할 때에는 정부구매카드 신용카드를 사용해야 한다.

[여비지급 구분표(제3조관련)]

<table>
<tr><td rowspan="4">구분
제1호
제2호</td><td>가. 대통령, 국무총리, 부총리, 감사원장, 국무위원, 검찰총장, 통상교섭본부장, 「공무원보수규정」 별표 12 비고 제1호다목을 적용받는 총장,대장, 그 밖에 국무위원 상당 보수를 받는 공무원</td></tr>
<tr><td>나. 인사혁신처장, 법제처장, 식품의약품안전처장, 과학기술혁신본부장, 차관, 14등급의 직위에 임용된 외무공무원, 치안총감, 소방총감, 중장, 그 밖에 차관 상당 보수를 받는 공무원</td></tr>
<tr><td>다. 13등급부터 12등급까지의 직위에 임용된 외무공무원, 대검찰청 검사급 이상의 검사(검찰총장은 제외한다) 및 10호봉 이상의 검사, 10호봉 이상의 헌법연구관, 치안정감, 소방정감, 「공무원보수규정」 별표 12비고 제1호가목 또는 나목을 적용받는 총장, 대학교의 부총장, 대학원장, 대학교의 학장·처장·기획연구실장·교양과정부장, 한국교원대학교 교수부장, 한국예술종합학교 원장·처장, 소장·준장, 고위(감사)공무원단 가등급 직위에 임용된 공무원, 1급 공무원, 1급 상당 보수를받는 공무원, 「공무원보수규정」 별표 33 제7호가목의 연봉등급 1호에 해당하는 일반임기제공무원, 「공무원임용령」 별표 4의2 제1호부터 제3호까지의 임용등급 가급에 해당하는 전문임기제공무원(실장급직위에 임용된 사람만 해당한다)</td></tr>
<tr><td>라. 11등급부터 9등급까지(국장급만 해당한다)의 직위에 임용된 외무공무원, 9호봉 이하의 검사, 9호봉 이하의 헌법연구관, 헌법연구관보, 치안감·경무관, 소방감·소방준감, 대학 및 전문대학의 교수·부교수, 교육부 본부 및 국가교육위원회의 장학관 및 교육연구관, 「지방교육행정기관의 행정기구와 정원기준 등에 관한 규정」 제2조제2호에 따른 시·도 교육청의 국장인 장학관, 같은 조 제4호에 따른 교육지원청의 교육장, 초·중·고등학교의 교장, 대령·중령, 고위(감사)공무원단 나등급직위에 임용된 공무원, 2급 및 3급(국장급만 해당한다) 공무원, 2급 및3급(국장급만 해당한다) 공무원에 상당하는 보수를 받는 공무원, 「공무원보수규정」 별표 33 제7호가목의 연봉등급 2호 또는 3호에 해당하는 일반임기제공무원, 「공무원임용령」 별표 4의2 제1호부터 제3호까지의 임용등급 가급에 해당하는 전문임기제공무원(국장급 직위에 임용된 사람만 해당한다)</td></tr>
<tr><td>제2호</td><td>제1호에 해당하지 않는 공무원(「공무원보수규정」을 적용받는 공무원을 포함한다)</td></tr>
</table>

[공무원 여비규정 (별표 2)]

(단위:원)

구분	철도운임	선박운임	항공운임	자동차 운임	일비 (1인당)	숙박비 (1박당)	식비 (1일당)
제1호	실비 (특실)	실비 (1등급)	실비	실비	25,000	실비	25,000
제2호	실비 (일반실)	실비 (2등급)	실비	실비	25,000	실비(상한액: 서울특별시 100,000, 광역시 80,000, 그 밖의 지역은 70,000	25,000

※ 국내 여비 지급표(제10조부터 제13조까지 및 제16조 1항 관련)

[비고]

1. 위 표의 제1호 란에도 불구하고 별표 1의 제1호 가목 중 대통령과 국무총리의 일비 외식비는 실비로 한다.
1의2. 공적 항공마일리지를 사용하여 항공운임을 절약한 공무원에 대해서는 일비의 50퍼센트를 추가로 지급하되, 추가로 지급되는 일비 총액은 공적 항공마일리지 사용으로 절약된 항공운임의 범위에서 인사혁신처장이 정하는 바에 따른다.
2. 항공운임이 2개 이상의 등급으로 구분되어 있는 경우에는 별표 3 비고에 따라 기획재정부장관이 인사혁신처장과 협의하여 정하는 기준에 따른다.
3. 버스운임은 국토교통부장관 또는 특별시장·광역시장·특별자치시장·도지사·특별자치도지사가 정하는 기준 및 요율의 범위에서 정해진 버스요금을 기준으로 한다.
4. 자가용 승용차를 이용하여 공무로 여행하는 경우의 운임은 표의 제1호란 및 제2호란에 따른 철도운임 또는 버스운임으로 한다. 다만, 공무의 형편상 부득이한 사유로 자가용 승용차를 이용한 경우에는 연료비 및 통행료 등을 지급할 수 있고 구체적인 지급 기준은 인사혁신처장이 기획재정부장관과 협의하여 정한다.

C. 유인물비는 계약목적을 위하여 직접 소요되는 프린트, 인쇄, 문헌복사비(지대 포함)를 말한다.

D. 전산처리비는 해당 연구비용과 관련된 자료 처리를 위한 컴퓨터 사용료 및 그 부대비용을 말한다.

E. 시약 및 연구용 재료비는 실험 실습에 필요한 비용으로 한다.

F. 회의비는 해당 연구내용과 관련하여 자문회의, 토론회, 공청회 등을 위해 소요되는 경비를 말하며, 참석자의 수당은 해당 연도의 예산안 작성 세부지침상 위원회 참석비를 기준으로 한다.

G. 임차료는 연구내용에 따라 특수실험 실습기구를 외부로부터 임차하거나 혹은 공청회 등을 위한 회의장 사용을 하지 아니하고는 계약목적을 달성할 수 없는 경우에 한하여 계상할 수 있다.

H. 교통통신비는 해당 연구내용과 직접 관련된 시내교통비, 전신 전화 사용료, 우편료를 말한다.

I. 감가상각비는 해당 연구내용과 직접 관련된 특수실험 실습기구·기계장치에 대하여 「예정가격 작성기준」 제11조 제3항 제3호의 규정을 준용하여 계산한다. 단, 임차

료에 계상되는 것은 제외한다.

→ 감가상각비(예§11③3) : 감가상각비는 제품생산에 직접 사용되는 건물, 기계장치 등 유형고정자산에 대하여 세법에서 정한 감가상각방식에 따라 계산한다. 다만, 세법에서 정한 내용연수의 적용이 불합리하다고 인정된 때에는 해당 계약목적물에 직접 사용되는 전용기기에 한하여 그 내용연수를 별도로 정하거나 특별상각할 수 있다.

(2) 경비의 산정방법

경비의 산정은 당해 학술연구용역에 필요한 소요량(소비량)을 측정하거나 원가계산자료나 계약서, 영수증 등을 근거로 하여 예정하여야 한다.

학술연구용역에 직접 투입되는 경비는 경비의 비목 및 소요량을 기준으로 다음과 같이 직접 산출한다.

경비 = 소요량 × 단위당 가격

3) 일반관리비

(1) 산정기준

일반관리비는 기업의 유지를 위한 관리활동부문에서 발생하는 제비용으로서 제조원가에 속하지 아니하는 모든 영업비용 중 판매비 등을 제외한 비용을 말하며, 기업손익계산서를 기준으로 산정한다.

(2) 일반관리비 해당 비목

일반관리비에는 임원급료, 사무실직원의 급료, 제수당, 퇴직급여충당금, 복리후생비, 여비, 교통·통신비, 수도광열비, 세금과 공과, 지급임차료, 감가상각비, 운반비, 차량비, 경상시험연구개발비, 보험료 등을 말하며 기업손익계산서를 기준하여 산정한다.

(3) 계상기준

일반관리비는 조직이나 프로젝트에 소요되는 관리 활동에서 발생하는 비용들로 국가를 당사자로 하는 법률 시행규칙 제8조에 규정된 일반관리비율을 초과하여 계상할 수 없다.

일반관리비의 산정

일반관리비 = 순 원가(인건비 + 경비) × 일반관리비율

(4) 계상한도

일반관리비율 계상 한도(국계칙§8①)는 다음과 같다.

1. 공사	: 100분의 6
2. 음 · 식료품의 제조 · 구매	: 100분의 14
3. 섬유 · 의복 · 가죽제품의 제조 · 구매	: 100분의 8
4. 나무 · 나무제품의 제조 · 구매	: 100분의 9
5. 종이 · 종이제품 · 인쇄출판물의 제조 · 구매	: 100분의 14
6. 화학 · 석유 · 석탄 · 고무 · 플라스틱 제품의 제조 · 구매	: 100분의 8
7. 비금속광물제품의 제조 · 구매	: 100분의 12
8. 제1차 금속제품의 제조 · 구매	: 100분의 6
9. 조립금속제품 · 기계 · 장비의 제조 · 구매	: 100분의 7
10. 수입물품의 구매	: 100분의 8
11. 기타 물품의 제조 · 구매	: 100분의 11
12. 폐기물 처리 · 재활용 용역	: 100분의 10
13. 시설물 관리 · 경비 및 청소 용역	: 100분의 9
14. 행사관리 및 그 밖의 사업지원 용역	: 100분의 8
15. 여행, 숙박, 운송 및 보험 용역	: 100분의 5
16. 장비 유지 · 보수 용역	: 100분의 10
17. 기타 용역	: 100분의 6

4) 이윤

(1) 이윤 산정방법

이윤은 영업이익을 말하며 인건비, 경비 및 일반관리비의 합계액에 시행규칙 제8조에 정한 이윤율을 초과하여 계상할 수 없다.

이윤 = 순원가(인건비 + 경비 + 일반관리비) X 이윤율

(2) 이윤 계상 한도

이윤율 계상 한도(국계칙§8②)

1. 공사	: 100분의 15
2. 제조 · 구매(SW 포함)	: 100분의 25
3. 수입물품의 구매	: 100분의 10
4. 용역(SW 제외)	: 100분의 10

5) 회계직공무원의 주의의무

- 계약담당공무원은 해당 연구에 대한 전문기관 또는 전문가를 엄선하여 연구목적을 달성할 수 있도록하여야 한다.
- 학술연구용역을 수의계약으로 체결하고자 할 경우에는 계약상대자의 최근연도 원가계산자료(급여명세서, 손익계산서 등)를 활용하여 상여금, 퇴직금, 일반관리비 등이 과다계상되지않도록 하여야 한다(예§29).

연습문제

01 ㈜정림이 xxx연구원에 학술연구용역을 제시하려 한다. 이 용역에 제시할 인건비 금액은 얼마인가?

월 급여자료는 다음과 같으며 3개월 용역 100% 참여한다.

부문장(이사) 800만원, 부장(박사, 책임연구원) 500만원, 과장(연구원) 300만원, 연구원(연부보조원) 400만원, 행정담당 300만원, 회계 300만원

① 13,600만원
② 7,200만원
③ 18,081,759만원
④ 25,940,307

<참고> 연구용역 인건비(2024)

연구원등급	월임금
책임연구원	2,777,750
연구원	1,856,832
연구보조원	1,392,671

02 문제 **01**에서 ㈜정림의 일반관리비 적용 항목은 14, 행사관리 및 그 밖의 사업지원용역(일반관리비율-기타용역 100분의 6)이다. 경비 계산액이 20,000,000원이라 할 때 일반관리비는 얼마로 계산되는가?

① 3,046,541원 ② 2,284,906원
③ 2,960,901원 ④ 2,220,676원

03 문제 **02**에서 ㈜정림의 총 용역비(부가가치세 합산 전)는 얼마인가? 이윤율은 10%로 본다.

① 185,328,000원 ② 102,960,000원
③ 43,155,133원 ④ 17,011,263원

04 다음 중 학술연구용역 원가계산 중 경비 항목에 들지 못하는 것은 어느 것인가?

① 소모품비 ② 여비
③ 교통통신비 ④ 감가상각비

05 다음 중 학술연구용역 원가계산 중 여비에 계상근거를 제공하는 규제는 어느 것인가?

① 연구기관 여비규정 ② 공무원 여비규정
③ 총무처 제정 여비규정 ④ 임의 적용

답 1. ③

구부	기준단가	현급여	인원수	기간	금액
책임연구원	2,777,750	5,000,000	1	3	8,333,250
연구원	1,856,832	3,000,000	1	3	5,570,496
보조연구원	1,392,671	4,000,000	1	3	4,178,013
계					18,081,759

2. ④ (17,011,263+20,000,000) x 6%=2,220,676

3. ③ (25,940,307 + 20,000,000 + 3,675,224) x 1.1

임금계	경비(한도없음)	일반관리비율(6%)	이익(10%)	계
17,011,263	20,000,000	2,220,676	3,923,194	43,155,133

※ 자문형용역과 공동연구형용역의 경우는 일반관리비를 계상하지 아니하며 경비도 필요항목만 계상한다.

4. ① 5. ②

CHAPTER 24

엔지니어링사업원가계산

문 정유산업같이 하나의 원재료로 가공하는 과정에서 여러 제품이 생산되는 것을 결합제품, 제품이 분리되기 전까지 발생한 원가를 결합원가라 하고 결합원가는 판매가격이나 순실현 가치에 의해 배분한다. 원유가공을 시작하여 분리점에서 휘발유, 경유, 중유가 생산된다. 우리는 이 사업에 정보시스템 설계 용역을 수행하려 한다.
그 인력 소요는 다음과 같다. 이 사업의 소요 원가를 구하라.

본 프로젝트에 기술자 수요

기술자구분	인원수	참여율	기간(월)
기술사	1	20%	6
특급기술자	3	50%	10
중급기술자	5	100%	8

풀이

챕터 입문문제에 다소 복잡한 상황이 반영되었다.

우선 다음과 같이 기존의 방법에 의한 원가를 산정하면 다음과 같다. 여기에는 기존 인건비 조사에 따른 기준임률과 적용 월 평균일수가 적용되었다. 제경비율은 보통 110%를 쓰며 기술료는 20%를 쓴다.

[용역비용 산정 I]

기술자 구분	인원 수	참여율	기간 (월)	월 일수	정보통신기술자인건비기준	금액	부가가치세	합계
기술사(pm)	1	20%	6	20.6	434,967	10,752,384		
특급기술자	3	50%	10	20.6	322,529	99,661,461		
중급기술자	5	100%	8	20.6	263,793	217,365,432		
계	9					327,779,277		
제경비	110%					360,557,205		
계						688,336,482		
기술료	20%					137,667,296		
직접경비						-		
총원가						826,003,779	82,600,378	908,604,157

총 용역비: 9억 8백 6십만 원

계속하여 적용일수를 20일로 산정하면 다음과 같다.

[용역비용 산정 II]

기술자 구분	인원 수	참여율	기간 (월)	월 일수	정보통신기술자인건비기준	금액	부가가치세	합계
기술사(pm)	1	20%	6	20	434,967	10,439,208		
특급기술자	3	50%	10	20	322,529	96,758,700		
중급기술자	5	100%	8	20	263,793	211,034,400		
계	9					318,232,308		
제경비	110%					350,055,539		
계						668,287,847		
기술료	20%					133,657,569		
직접경비						-		
총원가						801,945,416	80,194,542	882,139,958

총용역비: 8억 8천 2백 1십만 원

대법원이 월 근로일수를 20일로 변경한 이유는 근로복지공단과 삼성화재보험의 사고보상 사건(2014) 결심(대법 2024.04.25.)에서 경남 창원의 철거공사 현장에서 근로자들이 크레인에서 떨어져 숨지거나 다친 사고와 관련하여 피해자의 일실수입을 산정할 때 월평균 근무일수를 20일로 적용한 것이다. 대법원 관계자는 "이번 판결을 통해 손해배상액이 줄어든다는 우려가 있을 수 있으나 일을 하지 못해 발생한 손해인 일실수입에 관해 실제 손해를 손해배상액으로 인정해야 한다"며 "모든 사건에서 월 근무 일수를 20일로 인정해야 하는 것은 아니고, 피해자가 적극적으로 증명한 경우에는 20일을 초과하거나 사안에 따라 20일 미만의 월 근무 일수가 인정될 수 있다"고 설명했다.

이 사안은 일실수입에 대한 대법 판결이므로 부기된 피해자의 적극적인 증명이나 해명이 없는 경우는 월 근무일수를 20일로 적용하는 것을 인정한 것이므로 이 영향은 월일수 관련 실무에 파급될 소지가 높다. 따라서 엔지니어링사업대가기준을 적용함에 있어서도 노임단가 산정에 그간 20.6일 적용에서 20일로 적용을 바꾸어야 할 것이다.

그러나 이는 현재 대가산정을 하는 모든 데이터들이 과거 것들이므로 대법원의 판결을 어떻게 적용할 것인지에 대한 해석과 그에 따른 후속조치가 확정되기 전에는 여기서 어떻게 하라는 가이드를 제시하기는 어렵다. 다만, 현재는 그동안의 관례 등을 통하여 22일, 20.6일 및 20일의 적절한 적용으로 상황에 맞게 보고하여야 할 것인데, 그것이 금액 차이가 많을 경우(본 사례에서도 26.464.199원의 차이) 원가계산기관에서 판단을 어떻게 하여야 하는가의 문제가 있다.

한편, 제비용률과 기술료는 범위값으로 정해져 있기 때문에 혼동을 가져올 수 있으나 지금까지 실무에서 적용하는 방법은 다음과 같다.

제경비

제경비는 사무실 운영비, 장비 및 소모품비용, 제반 관리비, 기타 간접비용 등을 포함하는데, 이 경우 프로젝트가 상대적으로 크거나 복잡한 경우, 장기 프로젝트로 관리비와 간접비용이 더 소요되는 경우, 해외나 도서 등 규정의 전제적 범위를 벗어나는 환경에서 수행되는 경우 120%를 적용할 수 있다.

기술료

기술료는 기술력과 창의성의 대가, 프로젝트 수행의 위험부담 및 지적재산권이나 노하우의 가치에 대한 대가로 인정하며, 이들이 일반적 상황 대비 고도의 전문성을 요구하거나 위험도가 상대적으로 높을 경우, 또는 사업 수행자의 특허나 지적재산권 등 독창적 기술을 활용하는 경우 등은 40%를 적용하고 있다.

1 엔지니어링 사업 및 그 원가계산

1) 엔지니어링 사업

(1) 엔지니어링사업 개요

엔지니어링사업이란 엔지니어링활동을 수행하는 사업을 말한다. 엔지니어링산업진흥법에서 정하는 엔지니어링 관련 몇 가지 주요 용어의 정의는 다음과 같다.

엔지니어링산업진흥법 제2조(정의)

1. "엔지니어링활동"이란 과학기술의 지식을 응용하여 수행하는 사업이나 시설물에 관한 다음 각 목의 활동을 말한다.
   가. 연구, 기획, 타당성 조사, 설계, 분석, 계약, 구매, 조달, 시험, 감리, 시험운전, 평가, 검사, 안전성 검토, 관리, 매뉴얼 작성, 자문, 지도, 유지 또는 보수
   나. 가목의 활동에 대한 사업관리
   다. 가목 및 나목에 준하는 것으로서 대통령령으로 정하는 활동
2. "엔지니어링산업"이란 엔지니어링활동을 통하여 경제적 또는 사회적 부가가치를 창출하는 산업을 말한다.
3. "엔지니어링사업"이란 엔지니어링활동을 수행하는 사업을 말한다.
5. "엔지니어링기술"이란 엔지니어링활동에관한 과학기술로서 대통령령으로 정하는 것을 말한다.
6. "엔지니어링기술자"란 엔지니어링기술에 관하여 「국가기술자격법」에 따른 국가기술자격을 취득한 사람 또는 엔지니어링기술 관련 학력이나 경력을 가진 사람으로서 대통령령으로 정하는 사람을 말한다.

• **엔지니어링기술부문**(제5호)

엔지니어링 기술은 엔지니어링산업진흥법 시행령 제3조제6호 (별표1)에 따라 다음과 같이 구분한다.

[표 24-1] 엔지니어링 기술 구분표(엔지니어링진흥법시행령제3조)

엔지니어링산업 진흥법 시행령 [별표 1] <개정 2020. 7. 14.>

엔지니어링기술(제3조 관련)

기술부문	전문분야
기계부문	1) 일반산업기계 2) 차량 3) 용접 4) 금형
선박부문	조선
항공우주부문	항공
금속부문	금속
전기부문	1) 전기설비 2) 전기전자응용
정보통신부문	1) 정보통신 2) 정보관리 3) 철도신도
화학부문	화공
광업부문	1) 자원관리 2) 광해(광산피해)방지
건설부문	1) 도로 2) 항만·해안 3) 철도 4) 교통 5) 농어업토목 6) 도시계획 7) 조경 8) 구조 9) 수자원개발 10) 상하수도 11) 토질·지질 12) 측량·지적 13) 품질시험
설비부문	설비
환경부문	1) 대기관리 2) 수질관리 3) 소음·진통 4) 폐기물처리 5) 자연·토양환경
농림부문	1) 농림 2) 시설원예
해양·수산부문	해양
산업부문	1) 생산관리 2) 포장·제품 3) 산업안전 4) 소방·방재 5) 가스 6) 섬유 7) 나노융합 8) 체계공학 9) 프로젝트매니지먼트
원자력부문	1) 원자력·방사선 관리 2) 비파괴 검사

※ 엔지니어링산업진흥법 시행령 제3조 제6호(별표1)

[비고]

산업통상자원부장관은 신기술 출현 또는 기술간 융·복합 등에 따라 새로운 유형의 엔지니어링 기술의 도입보급활용촉진이 필요하다고 인정하는 경우에는 해당 기술 부문과 전문분야를 추가하여 고시하거나 위 표에 열거된 기술부문에 전문 분야를 추가하여 고시할 수 있다.

③ 제2항제2호부터 13호까지의 비용은 실비정액가산방식에 따라 비용을 산출하며, 같은 항 제14호부터 제20호까지의 비용은 실제 소요된 비용만을 지급한다. 제21호의 비용은 업무의 성격에 따라 각 호의 비용산출에 준하여 정한다.

2) 엔지니어링사업 원가계산

(1) 엔지니어링사업 대가 기준

엔지니어링사업에 대한 원가계산은 엔지니어링사업대가의 기준에 의하며, 동 기준은 엔지니어링진흥법에 근거한다. 엔지니어링진흥법에서 대가기준을 정할 수 있음은 예정가격작성기준 제30조에 근거한다.

예정가격작성기준은 제2장에서 원가계산에 의한 예정가격 작성에 관한 규정을 두고 있는데, 제2장 제2, 3, 4절에서 각각 제조원가(제2절), 공사원가(제3절) 및 학술원가(제4절)를 정하고, 제5절에서 기타용역을 규정하면서 엔지니어링사업, 측량용역, 소프트웨어 개발용역 등 다른 법령에서 그 대가기준(원가계산기준)을 규정하고 있는 경우에는 해당 법령이 정하는 기준에 따라 원가계산을 할 수 있다(예§30①)고 하고 있다. 한편, 「엔지니어링산업 진흥법」으로 정한 엔지니어링사업대가 기준은 법에서는 기타용역으로 구분한다.

아래 엔지니어링사업대가의 기준과 「엔지니어링산업 진흥법」 및 예정가격 작성 기준 등의 각 규정은 법률 위임 관계를 잘 보여주고 있다.

엔지니어링사업대가의 기준(산업통상자원부고시 제2024-217호, 2024. 12. 31)

제1조(목적) 이 기준은 「엔지니어링산업 진흥법」 제31조제2항에 따라 엔지니어링사업의 대가의 기준을 정함을 목적으로 한다.

엔지니어링사업대가의 기준의 근거규정 - 엔지니어링산업진흥법 제31조

제31조(엔지니어링사업의 대가 기준 등)
② 산업통상자원부장관은 제1항에따른 엔지니어링사업의 대가를 산정하기 위하여 필요한 기준을 정하여 고시하여야 한다.

엔지니어링사업대가의 기준에 의한 예정가격 작성의 근거 – 예정가격작성기준 제5절

> **제5절 기타용역의 원가계산**
> **제30조(기타용역의 원가계산)** ① 엔지니어링사업, 측량용역, 소프트웨어 개발용역 등 다른 법령에서 그 대가기준(원가계산기준)을 규정하고 있는 경우에는 해당 법령이 정하는 기준에 따라 원가계산을 할 수 있다.

<참고> 원가계산기준이 정해지지 않은 기타의 용역에 대한 예정가격 작성

동제30조제2항: ② 원가계산기준이 정해지지 않은 기타의 용역에 대하여는 제1항 및 제23조 내지 제29조에 규정된 원가계산기준에 준하여 원가계산 할 수 있다.

(2) 엔지니어링 사업대가 기준의 체계

예정가격 작성에 관한 규정은 「예정가격 작성기준」은 원가계산을 총망라하여 다음과 같이 정하고 있다.

제2장 원가계산에 의한 예정가격 작성

제2절 : 제조원가계산(제7조 ~ 제14조)

제3절 : 공사원가계산(제15조 ~ 제22조)

제4절 : 학술연구용역 원가계산(제23조 ~ 제29조)

제5절 : 기타용역의 원가계산(제30조)

제3장 실적공사비에 의한 예정가격 작성(제37조 ~ 제44조)

제4장 전문가격 조사기관의 등록 및 조사업무(제45조 ~ 제52조)

제5장 보칙(제53조) 표준가격 조사요령

제30조(5절)는 다른 법령에서 그 대가기준을 정하고 있는 경우에는 그 기준에 따라 원가계산을 할 수 있다고 하고 있다.

각 대가기준들은 당해 법령들이 관련된 전문분야의 특성을 반영한다. 그러나 대부분의 대가는 「엔지니어링 사업대가의 기준」을 기준으로 행정규칙으로 정하여 적용하고 있다.

<참고> 다른 법령에서 정하고 있는 대가 기준

- **대가 기준**

① 엔지니어링 사업 대가의 기준(산업통상자원부 고시)

② 소프트웨어 사업 대가의 기준(한국소프트웨어 산업 협회)

③ 측량용역 대가의 기준(국토교통부 고시)

④ 건설공사 감리대가기준(국토교통부 고시)

⑤ 설계 · 감리 대가기준(국토교통부 고시)

⑥ 건축사 용역의 범위과 대가기준(국토교통부 고시)

⑦ 건설사업관리 대가기준(국토교통부 고시)

⑧ 건설공사 안전점검 대가산정기준(국토교통부 고시)

⑨ 안전점검 및 정밀 안전진단 대가기준(국토교통부 고시)

⑩ 공용 발주사업에 대한 건축사의 업무범위와 대가기준(국토교통부 고시)

⑪ 사회보험의 보험료 적용기준(국토교통부 고시)

⑫ 측량대가의 기준(국토지리정보원 고시)

⑬ 공무원 예비규정(대통령령 - 인사혁신처)

⑭ 문화재수리 원가계산 기준(문화재청예규)

⑮ 생활폐기물 수집 · 운반 대행계약을 위한 원가계산 산정방법에 관한 규정(환경부 고시)

- **관련노임단가 기준**

① 시중노임단가(대한건설협회 건설업 임금실태조사보고서)

② 제조업 노임단가(중소기업 중앙회 중소제조업 직종별 임금조사보고서)

③ 엔지니어링 기술자 노임단가(한국엔지니어링 협회 엔지니어링 업체 임금실태조사보고서)

④ 측량기술자 임금 공표(국토교통부, 대한측량협회)

⑤ 감리원 임금 공표(국토교통부, 한국건설 감리협회)

⑥ 소프트웨어 기술자 노임단가(한국 소프트웨어 산업협회)

3) 엔지니어링 사업대가 기준의 체계

엔지니어링 사업대가의 기준은 공사비 요율에 의한 방식과 실비정액 가산방식으로 나뉜다. 요율방식은 다른 공사 또는 업무와 관련된 금액(기초금액)을 기준으로 요율을 곱하여 구하는 방식이고 실비 정액 가산방식은 직접인건비, 직접경비, 제경비, 기술료의 항목별로 산출하는 방식이다.

엔지니어링사업대가기준의 대가산출의 기본원칙은 실비정액가산방식을 적용함을 원칙으로 하되, 발주청이 당해 사업의 특성을 감안하여 실비정액가산방식을 적용함이 적절하지 아니하다고 판단하는 경우 공사비 요율에 의한 방식을 적용할 수 있다.

그림 24-1 • 엔지니어링사업대가기준의 체계

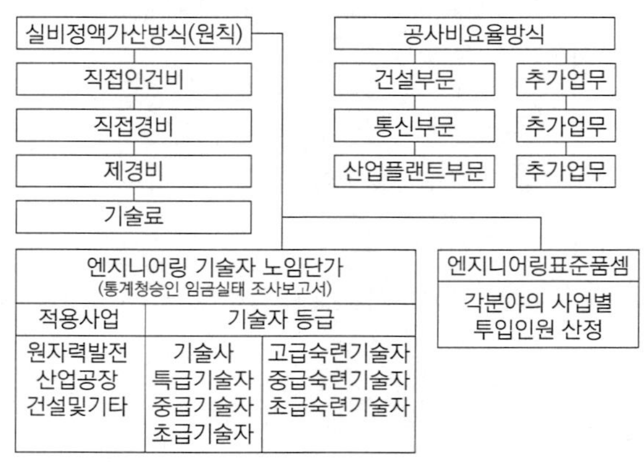

위 [그림 24-1]은 엔지니어링 사업의 대가를 산정하는 두 가지 주요 방식을 보여준다.

- 실비정액가산방식(원칙): 직접인건비, 직접경비, 제경비, 기술료의 4가지 항목을 각각 산정하여 합산하는 방식으로, 엔지니어링 사업 대가 산정의 기본 원칙이다.
- 공사비요율방식: 건설 부문, 통신 부문, 산업플랜트 부문 등 각 분야의 총 공사비에 특정 요율을 곱하여 대가를 산정하고, 추가 업무비용을 가산하는 방식이다.

두 방식 모두 엔지니어링 기술자 노임단가와 엔지니어링 표준품셈을 중요한 산정 기준으로 활용한다.

2 실비정액 가산 방식

엔지니어링 사업대가의 기준 제2장(엔§7~§12)

다음의 경우에는 실비정액 가산방식을 적용하여야 한다.

① 최근 3년간 발주청의 관할구역 및 인접 시·군·구에 당해 사업과 유사한 사업에 대하여 실비정액가산방식을 적용한 사업이 있는 경우

② 엔지니어링 사업자가 실비정액가산방식 적용에 필요한 견적서 등을 발주청에 제공하여 거래실례 가격을 추정할 수 있는 경우

실비정액가산방식에서는 당해사업의 직접인건비, 직접경비, 제경비 및 기술료를 합한 금액을 예정가격으로 한다.

용역대가 = 직접인건비 + 직접경비 + 제경비 + 기술료 + 부가가치세 + 손해배상보험료

- 직접인건비: 직접투입인력 인건비(투입인원수 × 노임단가)
- 직접경비: 실제발생액
- 제경비: 직접인건비의 110~120%
- 기술료: (직접인건비 + 제경비) × 20~40%

1) 직접인건비의 계산

엔지니어링 사업의 실비정액가산방식에서 직접인건비는 해당 엔지니어링 사업의 업무에 직접 종사하는 엔지니어링 기술자의 인건비로 투입된 인원수(기술수준 고려)에 엔지니어링 기술자의 기술등급별 노임단가를 곱하여 계산한다. 그 적용은 다음과 같다.

① 투입인원수: 산업통상자원부 장관이 인가한 표준품셈을 우선 적용한다. 다만 인가된 품셈이 존재하지 않거나 업무의 특성상 필요한 경우에는 견적 등 적절한 산출방식을 적용할 수 있다.

② 노임단가: 노임단가를 산출하는 경우에는 기본급, 퇴직급여충당금, 회사부담 산업재해보상 보험료, 국민연금, 건강보험료, 고용보험료, 퇴직연금급여 등이 포함된 한국엔지니어링 협회가 「통계법」에 따라 조사·공표한 임금실태 조사보고서에 따른다.

다만, 건설 상주 감리의 경우에는 계약 당사자가 협의하여 한국건설감리협회가 「통계법」에 따라 조사·공표한 노임단가를 적용할 수 있다.

직접인건비 = 사업종별 기술수준별 투입 인원수 x 기술자 등급별 노임단가

2) 직접경비의 계산

직접경비란 당해 업무 수행과 관련이 있는 경비로서 여비(발주청 관계자 여비는 제외함), 특수자료비(특허, 노하우 등의 사용료), 제출 도서의 인쇄 및 청사진비, 측량비, 토질 및 재료비 등의 시험비 또는 조사비, 모형제작비, 다른 전문기술자에 대한 자문비 또는 위탁비와 현장운영 경비(직접인건비에 포함되지 아니한 보조원의 급여와 현장사무실의 운영비를 말한다) 등을 포함하며, 그 실제 소요될 것으로 추정되는 비용의 일체를 계산한다.

다만, 국내 출장여비 및 공사감리 등 현장에 상주해야 하는 엔지니어링사업의 주재비는 국내 출장여비는 비상주 직접인건비의 10%로 하고 주재비는 상주 직접인건비의 30%로 한다(엔§8 = 엔지니어링사업대가기준 제8조, 이하 같다).

3) 제경비의 계산

① 제경비는 직접비(직접인건비와 직접경비)에 포함되지 아니하고 엔지니어링 사업자의 행정운영을 위한 기획, 경영관리, 총무분야 등에서 발생하는 간접경비로서 임원, 서무, 경리 직원들의 급여, 사무실비, 사무용 소모품비, 비품비, 기계기구의 수선비와 상각비, 통신운반비, 회의비, 공과금, 운영 활동비용 등을 포함하며, 직접인건비의 110~120%로 계산한다.

다만, 관련 법령에 따라 계약 상대자의 과실로 인하여 발생한 손해에 대한 손해배상 보험료 또는 손해배상 공제료는 별도로 계산한다.

② 제1항의 경비 중에서도 해당 엔지니어링 사업을 위하여 직접적인 필요에 따라 발생한 비목에 관하여는 직접경비로 계산한다.

4) 기술료의 계산

기술료는 엔지니어링 사업자가 개발·보유한 기술의 사용 및 기술 축적을 위한 대가로서 조사연구비, 기술개발비, 기술 훈련비 및 이윤 등을 포함하며 직접인건비에 제경비(단, 제19조 제1항 단서에 따른 손해배상보험료 또는 손해 배상공제료는 제외함)를 합한 금액의 20~40%로 계산한다.

5) 대가의 조정

다음 각 조의 어느 하나에 해당하는 경우에는 대가를 조정한다.

① 계약을 체결한 날로부터 90일 이상 경과하고 물가의 변동으로 입찰일을 기준한 당초의 대가에 비하여 100분의 3 이상 증감되었다고 인정될 경우. 다만, 천재지변 또는 원자재 가격 급등으로 당해 기간 내에 계약금액을 조정하지 아니하고는 계약이행이 곤란할 시 계약을 체결한 날 또는 직전 조정 기준일로부터 90일 이내에 또 계약금액을 조정할 수 있다.

② 발주청의 요구에 따른 업무변경(업무증가)이 있는 경우

③ 엔지니어링 사업 계약에 있어 사업기간, 사업규모 변경 등 계약의 내용이 변경된 경우

④ 계약 당사자 간에 합의하에 특별히 정한 경우

제1항 (위①)에 규정한 사항에 대해서는「국가를 당사자로 하는 계약에 관한 법률」,「지방자치단체를 당사자로 하는 계약에 관한 법률」의 금액 조정에 관한 규정을 준용한다.

6) 엔지니어링 기술자의 기술등급 및 자격기준

엔지니어링 사업자의 기술등급 및 자격기준은 엔지니어링 진흥법, 제2조 제6호 및 시행령 제4조 별표 2로 다음과 같다.

[표 24-2] 기술계 엔지니어링 기술자

구분	국가기술자격자	학력자
기술사	해당 전문분야의 관련 기술사자격을 가진 사람	
특급 기술자	1) 해당 전문분야와 관련된 기사자격을 가진 사람으로서 해당 전문분야와 관련된 업무를 10년 이상 수행한 사람	1) 해당 전문분야와 관련된 박사학위를 가진 사람으로서 해당 전문분야와 관련된 업무를 4년 이상 수행한 사람 2) 해당 전문분야와 관련된 석사학위를 가진 사람으로서 해당 전문분야와 관련된 업무를 9년 이상 수행한 사람
특급 기술자	2) 해당 전문분야와 관련된 산업기사자격을 가진 사람으로서 해당 전문분야와 관련된 업무를 13년 이상 수행한 사람	3) 해당 전문분야와 관련된 학사학위를 가진 사람으로서 해당 전문분야와 관련된 업무를 12년 이상 수행한 사람 4) 해당 전문분야와 관련된 전문대학을 졸업한 사람으로서 해당 전문분야와 관련된 업무를 15년 이상 수행한 사람
고급 기술자	1) 해당 전문분야와 관련된 기사자격을 가진 사람으로서 해당 전문분야와 관련된 업무를 7년 이상 수행한 사람 2) 해당 전문분야와 관련된 산업기사자격을 가진 사람으로서 해당 전문분야와 관련된 업무를 10년 이상 수행한 사람	1) 해당 전문분야와 관련된 박사학위를 가진 사람으로서 해당 전문분야와 관련된 업무를 1년 이상 수행한 사람 2) 해당 전문분야와 관련된 석사학위를 가진 사람으로서 해당 전문분야와 관련된 업무를 6년 이상 수행한 사람 3) 해당 전문분야와 관련된 학사학위를 가진 사람으로서 해당 전문분야와 관련된 업무를 9년 이상 수행한 사람 4) 해당 전문분야와 관련된 전문대학을 졸업한 사람으로서 해당 전문분야와 관련된 업무를 12년 이상 수행한 사람
중급 기술자	1) 해당 전문분야와 관련된 기사자격을 가진 사람으로서 해당 전문분야와 관련된 업무를 4년 이상 수행한 사람 2) 해당 전문분야와 관련된 산업기사자격을 가진 사람으로서 해당 전문분야와 관련된 업무를 7년 이상 수행한 사람	1) 해당 전문분야와 관련된 박사 학위를 가진사람 2) 해당 전문분야와 관련된 석사 학위를 가진 사람으로서 해당 전문분야와 관련된 업무를 3년 이상 수행한 사람 3) 해당 전문분야와 관련된 학사 학위를 가진 사람으로서 해당 전문분야와 관련된 업무를 6년 이상 수행한 사람 4) 해당 전문분야와 관련된 전문대학을 졸업한 사람으로서 해당 전문분야와 관련된 업무를 9년 이상 수행한 사람

구분	국가기술자격자	학력자
초급 기술자	1) 해당 전문분야와 관련된 기사 자격을 가진 사람 2) 해당 전문분야와 관련된 산업기사자격을 가진 사람으로서 해당 전문분야와 관련된 업무를 2년 이상 수행한 사람	1) 해당 전문분야와 관련된 석사학위를 가진 사람 2) 해당 전문분야와 관련된 학사학위를 가진 사람 3) 해당 전문분야와 관련된 전문대학을 졸업한 사람으로서 해당 전문분야와 관련된 업무를 3년 이상 수행한 사람

[표 24-3] 숙련기술계 엔지니어링 기술자

구분	국가기술자격자	학력자
고급숙련 기술자	1) 해당 전문분야와 관련된 기능장 자격을 가진 사람 2) 해당 전문분야와 관련된 산업기사 자격을 가진 사람으로서 해당 전문분야와 관련된 업무를 4년 이상 수행한 사람 3) 해당 전문분야와 관련된 기능사 자격을 가진 사람으로서 해당 전문분야와 관련된 업무를 7년 이상 수행한 사람 4) 해당 전문분야와 관련된 기능사보자격을 가진 사람으로서 해당 전문분야와 관련된 업무를 10년 이상 수행한 사람	1) 해당 전문분야와 관련된 기능대학 또는 전문대학을 졸업한 사람으로서 해당 전문분야와 관련된 업무를 5년 이상 수행한 사람 2) 고등학교를 졸업한 사람으로서 해당 전문분야와 관련된 업무를 8년 이상 수행한 사람 3) 직업훈련기관의 교육을 이수한 사람으로서 해당 전문분야와 관련된 업무를 8년 이상 수행한 사람
중급숙련 기술자	1) 해당 전문분야와 관련된 산업기사 자격을 가진 사람 2) 해당 전문분야와 관련된 기능사 자격을 가진 사람으로서 해당 전문분야와 관련된 업무를 3년 이상 수행한 사람 3) 해당 전문분야와 관련된 기능사보 자격을 가진 사람으로서 해당 전문분야와 관련된 업무를 5년 이상 수행한 사람	1) 해당 전문분야와 관련된 기능대학 또는 전문대학을 졸업한 사람으로서 해당 전문분야와 관련된 업무를 1년 이상 수행한 사람 2) 고등학교를 졸업한 사람으로서 해당 전문분야와 관련된 업무를 4년 이상 수행한 사람 3) 직업훈련기관의 교육을 이수한 사람으로서 해당 전문분야와 관련된 업무를 6년 이상 수행한 사람 4) 해당 전문분야와 관련된 업무를 10년 이상 수행한 사람

초급숙련 기술자	1) 해당 전문분야와 관련된 기능사 자격을 가진 사람 2) 해당 전문분야와 관련된 기능사보 자격을 가진 사람으로서 해당 전문분야와 관련된 업무를 2년 이상 수행한 사람	1) 고등학교를 졸업한 사람으로서 해당 전문분야와 관련된 업무를 1년 이상 수행한 사람 2) 직업훈련기관의 교육을 이수한 사람으로서 해당 전문분야와 관련된 업무를 1년 이상 수행한 사람 3) 해당 전문분야와 관련된 업무를 5년 이상 수행한 사람

7) 엔지니어링 기술자 노임단가의 적용기준

① 엔지니어링 기술자 노임단가의 적용은 1일 8시간으로 하며, 1개월의 일수는「근로기준법」및「통계법」에 따라 한국 엔지니어링 협회가 조사·공표하는 임금실태조사보고서에 따른다. 다만, 토요 휴무제를 시행하는 경우와 1일 8시간을 초과하는 경우에는「근로기준법」을 적용한다. 이 말은 주휴수당과 야근수당(잔업)을 지급하라는 말이다.

② 출장일수는 근무일수에 가산하며, 이 경우 수탁자의 사업소를 출발한 날로부터 귀사한 날 까지를 계산한다.

③ 엔지니어링 사업 수행기간 중「민방위기본법」또는「향토예비군 설치법」에 따른 훈련기간과「국가기술자격법」등에 따른 교육기간은 해당 엔지니어링 사업을 수행한 일수에 산입한다.

엔지니어링 기술자 노임단가는 다음과 같다.

[표 24-4] 엔지니어링 기술부문*별 기술자 평균임금(엔지니어링 노임단가)

(단위: 원, 1일 1일 기준)

구분	기계·설비	전기	정보통신	건설	환경	원자력	기타**
기술사	470,112	451,475	450,075	452,178	451,020	555,998	433,045
특급기술자	391,791	350,252	330,713	358,273	347,410	451,676	346,423
고급기술자	327,056	300,034	301,470	300,980	311,177	377,211	297,079

구분	기계·설비	전기	정보통신	건설	환경	원자력	기타**
중급기술자	281,925	283,992	272,298	284,046	260,926	360,023	246,345
초급기술자	247,713	238,294	234,973	223,644	234,568	284,926	219,507
고급숙련기술자	290,015	289,668	253,886	267,012	258,712	345,896	273,830
중급숙련기술자	223,521	27,151	219,833	240,710	222,595	331,533	223,447
초급숙련기술자	204,830	197,097	190,539	204,392	190,631	223,252	182,031

- 상기 제시된 임금은 1일 평균임금(만근한 기술자 월 인건비(원)÷1개월 평균 근무일수(일))
- '22년부터 엔지니어링 활동분류별 기술자 평균임금 미공표
 * 엔지니어링 기술부문은 엔지니어링산업진흥법 시행령 엔지니어링기술(제3조 관련) 별표1에 따름
** 기타: 엔지니어링 기술부문 중 선박, 항공우주, 금속, 화학, 광업, 농림, 산업, 해양.수산 해당(보고서 참조)
월평균 근무일수: 20.5일
적용일: 2025년 1월 1일부터

[표 24-4]의 임금현황 분석과 다른 것은 앞 표가 연도별 증감율을 분석하고 표시한 것이며, 원가계산을 수행시는 본 표를 활용한다. 2026년도에 원가계산을 수행할 시는 별도 공표하는 임률을 적용하여야 한다.

- 엔지니어링기술 부문은 엔지니어링진흥법시행령 제3조(엔지니어링기술)관련 별표1에 따름
  - 원자력 발전
  - 산업공장
  - 건설 및 기타
- 기타 : 엔지니어링 기술부문 중 선박, 항공우주, 금속, 화학, 광업, 농림, 산업, 해양 수산 해당
- 평균 근무 일수 : 월 20.5일
- 적용일 : 2025년 1월 1일부터

주: 이 평균근무일수는 조정되어야 한다. 22일, 20.6일, 20.5일, 20일이 혼재한다. 법률의 조정이 안 되어 본서는 이를 그대로 쓰나 독자는 그 향배를 살펴 현실에 적용하여야 한다. 다만, 매년 조사하여 공표하는데, 2025년도는 학술연구용역에서는 22일을, 엔지니어린 사업은 20.5일을, SW 사업의 경우는 20.6일을 적용한다.

<참고> 최저임금기준 적용

기준 없는 용역 원가계산을 하는 경우에는 시행규칙 제23조의3 각호의 용역계약에 대한 인건비의 기준단가에 0.87995를 곱한 금액이 최저임금에 미치지 못하는 경우에는 최저임금에 0.87995를 나눈 금액을 인건비 기준단가로 한다(예§30③).

[표 24-5] 연도별 최저임금결정현황

적용연도	시간급	일급(8시간 기준)	인상률(인상액)
'25.01.01 ~'25.12.31	10,030	80,240	1.7 (170)
'24.01.01 ~'24.12.31	9,860	78,880	2.5 (240)
'23.01.01 ~'23.12.31	9,620	76,960	5.0 (460)

<참고> 월 평균 근무일수 관련 고려할 사항(대법원 판례)

월평균근무일수에 대한 기준은 시대와 사회적 변화에 따라 조정되어 왔다. 1992년에는 월평균 근무일수를 25일로 설정하였고, 2003년에는 이를 22일로 조정하였다. 이후 2024년 4월 25일 대법원 판결에서 20일로 변경되었다.

한편, 엔지니어링 기술자 노임단가 산정 시 적용되는 월평균 근무일수는 2023년 1월 1일부터 20.6일로 변경되었다. 이러한 변경은 근로기준법의 가정과 사회적·경제적 변화를 반영한 결과로, 근로자들의 근로 여건과 공휴일 증가 등을 고려하여 조정된 것이다. 이를 규명하는 것은 본서의 의무는 아니다. 다만, 이를 적용시는 통첩이나 훈령 등 현행 기준을 확인하고 적용하여야 한다.

3 공사비 요율에 의한 방식

1) 적용 개요

엔지니어링 사업대가기준이 정하는 유사 방식 중 공사비 요율에 의하여 대가를 계산하는 방식은 다음과 같다.

1. 적용 대상: 주로 건축, 토목, 조경 등 공사비가 발생하는 엔지니어링 사업의 대가를 산정할 때 사용된다. 특히 설계 감리, 건설사업관리(CM) 등 공사비와 직접적인 연관이 있는 업무에 많이 적용한다.
2. 산정 원리: 총 공사비에 특정 요율(비율)을 곱하여 엔지니어링 대가를 산정하는 방식이다. 공사비가 클수록 엔지니어링 대가도 증가하는 비례 관계를 가진다.
3. 주요 요소:
   - 공사비: 대가 산정의 기준이 되는 공사비는 직접공사비(재료비, 노무비, 경비 등)와 간접공사비(일반관리비, 이윤 등)를 포함하는 총 공사비를 의미한다. 이때 부가가치세는 제외한다.
   - 요율: 사업의 종류, 난이도, 공사 규모 등에 따라 국토교통부장관이 고시한 요율표를 적용한다. 이 요율은 보통 구간별로 차등 적용되며, 공사비가 커질수록 요율은 점차 낮아지는 경향이 있다(체감 요율 방식).
   - 보정 계수: 사업의 특수성(예: 비상주 감리, 특정 전문분야 등), 지역 특성 등을 고려하여 요율에 보정 계수를 적용할 수 있다.
4. 장점:
   - 산정이 비교적 간단하고 명확하다.
   - 공사 규모가 커질수록 대가도 증가하므로, 대규모 사업에 적용하기 용이하다.
5. 단점:
   - 사업의 복잡성, 난이도, 투입되는 기술력의 차이 등을 세밀하게 반영하기 어려울 수 있다.
   - 공사비가 과다하게 책정될 경우 엔지니어링 대가도 과다해질 우려가 있다.

6. 특이 사항:

- 대가 산정 시 적용되는 공사비는 추정 공사비가 아니라 실제 집행될 것으로 예상되는 공사비를 기준으로 한다.
- 사업이 완료된 후 실제 공사비가 변경될 경우, 그에 따라 엔지니어링 대가를 정산할 수 있다.

2) 기준공사비와 요율

공사비 요율에 의한 엔지니어링 사업 대가를 산정하는 방식은 공사비에 일정 요율을 곱하여 산출한 금액에 엔지니어링 사업대가의 기준 제17조에 따른 추가 업무비용과 부가가치세를 합산하여 대가를 산정한다. 공사비란 발주청의 총 공사비 예정금액(자재대 포함) 중 용지대, 보상비, 법률수속비 및 부가가치세를 제외한 일체의 금액을 말한다.

엔지니어링 사업에 있어서는 법령에 따른 업무 외 추가 업무를 수행하는 경우가 많으며 이때는 별도로 대가를 산정하여 비용을 산정한다.

사업대가 = 기준공사비 x 일정요율 + 추가업무비용 + 부가가치세

(1) 기준공사비의 산정

공사비 산정은 프로젝트의 초기 단계에서 예산 계획을 수립하고, 이후 설계 및 시공 단계에서 구체화되는 중요한 과정이다. 공사비를 산정하는 방법은 프로젝트의 특성, 규모, 목적 등에 따라 산정할 수 있다.

(가) 공사비 산정 방법

(a) 개략 공사비 산정

프로젝트 초기 단계에서 예산 계획을 수립하기 위해 개략공사비를 산정하며 유사 프로젝트 비교법이나, 건축물의 용도, 규모 등에 따라 단위면적당 공사비를 적용하거나

조달청에서 제공하는 공사비 정보광장을 통해 공공건축물의 유형별 공사비 분석 자료 (신·증축 15개 유형)를 참고할 수 있다.

(b) 상세 공사비 산정

설계 및 시공 단계에서 정확한 공사비를 산정하기 위해서는 상세 공사비를 산정하여야 한다. 이는 각 공종별로 표준품셈을 적용하여 재료비, 노무비, 경비 등을 산정 공종별 표준시장단가를 적용하여 공사비를 산정하거나 상세한 설계 도면과 시방서를 기반으로 실행 예산을 수립한다.

(나) 공사비 산정 시 고려사항

건축물의 용도, 규모, 복잡도 등의 프로젝트 특성과 자재비, 인건비 등의 변동에 대한 시장상황 및 법적 지침이나 규제를 준수하여 산정한다.

<참고>

공사비 산정 기준은 건설기술진흥법 제45조 및 건설기술진흥업무 운영규정 등에 명시되어 있으며, 예정가격 작성기준에서는 표준품셈, 표준시장단가, 건설공사비지수 등을 활용하여 공사비를 산정하도록 규정하고 있다.

(2) 일정요율의 결정

이 요율은 공사비 규모와 업무의 난이도 등에 따라 사전에 정해진 표를 기반으로 산정된다.

(가) 공사비요율 방식의 요율 결정 방법

(a) 공사비 규모에 따른 요율 적용:

- 공사비 구간별로 정해진 요율표 활용
  (공사비 100억 원인 경우와 공사비 200억 원인 경우에 적용되는 요율은 다르다)

(b) 업무 단계별 요율 구분:

- 설계 전 단계, 기본설계 단계, 실시설계 단계, 시공 단계, 시공 후 단계 등으로 나누어 각 단계별로 요율이 다르게 적용된다.

(c) 요율표의 예시:

- 아래는 공사비요율 방식에서 사용되는 요율표이다.

[별표 1] 건설부문의 공사비 요율

가. 기본설계

공사비	업무별 요율(%)			
	도로	철도	항만	상수도
10억원 이하	3.78	2.93	4.15	3.45
20억원 이하	3.33	2.69	3.64	3.07
30억원 이하	3.10	2.55	3.37	2.86
50억원 이하	2.82	2.39	3.06	2.63
100억원 이하	2.49	2.19	2.68	2.34
200억원 이하	2.20	2.01	2.35	2.08
300억원 이하	2.04	1.90	2.18	1.94
500억원 이하	1.86	1.78	1.98	1.78
1,000억원 이하	1.64	1.63	1.74	1.58
2,000억원 이하	1.45	1.50	1.52	1.41
3,000억원 이하	1.35	1.42	1.41	1.32
5,000억원 이하	1.23	1.33	1.28	1.21
5,000억원 초과	$159.4915x^{-0.1806}$	$40.9223x^{-0.1272}$	$209.2442x^{-0.1892}$	$113.8676x^{-0.1687}$

(공사비 요율표: 엔지니어링사업대가의 기준 제13조(요율) 별표1, 예시)

(나) 요율표의 활용

- 공사유형에 따라 해당하는 요율을 선택하여 적용한다.
- 공사비 구간에서는 직선보간법을 활용한다.

<참고>

- 요율표의 상세 내용: 엔지니어링사업 대가기준 고시
- 공사비가 요율표의 각 단위 중간에 위치할 경우, 직선보간법을 사용하여 요율을 산정한다.

3) 추가업무비용 등

다음 내용들은 추가업무비용으로 추가할 수 있다.

추가 업무비용의 내용은 다음과 같다.(엔지니어링 사업대가기준 제17조(추가업무비용))

① 기준 제14조의 업무범위에 포함되지 않는 업무로서 다음 각 호의 어느 하나에 해당하는 경우를 추가업무로 본다. 이 경우 해당 추가업무에 대하여는 별도로 그 대가를 지급하여야 한다.

1. 발주청의 요구에 의한 추가업무
2. 엔지니어링사업자의 책임에 귀속되지 아니하는 사유로 인한 추가업무
3. 그 밖에 발주청의 승인을 얻어 수행한 추가업무

② 제1항에 따른 추가업무의 종류는 다음 각 호와 같다.

1. 각종 측량
2. 각종 조사, 시험 및 검사
3. 공사감리를 위하여 현장에 근무하는 기술자의 제비용
4. 주민의견 수렴 및 각종 인·허가에 필요한 서류 작성
5. 입목축적조사서 등 각종 조사서 작성
6. 사전재해영향검토, 자연경관영향검토, 생태환경조사 등 사전환경성 검토
7. 문화재 지표조사
8. 전파환경 분석 및 보고서 작성
9. 운영계획 등 각종 계획서 작성
10. 통신장비의 운용 및 인터페이스 등 통신소프트웨어 분석
11. 수리모형실험 및 수치모델 실험 및 시뮬레이션
12. LEED, IBS, TAB 및 EMP 등 각종 공인인증을 위한 업무
13. BIM설계업무(추가 성과품을 제공하는 경우에 한한다.)
14. 모형제작, 투시도 또는 조감도 작성
15. 제14조 업무범위에 해당하지 않는 보고서 작성, 복사비 및 인쇄비

16. 용지도 작성비 및 보상물 작성비(용지비 및 보상물 감정업무 제외)

17. 항공사진 촬영(원격조정무인헬기 포함)

18. 특수자료비(특허, 노하우 등의 사용료)

19. 홍보영상 제작

20. 관련 법령에 따라 계약상대자의 과실로 인하여 발생한 손해에 대한 손해배상 보험료 또는 손해배상공제료

21. 그 밖에 위 각 호에 준하는 추가업무

4) 부가가치세

부가가치세는 부가가치세법에 의한 부가가치세로 한다. 그 비율은 10%로 다음의 식으로 산정한다.

부가가치세 = (기준공사비 x 일정요율 + 추가업무비용) x 10%

OX 졸음깨우기

01 엔지니어링사업에 대한 원가계산은 「예정가격 작성기준」에서 제2장 제2절 : 제조원가계산(제7조~제14조) 제3절 : 공사원가계산(제15조 ~ 제22조) 제4절 : 학술연구용역 원가계산(제23조~제29조) 이후 제5절 : 기타용역의 원가계산(제30조)에서 '다른 법령에서 그 대가기준(원가계산기준)을 규정하고 있는 경우에는 해당 법령이 정하는 기준에 따라 원가계산을 할 수 있다'고 정하였고 엔지니어링진흥법에서 원가산정에 대한 정함을 두면서 그 원가계산이 가능해졌다. ( )

02 엔지니어링 사업대가기준 제14조의 업무범위에 포함되지 않는 업무로서 일부 업무에 대하여는 추가업무로 해당 추가업무에 대하여는 별도로 그 대가를 지급하여야 한다. 이때, 추가업무에 해당하는 내용은 1. 발주청의 요구에 의한 추가업무, 2. 엔지니어링사업자의 책임에 귀속되지 아니하는 사유로 인한 추가업무, 3. 그 밖에 발주청의 승인을 얻어 수행한 추가업무 등이 포함된다. ( )

03 엔지니어링사업대가의 산정은 직접인건비는 [사업종별 기술수준별 투입 인원수 x 기술자 등급별 노임단가]로 산정하고, 엔지니어링 사업자의 행정운영을 위한 기획, 경영관리, 총무분야 등에서 발생하는 간접경비는 직접인건비의 110~120%로 계산하며, 직접경비는 특수자료비, 제출도서의 인쇄 및 청사진비, 측량비, 토질 및 재료비 등의 시험비 또는 조사비, 모형제작비, 다른 전문 기술자에 대한 자문비 또는 위탁비와 현장 운영경비(직접인건비에 포함되지 아니한 보조원의 급여와 현장사무실의 운영비를 말함) 등을 포함하며, 그 실제 소요비용을 가산하여 산정한다. ( )

04 엔지니어링기술은 기계, 선박, 항공우주, 금속, 전기, 정보통신, 화학, 광업, 건설, 설비, 환경, 농림, 해양·수산, 산업 및 원자력부문으로 해당 부문의 전문분야를 구분하여 정하고 있다. 예로 환경부문은 1) 대기관리 2) 수질관리 3) 소음·진동 4) 폐기물관리 5) 자연·토양환경의 5개 항목으로 나뉘어 정해져 있다. (엔지니어링산업진흥법시행령제3조) ( )

답 1.○ 2.○ 3.○ 4.○

소프트웨어사업 원가계산

답 소프트웨어는 개발된 또는 개발한 소프트웨어의 기능점수를 업무분량으로 하여 개발비(사업대가)를 산정한다. 소프트웨어의 기능은 발주자가 소프트웨어에 포함시켜달라고 한 업무의 내용들이므로 이는 즉시 업무량이 된다. 기능의 종류는 5가지가 있고 이들 기능은 개발의 난이도가 달라 가중치라는 이름으로 기능의 점수(기능점수: function point, FP)로 산정된다. 현재 우리나라에 인정된 기능점수당 개발비는 605,784원으로 다음표와 같다.

SW개발			SW개발(단계별 발주시)		
단계	가중치	FP단가	구분	가중치	FP단가
분석	19.0%	115,099원	설계사업	28.1%	170,225원
설계	24.0%	145,388원			
구현	32.0%	193,851원	구축사업	71.9%	435,559원
시험	25.0%	151,446원			
합계	100.0%	605,784원	합계	100.0%	605,784원

귀하가 개발한 소프트웨어가 다음과 같은 기능을 포함하고 있다고 할 때 이 소프트웨어의 개발비를 계산하라.

구분	ILF	EIF	EI	EO	EQ
기능 개수	5	2	6	4	1

답 1. 기능점수 계산

구분	ILF	EIF	EI	EO	EQ	합
기능 개수	5	2	6	4	1	18
복잡도가중치	7.5	5.4	4	5.2	3.9	
기능점수	37.5	10.8	24.0	20.8	3.9	97.0

2. 개발비 계산

97 x 605,784 = 58,761,048 답: 총개발비는 58,761,048원

㈜ 소프트웨어사업대가는 한국소프트웨어산업협회의 SW사업 대가산정 가이드가 주 레퍼런스임. 따라서 좀 더 이해가 필요한 부분은 당 협회로 문의하거나 협회의 문헌을 참조하기 바람.

1 소프트웨어사업대가산정가이드의 개념

(1) SW 사업 대가산정 가이드의 역사

소프트웨어사업대가산정가이드(이하 가이드)는 사전원가계산 가이드이다. 그러나 개발 완료 후 사후정산 개발의 경우 이를 정산의 도구로 활용하기도 한다.

정부는 1987년 12월 4일 법률 제3984호로 [소프트웨어개발촉진법 - 현재는 소프트웨어산업진흥법] 공포하였다. 이는 소프트웨어 개발과 유통을 촉진함으로써 소프트웨어 산업의 발전과 향후 수출 전략 산업으로의 육성을 목적으로 하였다. 1989년 4월 과학기술처 고시 제89-3호에 의거하여 소프트웨어 개발비 산정기준을 고시하였다.

그후 SW산업의 전환기를 맞아 2012년 2월 SW사업 대가기준 고시는 폐지하고 원가 관련 제반 업무를 민간이양하였으며, 고시형태로 운영되었던 대가기준을 폐지하고 이를 대체하는 SW사업 대가산정 가이드를 제정 및 공표하였으며, 당 가이드의 관리주체를 민간(한국소프트웨어산업협회)으로 이양하였다.

그후 당 가이드는 매년 정정과 개정을 반복하였으며 2024년 개정판에서는 인공지능(AI) 도입사업 대가산정 가이드를 추가하는 등 발전을 지속해오고 있다.

(2) 가이드의 목적

SW사업 대가산정 가이드는 국가 · 지방자치단체 · 국가 또는 지방자치단체가 투자하거나 출연한 법인 또는 기타 공공단체 등(이하 "국가기관 등"이라 한다)에서 소프트웨어의 기획, 구현, 운영 등 수명주기 전체 단계에 대한 사업을 추진함에 있어 이에 대한 예산수립, 사업발주, 계약 시 적정대가를 산정하기 위한 기준을 제공하는 것을 목적으로 하고 있다.

(3) 가이드의 배경

기존의 공공부문 SW사업 대가산정은 「소프트웨어사업 대가의 기준」과 「엔지니어링 사업대가의 기준」을 활용하여 왔다. 그러나, 2010년 2월 26일 고시된 「소프트웨어사업

대가의 기준」(지식경제부 고시 제2010-52호) 부칙 제4조(소프트웨어사업 대가의 기준 재검토)에 의거하여 "정부는 소프트웨어사업에 적용되는 사업대가가 민간 자율로 결정되도록 유도하기 위하여 동 기준을 시행일로부터 2년이 되는 시점에 폐지한다"라고 고시됨에 따라 SW사업대가의 기준은 2012년 2월 26일 이후 더 이상 적용될 수 없게 되었다.

이에, 한국소프트웨어산업협회는 소프트웨어진흥법 제10조에 의거하여, 국가기관 등에서 SW사업 대가산정 시 준용할 수 있도록 「SW사업 대가산정 가이드」를 대체방안으로 마련하였다.

(4) 가이드의 적용 범위

SW사업 대가산정 가이드는 정적인 고시체제에서는 담지 못한 SW산업의 동적인 상황과 글로벌 표준에 입각한 ISO12207 기반의 소프트웨어의 수명주기(기획, 구현, 유지관리·운영) 전반에 걸쳐 대가산정 방법을 알기 쉽게 설명하고, 보다 편리하게 수행할 수 있는 도구 제공과 사용자의 편의와 이해 제고를 목적으로 하여 개발하였다.

또한, 공공부문 SW사업의 대가산정 기준으로 활용하기 위한 근거를 「행정기관 및 공공기관 정보시스템 구축·운영 지침」(행정안전부)과 국가의 「예산 편성·집행 부지침」(기획재정부)에 명시하였으며, 정보보호산업의 진흥에 관한 법률 제10조, 동법 시행령 제5조 및 제27조에 의거하여, 한국정보보호산업협회장이 공표하는 '정보보호 서비스 대가산정 기준'을 반영하였다.

2 소프트웨어의 이해

1) SW란

SW는 우리가 Excel에서 가감승제(+-×÷)식을 넣어 답을 구하는 것에서부터 많은 사람들이 즐기는 테트리스 게임이나 핸드폰 속에 들어 있는 SNS, 카카오톡, 최근 일본에서 문제가 된 Line, 기업의 업무 처리절차들이 하나로 묶여있는 ERP시스템, 수출입 관리, 방위 산업의 Combat 체계, War Game, 지휘통제체계(C4I)와 데이터관리, 첨단산업을 달리고 있는 자율주행 자동차, 미사일, 잠수함, 여기 장착된 여러 S/W, 나아가서는 로봇과 AI 체계도 SW이다.

우리는 우리의 삶을 유지시키고 편리하게 하며 미래를 그리는 모든 것들은 SW에 의해 구현되었고 구현될 것이라는 것이다. 우리는 우리가 SW 속에 살고 있다는 인식조차 없이 SW의 바다에 빠져 있다.

이러한 SW는 Hardware 속에서 움직이는 Source code(Programming Language)로 프로그래밍하여 프로그램으로 만들어진(구축, 개발) 것이다. Programming Language는 1세대 언어인 어셈블러 기계어로부터 3세대 언어인 Cobol이나 C의 세대를 거쳐 지금은 5세대 언어나 자동화된 개발툴 들을 쓰고 있다.

SW에는 기능(Function)이 들어 있다. 경우에 따라서는 철저한 보안이 요구되기도 한다. 보이지 않는 전쟁이 여기에 있다. 최근의 대형 시스템에는 헤아릴 수 없을 만큼의 기능이 있다. 공장의 자동화 체계도 기능의 묶음이다. 기능을 제대로 못하는 Excel 프로그램을 상상할 수 있는가? 적으로부터 수시로 뚫리는 국방체계를 상상할 수 있는가? SW는 개발될 때 이러한 상황들을 감안하여 개발하여야 한다. 그래서 SW개발에는 SDLC(Software Development Life Cycle)이라는 것이 있다. SW를 만들어가는 절차를 말함이다.

SW를 잘 만들고 이들을 잘 쓰게 하는 것이 SW 기술자들이 할 일이며 그 개발 비용이 오늘 SW 원가계산에서 다룰 내용이다. 이 내용을 다루기 위한 SW에 대한 이해가 되었기를 바란다.

SW를 잘 만들려면 SW의 목적을 분명히 하고 이 목적 달성을 위한 정보전략계획(ISP)과 보안문제(정보보안)가 다루어져야 할 것이며, 기존의 업무체계에 대한 개혁(BPR)도 필요하다. 기술적으로 조직에 맞는 틀을 잘 갖추어야(EA:ITA) 한다.

기획을 잘 하면 다음은 개발인데, 구현이라 한다. 구현은 계획대로 SW를 만드는 길고 지리한 과정이다. SW가 완성되면 운영(Operation)한다. 잘못된 점은 수정하고 개선점은 보수(유지관리)한다. 심한 상처가 났다거나 근본적 체제가 잘못 되었으면 재개발을 하기도 한다.

이러한 내용들은 모두 인건비가 들어가고 경비가 들어가며 경우에 따라서는 Hardware나 소모품이 쓰인다. 여기서는 SW만을 사전원가 측면에서 다룬다.

2) SW 개발절차(SDLC : Software Development Life Cycle)

(1) 기획 단계

(가) 정보전략계획(Information Strategy plan)

정보전략계획이란 정보시스템(Information System)에서 도움되는 정보를 최적으로 산출하여 그 이용자들이 이를 가장 잘 활용할 수 있도록 하는 전략을 수립하는 것이다. 여기에는 정보구조, 정보도출구조, SW의 구성 및 하드웨어와 네트워크의 구성 등에 대한 계획이 포함된다.

(나) 정보전략계획 및 업무재설계(ISP & BPR)

업무재설계(BPR : Business Process Reengineering)는 컴퓨터 및 업무용 소프트웨어가 도입되지 아니한 기업에 업무용 소프트웨어를 도입하면서 컴퓨터의 특성[주로 (연산)속도, 메모리량]을 이용할 때, 이를 효율적으로 할 수 있도록 업무처리 구조를 재설계하는 것이며, 이러한 일은 구형 시스템을 신형 시스템으로 Upgrade할 때도 마찬가지이다.

BPR은 업무혁신 및 정보시스템에 의한 지원이 절대적이므로 대부분 ISP와 동시에 추진한다.

(다) 전사적 아키텍처(EA/ITA)

전사적 아키텍처(Enterprise Architecture)는 기업 전체로 본 업무 구조를 재설계하는 것이다. IT(Information Technology)와 함께 추진하므로 IT 신기술을 응당 포함하며, UI(User Interface: 사용자 접촉점)를 이루는 부분, 기능 간의 정보공유 부분, 시스템 간 소통하는 부분, 구조 하단의 기계적 작동 부분 등으로 계층 구조를 이루어 시스템 전체가 하나로 기능할 수 있도록 해준다.

(라) 정보시스템 마스터플랜

정보시스템 마스터플랜(Information system Master Plan)은 정보시스템에 대한 마스터플랜을 수립하는 것이다. 정보시스템에 대한 사용자의 레벨이나 부문 또는 특수 정보 수요 등의 정보수요 부분과 이를 뒷받침할 소프트웨어의 각 서브시스템의 구성, 하드웨어와 네트워크 부분, I/O(Input & Output) 및 소요 예산과 조달 계획, 정보화의 효과, 또는 이를 활용할 때의 기업 미래 경쟁력의 변화 등을 담고 있다.

(마) 정보보안 컨설팅

정보보안은 두말할 필요 없이 중요하다. 북한의 해킹 기술이 날로 심화되고 있음은 보안에 대한 경각심을 높이게 해준다. 얼마 전 설립된 평양과학기술대학교의 수재들이 이러한 국제적 물의를 일으킬 수도 있을 것이다. 우리나라는 이보다 훨씬 높은 역량으로 이를 방어하여야 할 것이다. 정보시스템에는 보안계획을 필요에 따라서는 국제 수준에 걸맞은 보안 수준을 갖추어야 한다. 보안의 범위는 크므로 기업 내에 고급 보안전문가를 확보할 필요가 있을 수 있으며 외부 전문가의 컨설팅을 받을 수도 있다.

(2) 구현 단계

소프트웨어를 개발(Software Development)하는 과정이다.

정보시스템 기획 단계에서 하드웨어적 및 소프트웨어적 계획을 세우고 정보 활동 및 보안계획(보안을 위해서는 코딩 수준에서부터 고려하여야 한다) 등이 수립되면 SDLC에 따라 다음과 같은 분석, 설계, 개발, 시험의 절차인 개발 단계로 들어간다.

(가) 분석

기획단계에서의 장·단기 계획에 따라 프로그램을 개발하는 단계로 진입하면, 시스템 개발자들의 순서인데, 첫 단계로 시스템 분석가들이 개발될 시스템을 사용할 사용자(User)들과 정보시스템 담당자들을 대상으로 요구사항을 조사하고 이를 시스템화할 목적의 분석(Requirement analysis)을 실시한다. Requirement에는 요구되지 않았거나 가시적으로 보이지 않아도 시스템의 기동에 필요한 것이면 포함된다. 사용자 요구사항과 사용자 접촉에 대한 것으로 시스템 분석서가 제출된다.

(나) 설계

사용자들의 요구사항(Requirements)이 정리되면 시스템 내부에 이를 어떻게 심을 것(구현, Implement)인가를 기술적 용어와 기초를 사용하여 코딩(coding) 단계로 넘어갈 준비를 한다. ERD, File layout, 내·외부 Interface, DB구조, Data 보안, 보안 대처 계획, 유지보수 방안 등을 포함한 시스템 설계서가 제출된다. 필요시 Pseudo Code(의사 코드) 등이 포함된다.

(다) 개발

개발(Development)이란 시스템 개발(System Development)로, 지금까지의 사람의 언어를 기계가 알아들을 수 있는 기계어로 번역하는 단계이다.

이 과정은 프로그래밍 언어(Programming Language)로 써주는 과정인데 사용 언어를 배운 사람이 할 수 있다. 구현 과정에서는 개발 과정의 시간이 가장 많이 걸리며 소프트웨어의 모든 구석구석을 찾아다니며 모든 경우의 수(사용자 요구나 예외사항 및 보안 등)에 대비하여야 하므로 가장 중요한 과정이다.

유능한 개발자의 능력은 무능자와 40배 정도의 차이가 난다는 연구가 있다.

(라) 시험

개발된 프로그램은 기계어로 변환되고(Compile, 자동으로 되기도 한다. 컴퓨터는 0과 1만 알아듣기 때문에 기계가 알아들을 수 있는 언어로 전환하는 과정) 실제로 목적한 기능을 하게 된다.

기계와 사람 간의 소통, 기계와 기계 간의 소통, 예외사항이 발생했을 때의 대처, 외부 침입자의 색출 및 보고와 응급조치 등으로 계획된 기능들이다.

시스템 개발은 개별 프로그램의 개발로 시작하여 서브시스템 및 통합 시스템(Integrated System 또는 Total System)으로 구성되는데, 시험은 단위시스템 시험 → Sub-system 시험 후 통합시스템 시험의 단계로 수행한다. 시험결과보고서가 제출된다.

(마) 데이터 이관(Migration)

이 단계는 시스템이 시험까지 종료되면 실무에 적용해야 하는데 실무에 보유하고 업무처리의 근거로 활용하던 기본 데이터, 법령, 규정, 주요 지표 및 과거 실적 데이터 등을 프로그램이 활용할 수 있도록 컴퓨터에 데이터 저장소로 옮겨야(migrate) 한다. 작업은 컴퓨터가 하므로 사람이 필요로 하는 모든 데이터는 컴퓨터에 입력되어야 한다. 이 작업은 많은 신경을 써야 하는 작업으로 시스템 운영의 성패가 달려 있다. AI가 2023년까지의 세계 모든 데이터 학습을 한 것을 역사상 최대의 Migration이다.

(3) 운영단계

개발 완료된 컴퓨터 프로그램을 실무에서 사용하는 단계이다. 법규나 업무처리 절차가 달라지면 이에 맞추어 수정하면서 운영한다.

(가) 소프트웨어 유지관리

소프트웨어 유지보수(Maintenance)라고도 한다.

시스템을 잘 개발하고 시험을 통과 하였어도 개발된 시스템에는 오류가 있게 마련이다. 이런 오류는 시스템 사용 중 나타나는데 이런 오류가 발생되면 개발자가 즉시 수정한다. 나타난 오류가 운영에 결정적 결함이 되지 않기를 바라야 한다. 법규 변경 등 업무처리 방법과 절차의 변경에 응당 대응을 하여야 한다.

(나) 재개발

시스템의 기능이 현저하게 낙후되는 경우에는 시스템을 업그레이드하여야 한다. 사용하던 시스템을 대보수하기도 하고 아예 전체를 재개발하기도 한다.

3 소프트웨어사업 대가 산정 절차

1) 소프트웨어 Life Cycle

(1) 소프트웨어 개발절차

우리가 SW를 논한 것은 SW의 사업 대가를 산정하기 위함이다. SW 사업대가 산정의 범위 및 SW 개발과정(SDLC: Software Development Life Cycle)은 다음과 같이 표시할 수 있다.

그림 25-1 • 소프트웨어 개발절차

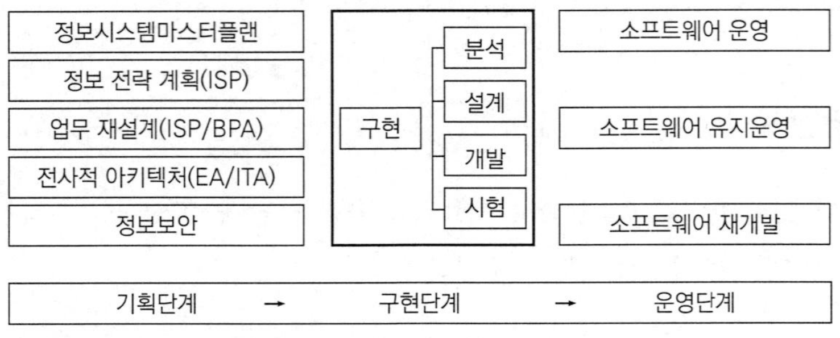

소프트웨어 수명주기(Life Cycle)는 기획을 하고 구현하여 운영하다가 수명이 다하면 폐기되는 과정을 거친다. 이 중 원가계산의 주 대상은 기간이 길고 비용이 제일 큰 구현단계이다. 그러나 기획 단계의 정보전략계획 수립, BPR 등과 개발 완료 및 이전 후의 소프트웨어 유지운영(Maintenance)에 대하여는 소프트웨어사업대가산정가이드에 원가계산 방식이 제시되어 있다.

2) 소프트웨어 원가대상

(1) 원가대상 및 대가산정 유형과 방법

소프트웨어의 수명주기 상 원가계산의 대상이 되는 사업유형을 세분화하고 대가산정 모형을 소프트웨어 사업대가산정 형태와 비교하면 다음과 같다.

[소프트웨어 수명주기별 사업유형별 대가산정 모델]

절차(수명주기)	대상사업유형	대가산정모델	대가산정방법
기획단계	정보전략계획(ISP)	정보전략계획 수립비	컨설팅 지수방식
	정보전략계획 및 업무 재설계(ISP/BPR)	정보전략계획 및 업무재설계 수립비	투입공수방식
	전사적 아키텍처(EA/ITA)	전사적 아키텍처 수립비	투입공수방식

절차(수명주기)	대상사업유형	대가산정모델	대가산정방법
기획단계	정보시스템 마스터플랜	정보시스템 마스터플랜 수립비	투입공수방식
	정보보안 컨설팅	정보보안 컨설팅비	투입공수방식
구현단계	소프트웨어 개발	SW개발비(정통법)	기능점수방식(정통법)
		SW개발비(간이법)	기능점수방식(간이법)
운영단계	소프트웨어 유지관리	요율제 유지관리비	요율제 방식
	상용소프트웨어유지관리	상용소프트웨어 유지관리비	상용 협상
	공개소프트웨어유지관리	공개 소프트웨어 유지관리비	공개 유지관리비
	보안성 지속서비스	보안성 지속서비스비	요율제 보안성 지속 서비스비
	소프트웨어 운영	투입공수방식 운영비	투입공수방식
	보안관재 서비스	보안관제 서비스비	투입공수방식
	소프트웨어 유지관리 및 운영	교정비/변동비 방식 유지관리 및 운영비	교정비/변동비 방식
		SLA 기반 유지관리 및 운영비 정산	SLA 기반 정산법
	소프트웨어 재개발	소프트웨어 재개발비	기능점수방식

(2) 대가산정 모형별 적용시점

소프트웨어 대가산정 가이드에는 다양한 원가대상과 대상별 원가산정 모형이 제시되어 있다. 이러한 원가계산 대상들에 대한 대가산정 모형들은 대가산정의 대상이 되는 사업의 유형과 대가산정 시점에 따라 적절한 모형을 선택하여 적용한다. 소프트웨어 대가산정 시점은 정부 사업의 경우에는 예산 확보 단계와 발주 단계에서 산정하며 일반 기업의 경우 본 가이드를 적용할 때는 비용 추정의 시점과 발주 및 계약 단계에서 적용한다고 할 수 있다.

4 대가산정 모형별 산정방법

대가산정 모형별 산정 방법은 다음과 같다.

1) 컨설팅 지수 방식

(1) 적용대상 : 정보전략계획(ISP) 수립비

(2) 대가산정 핵심요소 : 컨설팅 지수

(3) 산정방법

- 대가 = 컨설팅 대가 + 직접 경비
- 컨설팅 대가 = 공수 × 컨설팅지수$^{0.96}$ + 10,000,000
- 직접경비 = 직접경비 예정액

2) 투입공수방식

(1) 적용대상 : 정보전략계획 및 업무재설계(ISP/BPR), 전사적 아키텍처(EA/ITA), 정보시스템 마스터플랜(ISMP), 정보 보안 컨설팅, 투입 공수방식 운영비, 보안관제 서비스비

(2) 산정방법

- 대가 = 직접인건비 + 제경비 + 기술료 + 직접경비
- 제경비 = 직접인건비 × 110~120%
- 기술료 = (직접인건비 + 제경비) × 20~40%
- 직접경비 = 직접경비 예정액

3) 기능점수방식

(1) 적용대상 : 소프트웨어 개발, 재개발비

(2) 산정방법

- 대가 = 개발원가 + 직접경비+ 이윤
- 개발원가 = 기능점수 × 기능점수단가
- 이윤 = 개발원가 × 25% 이내
- 직접경비 = 직접경비 예정액

4) 기타원가대상

(1) 요율제 유지관리비

- 소프트웨어 개발비 재산정가 x 유지관리 난이도(%)
- 직접경비

(2) 상용 소프트웨어 유지관리비

- 최초 License 구매계약금액 × 등급별 유지관리 요율

(3) 공개 소프트웨어 유지관리비

- 대상 소프트웨어 유지관리 : 유사 거래실제 가격. 견적가 순으로 우선 적용 및 산정

(4) 보안성 지속 서비스비

- 최초제품 구매 계약금액 × 서비스 요율(%)

(5) 고정비/변동비 방식의 유지관리 및 운영비

- 변동비(재개발 대가) + 고정비(투입공수방식 운영비) + 직접경비

(6) SLA 기반 유지관리 및 운영비

- 서비스 측정 및 평가 → 보상/제재 비율에 따른 사후정산

5 소프트웨어 개발비 대가 산정

소프트웨어의 간이법 기준 개발비는 기능점수에 의거하여 대가를 산정한다.

소프트웨어 개발비 = 소프트웨어 개발원가 + 직접경비 + 이윤

1) 소프트웨어 기능의 산정

소프트웨어의 기능구현단계는 분석, 설계, 개발, 시험의 4단계로 나뉜다.

여기서 핵심 산출물은 개발에서 소스코드(source code)로 나온다. 소스코드는 사람이 알아볼 수 있는 프로그래밍 언어이고, 이것은 기계가 알아보지 못하므로 기계어로 바꾸어 컴퓨터에 일을 시키게 되는데, 이 소스코드 작성을 위한 준비가 무엇을 할 것인가를 정의하는 분석(requirement analysis) 설계이고, 코딩된 내용이 제대로 되었는가 점검하는 것이 시험단계(test)이다. 따라서 분석, 설계, 구현, 시험은 하나의 과정이다.

이를 프로그램이라 하며, 프로그램은 축적된 데이터를 가져오는 기능과 이를 연산(+-×÷) 등을 하여 데이터에 축적하거나 모니터 또는 프린터로 출력하여 사용하는 기능을 가진다. 이에 대한 원가를 산정하는 것이 기능점수방식이다. 과거에는 실제 개발에 들어간 공수를 산정하여 개발비를 산정하였으나 그 객관성을 위하여 소스코드의 라인수(line number)를 세어 원가를 산정하는 COCOMO모델인 LOC 방법, 소프트웨어 생명주기 전 과정 동안에 사용될 노력의 분포를 가정하여 산정하는 Putnam 모형(생명주기 예측모형), Putnam 모형에 Reyleigh-Norden 곡선(SW개발 과정에서 시간에 따른 노력 분포를 나타내는 곡선)을 기초로 하여 산정하는 SLIM(Software Lifecycle Management) 모형 및 최근의 추세인 기능점수모형이 있다.

기능점수 모형은, 프로그램이 하는 기능을 보면 데이터를 ① 입력, ② 수정, ③ 삭제하는 기능과 ④ 자체적으로 만든 파일을 관리하는 일, ⑤ 외부의 파일을 관리하는 일의 5가지로 나뉨을 알 수 있다. 이 중 ①, ②, ③의 기능을 거래기능(transaction function), ④, ⑤를 데이터기능(data function)이라 한다. 기타의 기능들은 이들로 모두 수렴시켜 처리하였다. 과거에 소프트웨어의 원가를 개발자 투입 공수라는 개발자 입장에서 산정하였다면, 기능점수방식은 이용자가 어떤 기능을 요구하였는가의 이용자 관점에서의 원가산정이라 할 수 있다.

(1) 기능의 분류 및 그 기능수 COUNT

위 설명 내용을 기능을 중심으로 구분하면 다음과 같이 요약할 수 있다.

- 기능식별

그림 25-2 • 기능점수 측정 프로세스 개요도

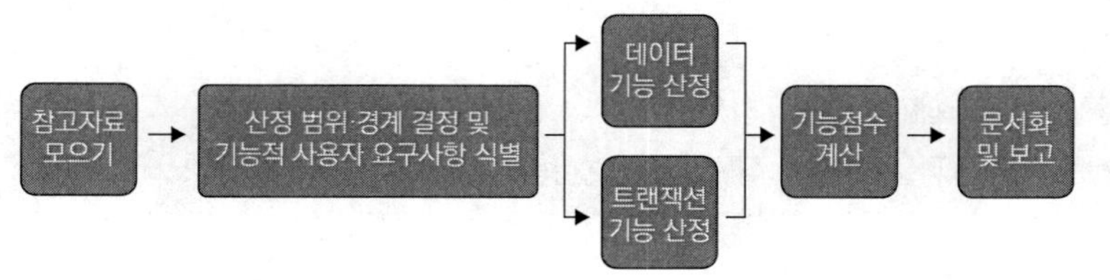

그림 25-3 • 시스템의 기능 구분

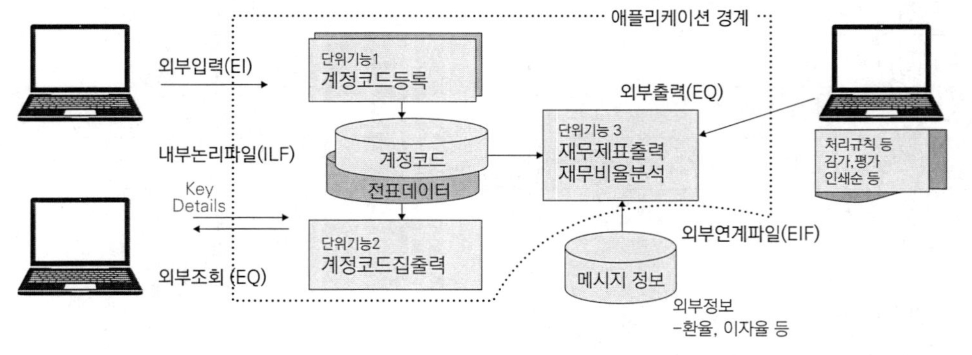

기능은 다음과 같이 식별된다.

[소프트웨어의 기능 도출]

기능 점수	데이터기능	내부논리파일(ILF)	어플리케이션이 직접 핸들링
		외부연계파일(EIF)	어플리케이션이 데이터만 가져옴
	트랜잭션 기능	외부입력(EI)	트랜잭션-입력, 수정, 삭제로 구분. 각각을 1로 count
		외부출력(EO)	계산, 통계, 그래프 처리기능이 있을 경우
		외부조회(EQ)	단순 현재 상태 조회

• **기능수 카운트**

소프트웨어의 기능점수를 카운트하려면 먼저 기능을 식별하여야 한다. 기능점수는 소프트웨어가 가진 유형별 기능수에 각 기능 유형별 복잡도를 곱하여 산출되기 때문이다. 아래 표는 단위프로그램에서 기능수를 카운트한 도표이다.

[기능수 count sheet]

기능	데이터기능		트랜섹션기능					
	내부논리 파일(ILF)	외부연계 파일(EIF)	외부입력(EI)				외부출력 (EO)	외부조회 (EQ)
			입력	수정	삭제	계		
계	5	1	6	7	7	20	4	7
1. 코드 입력	1		1	1	1	3	1	1
2. 전표입력	1		1	1	1	3	1	1
3. 자재입고입력		1	1	1	1	2		1
4. 매출입력	1		1	1	1	3		1
5. 재무제표출력	1		1	1	1	3	1	1
6. 잔액명세서출력				1	1	3	1	1
7. 미수수익계산	1		1	1	1	3		1

참고 : 기능 식별 요령

• 식별 대상 기능을 사용자가 요청하여 제공되는 기능(요구사항)이다.

• 데이터기능식별

- ERD에서 종속 엔티티를 논리파일로 그룹화한다. (예로 "직원정보와 그 서브파일 부양가족"은 1개의 직원정보 논리파일로 식별한다. 하나의 물리파일이 하나의 논리파일은 아니다)
- 코드 데이터나 일회성 데이터는 데이터기능으로 식별하지 않는다.
  (예로 우편번호는 코드데이터로 산정되기 때문에 식별하지 않는다.)
- 기술적 관점인 임시파일이나 작업파일, 백업파일은 데이터기능으로 식별하지 않는다.
- 물리적 관점인 로그, 인덱스, 뷰 등은 데이터기능으로 식별하지 않는다.

- 트랜잭션기능식별
  - 어떤 트랜잭션이 다수의 물리적 입력들(화면 등)에서 반복하여 생성되더라도 동일한 처리 로직을 갖는다면 대부분의 경우 하나의 트랜잭션 기능으로 카운트된다.

- **다음은 가이드의 권고사례이다. 절대적인 기준은 아니며 가이드로서의 의미를 가진다**

단위 프로세스 식별 권고사례

구분	적합	부적합	해 설
데이터적재	EI	EO,EQ	데이터적재는 EI로 산정하는 것이 타당함
업로드	EI	EO,EQ	파일 업로드 기능은 EI로 산정하는 것이 타당함
설정	EI	EO,EQ	설정은 ILF를 변경시키므로 EI로 산정하는 것이 타당함
발송	EQ	EO	단순 발송은 EQ로 산정하는 것이 타당함
전송	EQ,EO	EI	전송기능은 EQ 또는 EO로 산정하는 것이 타당함
그래프	EO	EQ	그래프는 일반적으로 EO로 산정하는 것이 타당함
다운로드	EQ	EI,EO	다운로드는 EQ로 산정하는 것이 타당함
로그인	EQ	EI,EO	암호검증 후 로그인은 EQ로 산정하는 것이 타당함
로그아웃		EQ	단순 Log-out은 기능에서 제외하는 것이 타당함
사용자인증	EQ	EI,EO	사용자인증은 EQ로 산정하는 것이 타당함
통계	EQ	EQ	통계기능은 EO로 산정하는 것이 타당함
코드	-	ILF	코드데이터는 기능에서 제외하는 것이 타당함
임시	-	ILF	임시파일는 기능에서 제외하는 것이 타당함
이력	-	ILF	이력정보는 기능에서 제외하는 것이 타당함
첨부	-	ILF	첨부는 단위프로세스를 완료하지 못하므로 제외하는 것이 타당함
로그	-	ILF	로그데이터는 산정에서 제외
변환	-	산정됨	단순 파일의 형태변환 (HWP → PDF)은 산정에서 제외

2) 복잡도가중치 및 기능점수 산출

사용자의 요구사항들이 EI, EO, EQ, ILF, EIF의 5가지로 구분되나 이들은 프로그래밍을 하는 데 동일한 노력이 들어가는 것은 아니다. 그 소요 노력의 정도를 복잡도라 정의하고 연구결과 다음과 같이 결정되었다.

(1) 복잡도가중치

기능	ILF	EIF	EI	EO	EQ
복잡도가중치	7.5	5.4	4	5.2	3.9

(2) 기능점수 산출

기능점수는 산출된 기능의 합계와 해당 기능의 복잡도가중치를 승하여 산출한다.

다음과 같이 산출된 기능별 점수의 합계와 기능별 복잡도 가중치를 곱하여 기능점수를 산출한다.

[기능점수의 산출]

기능	ILF	EIF	EI	EO	EQ	계
기능수	30	16	51	19	71	187
복잡도가중치	7.5	5.4	4	5.2	3.9	
기능점수	225.0	86.4	204.0	98.8	276.9	891.1
비중	25%	10%	23%	11%	31%	100%

3) 보정계수

소프트웨어 개발에는 사용자의 시스템에 대한 요구에 따라 개발의 난이도가 달라진다. 개발의 난이도를 변경시키는 요소에는 소프트웨어의 규모, 타 시스템과의 연계 복잡성, 성능의 요구수준, 운영환경의 호환성 및 보안요구수준 등으로 정의되어 있다.

[기능점수 보정계수]

순	구분	내 용	보정계수
1	소프트웨어의 규모	<다음 식에 의해 결정> 0.4057 x (ln(기능점수) - 7.1978)^2 + 0.8878 (단, 500FP 미만 1.28, 3,000FP 초과 1.153 적용)	0.9545 <주의>
2	타시스템과의 연계 복잡성	1. 타 기관 연계 없음	0.88
		2. 1~2개의 타 기관 연계	0.94
		3. 3~5개의 타 기관 연계	1.00
		4. 6~10개의 타 기관 연계	1.06
		5. 10개 초과의 타 기관 연계	1.12
3	성능요구수준	1. 응답성능에 대한 특별한 요구사항이 없다.	0.91
		2. 응답성능에 대한 요구사항이 있으나 특별한 조치가 필요하지는 않다.	0.95
		3. 응답시간이나 처리율이 피크타임(peak time)에 중요하며, 처리 시한이 명시되어 있다.	1.00
		4. 응답시간이나 처리율이 모든 업무시간에 중요하며, 처리 시한이 명시되어 있다.	1.05
		5. 응답성능 요구수준이 엄격하여, 설계, 개발 또는 구현 단계에서 성능분석도구 사용이 필요하다.	1.09
4	운영환경 호환성	1. 운영환경 호환성에 대한 요구사항이 없다.	0.91
		2. 운영환경 호환성에 대한 요구사항이 있으며, 동일 하드웨어 및 소프트웨어 환경에서 운영되도록 설계된다.	0.95
		3. 운영환경 호환성에 대한 요구사항이 있으며, 유사 하드웨어 및 소프트웨어 환경에서 운영되도록 설계된다.	1.00
		4. 운영환경 호환성에 대한 요구사항이 있으며, 이질적인 하드웨어 및 소프트웨어 환경에서 운영되도록 설계된다.	1.05
		5. 항목 4에 더하여 일반적 산출물 이외에 장소에서 원활한 운영을 보장하기 위한 운영 절차의 문서화와 사전 모의훈련이 요구된다.	1.09
5	보안요구수준	1. 암호화, 웹취약점 점검, 시큐어코딩, 개인정보보호 등 1가지 보안 요구사항이 포함되어 있다.	0.97
		2. 2가지 요구사항이 포함되어 있다.	1.00
		3. 3가지 요구사항이 포함되어 있다.	1.03
		4. 4가지 항목이 모두 포함되어 있다.	1.06
		5. 5가지 이상의 보안 요구사항이 포함되어 있다.	1.08

<주의> 이 산식은 포물선 곡선으로 기능점수 891.1은 0.9545, 기능점수 1.500은 1.0470이며 최저값은 기능점수 1335.7시의 0.8878이다.

4) 기능점수의 산출 및 이윤

기능점수당 단가는 매년 한국소프트웨어산업협회에서 노임단가를 조사하여 공표한다. 2024년도 노임단가는 기능점수당 553,114원이다.

산출된 기능점수에 위에서 언급한 보정계수를 적용하면 본 산출예에 따라 기능점수는 891.1점이 나온다. 여기에 보정계수를 적용하고 기능점수당 단가를 적용하여 개발원가를 구하면 393,282,039원이 산출된다. 여기에 이윤을 적용하면 아래와 같다.

이윤은 25%를 상한으로 하므로 원가계산기관에서 이 경우에 합당하게 적절히 정하게 될 것이다.

① 기능점수당 단가 : 605,784원 적용

기능점수당 단가는 다음과 같다.

[기능점수당 단가 공표]

공표연도	기능점수(FP) 단가	인상률	비고
2014년	519,203원	4.4%	
2020년	553,114원	6.5%	
2024년	605,784원	9.5%	2025 적용

한국소프트웨어산업협회

② 이윤은 25%를 한도로 하여 계상한다.

이윤율한도 : 25% (원가계산기준 제 14조(이윤))

[개발원가의 산출]

총기능 점수	기능점수당 단가	보정계수					보정 후 개발원가
		규모	연계복잡성	성능	운영환경	보안성	
891.1	553,114㈜	0.9545	0.88	0.95	1.000	1.00	393,282,039
이윤						20%	78,656,408

㈜ 본 사례는 2024년도 작성된 것으로 553,114원 적용

5) 총원가의 산정

(1) 총원가와 원가계산서

개발비는 프로그래머들을 포함 시스템 개발에 관여하는 전 직원들의 투입원가이다. 실제 개발에 소요되는 비용에는 이러한 개발원가 외에 감정비, 자문비 등의 직접원가와 이윤 및 부가가치세 등을 포함하여 총원가를 산정한다. 이를 산정하는 과정과 도표는 다음과 같다.

[원가계산서]

(단위 : 원, %)

구분 / 비목	금액	구성비	비고
소프트웨어 개발원가 (개발비)	393,282,039	81.97%	
이윤	78,656,408	16.39%	(표 9) 참조
직접경비	7,832,000	1.63%	(표 10) 참조
합계	479,770,446	100.00%	
부가가치세(10%)	47,977,044		
총 원가	527,747,490		

(2) 기능점수법에 의한 소프트웨어 원가산정 흐름

기능점수법에 의한 소프트웨어 원가를 산정하는 방법은 설명과 같다. 이 과정에서 소프트에어에 대한 기능분석서와 설계 등을 통하여 기능을 분리하고 정확한 기능수를 카운트하는 것이 가장 중요하다. 분석서에는 사용자의 요구 기능(주로 트랜잭션기능)이 설계서에는 데이터기능이 나타난다. 이들에 대한 흐름을 표시하면 [그림 25-4]와 같다.

그림 25-4 • 기능점수 원가계산 흐름도

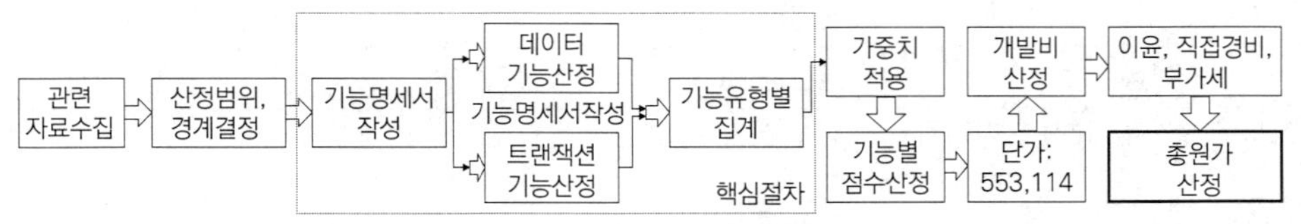

6) 정통법에 의한 데이터 기능점수 측정

정통법에 의한 측정방법 중 데이터 기능점수 측정 방법을 예시하면 다음과 같다.

(1) ILF와 EIF의 평균복잡도 산출

(a) 간이법에 의한 평균복잡도 가중치

유형	내부논리파일(ILF)	외부연계파일(EIF)
평균복잡도 가중치	7.5	5.4

(b) 정통법에 의한 평균복잡도 가중치

ILF와 EIF 각각에 대해 데이터요소유형(DET: Data Element Type)과 레코드요소유형(RET: Record Element Type)을 식별하여 기능 복잡도에 따라 가중치를 결정

ILF

[내부논리파일(ILF) 복잡도 및 기능점수 가중치]

레코드요소 유형(RET)의 개수	데이터요소유형(DET)의 개수		
	1 ~ 19	20 ~ 50	51 이상
1	낮음(7)	낮음(7)	보통(10)
2 ~ 5	낮음(7)	보통(10)	높음(15)
6 이상	보통(10)	높음(15)	높음(15)

※ 표의 각 항목은 복잡도 가중치 (ref: 가이드 표 3-9)

EIF

[외부연계파일(EIF) 복잡도 및 기능점수 가중치]

레코드요소 유형(RET)의 개수	데이터요소유형(DET)의 개수		
	1 ~ 19	20 ~ 50	51 이상
1	낮음(5)	낮음(5)	보통(7)
2 ~ 5	낮음(5)	보통(7)	높음(10)
6 이상	보통(7)	높음(10)	높음(10)

※ 표의 각 항목은 복잡도 가중치 (ref: 가이드 표 3-10)

이상 데이터 기능점수를 산정한다. 위에서 결정된 각각의 내부논리파일(ILF) 및 외부연계파일(EIF)의 가중치를 모두 더하면 데이터 기능점수가 계산된다.

데이터 기능점수 = Σ(내부논리파일별 가중치) + Σ(외부연계파일별 가중치)

데이터기능점수의 산정을 위해 다음의 데이터기능점수 산정 계산양식을 사용하면 편리하다. 괄호 안에 해당되는 내부논리파일(ILF)과 외부연계파일(EIF)의 개수를 기입하면 된다.

[정통법 데이터 기능점수 산정 계산서]

기능유형	가중치			합계
	낮음	보통	높음	
내부논리파일	( ) × 7	( ) × 10	( ) × 15	
외부연계파일	( ) × 5	( ) × 7	( ) × 10	
데이터 기능점수				

(ref: 가이드 표 3-12)

DET와 Field

Field는 데이터베이스나 레코드에서 개별 데이터를 저장하는 최소 물리적 단위, DET는 사용자에게 의미있는 데이터의 최소 논리적 단위를 말한다. 예로 id, 이름, 나이, 성별, 이메일로 이루어진 파일이 있다면 필드는 id, 이름, 나이, 성별, 이메일의 5개이고 DET는 ID와 이름은 사용자에게는 동일한 의미이니 DET는 4개가 된다. 기능점수는 논리적 식별수에 의하여 산출한다. RET로 같다.

RET와 Record

Record는 후자가 물리적 형태의 데이터베이스의 한 행(row)이나 데이터의 개별 Instance를 의미하는 한편, RET는 사용자 관점에서 논리적으로 하나로 묶이는 데이터의 집합이다.

예로, 하나의 레코드가 id, 이름, 나이, 성별, 이메일, 식구수의 6개 필드로 구분되어 있고 가족 레코드가 가족 id, 성명, 관계로 구성되어있다면 물리적 레코드는 본인과 가족의 합으로 개수가 카운트되지만 논리적으로는 이들이 하나의 정보 집합으로 보아 1개의 RET로 파악된다.

7) 정통법과 간이법의 비교

위에 설명한 소프트웨어 원가산정 방법은 간이법에 의한 절차를 설명한 것이다.

소프트웨어 원가산정방법은 정통법이 있으나 이를 쓰는 경우는 많지 않다. 정통법은 기능수 산정의 이론을 그대로 따라가므로 정확도가 높다. 반면, 간이법은 정확성에서는 떨어지나 상대적으로 간편한 점이 장점이다.

[정통법과 간이법의 차이]

구분	정통법	간이법
장점	• 규모측정 정확도가 상대적으로 높음	• 기능점수 측정시간이 짧음 • 대가산정 방법 학습시간이 짧음
단점	• 간이법 장점의 반대	• 정통법 장점의 반대
비교	• 상세 설계정보 제공시점에 설계공정 이후부터 폐기까지 산정	• 개발요건만 정의되면 언제라도 적용할 수 있음

6 정보전략계획 수립비 대가산정 등

정보전략계획(ISP)은 조직 내의 전략적 정보 요구를 파악하여 업무활동과 이에 대한 자료영역을 기술하고, 현행 정보지원 정도를 평가하여 정보시스템 개발을 위한 통합된 프레임워크를 제공하며, 이것을 구현하기 위하여 정보기술(IT: Information Technology)을 활용한 통합정보시스템 계획을 작성하는 체계적인 접근활동이라고 할 수 있다.

즉, 정보전략계획은 사업의 방향과 정보기술의 방향을 통합하여 조직의 사업 비전을 지원하고 정보관리를 위한 전반적인 전략을 정의하여 다양한 조직단위에 의해 정보가 공유 가능하도록 하는 통합된 정보시스템을 위한 프레임워크를 제공함으로써 장기적인 관점에서 기업의 정보활용력을 극대화시키고 정보시스템의 비용과 인력을 절감하도록 하는 활동이다.

정보전략계획 수립비를 산정하기 위한 방법에는 컨설팅업무량에 의한 방법과 투입공수에 의한 방법의 두 가지가 있다.

컨설팅업무량에 의한 방법은 수행업무 범위를 기준으로 한 업무별 가중치와, 사업의 특성에 의해 결정되는 업무의 난이도를 바탕으로 컨설팅업무량을 산정하여, 그에 따라 대가를 산정하는 방식이다. 공수에 의한 방법은 정보전략계획의 전 업무에 소요되는 공수를 산정하여 계산하므로 공수를 적절히 산정하는 것이 관건이다.

1) 컨설팅업무량 방식

이는 정보전략계획 수립비의 컨설팅업무량에 의한 방법과 동일한 절차를 따르고 있으나, 업무재설계와 관련하여 업무별 가중치와 난이도의 일부가 추가된 점에 유의하여야 한다.

컨설팅업무량에 의한 방법으로 정보전략계획 및 업무재설계 수립비를 산정하는 방법은 다음과 같은 6 단계로 실행된다.

[컨설팅업무량 방식에 의한 정보전략계획 수립비 산정절차]

절차	주요내용	산출물
1. 업무범위 설정 ↓	• 정보전략계획 수립 대상 업무를 정의한다. • 대상사업 업무목적 및 범위를 고려하여 업무항목별 수행여부를 식별한다.	업무 범위
2. 업무별 가중치 계산 ↓	• 정보전략계획 업무별 가중치 표를 이용하여 수행 대상업무에 대응되는 가중치를 합산하여 총 업무 가중치를 계산한다.	업무별 가중치
3. 업무별 난이도 개선 ↓	• 정보전략계획 수립업무에 포함된 대상 업무 수행활동별 난이도를 평가한다.	업무별 난이도
4. 컨설팅업무량 계산 ↓	• 업무별 가중치 및 업무별 난이도 결과를 이용하여 컨설팅업무량을 계산한다. - 컨설팅업무량 = 정보전략계획 업무별 가중치 × 정보전략계획 수립 난이도	컨설팅 업무량

절차	주요내용	산출물
5. 직접경비 ↓	• 정보전략계획 수립사업과 관련된 직접경비를 계산한다.	직접 경비
6. 정보전략계획 수립비 계산	• 계산된 컨설팅업무량을 이용하여 정보전략계획 수립비를 산출한다. - 정보전략계획 수립비 = 컨설팅 업무량 × 단가 + 직접경비	컨설팅 대가

업무범위설정 단계에서는, 정보전략계획 및 업무재설계 사업에서는 일반적으로 환경분석, 현황분석, 목표모델수립, 이행계획수립, 세부계획작성 등의 업무가 수행되며 일부 업무재설계가 포함된다. 이러한 활동들 중에서 발주기관의 정보화전략계획 및 업무 재설계 사업의 목적 달성에 필요한 활동을 파악하고, 이 중 자체적으로 수행할 업무를 제외하고 해당 사업에서 외부 용역으로 처리하고자 하는 업무를 명확히 식별한다. 단, 수행된 모든 업무의 결과는 관련 문서로 산출됨을 전제로 한다.

정보전략계획 및 업무재설계 업무 범위의 식별 작업은 아래의 계산양식에서 해당여부를 체크하여 사용하면 편리하다.

[컨설팅업무량방식에 의한 ISP/BPR 수립비 산정양식]

업무		업무별 가중치	해당 여부	총업무 가중치	업무 난이도	난이도 결정	난이도 계산
환경분석	경영환경분석	3.5			업무규모	0.7	
	정보기술환경분석	3.7				1.0	
	제도/규정분석	2.0				1.3	
현황분석	경영전략분석	2.8			업무의 특성	0.6	
	업무분석	6.1				1.0	
	정보시스템분석	6.1				1.4	
	벤치마킹	2.5			기존 시스템	0.7	
	차이분석	2.0				1.0	

<table>
<tr><th colspan="2">업무</th><th>업무별
가중치</th><th>해당
여부</th><th>총업무
가중치</th><th>업무
난이도</th><th>난이도
결정</th><th>난이도
계산</th></tr>
<tr><td rowspan="5">목표
모델
수립</td><td>업무프로세스
설계(BPR)</td><td>6.3</td><td></td><td rowspan="10"></td><td>기존
시스템</td><td>1.3</td><td></td></tr>
<tr><td>정보화전략수립</td><td>3.3</td><td></td><td rowspan="2">ISP유형
(ISP범위)</td><td>1.0</td><td></td></tr>
<tr><td>정보시스템구조설계</td><td>5.0</td><td></td><td>1.4</td><td></td></tr>
<tr><td>정보관리체계 수립</td><td>3.8</td><td></td><td rowspan="4">정보자원
규모</td><td rowspan="2">0.6</td><td rowspan="2"></td></tr>
<tr><td>제도/규정
개선안 수립</td><td>2.5</td><td></td></tr>
<tr><td rowspan="2">이행
계획
수립</td><td>업무프로세스
개선계획수립(BPR)</td><td>3.5</td><td></td><td>1.0</td><td></td></tr>
<tr><td>정보시스템
구축계획수립</td><td>3.8</td><td></td><td>1.4</td><td></td></tr>
<tr><td rowspan="3">세부
계획
작성</td><td>소요예산산출</td><td>3.5</td><td></td><td rowspan="3">BPR 수행</td><td rowspan="2">1.0</td><td rowspan="2"></td></tr>
<tr><td>기대효과산정</td><td>2.5</td><td></td></tr>
<tr><td>제안요청서작성</td><td>4.0</td><td></td><td>1.3</td><td></td></tr>
<tr><td colspan="2">• 컨설팅업무량 계산</td><td colspan="6"></td></tr>
<tr><td colspan="2">• ISP/BPR 단가</td><td colspan="6"></td></tr>
<tr><td colspan="2">• 직접경비</td><td colspan="6"></td></tr>
<tr><td colspan="2">• ISP/BPR 수립비(부가세 별도)</td><td colspan="6"></td></tr>
</table>

(ref: 가이드 표 2-13)

2) 투입공수 방식

아래는 투입공수에 의한 방법으로 정보전략계획 수립비 산정방법이다. 투입공수에 의한 사업대가 산정방식은 통상적으로 말하는 M/M(Man-Months)방식을 말하며 이 방식은 엔지니어링산업진흥법 제31조의 규정에 의한 엔지니어링사업 대가의 기준의 실비정액가산방식을 준용하여 정보전략계획 및 업무재설계 수립비를 산정하는 방식이다. 단, 투입인력의 직접인건비는 「소프트웨어진흥법 제46조(적정 대가 지급등)」에 따라 한국소프트웨어산업협회가 공표하는 IT직무별 소프트웨어 기술자 평균 임금을 적용하여 산정함을 원칙으로 한다. 제경비율 역시 소프트웨어 산업의 특성을 고려, 한국은행 경제통계시스템의 통계자료 분석을 통해 산출된 값을 활용한다.

[투입공수 방식에 의한 정보전략계획 수립비 산정절차]

절차	주요내용	산출물
1. 사전준비 ↓	• ISP 컨설팅의 대상 업무 범위를 확정하고, 업무별 요구사항을 결정한다.	컨설팅 대상 업무 요구사항
2. 투입공수 산정 ↓	• 컨설팅의 업무특성을 고려하여 투입직무를 결정한다. • 업무범위와 요구사항을 고려하여 필요한 직무별 투입인력의 수와 기간을 결정한다.	IT직무별 투입공수
3. 직접인건비 계산 ↓	• 컨설팅을 수행할 인력의 직접인건비를 계산한다. - 직접인건비 = 직무별 투입공수 x 소프트웨어기술자 평균임금	직접인건비
4. 제경비 및 기술료 계산 ↓	• 컨설팅 업무를 수행할 인력의 제경비와 기술료를 계산한다. - 제경비 계산 = 직접인건비 x 144~154% - 기술료 계산 = (직접인건비 + 제경비) x 20~40%	제경비 기술료
5. 직접경비 계산 ↓	• 컨설팅 업무에 필요한 직접경비를 계산한다.	직접경비
6. ISP 컨설팅 대가 산정	• 컨설팅 대가를 산정한다 - ISP 컨설팅 대가 = 직접인건비 + 제경비 + 기술료 + 직접경비	컨설팅 대가

(ref: 가이드 표 2-7)

7 기타의 원가계산 방법

이하에서는 기타의 개발비 등 몇가지 원가산정 방법을 소개한다.

1) 정보시스템 마스터플랜(ISMP) 수립비

정보시스템 마스터플랜(ISMP: Information System Master Plan)은 특정 SW 개발 사업에 대한 상세분석과 제안요청서(RFP)를 마련하기 위해 비즈니스(업무) 및 정보기술에 대한 현황과 요구사항을 분석하고 기능점수 도출이 가능한 수준까지 기능적/기술적/비기능적 요건을 상세히 기술하며, 구축 전략 및 이행 계획을 수립하는 활동이다.

(1) ISMP와 ISP, EA/IT의 개념

ISMP와 ISP, EA/IT의 개념 차이는 다음과 같다.

[ISMP, ISP, EA/ITA 개념 비교]

	ISMP	ISP	EA/ETA㈜
목적	특정 정보시스템 기능적-기술적-비기능적 요구사항 상세화	경영전략과 정보화전략 연계 및 새로운 정보기술 반영	새롭게 발생하는 비즈니스 요구와 정보기술에 따라 주먹구구식으로 구성해 온 각종 정보시스템들을 효과적으로 재편, 비즈니스와 전산정보 자원간 유연한 융합
범위	단위프로젝트 또는 단위 프로젝트의 묶음	전사 서비스 또는 부서 대상 정보화 전략	전사의 기술(ITA), 비즈니스(BA), 애플리케이션 (AA), 데이터(DA) 등의 아키텍처
주요 활동	• 정보시스템 구축 범위 및 방향 수립 • 정보시스템에 대한 기능적/기술적(데이터 및 트랜잭션 기능, 성능, 테스트 등) 요건 도출 • 정보시스템 구조 및 요건 상세 기술 • 정보시스템 구축 사업 계획 수립 • 정보시스템 예산 산정 및 업체 선정·평가 지원	• 경영환경분석(조직, 유관기관및 고객 특성 분석 등) • 최근 정보기술 동향 분석 • 업무 분석(조직 내부 활동과 현행 프로세스 분석) • 정보 시스템 구조 분석 • 정보전략 및 정보관리체계 수립 • 미래업무 프로세스 및 정보시스템 구조 설계 • TO-BE 로드맵 수립	• ITA 방향 및 지침 수립 • 참조모형 수립 (BRM, SRM, DRM, TRM/SP, PRM) • AS-IS 아키텍처 분석(BA, AA, DA, TA, SA) • TO-BE 아키텍처 수립(BA, AA, DA, TA, SA) • 이행계획 수립 • ITA 관리체계수립

	ISMP	ISP	EA/ETA㈜
주요 산출물	• RFP(제안요청서) • 정보시스템 예산	• 경영환경분석 및 정보기술 동향 분석 보고서 • 업무/정보시스템 분석 보고서 • IT 비전 및 전략 • 이행 과제 및 로드맵 • RFP(제안요청서)	• 전사 아키텍처 비전, 원칙, 아키텍처 매트릭스 • ITA 프레임워크에 정의 된 현행/목표 아키텍처(업무, 데이터,기술, 응용, 보안 아키텍처) • 목표 아키텍처로의 이행 계획

㈜ EA/ITA는 새롭게 발생하는 비즈니스 요구와 IT에 따라 주먹구구식으로 구성해 온 각종정보시스템을 효과적으로 재편, 비즈니스와 전산정보 자원 간 유연한 융합을 꾀하기 위한 청사진으로서 현행 아키텍처와 목표 아키텍처를 수립하며, 목표 아키텍처를 달성하기 위한 이행계획을 수립하는 것이다.

[용어참조]

RFP(Request for Proposal), EA/ETA(Enterprise Architecture & Enterprise Technology Architecture, ITA(Information Technology Architecture), BA(Business Architecture), AA(Application Architecture), DA(Data Architecture), TA(Technology Architecture), SA(Security Architecture) CSF(Critical Success Factor), CIR(Critical Information Required), PRM(Performance Reference Model), BRM(Business Reference Model), DRM(Data Reference Model), SRM(Service component Reference Model), TRM(Technology Reference Model)

(2) 투입공수에 의한 방법

이 방식은 엔지니어링산업진흥법 제31조의 규정에 의한 엔지니어링사업 대가 기준의 실비정액가산방식을 준용하여 사업비를 산정하는 방식이다. 단, 투입인력의 직접인건비는 「소프트웨어진흥법 제46조(적정 대가 지급 등)」에 따라 한국소프트웨어산업협회가 공표하는 IT직무별 소프트웨어 기술자 평균 임금을 적용하여 산정함을 원칙으로 한다.

[ISMP 수립비 산정 절차]

절차	주요내용	산출물
1. 사전준비 ↓	• 컨설팅의 대상 업무 범위를 확정하고, 업무별 요구사항을 결정한다.	컨설팅 대상업무 요구사항

절차	주요내용	산출물
2. 투입공수 산정 ↓	• 컨설팅의 업무 특성을 감안하여 투입직무를 결정한다. • 업무 범위와 요구사항을 고려하여 필요한 직무별 투입인력의 수와 기간을 결정한다.	IT직무별 투입공수
3. 직접인건비 계산 ↓	• 컨설팅을 수행할 인력의 직접인건비를 계산한다. - 직접인건비 = 직무별 투입공수 x 소프트웨어기술자 평균임금	직접인건비
4. 제경비 및 기술료 계산 ↓	• 컨설팅을 수행할 인력의 제경비와 기술료를 계산한다. - 제경비 = 직접인건비 x 144~154% - 기술료 = (직접인건비+제경비) x 20~40%	제경비 기술료
5. 직접경비 계산 ↓	• 컨설팅업무에 필요한 직접경비를 계산한다.	직접경비
6. ISMP 컨설팅 대가 산정	• 컨설팅 대가를 산정한다. - 컨설팅 대가 = 직접인건비 + 제경비 + 기술료 + 직접경비	컨설팅 대가

(ref: 가이드 표 2-22)

2) 인공지능(AI) 도입 방식

(1) 인공지능 도입방식 개요

인공지능(AI) 서비스 도입 사업비는 그 비용을 구성하는 서비스 가격표 또는 견적서에 제시된 서비스 총이용료와 투입공수 방식의 커스터마이징 작업비용 및 구축·개발비용을 더하여 대가를 산정하는 방식이다. 서비스 총이용료는 서비스 가격표 또는 견적서에서 기업이 제시한 이용료를 기준으로 하며, 단위이용료와 도입기간(월)에 따라 연간 총이용료를 산정한다. 커스터마이징 작업비용과 구축·개발비용은 작업 항목에 따른 서비스 기업의 견적가를 참고하여 투입공수방식으로 산정한다.

AI 서비스 도입 사업비 = 서비스 총이용료 + 커스터마이징 작업비용 + 구축·개발비용

■ 인공지능(AI) 서비스도입 사업유형

- 단순 AI 서비스 도입형
  - 공공 도입이 가능한 AI 서비스를 개발 또는 변형 없이 정기 이용료(구독료)를 지불하고 사용하는 사업유형
- 커스터마이징형
  - 공공 도입이 가능한 AI 서비스를 도입하면서 발주기관의 도입 목적에 따라 커스터마이징 작업이 요구되는 사업유형

■ 커스터마이징 작업비용 요소

- 요구사항 분석 및 설계
- 데이터구축
- 모델 구현 및 학습
- 서비스 검증 및 안정화

[AI 서비스 도입 사업유형과 비용 및 작업요소 간 관계]

<table>
<tr><th colspan="2">사업유형 / 비용항목</th><th rowspan="2">단순 도입형</th><th colspan="3">커스터마이징형</th><th rowspan="2">시스템 통합형</th></tr>
<tr><th colspan="2"></th><th>기본</th><th>데이터</th><th>모델</th></tr>
<tr><td colspan="2">서비스 이용료</td><td>○</td><td>○</td><td>○</td><td>○</td><td>△</td></tr>
<tr><td rowspan="4">커스터마이징 작업비용</td><td>요구사항분석/설계</td><td></td><td>○</td><td>○</td><td>○</td><td rowspan="4">△</td></tr>
<tr><td>데이터 구축</td><td></td><td></td><td>○</td><td>○</td></tr>
<tr><td>모델 구현 및 학습</td><td></td><td></td><td></td><td>○</td></tr>
<tr><td>검증 및 안정화</td><td></td><td>○</td><td>○</td><td>○</td></tr>
<tr><td colspan="2">구축·개발비용</td><td></td><td></td><td></td><td></td><td>○</td></tr>
</table>

※ 시스템 통합형 사업에서 서비스 이용료가 발생하지 않는 사업은 중복산정되지 않도록 유의
※ 시스템 통합형 사업에서 커스터마이징 작업 비용은 필요 항목에 대해서만 산정
(특히 커스터마이징 작업과 구축·개발에 대한 분석 설계항목이 중복되지 않도록 유의)

(2) 절차별 주요 내용

인공지능 도입에 따른 사업비 산정절차는 다음과 같다.

절차별 수행업무

- **준비:** 도입 대상 인공지능(AI) 서비스를 식별하고 해당 서비스에서 필요한 기능 수준을 파악한다. 또한 대상 서비스의 도입 유형을 결정하고, 도입 유형에 따른 추가 작업에 대한 요구사항을 정의한다.
- **서비스이용료:** 필요한 기능 수준과 도입 기간, 규모(인원수, 사용량 등)를 결정하고, 이에 해당되는 이용료를 가격표 또는 견적가를 참고하여 산정한다. 서비스 이용료 계산시 아래의 양식을 활용한다.
- **커스터마이징 작업비용:**
  - 이용료 범위 내에서 제공되는 기본 지원 활동과는 별도로 비용이 소요되는 커스터마이징 작업을 식별한다. 작업비용은 서비스 가격표 또는 기업 견적가를 참고하여, 비용 항목별 단위(시간, 일, 주, 월 등)와 단위당 단가를 기준으로 산정한다.
  - 서비스 기업에 커스터마이징 작업비 기준이 없는 경우, 유사 서비스 가격표 또는 견적서 등을 참고하여 투입공수 방식으로 산정한다.
- **구축·개발비용:**
  - 시스템통합 작업 시 요구되는 통합시스템 구축 및 추가 기능개발, UI/UX 개선 등의 비용항목을 식별한다. 구축·개발 비용은 기존의 'SW사업 대가산정 가이드'를 준용하여 기능점수 방식 또는 투입공수 방식으로 산정한다.
- **사업비 산정**
  - AI 서비스 도입 사업비는 서비스 총이용료와 커스터마이징 작업비용, 구축·개발비용의 합으로 산정한다.

이때는 다음의 서식을 이용한다.

[인공지능(AI) 도입사업비 산정 총괄표 양식]

<table>
<tr><th>사업명(서비스명)</th><td colspan="4"></td></tr>
<tr><th rowspan="2">서비스이용료(①)</th><th>도입기간(월)</th><th>사용규모
(인원수, 사용량 등)</th><th>단위이용료(원)</th><th>총 이용료(원)</th></tr>
<tr><td></td><td></td><td></td><td></td></tr>
<tr><th rowspan="8">커스터마이징
작업비용</th><th colspan="2">항목</th><th>비용(원)</th><th>비고</th></tr>
<tr><td colspan="2">요구사항 분석 및 설계</td><td></td><td></td></tr>
<tr><td rowspan="4">데이터 구축</td><td>수집</td><td></td><td></td></tr>
<tr><td>정제</td><td></td><td></td></tr>
<tr><td>가공</td><td></td><td></td></tr>
<tr><td>검수</td><td></td><td></td></tr>
<tr><td colspan="2">모델 구현 및 학습</td><td></td><td></td></tr>
<tr><td colspan="2">검증 및 안정화</td><td></td><td></td></tr>
</table>

구축·개발 비용			
커스터마이징 작업비용 합계(②)	(부가세 별도)		
구축·개발 비용 합계(③)	(부가세 별도)		
총 서비스 도입 사업비(원) (①+②+③)	(부가세 별도)		

※ 도입이후 유지관리 및 운영비는 연간 이용료와 투입공수방식 운영비로 구성하여 산정

8 SW 사업 운영단계의 유지관리비 등

소프트웨어사업 운영단계의 서비스 유형은 아래와 같이 유지관리부문은 소프트웨어 유지관리, 상용 소프트웨어 유지관리, 보안성 지속 서비스로 구성되어 있으며. 운영관리부문은 소프트웨어 운영, 보안관제 서비스로 구성되어 있고, 재개발부문은 소프트웨어 재개발 부문으로 구성되어 있다.

1) 개요

소프트웨어의 운영단계는 개발 이후 사용자에게 인도된 소프트웨어에 대한 유지관리, 운영, 재개발 사업을 포함한다. 그 서비스 유형은 다음과 같다.

그림 25-5 • 소프트웨어사업 운영단계 서비스 유형

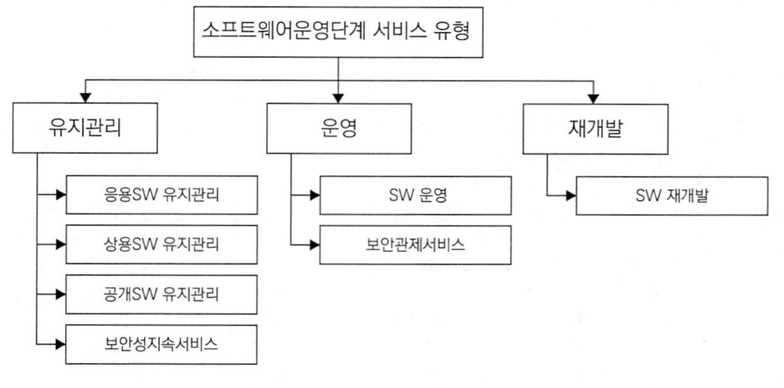

요율제 방식 등에 의한 소프트웨어유지관리비 산정방법은 다음과 같다.

[운영단계의 서비스 유형별 원가산정방식 구분]

운영단계서비스유형		원가산정방식
유지관리	응용SW 유지관리	요율제 방식 / 변동비방식(완전유지관리) /SLA방식
	상용SW 유지관리	요율제 방식
	공개SW 유지관리	정액제 방식
	보안성지속서비스	요율제 방식
운영	SW 운영	투입공수방식 / 고정비방식운영,적응/수리유지관리 / SLA 방식
	보안관재서비스	투입공수방식
재개발	SW 재개발	기능점수에 의한 방식

단, 소프트웨어 운영단계에서 소프트웨어와 연관된 고객의 요구사항 중, 인프라스트럭처(기반시설) 운영 및 유지관리, 컨설팅 업무 등이 포함된 경우 별도로 대가를 산정한다.

소프트웨어 운영 단계에서 소프트웨어 유지관리 및 운영부문의 업무를 명확히 분리하여 사업대가를 산정하기 위해서는 다음의 소프트웨어 유지관리 및 운영업무의 세부업무 내용을 참조하여 분리한다.

• 소프트웨어 유지관리 업무분류 및 세부업무 정의

소프트웨어 유지관리 업무를 세부적으로 구분하면 다음과 같다.

유형	정의
완전유지관리	성능, 유지관리성 및 소프트웨어의 다양한 속성들을 향상하기 위하여 소프트웨어를 개선하는 활동
적응유지관리	변화된 환경(H/W, OS, N/W 등)에서 사용가능하도록 소프트웨어를 수정하는 활동
수리유지관리	발견된 오류를 해결하기 위하여 소프트웨어를 수정하는 활동
예방유지관리	잠재적 오류를 제거하기 위하여 소프트웨어를 수정하는 활동

• 소프트웨어 운영 업무분류 및 세부업무 정의

소프트웨어 운영 업무를 세부적으로 구분하면 다음과 같다.

유형	정의
일상운영	대상 소프트웨어의 정상적인 운영과 관련된 활동으로 소프트웨어 운영서비스 계획 수립, 정기 및 비정기 배치(batch)작업(마감/결산), 소프트웨어 이상 유무점검(모니터링), 고객요구에 따른 전자료 출력지원, 데이터 및 콘텐츠의 관리(데이터 백업, 보관 등)에 관한 계획수립 및 시행, 보안 및 방화벽 관리 등이 해당된다.
지원업무	대상 소프트웨어의 운영에 소요되는 지원활동으로 사용자 교육, 운영과 관련된 보고 및 회의(정기, 비정기, 업무 협의), 소프트웨어 운영 품질관리(품질시스템관리, 품질 표준정의, SLA관리 등) 등이 해당됨.

2) 요율제 방식에 의한 산정

유지관리에 대한 비용산정은 요율제에 의하여 산정할 수 있다. 그 산정방법을 예시하면 다음과 같다.

요율제 유지관리비 = 유지관리대상 SW의 계약시점에 재산정된 개발비
× 유지관리요율(10 ~ 15%) + 직접경비

[요율제 유지관리비 산정절차]

절차	주요내용	산출물
1. 사전준비 ↓	• 유지관리대상 SW를 식별한다.	유지관리 대상SW
2. 유지관리대상 SW 개발비 재산정 ↓	• 유지관리 대상 SW 개발비를 유지관리계약 시점의 규모(기능점수)와 단가로 재산정한다.	SW개발비 (현재가치)
3. 유지관리 총점수 계산 ↓	• 유지관리 횟수, 시스템 사용자수, 시스템 중요도, 타 시스템 연계, 오류복구 신속성에 따라 난이도를 계산하여 총점수를 계산한다.	총유지관리 점수(TMP)
4. 유지관리 요율 계산 ↓	• 대상 SW의 유지관리 난이도 총점수를 이용하여 요율을 계산한다. - 요율 = 10 + 5 x TMP / 100	유지관리 요율
5. 직접경비 계산 ↓	• 당해 업무(유지관리)에 실제로 소요되는 직접 경비를 산정한다.	직접경비
6. SW 유지관리비 산정	• SW 유지관리비를 산정한다. - SW 유지관리비 = SW개발비(현재가치) x 유지관리 요율 + 직접경비	SW유지 관리비

요율제에 의한 유지관리비를 산정할 때 시스템 중요도 요인의 난이도는 다음과 같다.

[시스템 중요도 요인의 난이도 식별표]

난이도 수준	등급	설명	
복잡	1급	• 소관기관 업무 수행에 매우 심각한 문제나 영향이 발생 • 전 국민 생명에 위험 초래 • 범국가 차원의 안보/치안에 심각한 위험이 발생	• 국가경제에 매우 심각한 손실이 발생 • 국민생활에 매우 심각한 장애가 발생
	2급	• 소관기관 업무 수행에 중대한 문제나 영향이 발생 • 특정 국민의 생명에 위험 초래 • 지역 차원의 안보/치안에 위험이 발생	• 국가경제에 중대한 손실이 발생 • 국민생활에 중대한 장애가 발생 • 소관기관에 법적 책임 발생

난이도 수준	등급	설명	
보통	3급	• 소관기관 업무 수행에 다소의 문제나 불편 발생 • 개인 및 소규모 지역 단위의 국민생명에 위험 초래 • 지역적으로 안보/치안에 다소의 위험이 발생	국가경제에 다소의 손실이 발생 • 국민생활에 다소의 장애 발생 • 대국민 서비스 지원 및 민원이 발생
단순	4급	• 소관기관 업무 수행에 경미한 지연이 발생 • 국민건강 증진에 지장이 발생 • 지역적으로 안보/치안에 경미한 지장이 발생	• 국가경제에 경미한 손실이 발생 • 국민생활에 경미한 불편이 발생 • 내부업무 처리에 경미한 지연이 발생
	5급	• 대국민 서비스나 내부업무 처리에 문제가 없음 • 국가안보, 사회질서 유지, 국가 경제이익, 국민생명과 관련이 없거나 경미	

3) 정액제 방식

(1) 공개소프트웨어 유지보수

정액제 방식을 채택하는 공개SW(Open Source Software)에 대한 유지보수대가를 보면, 공개소프트웨어란 "저작권자가 소스코드를 공개하여 소스코드의 활용, 복제, 수정, 재배포가 자유로운 SW"를 말한다. 공개소프트웨어는 일반적으로 저작권자가 공개하는 소스코드 형태의 공개SW는 비공개 상용SW와 달리 그 자체로는 사용자가 편리하게 이용하기 쉬운 형태라고 하기는 어렵다. 그 유지보수비는 다음과 같이 산출한다.

대상 공개SW 유지관리 서비스의 유사거래 실례가격,
견적가 순으로 우선 적용 및 산정

[긴급장애, 예방지원의 세부 서비스 수준]

유지관리 서비스 항목	유지관리 서비스 수준			지원시간	응답시간* (업무시간 기준)	지원 횟수
	기본	표준	고급			
긴급 장애지원	○			8h*5/주	8시간 이내	개별협의
		◎		24h*5/주	8시간 이내	개별협의
			◎	24h*7/주	4시간 이내	
예방지원		○		협의	-	연 2회
			◎	협의	-	연 4회

* 긴급 장애지원의 응답시간은 업무시간을 기준으로 하며, 이외 시간은 별도로 합의한다.

유지관리 대가 산정:

거래 실례가격이 있으면 그 가격이 오염되지 않았다는 전제하에 그 가격을 선정, 그 다음은 3개 이상의 기업으로부터 견적을 받아 대가 산정하여 적용한다.

공개소프트웨어의 경우는 공급자측에서 그 금액을 정해놓은 경우가 많다.

(2) SLA 방식

SLA(Service Level Agreement) 기반 유지관리 및 운영비 정산법은 유지관리 및 운영사업에서 서비스수준 관리를 하고자 하는 경우, 사업이 수행 완료된 이후에 서비스수준 관리지표 및 목표 수준에 따라 운용성과를 평가하고 이 결과에 의거하여 사업비를 정산하는 경우에 사용할 수 있는 방법이다.

[SLA기반 유지관리 및 운영비 정산법 수행 절차]

절차	주요내용	산출물
1. 사전준비 ↓	• 서비스 발주기관과 서비스 사업자가 참여하는 담당 조직을 구성한다. • 서비스수준관리 활동과 관련된 목표 및 계획을 수립하여 필요한 기준 및 현황 조사를 수행한다.	전담 조직 현황

절차	주요내용	산출물
2. 서비스 정의 ↓	• 제공하게 될 서비스의 내용을 명확하게 정리하여 제시한다.	서비스 측정항목
3. 서비스 측정 및 기준 협약 ↓	• 서비스 측정 항목 및 기준을 정의한다.	서비스항목 정의서
4. 서비스 평가 ↓	• 서비스평가 방법을 설정하고 보상/제재 기준을 산정한다. • 이후 서비스 평가를 매월 시행한다.	서비스수준 평가표
5. 월별 대가 사후정산	• 서비스 평가에 따라 결정된 제재/보상 %를 기준 유지관리 및 운영 대가에 곱해 매달 제 재/보상금액을 산정한다.	정산대가

근거: 가이드 표 4-31

서비스의 정의

① 적시성: 제공되는 서비스가 약속한 시간에 적시에 공급되는지 여부

② 품 질: 제공되는 서비스의 품질이 적절한지 여부

③ 인 력: 투입되는 인력의 수준과 관리가 적절한지 여부

④ 생산성: 제공되는 서비스에 대한 생산성이 적절한지 여부

⑤ 만족도: 제공되는 서비스에 대한 만족도와 사업자에 대한 만족도가 적절한지 여부

⑥ 보 안: 제공되는 서비스 및 서비스 수행 인력의 보안관리가 적절한지 여부

서비스 수준 평가표

SLA 측정항목에 대한 종합 평가는 아래의 절차를 따른다.

① 각 평가 항목별 측정 점수를 결정한다. 측정 점수는 1~100점의 범위 내에서 산정한다.

② 각 평가항목별 가중치 부여(가중치 합=100)

③ 가중치를 고려한 최종 점수를 결정한다. 이때 최종 점수는 1~100점 범위 내에서 계산된다.

④ 최종 점수를 통해 등급을 결정한다.

평가결과는 등급을 매겨 점수화하고 이에 대한 제재 및 보상 금액을 산정하여 계약에 반영한다.

계약체결 시 중요사항

협상대상자와 운영 및 유지관리 관련 서비스를 공급하고 인도하기 위한 계약에 대하여 협상, 사업자 및 발주자의 의무와 책임 정의, 작업의 완료시점 그리고 위험요소를 정의한다.

- 발주기관과 사업자는 서비스수준협약서(SLA) 확정(안)을 확정하여 서명 또는 날인하여 계약을 체결한다.
- 발주기관과 사업자는 서비스수준 협약 시에 제반서류의 누락여부를 확인한다.
- 정보시스템 운용·유지관리 용역계약서에 서비스수준관리(SLM) 목표이행을 명시한다.
- 서비스 목표수준, 수준평가, 보상(Reward) 및 제재(Penalty) 적용 등에 대한 사항을 명시한다.
- SLA기반 유지관리 및 운영비 정산법은 예산확보단계 및 사업발주단계에 사업비를 산정하기 위해 직접 적용되지는 않으나, SLA기반의 정산법을 사용하는 경우 사전에 사후 정산의 가능성을 고려해야 한다.

정보시스템 운용자가 SLA 계약을 추진하는 것은 자신의 정보시스템의 안정적 운영을 목표로 하기 때문이다. 따라서 서비스 공급자가 서비스한 결과를 가지고 이를 정산하는 개념의 대가지급보다는 사전에 서비스 수준을 정의하여 시스템 오류 발생 시 몇 시간 안에 이를 처리해주는 계약을 체결하는 것이 보다 합리적이다. 따라서 현재는 이러한 서비스 레벨 사전 확정 계약이 더 흥행하고 있다.

9 SW 운영비

SW 운영 업무란 기능 보완 및 개선 등 유지관리 업무를 제외한, 정보시스템 운영 기획 및 관리, 점검, 사용자 지원 등의 일상적 업무 활동에 해당한다.

소프트웨어 운영사업은 투입공수 방식에 의한 대가산정을 기본으로 한다. 운영 업무에 따른 필요 직무를 고려하여 투입공수를 산정하고 산정된 직무별 투입공수에 평균임금을 고려하여 소프트웨어 운영사업의 대가를 산정한다.

[투입공수 방식 운영비 산정절차]

절차	주요내용	산출물
1. 사전준비 ↓	• 운영 대상 소프트웨어를 식별한다. • 운영 대상 소프트웨어의 세부 운영서비스 항목을 정의한다.	운영대상 소프트웨어 및 서비스항목
2. 투입공수 계산 ↓	• 소프트웨어 운영업무별 특성을 고려하여 필요 직무를 결정한다. • 소프트웨어 운영업무별 특성을 고려하여 직무별 투입인력의 수와 기간을 결정한다.	IT직무별 투입공수
3. 직접인건비 계산 ↓	• 운영업무를 수행할 인력의 직접인건비를 계산한다. - 직접인건비 = 투입인력의 기술자 직무별 공수 x 소프트웨어 기술자 평균임금	직접 인건비
4. 제경비 및 기술료 계산 ↓	• 운영업무를 수행할 인력의 제경비 및 기술료를 계산한다. - 제경비 = 직접인건비 x 144-154% - 기술료 = (직접인건비 + 제경비) x 20-40%	제경비 기술료
5. 직접경비 계산 ↓	• 당해 업무(운영)에 실제로 소요되는 직접경비를 산정한다.	직접경비
6. SW 운영비 산정	• 소프트웨어 운영비를 산정한다. - 운영비 = 직접인건비 + 제경비 + 기술료 + 직접경비	SW 운영비

<참고>

[IT분야 직무체계 및 정의를 활용한 SW 사업대가 활용 직무]

번호	직종	실태조사직무	ITSOF직무	직무정의	직업예시
1	IT 컨설팅 및 기획	IT 기획자	정보기술 기획	조직의 경영목표를 달성하기 위하여 IT전략을 기획하고, 거버넌스, 투자성과분석, 운영 정책, R&D, 프로세스, 아키텍처 등 분야별 전략을 수립하는 자이다.	정보기술기획자, 정보기술책임자 (CIO, CTO)
2		IT 컨설턴트	정보기술 컨설팅	조직의 목표를 달성하는 데 도움이 될 수 있도록, 객관적인 시각에서 조직 경영 환경을 이해하고 대상 업무 및 정보시스템을 분석하여 개선방안을 지도, 자문 및 상담을 수행하는 자이다.	정보기술컨설턴트 정보시스템컨설턴트
2			정보보호 컨설팅	주요 정보자산을 보호하기 위한 관리적, 물리적, 기술적 영역의 보안 요구사항과 사전 정의된 프로세스에 대해 객관적인 충족여부를 검증하고 자문하는 자이다.	정보보호컨설턴트
3		업무 분석가	업무분석	조직의 비전과 목표, 구조, 정책 등의 이해를 바탕으로 업무 요구사항을 도출하고 분석[1)]하여, 목적에 부합하는 대응전략을 수립하는 자이다. * 타 직무에서 수행하는 분석, 설계 업무의 혼선 방지를 위해 아래의 주석을 표시함 1) 분석 : 조직 내·외부의 경영환경에 영향을 주는 고객과 경쟁기업, 산업동향, 내부 역량을 분석하는 능력	업무분석가, 비즈니스분석가
4		데이터 분석가	데이터 분석	데이터 이해 및 처리 기술에 대한 기본지식을 바탕으로 데이터 분석 기획, 데이터 분석, 데이터 시각화 업무를 수행하고 이를 통해 프로세스 혁신 및 마케팅 전략 결정 등의 과학적 의사결정을 지원하는 자이다.	데이터분석가, 데이터사이언티스트, 데이터최고책임자 (CDO), 빅데이터 분석가
5	IT 프로젝트 관리	IT PM	IT프로젝트 관리	IT프로젝트 인도물의 납기 준수를 위하여 프로젝트를 기획하고, 범위, 일정, 원가, 인적자원, 품질, 위험, 의사소통, 조달, 변경, 보안, 정보시스템 성과 등을 통합 관리하는 자이다.	IT프로젝트관리자 (PM), IT프로젝트리더(PL)
		제외	IT프로젝트 사업관리	명확한 의사결정과 방향 설정이 가능토록 지표를 제공하고 사업관리 지침 및 표준화 방안 제시, 주요이슈, 위험, 자원, 일정/문서, 범위관리를 통하여 프로젝트 수행을 지원하는 자이다.	IT프로젝트사업 관리전문가, IT프로젝트사업 관리자

번호	직종	실태조사직무	ITSOF직무	직무정의	직업예시
6	IT 아키텍트	IT 아키텍트	SW아키텍처	SW의 기능, 성능, 보안 등의 품질을 보장하고 SW를 구성하는 요소와 관계를 분석, 설계하여 전체적인 SW구조를 체계화하는 자이다.	SW아키텍트, 솔루션아키텍트, 애플리케이션아키
			Infra-structure 아키텍처	하드웨어, 미들웨어, 네트워크, 클라우드를 포함하는 인프라를 설계, 구성하여 모든 지원들의 적합성 및 신뢰성 있는 서비스를 제공할 수 있도록 체계화하는 자이다.	Infrastructure아키텍트, 네트워크아키텍트, 시스템아키텍트, 컴퓨터시스템설계 및 분석가
			데이터 아키텍처	데이터를 구조적 관점에서 설계, 생성, 배치, 관리하며, 다양한 데이터 엔터티뿐만 아니라 해당 데이터를 처리하는 애플리케이션에 의해 데이터가 저장, 소비, 통합 및 관리될 수 있도록 체계화하는 자이다.	데이터아키텍트, 데이터모델러, 데이터베이스설계자, 데이터베이스 아키텍트, DW설계자, 데이터설계자
7	SW 개발	UI/UX 기획/개발자	UI/UX기획	서비스의 본질적 특성에 대한 이해를 기반으로 트렌드 분석, 사용자 이용 행태 분석 등을 통해 이해관계자 및 사용자의 요구를 발굴하고 사용성을 극대화할 수 있는 UI/UX를 설계 및 검증하여 서비스의 목적과 용도에 맞게 최적화 된 UI를 제공하는 일이다.	UI/UX 기획자, U I / U X분석가 , 웹기획자, App기획자, 모바일 앱서비스 기획자
			UI/UX개발	사용자의 이용형태 및 기술환경을 분석하여, 사용자 인터페이스(UI/UX)의 기획 및 아키텍처를 구축하고, 프로토타입 검증, 설계 및 구현 과정을 통해 효과적인 UI/UX를 개발하는 자이다.	UI/UX 개발자, 웹퍼블리셔, 퍼블리셔&프론트 개발자, Web&Mobile 퍼블리싱, 홈페이지 웹 퍼블리싱
8		UI/UX 디자이너	UI/UX 디자인	UI/UX 디자인의 매체별 트렌드, 사용자 경험 분석을 통해 디자인 전략 및 콘셉트를 도출하고 UI 디자인 요소를 다양한 기법을 활용해 시각화하여 사용자 요구를 검증하고 매체별 최적화된 디자인과 사용성을 제공하는 자이다.	UI/UX 디자이너, 웹디자이너, 그래픽 디자이너, 웹콘텐츠 디자이너, UI/UX설계

번호	직종	실태조사직무	ITSOF직무	직무정의	직업예시
9	SW 개발	응용 SW 개발자	응용 SW개발	컴퓨터 프로그래밍 언어로 응용소프트웨어의 분석[1], 설계[2], 구현 및 테스트, 배포 등을 통해 제품의 기능을 개발하고 개선하는 자이다. * 타 직무에서 수행하는 분석, 설계 업무의 혼선 방지를 위해 아래의 주석을 표시함 1) 분석 : 구현하고자 하는 애플리케이션의 요구사항을 도출, 분석, 명세화 및 요구사항 검증을 수행하는 능력 2) 설계 : 요구사항 확인을 통한 상세분석 결과, SW아키텍처 가이드라인 및 SW 아키텍처 산출물에 의거하여 이에 따른 애플리케이션 구현을 수행하기 위해 공통 모듈 설계, 타 시스템 연동에 대하여 상세 설계하는 능력	응용SW개발자, 응용SW분석가, 응용SW설계자, 모바일(앱)개발자, 애플리케이션 개발자, 웹개발자, 빅데이터개발자, 인공지능SW개발자
10		시스템 SW 개발자	시스템 SW개발	운영체제 환경에서 시스템 자원을 제어 및 관리하는 소프트웨어와 응용프로그램의 동작을 위한 시스템 플랫폼의 요구사항 분석 및 설계, 구현, 배포를 수행하는 자이다.	시스템SW개발자, 시스템SW분석가, 시스템SW설계자, 운영체제개발자
			임베디드 SW개발	하드웨어 플랫폼에 대한 이해를 바탕으로 플랫폼별 운영체제 이식과 펌웨어, 디바이스 드라이버, 애플리케이션 등의 SW를 개발하고, 하드웨어 플랫폼 최적화를 수행하는 자이다.	임베디드SW개발자, 임베디드SW분석가, 임베디드SW설계자, 펌웨어개발자
11	시스템 구축 및 운영	정보 시스템 운용자	데이터 베이스관리	데이터에 대한 요구사항으로부터 데이터베이스를 설계, 구축, 전환하고, 최적의 성능과 품질을 확보하도록 추이분석 등을 통하여 데이터베이스를 수정, 개선, 백업하는 등의 업무를 수행하는 자이다.	데이터베이스관리자, 데이터베이스운영자
			NW엔지니어링	네트워크 환경을 분석하고 네트워크에 대한 토폴로지, 자원관리, 품질 관리를 설계하고 구성하는 자이다.	NW엔지니어, NW시스템분석가 NW시스템설계자 NW시스템개발자

번호	직종	실태조사직무	ITSOF직무	직무정의	직업예시
11	시스템 구축 및 운영	정보시스템운용자	IT시스템 관리	시스템 요구사항을 분석하고 클라우드와 가상화, 시스템과 네트워크 및 스토리지 자원의 HW, SW 서비스 플랫폼을 구축, 운영, 관리하여 안정적 컴퓨팅 인프라 및 정보시스템의 운용을 담당하는 자이다.	IT시스템관리자, 네트워크운영자, 네트워크관리자, 서버관리자, 서버운영자, 웹마스터, 웹운영자, 웹관리자, 정보보안관제원, 정보시스템운영자
12		IT지원 기술자	IT시스템 기술지원	정보기술 인프라에 대한 이해를 바탕으로 컴퓨터 하드웨어, 스토리지, 클라우드와 가상화, 네트워크 등 IT자원을 이용한 시스템의 구성과 장애처리를 지원하며 시스템 개선 및 정기점검 등을 통해 안정적인 컴퓨팅 인프라 운영을 지원하는 자이다.	IT시스템지원기술자 시스템유지보수 지원기술자, IT헬프데스크관리자, IT헬프데스크운영자
13	IT 마케팅	IT마케터	SW제품기획	기업의 경영전략을 바탕으로, SW 활용분야에 대한 기업 내/외부 환경, 요구 기술, 시장성 등을 분석하여 제품 전략을 수립하고, SW제품의 개발, 지원, 판매 마케팅 계획을 수립, 운용하는 자이다.	SW제품기획자, SW솔루션기획자
			IT서비스 계획	정보기술 환경 분석을 통해 고객과 시장의 니즈에 맞는 IT서비스를 발굴하고, 제품 및 솔루션 융합으로 새로운 서비스를 기획하는 자이다.	IT기술영업 IT솔루션영업
			IT기술영업	정보기술 지식을 바탕으로 고객 관리 및 영업 전략을 수립, 사업기회를 창출하고 요구사항에 적합한 솔루션 제안으로 협상, 계약, 판매 및 사후 관리 등 IT 영업을 수행하는 자이다.	IT서비스기획자, 웹서비스기획자
14	IT 품질 관리	IT품질 관리자	IT품질관리	IT품질목표를 달성하기 위하여 전사적인 품질 정책 및 관리체계를 수립하고 품질향상을 위해 교육 및 관리활동 등을 수행하며, 프로젝트 차원에서의 품질보증 활동을 수행하는 자이다.	IT품질관리자, 데이터품질관리자, QA(Quality Assurance), QC(QualityContro
15		IT테스터	IT테스터	테스트를 효과적으로 수행하기 위해 필요한 기획, 진단 컨설팅, 계획, 환경구축, 실행, 결함관리, 문서화를 수행하고 관리하는 자이다.	IT테스터, SW테스터

번호	직종	실태조사직무	ITSOF직무	직무정의	직업예시
16	IT 품질 관리	IT감리	IT감리	감리발주자 및 피감리원의 이해관계로부터 독립된 자가 정보시스템의 효율성을 향상시키고 안전성을 확보하기 위하여 제2자의 관점에서 정보시스템의 기획, 구축 및 운영 등에 관한 사항을 종합적으로 점검하고 문제점이 개선되도록 시정조치사항을 도출하고 확인 하는 자이다.	IT감리원, 정보시스템감리원

<참고>

[2025년 적용 SW기술자 평균임금 공표]

통계법 제27조(통계의 공표)에 따라 『2024년 SW기술자 임금실태조사 (통계승인 제375001호)』의 결과로 다음과 같이 SW기술자 평균임금을 공표합니다.

【SW기술자 평균임금 / 2025년 적용】

(단위: 원)

구 분	월평균임금 (M/M)	일평균임금	시간평균임금 (M/H)	포함직무
① IT기획자	11,597,656	562,993	70,374	
② IT컨설턴트	9,706,020	471,166	58,896	정보보호 컨설턴트
③ 업무분석가	8,997,359	436,765	54,596	
④ 데이터분석가	7,751,183	376,271	47,034	
⑤ IT PM	9,145,473	443,955	55,494	
⑥ IT아키텍트	10,147,745	492,609	61,576	SW아키텍트, 데이터아키텍트, Infrastructure 아키텍트, 데이터베이스 아키텍트
⑦ UI/UX기획/개발자	6,727,260	326,566	40,821	UI/UX기획자, UI/UX개발자
⑧ UI/UX디자이너	5,176,203	251,272	31,409	
⑨ 응용SW개발자	6,943,457	337,061	42,133	빅데이터 개발자, 인공지능 개발자
⑩ 시스템SW개발자	6,099,042	296,070	37,009	임베디드 SW 개발자

구 분	월평균임금 (M/M)	일평균임금	시간평균임금 (M/H)	포함직무
⑪ 정보시스템운용자	10,154,626	492,943	61,618	데이터베이스 운용자, NW엔지니어, IT시스템 운용자
⑫ IT지원기술자	5,058,021	245,535	30,692	
⑬ IT마케터	11,056,617	536,729	67,091	SW제품 기획자, IT서비스 기획자, IT기술영업
⑭ IT품질관리자	9,692,094	470,490	58,811	
⑮ IT테스터	3,570,557	173,328	21,666	
⑯ IT감리	10,351,376	502,494	62,812	
⑰ 정보보안전문가	9,857,100	478,500	59,813	정보보호관리자, 침해사고 대응 전문가

공표된 평균임금을 SW사업대가 산정에 적용할 때의 유의사항

※ 본 조사결과는 SW사업에서 SW기술자 인건비 평균값임을 고려하여 활용 가능하며, 수·발주자간 자율적 협의에 의해서도 유연하게 적용할 수 있음

- SW기술자 평균임금은 소프트웨어진흥법 제46조(적정 대가 지급 등) 4항 '소프트웨어기술자의 인건비 기준'을 지칭함
- SW기술자 평균임금은 기본급, 제수당, 상여금, 퇴직급여충당금, 법인부담금(4대보험)을 모두 포함한 결과임
- 일평균임금은 월평균임금 ÷ '24년 평균근무일수(20.6일), 시간평균임금은 일평균임금 ÷ 8시간으로 각각 산정함
- 월평균 근무일수는 휴일, 법정공휴일 등을 제외한 업체가 응답한 근무일의 평균이며, 이는 개인의 휴가 사용 여부와는 무관함
- SW기술자 평균임금은 전년 대비 4.2% 증가함
- 25/75 백분위수는 조사된 직무별 임금의 구간, 분포에 대한 참고 값임(백분위수 : 백분위수는 크기가 있는 값들로 이뤄진 자료를 순서대로 나열했을 때 백분율로 나타낸 특정 위치의 값을 이르는 용어이다. 일반적으로 크기가 작은 것부터 나열하여 가장 작은 것을 0, 가장 큰 것을 100으로 한다.)

시행일 : 2025년 1월 1일부터 2025년 12월 31일까지 적용

공표일 : 2024. 12. 3

OX 졸음깨우기

01 소프트웨어 사업대가기준은 소프트웨어의 수명주기(기획, 구현, 유지관리·운영) 전반에 걸쳐 대가 산정 방법을 알기 쉽게 설명하였고, 「행정기관 및 공공기관 정보시스템 구축·운영 지침」(행정안전부)과 국가의 「예산 편성·집행 부지침」(기획재정부)에 명시하였으며, 정보보호산업의 진흥에 관한 법률 제10조, 동법 시행령 제5조 및 제27조에 의거하여 한국정보보호산업협회장이 공표하여 적용하도록 하고 있다. ( )

02 공표된 SW기술자 평균임금은 기본급, 제수당, 상여금, 퇴직급여충당금, 법인부담금(4대보험)을 모두 포함한 결과이며, 조사결과는 SW사업에서 SW기술자 인건비 평균값임을 고려하여 활용할 수 있으며, 수·발주자 간 자율적 협의에 의해서도 유연하게 적용할 수 있으므로 계약 당사자간 별도 합의가 있으면 임률을 조정하여 정할 수 있다. ( )

03 IT 분야 직무 체계 및 정의를 활용한 SW 사업대가 활용 직무에 따르면, SW 개발 직종은 UI/UX 기획, 개발 및 디자인의 세 가지로 나뉜다. 각 직종에 해당하는 기술자는 다음과 같다.

- UI/UX 기획자: UI/UX 분석가, 웹 기획자, 앱 기획자, 모바일 앱 서비스 기획자
- UI/UX 개발자: 웹 퍼블리셔, 퍼블리셔 및 프론트 개발자, 웹 및 모바일 퍼블리싱, 홈페이지 웹 퍼블리싱 전문가
- UI/UX 디자이너: 웹 디자이너, 그래픽 디자이너, 웹 콘텐츠 디자이너, UI/UX 설계자 등

( )

04 기능점수를 이용한 SW 개발 원가계산 절차는 다음 도표와 같다. ( )

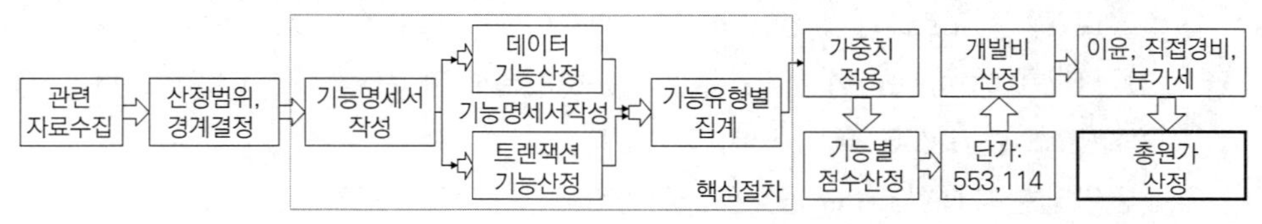

05 운영단계의 서비스를 유형별로 살펴본 원가 산정 방식은 아래와 같다. 이 중 운영단계의 핵심 서비스 유형은 공개 SW 유지관리이다. ( )

운영단계서비스유형		원가산정방식
유지관리	응용SW 유지관리	요율제 방식 / 변동비 방식(완전 유지관리) /SLA방식
	상용SW 유지관리	요율제 방식
	공개SW 유지관리	정액제 방식
	보안성지속서비스	요율제 방식
운영	SW 운영	투입공수방식/고정비방식운영, 적응/수리 유지관리/SLA 방식
	보안관재서비스	투입공수방식
재개발	SW 재개발	기능점수에 의한 방식

답 1. O, 2. O, 3. O, 4. O, 5. X 응용SW 유지관리

객관식 지식점검하기

01 다음 중 소프트웨어에 대한 설명으로 틀린 것은 어느 것인가?

① 소프트웨어란 컴퓨팅 시스템을 하드웨어와 소프트웨어로 나눌 때의 한 요소이며, 우리 주변 핸드폰, PC, 건물 출입 통제 등 많은 부분에 침투해 있다. SW는 국방 정보 체계, 행정 정보 체계 등 국가 운영과 안보를 위한 중요한 역할을 하고 있고 로봇, 자율주행차, 드론 및 AI 등 수많은 영역을 가지고 있다.

② 소프트웨어는 프로그래밍 언어(Programming Language)로 프로그램하여 이를 기계가 판독하도록 compile하여 하드웨어가 작동하도록 하며, 프로그래밍 언어로는 COBOL, FORTRAN, C, BASIC, 5세대 언어 등이 있다.

③ 북한의 남한에 대한 cyber 공격은 평양과기대 출신들이 주도하고 있다.

④ 소프트웨어 개발절차인 SDLC는 Software Development Life Cycle로 분석, 설계, 시험의 과정을 거친다.

02 소프트웨어생명주기(Software Life Cycle) 중 기획 단계에서 소프트웨어를 도입 또는 개체(改替)하면서 소프트웨어의 특성(주로 속도와 메모리)을 활용하여 기업 전체의 업무 처리 구조와 절차를 개선하고 재설계함으로써 경영 효율을 높이고자 한다. 이때 주로 정보 전략 기획과 함께 추진하는 방식을 무엇이라 하는가.

① ISP ② BPR
③ EA/ITA ④ ISMP

03 소프트웨어 대가산정방식 중 기능점수 방식에서 트랜잭션 기능이 아닌 것은?

① 내·외부 논리라인 ② 내부입력
③ 외부 도해 ④ 외부입력

04 소프트웨어 개발의 기능점수 방식에서 기능점수를 보정하는 보정계수가 아닌 것은?

① 규모 ② 유형
③ 데이터 ④ 보안

05 소프트웨어 개발 절차(SDLC) 중 설계 단계에 제출하는 "시스템 설계서"에 포함할 내용이 아닌 것은?

① ERD(Entity Relationship Diagram)
② 내외부 인터레이스와 데이터보안
③ DB구조 및 시험계획, Migration 전략
④ 유지보수 계획은 운영 시 하는 것이므로 필요없다.

답 1. ④ 분석, 설계, 개발, 시험, 2. ② Business Process Reengineering
3. ③ EI, EO, EQ(ILF, EIF), 4. ③ 규모 유형 언어 품질 보안, 5. ④ 시스템설계서에 포함됨

COST
ACCOUNTING
CALCULATION
ACCOUNTING
LEDGER
TAX FORM
COST
INNOVATION
REVENUE
ANNUAL
PAYMENT
FINANCIAL
REPORT

부록:
원가분석사 기출문제

원가분석가 2025년 제20회

원가분석가 2025년 제21회

국가공인 원가분석사 제20회 자격검정시험

원가·관리회계

객관식 1번 ~ 25번 각 3점

01 원가는 당면한 의사결정에 영향을 미칠 수 있는가의 여부에 따라 관련원가(relevant cost)와 비관련 원가(irrelevant cost)로 분류할 수 있다. 다음 중 관련원가가 아닌 것은?

① 미래원가 ② 기회원가
③ 매몰원가 ④ 차액원가

02 다음 중 자본집약적 기업과 노동집약적 기업의 CVP를 비교한 것으로 잘못된 것은?

	자본집약적 기업	자본집약적 기업
① 고정비 비중	크다	작다
② 공헌이익률	높다	낮다
③ 영업활동 관련 위험 수준	높다	낮다
④ 손익분기점	낮다	높다

03 서울기업의 2025년초 재고자산에 포함된 고정제조간접비는 16,000원이며, 2025년 말 재고자산에 포함된 고정제조간접비는 18,000원이다. 서울기업의 흡수원가계산에서 순이익이 20,000원일 경우 변동원가계산에서 순이익은 얼마인가?

① 22,000원 ② 20,000원
③ 18,000원 ④ 16,000원

04 내부수익률법과 관련된 다음의 설명 중 옳지 않은 것은?

① 가치의 가산법칙이 적용되지 않는다.
② 순현가를 0으로 하는 할인율이다.

③ 투자안의 현금흐름을 자본비용으로 할인해 계산한다.

④ 상호배타적 투자안인 경우 내부수익률이 보다 높은 투자안을 채택한다.

05 **책임회계에 대한 다음의 설명 중 틀린 것은?**

① 책임회계에서 작성되는 관리목적의 내부보고서는 통제가능원가에 한정된다.

② 책임회계제도에서는 부문관리자에게 책임부문의 이익을 최대화하는 데 있지만, 이는 기업 전체의 이익과도 조화를 이루어야 한다.

③ 책임회계에서 통제불가능원가는 특정 부문에 배분되는 반면, 통제가능원가는 배분되지 않는다.

④ 책임회계에서의 관련원가는 당연히 개별경영자의 통제가능원가에 한정되어야 한다.

06 **다음 설명 중 틀린 것은?**

① 개별원가계산은 각 개별 작업별로 원가를 집계하여 제품별 원가계산을 하는 방법으로 다품종 주문생산형태의 기업에 적합하다.

② 각 제품별로 제조과정에서 발생하는 제조원가를 집계하기 위한 명세서로 직접재료비, 직접노무비, 제조간접비가 상세히 기록되는 표를 제조지시서라 한다.

③ 재공품 중에서 완성품은 제품이 되며, 이 제품의 원가가 당기제품제조원가이다.

④ 제품의 원가는 제품이 판매되었을 때 매출원가로 계상된다.

07 **단일 제품을 생산하여 판매하는 한강상사의 2025년도 10월 공헌손익계산서는 아래와 같다. 이 보고서를 이용하여 손익분기점의 매출수량을 구하면?**

공헌손익계산서

Ⅰ. 매출액(판매단위 500개)	₩2,000,000
Ⅱ. 변동원가	(1,200,000)
Ⅲ. 공헌이익	800,000
Ⅳ. 고정원가	(600,000)
Ⅴ. 순이익	₩200,000

① 250단위　　② 375단위

③ 500단위　　④ 600단위

08 **손익분기점을 변동(하락)시키는 요인이 아닌 것은?**

① 매출액의 증가

② 총고정비의 감소

③ 생산량의 증가에 따른 총변동비의 감소

④ 물적설비를 추가하여 발생한 고정비

09 **원가행태에 따른 원가분류에 대한 설명으로 옳지 않는 것은?**

① 조업도의 증감변화에 따라 총액이 비례적으로 변동하는 원가는 변동비로 직접재료비, 직접노무비 등이 있다.

② 조업도의 변화와 관계없이 발생하는 일정액의 고정비와 조업도의 변화에 따라 단위당 일정 비율로 증가하는 변동비 두 부분으로 구성된 원가를 준변동비라 하며 수도요금, 가스요금 등이 있다.

③ 조업도의 증감에 관계없이 총액이 항상 일정하게 발생하는 원가는 고정비로 감가상각비, 소모품비 등이 있다.

④ 특정범위의 조업도에서는 일정한 금액이 발생하지만 조업도가 이 범위를 벗어나면 총액이 달라지는 원가를 준고정비라 하며 감독자 급료 등이 있다.

10 **구기계를 신기계로 대체하기 위하여 두 종류의 신기계 중 어느 하나를 구입할 것인가를 결정할 때 회사의 경영자는 다음 중 어느 것을 목적적합한 관련원가로 가장 고려해야 하는가?**

① 구기계와 관련된 역사적 원가

② 고정비가 아닌 변동비로 분류될 미래원가

③ 변동비가 아닌 고정비로 분류될 미래원가

④ 두 종류의 기계 구입안 중 차이가 있게 될 미래원가

11 **다음 중 경제적 부가가치에 의한 성과평가의 의의로 가장 옳지 않은 것은?**

① 기업의 내재가치를 측정할 수 있는 지표이다.

② 기업의 각 사업단위, 부문, 팀과 개인을 성과평가 할 수 있으므로 합리적인 성과보상이 가능하다.

③ 타인자본비용만을 반영하는 성과평가기법이다.

④ 영업활동으로 인한 결과를 평가하는 성과 평가기법이다.

12 **다음 중 정상개별원가계산에 대한 내용으로 옳지 않은 것은 무엇인가?**

① 정상개별원가계산의 원가계산시점은 제품생산 완료시점이다.
② 정상개별원가계산은 예정배부율에 예정조업도를 곱하여 제조간접원가를 배부한다.
③ 정상개별원가계산의 주요 정보이용자는 외부정보이용자가 아닌 내부정보이용자이다.
④ 정상개별원가계산은 직접재료원가와 직접노무원가를 실제발생액을 기준으로 배부한다.

13 **다음 중 개별원가계산과 활동기준원가계산에 대한 내용으로 옳지 않은 것은?**

① 개별원가계산은 제품이나 부문별로 원가를 집계하지만, 활동기준원가계산은 활동별로 원가를 집계한다.
② 개별원가계산은 단순한 재무적인 배부기준을 사용하지만, 활동기준원가계산은 비재무적인 다양한 원가동인을 배부기준으로 사용한다.
③ 개별원가계산은 생산공정과 보조공정에 투입된 원가를 원가동인으로 파악하지만, 활동기준원가계산은 생산공정과 보조공정에 투입이 예상되는 원가까지도 원가동인으로 파악한다.
④ 개별원가계산은 제품이나 부문 등의 제한된 원가대상에 원가를 배부할 수 있지만, 활동기준원가계산은 제품뿐만 아니라 고객, 공정, 유통경로 등 다양한 부문에 원가를 배부할 수 있다.

14 **다음 중 제조간접비에 대한 계산식이 올바른 것은?**

① 제조간접비 = 직접재료비 + 직접노무비 + 제조경비
② 제조간접비 = 간접재료비 + 간접노무비 - 제조경비
③ 제조간접비 = 직접재료비 + 직접노무비 - 제조경비
④ 제조간접비 = 간접재료비 + 간접노무비 + 제조경비

15 **다음은 원가회계가 가지는 한계점에 대한 설명이다. 가장 옳지 않은 것은?**

① 원가회계가 제공하는 화폐단위로 표시되는 계량적 자료는 비화폐성 정보와 질적인 정보까지 제공할 수 있다.
② 재무회계 자료가 객관적으로 측정가능한 회계자료를 기초로 하지만 원가회계는 경영자의 목적에 따라 다양한 회계절차를 적용해야 하는 어려움이 있다.
③ 제품의 원가는 기업이 채택하고 있는 원가계산방법에 의해 자동적으로 계산되는 것이기 때문에 특정 시점에서 원가회계가 모든 의사결정에 목적적합한 원가정보를 제공할 수 없다.
④ 경영자는 원가효익의 분석을 통해 원가정보의 양을 적절히 정해야 한다.

16 **제조간접원가를 예정배부하는 경우 배부차이 조정에 관한 설명으로 가장 옳지 않은 것은?**

① 원칙적으로 배부차액은 재공품 재고, 제품 재고, 매출원가의 세 계정에서 조정해야 한다.
② 배부차액이 크지 않고 재고수준이 낮은 기업에서는 매출원가조정법을 적용할 수 있다.
③ 예정배부율은 총제조간접원가 예정액을 실제조업도(실제배부기준량)로 나누어 계산한다.
④ 제조간접원가의 예정배부액은 실제 배부기준량에 예정배부율을 곱하여 계산한다.

17 **㈜대한은 종합원가계산시 기말재공품의 완성도가 실제보다 과소평가하였다. 다음의 각 원가흐름의 가정을 적용했을 때 매출원가에 미치는 영향으로 올바른 것은?**

	평균법	선입선출법
①	과소	과대
②	과소	과소
③	과대	과소
④	과대	과대

18 **종합원가계산의 원가흐름의 가정에서 기초재공품의 기완성도를 무시하고 당기에 모든 원가가 투입되는 것으로 가정하는 것은 다음 중 무엇인가?**

① 개별법　　② 평균법
③ 선입선출법　　④ 후입선출법

19 **다음은 ㈜한국의 당기 원가자료다. 변동제조원가는 얼마인가?**

- 직접재료원가 ₩400
- 직접노무원가 ₩350
- 변동제조간접원가 ₩900
- 고정제조간접원가 ₩240
- 변동판매관리비 ₩500
- 고정판매관리비 ₩550

① 1,400　② 1,650　③ 900　④ 2,150

20 전부원가계산에 의한 제품원가계산은 외부보고목적에 적합한 반면 변동원가계산에 의한 제품원가계산은 경영계획 및 통제에 필요한 정보를 제공한다. 제품원가계산을 하는 경우 전부원가계산과 변동원가계산의 차이를 가져오는 원가는 다음 중 무엇인가?

① 직접재료원가 ② 직접노무원가
③ 변동제조간접원가 ④ 고정제조간접원가

21 전부원가계산을 이용하여 산정된 이익이 변동원가계산에 의해 산정된 이익보다 더 큰 경우는 어느 것인가?

① 기말재고가 존재하는 경우
② 기초재고가 존재하는 경우
③ 단위당 판매가격이 인상된 경우
④ 재고가 존재하지 않는 경우

22 다음 중 경영활동에서 발생하는 의사결정문제 중 증분분석을 적용할 수 없는 것은?

① 재고자산 가격결정방법의 선택
② 특별주문의 수락 또는 거절
③ 부품의 자가제조 또는 외부구입
④ 제품라인의 유지 또는 폐쇄

23 원가행태에 따라 원가는 변동원가와 고정원가로 분류할 수 있다. 이들 원가에 대한 다음의 설명 중 가장 적절하지 않은 것을 고르시오.

① 총고정원가는 조업도가 증감하더라도 일정하다.
② 총변동원가는 조업도에 따라 변동한다.
③ 단위당 고정원가는 조업도가 증가하면 체감한다.
④ 단위당 변동원가는 조업도가 증가하면 증가한다.

24 보조부문원가의 배부방법인 직접배부법, 단계배부법, 상호배부법을 서로 비교하여 설명한 내용으로 가장 적절하지 않은 것을 고르시오.

① 가장 정확한 배부방법은 상호배부법이다.
② 단계배부법은 보조부문간의 용역의 배부순서는 고려하지 않는다.
③ 상호배부법은 보조부문간의 용역의 수수관계를 고려한다.
④ 직접배부법은 보조부문간의 용역의 수수관계를 고려하지 않는다.

25 **다음 중 자본예산에 대한 설명 중 가장 적절한 것을 고르시오.**

① 자본예산은 장기간에 걸쳐 현금흐름을 창출하는 고정자산을 취득하는 것과 관련이 있다.
② 자본예산의 분석절차는 정보수집 → 자금조달 → 투자기획 탐색 → 투자안선택 → 투자안의 수행 및 사후관리 등으로 구성된다.
③ 회수기간법은 화폐의 시간적 가치를 고려하기 때문에 수익성파악이 유리하다.
④ 내부수익률법은 투자로 인한 총현금유입액의 현재가치합계에서 투자에 지출된 총현금유출액의 현재가치합계를 차감한 순현재가치를 기준으로 투자안의 수익성을 평가하는 기법이다.

주관식 26번 ~ 30번 각 5점

26 **원가집합을 일정한 기준에 따라 원가대상에 대응시키는 과정을 무엇이라고 하는가?**

( )

27 **정상적인 유지 및 보수 활동에 따른 조업중단을 감안한 상황하에서 평균적으로 달성할 수 있을 것으로 기대하는 생산수준을 무엇이라고 하는가?**

( )

28 **(주)서울은 매출원가에 20%를 가산하여 제품을 판매한다. 다음 자료를 이용하여 (주)서울의 기말재공품을 구하면 얼마인가?(단, 기초·기말 제품재고는 없다)**

• 직접재료비 : 4,000,000원 • 직접노무비 : 3,000,000원 • 제조간접비 : 3,000,000원
• 기초재공품 : 3,000,000원 • 당기매출액 : 12,000,000원 • 기말재공품 : ?

계산식 : ( )
정 답 : ( )

29 다음 자료에 의하여 제조간접비를 계산하면 얼마인가?

- 당기총제조원가 : 600,000원 • 직접비(기본원가):300,000원
- 가공원가 : 500,000원

계산식 : (　　　　　　　　　　　　　　　)
정　답 : (　　　　　　　　　　　　　　　)

30 다음의 자료를 보고 평균법에 의한 완성품환산량을 구하시오. 직접재료는 공정초반에 모두 투입되며 가공원가는 공정 전반에 걸쳐 평균적으로 발생한다.

• 기초재공품	13,000단위	완성도 60%
• 기말재공품	26,000단위	완성도 50%
• 착수량	117,000단위	
• 완성품수량	104,000단위	

계산식 : (　　　　　　　　　　　　　　　)
정　답 : (　　　　　　　　　　　　　　　)

국가공인 원가분석사 제20회 자격검정시험

제조원가계산실무

객관식 1번 ~ 25번 각 3점

01 아래의 도면과 같이 제품의 치수는 10.0Tx1,000x1,000 이고 중앙에 지름 500의 구멍이 있고 재질이 열연강판이며 아연도금이 된 제품이다.
(치수 단위는 mm이고 열연강판의 밀도는 7.85이고 π는 3.14임)

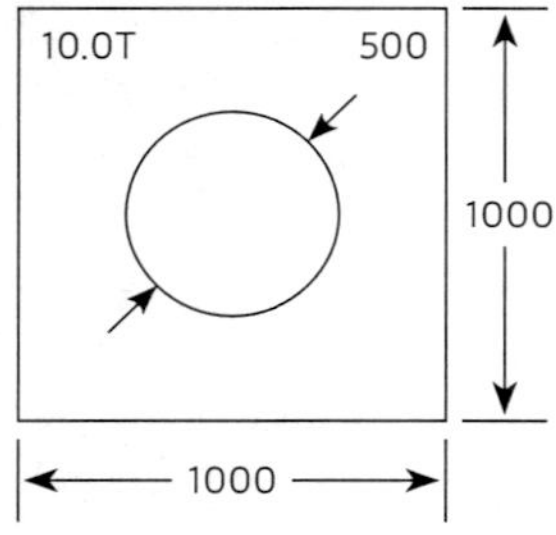

두께는 가공을 하지 않을 때 원자재 구매시 상기와 같이 판재의 경우 절단여유를 보통 10mm를 적용하고, 열연강판의 10.0T의 kg당 단가는 1,500원이라면 상기 제품을 제조할 때의 자재 구매 비용 계산식은? (백원 이하 절상함)

① 10x1,000x1,000/1,000,000x7.85x1,500 = 118,000

② 10x1,000x1,010/1,000,000x7.85x1,500 = 119,000

③ 10x1,010x1,010/1,000,000x7.85x1,500 = 121,000

④ $10x(1,000x1,000-\pi/4x500^2)/1,000,000x7.85x1,500$ = 95,000

02 상기 1번 문제의 도면을 제작한다고 할 때 거쳐야 하는 작업공정이 아닌 것을 고르시오.

① 절단작업　　② 밀링작업

③ 탭작업　　④ 도금작업

03 재료의 구입시 발생하는 운반비는 재료비로 계상하는데, 공장에서 가공을 하여 도금을 하기 위해 발생하는 운반비(용달비)는 어느 비목에 해당되는가?

① 재료비 ② 노무비 ③ 경비 ④ 일반관리비

04 아래 수입원가계산서에서 이윤 금액 A 와 산출근거 (B)에 적정한 것은?

품명 : 성능시험기

수입단가(FOB가격) : 100.0$

적용환율 : 1,500 원/USD (단위: 원)

구 분	금 액		산출근거
	금 액	소 계	
1. 물 자 재		150,600	
(1) FOB가격	150,000		100x1,500 = 150,000
(2) 운 임	450		FOB가격×0.30% = 450
(3) 보 험 료	150		FOB가격×0.10% = 150
2. 경 비		1,113	
(1) L/C개설수수료	300		FOB가격×0.2% = 300
(2) 통관료	452		물자대×0.30% = 452
(3) 하 역 료	301		물자대×0.20% = 301
(4) 국내운반비	45		물자대×0.03% = 45
(5) 보세창고료	15		물자대×0.01% = 15
소 계		151,713	물자대+경비
일반관리비		12,137	소계×8%
이 윤		A	(B)×10%
합 계			
부가가치세			(합계+관세)×10%
총 금 액			

① 15,060 물자대

② 15,171 소계

③ 16,385 소계 + 일반관리비

④ 1,325 경비 + 일반관리비

05 다음 중 수입품 가격의 설명으로 가장 잘못된 것은?

① FOB가격 : 본선 인도가격

② CFR가격 : 운임포함 인도가격

③ EXW가격 : 공장 인도가격

④ CIF가격 : 보험료포함 인도가격

06 다음의 제조원가명세서 내용에서 원가법에 의한 전력비의 경비 배부율의 비율은?

조건

재료비 : 4,000,000

노무비 : 12,000,000

전력비 : 300,800

① 0.00% ② 1.88% ③ 2.50% ④ 7.50%

07 아래의 제조원가계산서에서 합계 금액은 얼마인가?

(계산시 일반관리비, 이윤, 부가가치세는 소수점 이하 절사하여 계산함)

비목 \ 구분			금액	구성비	비고
제조원가	재료비	직접재료비	10,000		
		간접재료비	1,000		
		• 부산물 등(△)			
		소계	**11,000**		
	노무비	직접노무비	50,000		
		간접노무비	10,000		
		소계	**60,000**		
	경비	전력비	500		
		수도광열비	100		
		운반비	700		
		감가상각비	1,000		
		수리수선비	200		

비목 \ 구분			금액	구성비	비고
제조원가	경비	특허권사용료	100		
		기술료	500		
		연구개발비			
		시험검사비	200		
		지급임차료	500		
		보험료	300		
		복리후생비	5,000		
		보관비			
		외주가공비	12,000		
		산업안전보건관리비			
		소모품비	500		
		여비 · 교통비 · 통신비	200		
		세금과공과	100		
		폐기물처리비			
		도서인쇄비	100		
		지급수수료	300		
		기타법정경비			
		소 계	22,300		
일반관리비(7.00)%					
이 윤(25.00)%					
총 원 가					
부 가 가 치 세					
합 계					

① 130,804 ② 134,104 ③ 134,241 ④ 137,266

08 **프레스 제품을 생산하기 위한 금형을 아래의 조건에 따라 올해의 제품을 생산한 후에 총 잔여 감가상각비는 얼마인가?**

금형 구입가 : 5,000,000원
내용년수 : 5년
년간 프레스 제품 생산 물량 : 2,000개
올해 프레스 제품 생산 예정 물량 : 500개
현재까지 감가상각비 누계액이 1,500,000원

① 3,500,000원 ② 3,250,000원
③ 3,000,000원 ④ 2,750,000원

09 **아래의 이윤율 규정에서 실제 적용할 경우 가장 잘못된 것은?**

1. 공사 : 100분의 15
2. 제조 · 구매(「소프트웨어산업 진흥법」 제22조제1항에 따라 고시된 소프트웨어사업의 대가기준에 따른 소프트웨어개발을 포함한다) : 100분의 25
3. 수입물품의 구매 : 100분의 15
4. 용역(「소프트웨어산업 진흥법」 제22조제1항에 따라 고시된 소프트웨어사업의 대가기준에 따른 소프트웨어개발을 제외한다) : 100분의 15

① 1, 2 ② 2, 3
③ 3, 4 ④ 4, 1

10 **학술연구용역 수의계약을 위한 원가를 산정할 경우 대상업체로부터 최근연도 원가자료를 제출받아 일반관리비와 이윤을 산정시 다음과 같은 경우 각각 적용이 가장 타당한 것은?**

1) 대상업체의 최근연도 원가자료 일반관리비율 : 5.00%
2) 대상업체의 최근연도 원가자료 이윤율 : 5.00%
3) 예정가격작성기준에 의한 일반관리비율 상한선 : 6.00%
4) 예정가격작성기준에 의한 이윤율 상한선 : 10.00%

① 5.00% 5.00% ② 6.00% 10.00%
③ 5.00% 6.00% ④ 5.00% 10.00%

11 중소기업중앙회에서 발표하는 제조노임단가는 기본급만 조사하여 발표하지만, 엔지니어링 사업대가의 노임단가는 기본급에 다른 비용도 추가하여 발표하는 데 포함하지 않는 비용은?

① 퇴직급여충당금
② 회사가 부담하는 산업재해보상보험료
③ 본인이 부담하는 국민연금
④ 퇴직연금급여

12 엔지니어링사업대가의 계산은 직접인건비+직접경비+제경비(직접인건비의 110~120%)+기술료(직접인건비에 제경비를 합한 금액의 20~40%)로 계산을 하는데, 다음 중 제경비 항목이 아닌 것은?

① 경리직원 급여　　② 회의비
③ 운영활동 비용　　④ 손해배상보험료

13 방산물자원가계산에서 설명이 가장 타당하지 않은 것은?

① 재료비는 재료소요량x재료단가로 계산
② 직접노무비는 노무량x업체 노임단가로 계산
③ 간접노무비율 110% 적용(대상업체의 산출 비율)
④ 상여금은 400% 이내 적용

14 다음의 설명중 가장 타당하지 않은 것은?

① 제조업 : 공장을 설치하고 그 공장을 이용하여 유기적 물질 또는 무기적 물질에 물리적 작용 또는 화학적 작용을 가함으로써 새로운 생산품을 생산하여 판매하는 산업
② 건설업 : 토목·건축 및 이와 관련된 공사를 시행하는 산업
③ 용역업 : 물질적 재화의 생산이나 소비에 필요한 노무를 제공하는 산업
④ 엔지니어링산업 : 과학기술 지식을 응용하여 수행하는 사업이나 시설물에 관한 연구, 기획, 설계, 분석 등등의 산업활동

15 제조원가계산서(계약예규 별표1)를 하나의 회사로 대비했을 때 회사 임원은 어떤 비목에서 월급을 받아가는가?

① 재료비　　② 노무비　　③ 경비　　④ 일반관리비

16 원가계산에 사용하는 노임단가를 조사하여 발표하는 기관이 틀린 것은?

① 제조노임 : 중소기업중앙회

② 공사노임 : 대한건설협회

③ 학술연구용역노임 : 행정안전부

④ 건축사노임 : 건축사협회

17 사후원가검토조건부 계약은 국가계약법 시행령 제73조에 의거 비목별로 실시하는 것을 원칙으로 하며, 계약당사자 간의 협의에 따라 계약특수조건에 사후원가검토조건에 해당하는 사후원가 검토대상을 명시하여야 하는데 명시 대상(요건)이 아닌 것은?

① 비목 및 품목의 범위

② 확정원가의 검토할 부분의 금액도 명시

③ 지급대금의 확정방법

④ 계약상대자가 제출할 서류

18 "방산원가대상물자의 용역원가 이윤은 노무비 · 경비 및 일반관리비를 합한 금액의 100분의 (A)를 초과하여 계상할 수 없다"에서 A의 값은?

① 5 ② 10 ③ 12 ④ 15

19 일반물자의 경비 산출시 배부율에 의한 방법중 가장 부적당한 방법은?

① 재료비법

② 노무비법

③ (재료비+노무비)법

④ 계약기간법

20 일반물자의 간접노무비율을 산정하기 위해 해당업체로부터 자료를 수집하여 간접노무비율을 산정하는데, 다음 자료중 간접노무비 산정에 가장 불필요한 자료는?

① 최근연도 제조원가명세서

② 임무, 기능 확인이 가능한 회사 조직도

③ 임금대장

④ 투자(개발) 계획서

21 **변동비(변동원가)는 조업도의 변동에 따라 원가총액이 비례적으로 변화하는 원가를 말하는데, 다음 중 변동비가 아닌 것은?**

① 직접재료비

② 직접노무비

③ 경비중 감가상각비 및 임차료

④ 판매수수료

22 **계약의 종류로 확정계약, 개산계약, 사후원가검토조건부계약으로 구분을 할 수 있는데 다음 중 설명이 가장 틀린 것은?**

① 국가계약법령에서 확정계약이라는 용어는 별도로 사용하고 있지 않는다.

② 개산계약은 계약금액 전체를 사후정산한다.

③ 사후원가검토조건부계약은 불확정 비목만 정산한다.

④ 사후원가검토조건부계약을 체결하기 위해서는 먼저 사후에 정산대상이 되는 비목과 사후정산 한도 액을, 예산의 범위 안에서 결정하지 않아도 된다.

23 **사후원가검토조건부 계약으로 군부대에 방문하여 정비할 때 다음의 경우 적용할 근로 시간은?**

다음

1) 회사에서 군부대 도착 소요시간 : 1시간

2) 군부대에서 정비 소요시간 : 1.5시간

3) 중식 소요시간 : 1시간

4) 군부대에서 회사까지 도착 소요시간 : 1시간

① 1.5시간　② 2.5시간　③ 3.5시간　④ 4.5시간

24 **엔지니어링사업대가의 산출방식 중 실비정액가산방식의 비목에 해당하지 않은 것은?**

① 직접인건비　② 직접경비

③ 기술료　④ 이윤

25 다음 자료를 활용하여 기초원가, 제조원가, 제품단위원가, 매출원가, 기말제품원가를 구한다면 얼마인가?

당기발생액	- 직접재료비 : 850,000원 - 제조간접비 : 250,000원	- 직접노무비 : 400,000원
당기생산현황	- 생산량 : 2,500개	- 판매량 : 2,000개
재공품수량	- 기초/기말 : 0개 / 0개	
기초제품수량 : 0개		

(단위 : 원)

	기초원가	제조원가	제품단위원가	매출원가	기말제품원가
①	1,500,000	1,650,000	660	1,320,000	330,000
②	1,250,000	1,500,000	600	1,200,000	300,000
③	1,100,000	1,250,000	500	1,000,000	250,000
④	1,400,000	1,600,000	640	1,280,000	320,000

주관식 26번 ~ 30번 각 5점

26 중소기업중앙회 발표 제조부문의 용접원의 노임단가가 111,668원으로 발표가 되었는데 퇴직급여충 당금은 얼마인가?

1일당 노임단가 = 기본급 + 제수당 + 상여금(400%) + 퇴직급여충당금
(단, 제수당은 0원임, 소수점 이하 절사로 계산)

계산식 : (   )
정　답 : (   )

27 소프트웨어 개발비 산정 방법은 (A) 방식과 투입인력의 수와 기간(Man Power, MP방식)에 의한 방식이 있는데 (A)에 알맞은 말은(한글 또는 영어 가능)?

(   )

28 **다음의 경우 사후원가검토조건부 계약에서 증빙이 아래와 같은 경우 적용할 금액은?**

조건

1) 세금계산서의 공급가액 : 10,000원

2) 낙찰률 : 80%

(   )

29 **다음의 경우 방산업체인 A업체의 방산물자원가계산에서 적용할 노무비를 계산하시오.**

조건(노임단가 및 작업시간)

1) A업체의 노임단가 : 30,000원

2) 선반기 조작원 : 20,000원, 2시간

3) 드릴링기 조작원 : 15,000원, 1시간

계산식 : (   )

정　답 : (   )

30 **방산물자의 간접경비 계산 시 간접경비율을 어느 비목의 합에 곱하여 계산하는가?**

(   ) + (   )

국가공인 원가분석사 제20회 자격검정시험

공사 및 기타원가계산실무

객관식 1번 ~ 25번 각 3점

01 낙찰률에 관한 설명이 올바른 것은?

① 설계가격에 대한 낙찰금액 또는 계약금액의 비율
② 추정가격에 대한 낙찰금액 또는 계약금액의 비율
③ 예정가격에 대한 낙찰금액 또는 계약금액의 비율
④ 기초금액에 대한 낙찰금액 또는 계약금액의 비율

02 공사원가 비목 중에서 간접노무비에 해당하지 않는 직종을 고르시오.

① 현장소장
② 작업반장(각 공종별로 인부를 통솔하여 작업을 지휘하는 사람)
③ 총무 및 경리를 담당하는 현장사무원
④ 현장사무실 청소원

03 다음 중 공사원가계산에서 경비 항목이 아닌 것을 고르시오.

① 운반비 ② 부산물(副産物)
③ 가설비 ④ 품질관리비

04 정부에서 발주하는 공사의 경우, 경비의 일부 비목에 대해서는 관련 규정에 따라 사후 정산하여야 한다. 아래의 보기 중 사후 정산 항목이 아닌 것을 고르시오.

① 기타경비 ② 국민건강보험료
③ 국민연금보험료 ④ 노인장기요양보험료

05 **표준품셈에 관한 설명이 틀린 것을 고르시오.**

① 표준품셈에서 제시된 품은 일일 작업시간 8시간을 기준한 것이다.
② 정부발주공사를 위해 예정가격을 산정함에 있어 표준품셈을 활용할 수 있다.
③ 설계변경 시 새로운 품목(신규비목)의 단가에 표준품셈을 적용할 수 있다.
④ 정부발주공사에서, 공사 이행 도중 표준품셈이 변경되었을 때, 설계변경하여 계약금액을 조정할 수 있다.

06 **기계경비의 시간당 손료 계수에 포함되지 아니한 비용을 고르시오.**

① 운반비(기계장비를 운반하는 데 소요되는 비용)
② 상각비(기계 사용에 따르는 가치의 감가액)
③ 정비비(기계 사용에 따라 발생하는 고장 또는 성능 회복을 목적으로 정비와 기계 기능을 유지하기 위한 정기 또는 수시 정비에 소요되는 비용)
④ 관리비(보유한 기계를 관리하는 데 필요로 하는 이자 및 보관 격납비용)

07 **정부발주공사에서 다음 중 설계변경으로 인한 계약금액 조정을 할 수 없는 경우를 고르시오.**

① 예정가격 산정의 기초가 된 단가산출서 및 일위대가표 산출의 오류
② 지질, 용수 등 공사현장의 상태가 설계서와 다름
③ 설계서의 내용이 누락 되었거나 오류가 있음
④ 새로운 기술·공법 사용으로 공사비 절감 및 시공기간 단축 등의 효과가 현저함

08 **정부발주공사에서 설계변경으로 인한 계약금액조정 시 설계변경 당시의 신규 비목 단가를 표준시장 단가로 적용했을 때 3,000원이고, 낙찰률이 82%라면 설계변경 시 적용하여야 할 단가는 얼마인지 아래의 보기에서 고르시오.**

① 3,000원　　② 2,730원
③ 2,632원　　④ 2,460원

09 **아래의 "기성고 비율" 법원감정에 대한 설명 중 계산식 또는 설명이 올바른 것을 고르시오.**

① 기성고 비율 감정에서 기준이 되는 전체 공사에 대한 금액 산정 시 설계도면을 기준으로 새롭게 전체 물량을 산출할 필요는 없고, 당초 계약내역서 물량과 금액을 기준으로 감정하여야 한다.
② 기성고 비율 감정은 계약내역서 물량을 기준으로 기시공된 물량만 감정하여 기시공 비율을 도출하는 것을 말한다.

③ 기성고 비율=기시공부분에 소요된 공사비/(기시공부분에 소요된 공사비+미시공부분에 소요된 공사비)
④ 계약내역 품목 외 추가 공사를 시행하였으나 당사자 간 합의되지 아니한 경우에도 기성고 비율 감정 시 추가공사 항목을 포함하여 감정하여야 한다.

10 **다음 중 공사기간 지연일수 분석 기법이 아닌 것을 고르시오.**

① FAST Diagram : 기능분석 기법(불필요한 기능 규명)
② TIA(Time Impact Analysis) : 계획공정표를 이용한 예측적 분석(가산방식)
③ CAB(Collapsed As-built) : 실행공정표를 이용한 회귀적 분석(감산방식)
④ APAB(As-Planned vs As-Built) : 계획공정표와 실행공정표를 비교한 분석

11 **조달청이 발주한 건설공사에 있어 설계가격, 조사가격, 예정가격, 계약금액이 아래와 같을 경우 낙찰률은 얼마인가?**

- 설계가격 : 800억원 - 조사가격 : 750억원
- 예정가격 : 730억원 - 계약금액 : 700억원

① 95.89% ② 93.33%
③ 87.50% ④ 91.25%

12 **기타계약내용의 변경으로 인한 계약금액 조정 사유가 아닌 것은?**

① 공사기간의 변경이 발생한 경우
② 토취장의 위치 변경에 따른 운반거리의 변경이 발생한 경우
③ 공사현장의 일부가 군작전지구로서 작업능률의 현저한 저하를 초래하는 경우
④ 공사물량의 증감이 발생하는 경우

13 **토량환산계수 체적의 변화율 L과 C에 대한 설명으로 바르지 않은 것은?**

① 자연상태의 흙을 파낼 경우 L
② 자연상태의 흙을 다질 경우 C
③ 흐트러진 상태의 흙을 다질 경우 L/C
④ 흐트러진 상태의 흙을 자연상태로 만들 경우 1/L

14 **품목조정률방법과 지수조정률 방법에 대한 설명 중 지수조정률에 대한 설명으로 바르지 않은 것은?**

① 계약금액을 구성하는 모든 품목 또는 비목의 등락을 개별적으로 계산하여 등락률을 산정한다.

② 계약금액의 산출을 구성하는 비목군의 지수변동이 당초 계약 금액에 비하여 3% 이상 증감 시동 계약금을 조정한다.

③ 평균가격 개념인 지수를 이용하므로 당해 비목에 대한 조정 사유가 실제대로 반영되지 않는 경우가 있다.

④ 계약금액의 구성비목이 많고 조정회수가 많을 경우에 사용한다.

15 **다음 중 건축용어 중 용도별 공동주택에 포함되지 않는 것은?**

① 다중주택　　② 아파트

③ 연립주택　　④ 다세대주택

16 **공사원가 비목의 경비 항목 중 산재보험료를 계산하는 식을 고르시오.**

① 노무비(직접노무비+간접노무비)×산재보험료율

② 직접노무비×산재보험료율

③ 재료비×산재보험료율

④ 산출경비(내역서상의 경비 집계금액)×산재보험료율

17 **정부 공사원가 계산을 할 때 적용하는 단위당 가격 중 재료비에 해당하지 않는 것은?**

① 거래실례가격

② 물가조사기관이 조사하여 공표한 가격

③ 조달청 조사가격

④ 「통계법」제15조의 규정에 의한 지정기관이 조사하여 공표한 가격

18 **다음 중 공사규모 및 적용대상과 관계없이 모든 공공 공사에 적용하여 계상하여야 하는 비용으로 바른 것은?**

① 건강, 연금보험료　　② 퇴직공제부금비

③ 노인 장기요양보험료　　④ 산재보험료

19 다음 중 계약체결 이후 계약금액 조정제도 규정에 따라 계약금액을 변경할 수 없는 것은?

① 설계변경
② 물가변동
③ 설계가격의 과소 산정
④ 기타 계약내용의 변경

20 발주기관은 계약상대자의 설계변경으로 인한 계약금액 조정 청구를 받은 날부터 원칙적으로 (?)일 이내에 계약금액을 조정하여야 한다. ( )안에 들어갈 알맞은 것은?

① 30일 ② 40일 ③ 45일 ④ 60일

21 국가계약법에서 확정된 계약내용을 변경·조정할 수 있도록 정한 일정한 기준이나 요건에 해당하지 않는 것은?

① 계약체결 후 90일이 경과하고 조정률이 5% 증감된 경우
② 공사시방서가 변경되는 경우
③ 산출내역서상 단가가 과다 계상된 경우
④ 공사기간이 변경되는 경우

22 사업의 원가를 관리하고 평가하는 기법 중 사업의 실행예산이 초과되는 것을 방지하기 위하여 "계획 대비 실적"을 통합된 기준으로 관리하여 문제를 분석하고, 만회 대책을 수립하며, 향후 예측을 가능하게 하는 원가관리 기법은?

① VE(Value Engineering)
② CBS(Cost Breakdown Structure)
③ LCC(Life Cycle Cost)
④ EVMS(Earned Value Management System)

23 다음 중 물가변동으로 인한 계약금액 조정의 설명 중 틀린 것은?

① 물가변동 산정방법은 품목조정률, 지수조정률, 비율조정률 세 가지 방식이 있다.
② 적용대가를 산정하는 방법은 품목조정률, 지수조정률 방식 모두 동일하다.
③ 확정 지급된 기성대가는 100% 공제한다.
④ 개산급으로 지급받은 기성대가의 경우 적용대가에 포함할 수 있다.

24 **다음 중 국가계약법에서 기타 계약내용의 변경으로 인한 계약금액 조정에 해당하지 않는 것은?**

① 공기연장으로 인한 계약금액 조정
② 운반거리의 변경으로 인한 계약금액 조정
③ 물가변동으로 인한 계약금액 조정
④ 사토장 변경으로 인한 계약금액 조정

25 **지수조정률 산출시 비목군 분류는 산출내역서를 기준으로 산출하는데 다음 중 비목군 분류 대상이 아닌 것은?**

① 간접재료비　　② 간접노무비
③ 기계경비　　④ 일반관리비

주관식 26번 ~ 30번 각 5점

26 **물가변동으로 인한 계약금액조정을 품목조정률 방식으로 산정할 때, 아래와 같은 가격변동 상황에서 등락폭 단가를 계산하시오.**

- 입찰당시가격 : 1,000원
- 계약단가 : 1,100원
- 물가변동당시가격 : 1,200원

계산식 : (　　　　　　　　　　)
정　답 : (　　　　　　　　　　)

27 **아래의 내용에서 공통으로 들어가야 할 공사 계약방식을 네 글자로 쓰시오.**

□□□□계약은 총액으로 입찰하여 각 회계연도 예산의 범위에서 낙찰된 금액의 일부에 대하여 연차별로 계약을 체결하는 계약방식을 말하고, 우선 1차연도의 계약을 체결하면서 총공사금액과 총공사기간을 부기하는 형태로 이루어진다.

구 분	□□□□계약	계속비계약
사업내용	확정	확정
총예산 확보 여부	미확보 (당해 연도분만 확보)	확보
입찰방법	총 공사금액 기준으로 입찰	총 공사금액 기준으로 입찰
계약체결방법	각 회계연도 예산범위에서 연차별 계약 (총공사금액 부기)	총 공사금액으로 계약체결 (연부액 부기)

(   )

28 **국가계약법시행령 제14조의2에 의한 현장안내 시 교부하는 도서로서 시공에 필요한 현장 상태 등에 관한 정보 또는 단가에 관한 내용 등을 포함한 입찰가격 결정에 필요한 사항을 제공하는 도서를 무엇이라고 하는가?**

(   )

29 **정부발주공사에서 물가변동으로 인한 계약금액 조정 시, 반드시 산출되어야 하는 금액 또는 대가에 대한 설명이다. 아래의 빈칸에 공통으로 들어가야 할 용어가 무엇인지 쓰시오.**

> (   )란 총 계약금액 중 조정기준일 이후에 이행되는 부분의 대가이며 공사공정예정표상 조정기준일 이전에 이행이 완료되어야 할 부분이 완료되지 않았다고 하더라도 (   )에서 제외한다.
> (   )의 산정은 당초 계약상대자가 공사착공 시 발주기관에 제출한 공사공정예정표를 기준으로 하며, 조정기준일 이전에 설계변경 또는 기타 계약내용의 변경으로 인하여 계약이행기간이 변경된 경우에는 수정된 공사공정예정표를 제출하고, 수정이 승인된 공사공정예정표를 기준으로 (   )를 산출한다.

(   )

30 **다음 (   )안에 맞는 답안을 쓰시오.**

원자재의 가격급등 등으로 인하여 90일 내에 계약금액을 조정하지 아니하고는 계약이행이 곤란하다고 인 정되는 경우에 해당하는 경우로서 공사, 용역, 물품제조 계약에서 품목조정률이나 지수조정률이 (   ) 이상 상승한 경우

(   )

국가공인 원가분석사 제20회 자격검정시험

모범답안

원가·관리회계

1	③	2	④	3	③	4	③	5	③
6	②	7	②	8	④	9	③	10	④
11	③	12	②	13	③	14	④	15	①
16	③	17	④	18	②	19	②	20	④
21	①	22	①	23	④	24	②	25	①
26	원가배부 또는 원가배분								
27	정상조업도								
28	계산식: (3,000,000 + 4,000,000 + 3,000,000 + 3,000,000) - 10,000,000 = 3,000,000 정　답: 3,000,000원								
29	계산식: 600,000 - 300,000 = 300,000 정　답: 300,000원								
30	계산식: 104,000+26,000×50% = 117,000 정　답: 117,000단위								

제조원가계산실무

1	③	2	③	3	③	4	④	5	④
6	②	7	①	8	②	9	③	10	④
11	③	12	④	13	④	14	③	15	④
16	④	17	②	18	③	19	④	20	④
21	③	22	④	23	③	24	④	25	②
26	계산식: (111,668 + 0 + 37,222) × 1/12 = 12,407 정　답: 12,407원								
27	기능점수 또는 FP 또는 Function Point								
28	10.000원								
29	계산식: 30,000 × (2 + 1) = 90,000 정　답: 90,000 원								
30	직접노무비, 간접노무비								

공사 및 기타원가계산실무

1	③	2	②	3	②	4	①	5	④
6	①	7	①	8	①	9	③	10	①
11	①	12	④	13	③	14	①	15	①
16	①	17	④	18	④	19	③	20	①
21	①	22	①	23	①	24	③	25	④
26	계산식: 1,200 - 1,100 = 100 정　답: 100 원								
27	(　장기계속　)								
28	(　현장설명서　)								
29	(　물가변동적용대가　)								
30	(　5%　)								

국가공인 원가분석사 제21회 자격검정시험

원가·관리회계

객관식 1번 ~ 25번 각 3점

01 다음 중 특정 원가대상에 관련성을 직접적으로 추적할 수 없는 원가는?

① 직접재료원가　② 변동원가
③ 제조간접원가　④ 직접노무원가

02 제조원가명세서상 당기제품제조원가는 손익계산서상 어떤 항목에 영향을 미치는가?

① 영업외 수익　② 매출원가
③ 매출액　④ 판매비와 관리비

03 ㈜서울은 보조부문의 제조간접원가를 다른 보조부문에는 배부하지 않고 제조부문에만 직접 배부한다. 다음 자료를 바탕으로 수선부문에서 조립부문으로 배부될 제조간접원가는 얼마인가?

		보조부문		제조부문	
		수선부문	관리부문	조립부문	절단부문
제조간접비		90,000원	110,000원		
부문별배부율	수선부문		10%	45%	45%
	관리부문	40%		25%	35%

① 24,000원　② 32,000원
③ 45,000원　④ 50,000원

04 기말재공품의 완성도가 60%이나 80%로 잘못 인식하여 종합원가계산을 수행하는 경우에 대한 설명으로 가장 적절한 것은?

① 기말재공품의 완성품환산량이 과소계상된다.
② 기말재공품의 완성품환산량이 과대계상된다.
③ 당기완성품의 완성품환산량이 과소계상된다.
④ 완성품환산량단위당 원가가 과대계상된다.

05 다음 자료를 이용하여 평균법에 의한 가공원가의 완성품환산량을 계산하면 얼마인가?

- 기초재공품　14,000단위 (완성도: 50%)
- 기말재공품　24,000단위 (완성도: 40%)
- 착　수　량　30,000단위
- 완성품수량　20,000단위
- 원재료와 가공원가는 공정전반에 걸쳐 균등하게 발생한다.

① 25,600단위　② 29,600단위
③ 34,000단위　④ 44,000단위

06 ㈜서울은 2025년에 제품A 3,500단위, 제품B 5,000단위, 제품C 2,600단위를 생산하였다. 제조간접원가는 작업준비 200,000원, 절삭작업 900,000원, 품질검사 75,000원이 발생하였다. 다음 자료를 이용한 활동기준원가계산에 의한 제품B의 단위당 제조간접원가는?

활동	원가동인	제품A	제품B	제품C
작업준비	작업준비횟수	30회	50회	20회
절삭작업	절삭작업시간	1,000시간	1,200시간	800시간
품질검사	검사시간	50시간	60시간	40시간

① 76원　② 84원
③ 98원　④ 116원

07 표준원가계산에 의한 제조원가 차이분석에 있어서 능률차이가 발생하지 않는 경우는?

① 직접재료원가 차이분석
② 직접노무원가 차이분석
③ 변동제조간접원가 차이분석
④ 고정제조간접원가 차이분석

08 표준원가시스템을 적용할 경우 기말시점에 실제원가와 표준원가의 차이를 조정한다. 이 경우 그 차이가 원가성이 있는 경우 처리하는 방법으로 적정한 것은?

① 재무상태표상 자산계정으로 처리한다.
② 손익계산서상 영업외손익계정으로 처리한다.
③ 재무상태표상 자본계정으로 처리한다.
④ 손익계산서상 매출원가계정으로 처리한다.

09 원가조업도이익(CVP) 분석에 대한 다음 설명 중 가장 타당하지 않은 것은?

① 손익분기점에서는 영업이익이 0이므로 법인세가 없다.
② 공헌이익률이 증가하면 목표이익을 달성하기 위한 매출액이 작아진다.
③ 공헌이익이 총고정원가보다 클 경우에는 손실이 발생한다.
④ 다양한 조업도수준에서 원가와 이익의 관계를 분석하는 데 유용하다.

10 ㈜서울은 단일제품을 제조 · 판매하고 있다. 총고정원가 ₩350,000, 단위당 공헌이익 ₩500, 목표이익 ₩200,000일 경우 목표이익을 실현하기 위한 판매 수량은?

① 400개 ② 700개 ③ 1,100개 ④ 1,500개

11 제조원가명세서의 작성흐름이 올바른 것은?

① 재료비 + 노무비 + 경비 → 당기총제조비용 + 기초재공품재고액 - 기말재공품재고액 → 당기제품제조원가
② 재료비 + 노무비 + 경비 → 당기총제조비용 + 기초제품재고액 - 기말제품재고액 → 당기제품제조원가
③ 재료비 + 노무비+경비 → 당기총제조비용 + 기말재공품재고액 - 기초재공품재고액 → 당기제품제조원가
④ 재료비 + 노무비 + 경비 → 당기총제조비용 + 기말제품재고액 - 기초제품재고액 → 당기제품제조원가

12 제품의 생산과정에서 발생하는 일부 파손 또는 규격·품질에서 미달하여 불합격품으로 재작업이 불가능한 불량품을 무엇이라 하는가?

① 부분품　　② 공손품
③ 작업폐물　　④ 반제품

13 다음 설명의 A, B에 해당하는 용어로 가장 적절한 것은 무엇인가?

A. 당기에 제조활동에 소비된 제조원가
B. 당기에 완성되어 제품으로 대체된 완성품의 제조원가

① A: 당기제품제조원가 B: 매출원가
② A: 당기총제조원가 B: 당기제품제조원가
③ A: 당기제품제조원가 B: 당기총제조원가
④ A: 당기총제조원가 B: 매출원가

14 다음은 ㈜대한의 원가자료다. 다음을 이용해 구한 매출원가는 얼마인가?

	기 초	기 말
직접재료	₩1,500,000	₩2,500,000
재공품	₩1,000,000	₩6,500,000
제품	₩4,000,000	₩2,500,000
당기매입직접재료	₩6,000,000	
당기직접노무원가	₩3,500,000	
제조간접원가	₩3,000,000	

① ₩7,000,000　　② ₩7,500,000
③ ₩8,000,000　　④ ₩8,500,000

15 ㈜을지문덕은 결합제품을 생산하고 결합원가가 ₩75,000이다. 물량기준법에 의한 결합원가 배분시 X의 원가는 얼마인가?

연 산 품	중 량	kg당 판매가격
X	28kg	₩1,300
Y	22kg	₩1,700

① ₩32,500　　② ₩33,000　　③ ₩42,000　　④ ₩42,500

16 ㈜ 원가의 월평균 기계운전 시간(X)과 전력비(Y)의 관계가 다음과 같이 추정된다.

Y = 10,000 + 5X

추정 원가함수를 기초로 한 전력비에 대한 설명 중 옳지 않은 것은?

① 전력비의 월평균 고정원가는 ₩10,000이다.
② 전력비의 변동원가는 기계운전당 ₩5이다.
③ 조업도가 4,000 기계운전시간일 때 추정 총전력비는 ₩30,000이다.
④ 기계운전시간이 500시간 증가하면 전력비는 ₩2,000 증가한다.

17 ㈜서울의 20x9년 손익분기점은 1,000단위이고 제품단위당 변동원가는 400원이며 연간 고정원가는 500,000원이다. 단위당 판매가격은?

① 700원 ② 800원
③ 900원 ④ 1,000원

18 ㈜한성은 20x9년 초에 설립하였다. 첫해에 1,600개의 제품을 생산하여 1,200개를 판매하였다. 20x9년에 전부원가계산에 의한 영업이익이 변동원가계산에 의한 영업이익보다 10,000원만큼 크다면 총 고정제조간접원가는 얼마인가?

① 30,000원 ② 40,000원
③ 50,000원 ④ 60,000원

19 (주)성우의 20x9년 재무자료는 다음과 같다. ㈜성우가 15%의 총자산이익률을 달성하기 위해서는 제품가격을 얼마로 결정해야 하는가?

항 목	금 액(원)
연간 총 고정원가	500,000
제품단위당 변동원가	150
연간예상판매량	20,000단위
평균총자산	4,000,000

① 190원 ② 195원
③ 200원 ④ 205원

20 (주) 삼성은 다음과 같은 영업현금 유입액이 예상되는 A 기계취득의 투자안을 검토하고 있다. A기계의 투자액은 100,000천원이며 매년 영업현금흐름과 회사의 요구수익률10% 이며 1원의 현가계수는 다음과 같다.A기계의 투자안의 할인된 회수기간은 얼마인가?

연도	영업현금유입액(천원)	10%, 1원의 현가계수
1	30,000	0,909
2	30,000	0,826
3	30,000	0,751
4	30,000	0,683
5	30,000	0,621
6	30,000	0,564

① 3년 ② 3.53년 ③ 4.12년 ④ 4.26년

21 변동예산은 예산제도에서 같은 실제생산량을 기준으로 실제수치와 비교하기 위해 실제생산량을 기준으로 편성한 예산이다. 변동예산과 실제액의 차이는 (A), 원가가 예상보다 적게 발생하면 (B)이다.

① A: 변동예산차이, B: 유리한 차이 ② A: 고정예산차이, B: 유리한 차이
③ A: 변동예산차이, B: 불리한 차이 ④ A: 고정예산차이, B: 불리한 차이

22 서울주식회사의 수선유지비에 대한 자료는 다음과 같다.

구 분	직접노동시간	수선유지비 발생액
최고조업도	8,000 시간	₩1,000,000
최저조업도	5,000 시간	₩ 700,000

위의 자료를 이용하여 고저점법에 의한 직접노동시간당 변동원가를 구하면?

① ₩100 ② ₩200 ③ ₩300 ④ ₩400

23 다음 자료에 의하여 제조원가에 포함될 금액은 얼마인가?

- 간접재료비 ₩100,000
- 공장보험료 ₩20,000
- 영업사원 급료 ₩15,000
- 제조 외주가공비 ₩13,000
- 본사건물 보험료 ₩5,000
- 공장장 급료 ₩10,000

① ₩143,000 ② ₩148,000 ③ ₩133,000 ④ ₩163,000

24 **내부수익률법에 의하여 투자안을 평가할 때 투자안이 받아들여지기 위한 수익률은 어떤 조건을 만족시켜야 하는가?**

① 투자안의 경제적 수명 내에 투자액 전부를 회수할 수 있는 정도
② 투자를 위하여 조달한 부채의 원금과 이자를 보상할 수 있는 정도 이상
③ 회사의 최저필수수익률 이상
④ 회사 내의 유휴생산설비를 감소할 수 있는 정도의 자본을 창출시킬 수 있는 정도

25 **다음 원가배부에 관한 설명 중 옳지 않은 것은?**

① 결합원가의 배부는 원가통제의 목적이나 투자의사결정에 도움을 주지 못한다.
② 원가배부의 기준은 가능한 한 인과관계를 반영하는 것이어야 한다.
③ 제조간접비를 보다 더 정확하게 배부하기 위하여 부문별 원가계산을 한다.
④ 원가통제의 목적을 위해서는 반드시 실제발생원가를 기준으로 배부해야 한다.

주관식 26번 ~ 30번 각 5점

26 **㈜서울은 기계장치를 70,000,000원에 구입하였으나, 이 기계장치를 사용할 수 없게 되어 다음 두 가지 가능한 대안을 고려중에 있다. 이때 매몰원가(sunk cost)는 얼마인가?**

- 대안 1 : 수리비용 20,000,000원을 들여 45,000,000원에 판다.
- 대안 2 : 현재 상태로 중고가격으로 30,000,000원에 판다.

(   )

27 **취득원가가 ₩400,000인 기계를 구입하여 생산활동에 투입할 것을 검토하고 있다. 이 기계를 구입한 경우 12년간 ₩50,000이 일정하게 유입될 것으로 예측되고 있다. 이때 회수기간은 몇 년인가?**

(계산식 3점, 정답 2점)

계산식 : (   )
정   답 : (   )

28 다음 (?   )에 알맞은 것은 무엇인가?

> 원가요소는 발생한 원가의 직접적인 집계가능성 여부에 따라 부문개별비와 (?   )로 구분한다. 부문개별비는 원가발생액을 당해 발생부문에 직접부과하고, (?   )는 인과관계 또는 효익관계 등을 감안한 합리적인 배부기준에 의하여 관련부문에 배부한다.

(   )

29 조업도수준이 0일 때 고정원가와 같이 일정한 값을 갖고, 조업도 수준이 증가함에 따라 변동원가와 같이 증가하는 원가를 (?   )원가라고 하는가? (두 글자로 표기하시오)

(   )

30 다음의 판매예산 자료를 보고 2024년 1월의 예산생산량을 구하시오. 월말 재고정책은 다음 달 예상판매량의 25% 수준을 유지한다.

	2023년 12월	2024년 1월	2024년 2월	2024년 3월	2024년 4월
기말재고	3,200개				
예상판매량		8,000개	6,400개	9,600개	8,800개

(   )

국가공인 원가분석사 제21회 자격검정시험

제조원가계산실무

객관식 1번 ~ 25번 각 3점

01 중소기업중앙회에서 조사 공표하는 제조부문 시중노임에 불포함된 통상적 수당은?

① 위험수당 ② 자격수당 ③ 주휴수당 ④ 근속수당

02 정부원가계산(기획재정부 계약예규 예정가격작성기준) 제조원가계산 직접노무비 계상기준에 따르면 기본급 대비 상여금율 한도는 몇 %까지인가?

① 100% ② 200% ③ 300% ④ 400%

03 정부원가계산(기획재정부 계약예규 예정가격작성기준) 제조원가계산에서 인정하는 경비 항목 중 가장 거리가 먼 것은?

① 복리후생비 ② 수리수선비
③ 여비, 교통, 통신비 ④ 대손상각비

04 정부원가계산(국가계약법 시행규칙) 예정가격 결정시 합산해야 하는 세액 중 가장 거리가 먼 것은?

① 부가가치세법에 의한 부가가치세
② 교육세법에 의한 교육세
③ 관세법에 의한 관세
④ 법인세법에 의한 법인세

05 정부원가계산(기획재정부 계약예규 예정가격작성기준 제조원가계산)의 제조업 일반관리비는 다음의 업종별 일반관리비율을 초과하여 계상할 수 없다. 빈 괄호에 들어갈 일반관리비율은?

- 음·식료품의 제조·구매 -- 14
- 섬유·의복·가죽제품의 제조·구매 ------------------------------------- 8
- 나무·나무제품의 제조·구매 --- 9
- 종이·종이제품·인쇄출판물의 제조·구매 --------------------------- (   )
- 화학·석유·석타·고무·플라스틱제품의 제조·구매 -------------------- 8
- 비금속광물제품의 제조·구매 -- 12
- 제1차 금속제품의 제조·구매 -- 6
- 조립금속제품·기계·장비의 제조·구매 ------------------------------ (   )
- 기타물품의 제조·구매 -- 11

① 10, 7　　② 10, 8　　③ 12, 8　　④ 14, 7

06 정부원가계산(기획재정부 계약예규 예정가격작성기준) 제조원가계산의 직접재료비의 항목으로 가장 적절한 것은?

① 부분품비　　② 소모재료비
③ 소모공구, 비품비　　④ 포장재료비

07 정부원가계산(기획재정부 계약예규 예정가격작성기준)의 학술연구용역 인건비 고시 단가는 용역 참여율 몇 %를 기준으로 고시된 금액인가?

① 50%　　② 100%　　③ 200%　　④ 400%

08 정부원가계산(기획재정부 계약예규 예정가격작성기준)의 학술연구용역의 설명으로 틀린 것은?

① "책임연구원"이라 함은 해당 용역수행을 지휘·감독하며 결론을 도출하는 역할을 수행하는 자를 말하며, 대학부교수 수준의 기능을 보유하고 있어야 한다. 이 경우에 책임연구원은 1인을 원칙으로 한다.

② "연구원"이라 함은 책임연구원을 보조하는 자로서 대학 조교수 수준의 기능을 보유하고 있어야 한다.

③ 인건비는 해당 계약목적에 직접 종사하는 연구요원의 급료를 말하며, 상여금은 기준단가의 연 400%를 초과하여 계상할 수 없다.

④ 공동연구형 용역 및 자문형 용역의 경우에는 경비항목 중 최소한의 필요항목만 계상하고 이윤은 계상하지 아니한다.

09 **정부원가계산(기획재정부 계약예규 예정가격작성기준)의 기타용역 중 단순한 노무의 용역으로 가장 거리가 먼 것은?**

① 인력지원용역　② 시스템경비용역
③ 검침용역　④ 단순관리용역

10 **정부원가계산(기획재정부 계약예규 예정가격작성기준) 학술연구용역 계상 시 국내여비 산출 기준으로 적용하는 공무원여비규정 항목 중 실비로 적용하지 않는 항목은? (구분 제1호 기준)**

① 숙박비　② 자동차운임
③ 일비　④ 항공운임

11 **정부원가계산 시 생산실적을 근거로 제조부문 노무비단가를 계산할 경우 그 금액으로 옳은 것은?**

⊙ 연장근로수당	150,000원	⊙ 자격수당	250,000원
⊙ 휴일근로수당	300,000원	⊙ 심야근로수당	100,000원

① 450,000원　② 550,000원
③ 700,000원　④ 800,000원

12 **정부원가계산기준에 의해 단가계약 품목에 대한 예정원가계산에서 감가상각비를 계산할 때 적용하여야 할 상각방법이 아닌 것은?**

① 대상업체 결산 상각방법　② 정률법
③ 정액법　④ 정액 또는 정률법

13 **정부가 제조원가의 노무비 계산을 위한 노무공수 산출시 포함되지 않은 시간으로 구성된 조합은?**

가. 정상작업시간	나. 직무교육시간	다. 정전대기시간
라. 작업준비시간	마. 기계고장시간	

① 나, 다, 마　　② 다, 마
③ 나, 마　　④ 나, 다, 라, 마

14 **사후원가검토조건부 계약에 의한 사후정산 실시에서 적용할 기준으로 옳지 않은 것은?**

① 사후정산은 당해계약에서 정한 "사후원가검토 기준 및 절차" 및 "예정가격작성기준"에서 정한 규정에 의해 실시하여야 한다.
② 사후정산에서도 「통계법」 제15조의 규정에 의한 지정기관이 조사·공표한 단위당가격 또는 기획재정부장관이 결정·고시하는 단위당가격의 실적 노임단가를 기준으로 노임단가를 계상하여야 한다.
③ 계약이행 과정에서 산출내역서 수량보다 많이 투입된 재료수량에 대해서는 불인정하여야 한다.
④ 사후정산에서의 제경비(일반관리비, 이윤)는 산출내역서상의 제비율을 적용하여 계산하여야 한다.

15 **정부원가계산기준에 의해 생산실적을 토대로 제조부문 노무비단가를 계산할 때 별도로 인정하면 안 되는 수당은 무엇인가?**

① 연장근로수당　　② 휴일근로수당
③ 자격수당　　④ 심야근로수당

16 **다음 중 수입물품이 수입신고일 현재 그 가격이 정해지지 않은 경우에 적용하는 관세율은?**

① 협정관세율　　② 기본관세율
③ 잠정관세율　　④ 탄력관세율

17 **다음 중 일반용역의 대상범위가 아닌 것은?**

① 학술연구용역　　② 건설공사감리
③ 시설분야용역　　④ 육상운송용역

18 **다음 중 정부회계의 목적이 아닌 것은?**

① 계약상대자 선정을 위한 예정가격결정의 자료 제공
② 가격예산, 원가관리 등에 필요한 자료 제공
③ 정부예산편성 및 집행의 효율성 제고
④ 공공성, 공익성 및 행정능률성 제고

19 **방산물자 원가계산과 직접적인 관련이 없는 법규는?**

① 방산원가대상물자의 원가계산에 관한 규칙
② 회계처리 및 구분회계기준
③ 예정가격작성기준
④ 방산원가대상물자의 원가계산에 관한 시행세칙

20 **예정가격 결정 시 우선 적용 순위가 바르게 나열된 것은?**

1. 감정가격	2. 원가계산가격	3. 견적가격	4. 거래실례가격
5. 법령에 의하여 결정된 가격		6. 유사 거래실례가격	

① 5 - 2 - 1 - 4 - 6 - 3 ② 4 - 2 - 5 - 1 - 3 - 6
③ 5 - 4 - 2 - 1 - 6 - 3 ④ 4 - 2 - 5 - 1 - 6 - 3

21 **엔지니어링사업대가 산정 시 직접인건비, 직접경비, 제경비, 기술료와 부가가치세를 합산하여 대가를 산출하는 방식을 무엇이라고 하는가?**

① 엔지니어링 표준품셈 ② 실비정액가산방식
③ 공사비요율방식 ④ 정상원가계산방식

22 **다음에 제시된 자료를 이용하여 A제품의 간접재료비 금액을 직접시간법으로 계산하시오.**

- 총 간접재료비 : 5,000,000원
- 총직접시간 : 2,000hr
- 총 작업시간 : 2,500hr
- A제품의 직접시간 : 500hr

① 1,250,000원 ② 1,000,000원
③ 833,333원 ④ 800,000원

23 다음 중 방산원가 산정시 감가상각비에 대한 설명으로 올바르지 않은 것은?

① 방산원가대상물자의 생산을 위하여 새로이 기계장치·치공구·검사용계기·금형·전용구축물 등을 제작하거나 구입하는 경우의 취득가격을 말한다.

② 상각방법은 정액법에 의하되, 생산능력 또는 생산수량으로 나누어 단위당 상각비를 계산한다.

③ 자가제작 시에는 제조원가에 자산의 설치완료까지 발생한 부대비용(설치비, 시운전비, 등록세 등) 및 건설자금이자를 제외한 금액을 말한다.

④ 방위산업전용시설을 처분한 경우에는 공통원가(감가상각비 단가) 산정 시 감가상각대상금액 총액에서 확인된 처분이익을 차감하여 산정한다.

24 다음 중 정부조달의 제조원가계산 시 일반관리비(율)에 대한 설명이 올바른 것은?

① 일반관리비는 기업의 유지를 위한 관리활동부문에서 발생하는 제비용으로서 모든 영업비용 중 판매비 등을 포함한 비용을 말한다.

② 일반관리비는 결산서 중 제조원가명세서를 기준하여 산정한다.

③ 일반관리비에는 공장직원의 급료, 제수당, 퇴직급여충당금, 복리후생비, 여비, 교통·통신비, 수도광열비, 외주가공비 등을 말한다.

④ 일반관리비율은 일반관리비가 매출원가에서 차지하는 비율을 말한다.

25 학술연구용역 원가계산에서 계약목적을 달성하기 위하여 필요한 경비를 산정할 시 경비에서 적용되어야 할 비용이 아닌 것은 ?

① 연구용 재료비, 여비, 임차료　　② 유인물비, 전산처리비, 회의비

③ 교통비, 통신비, 감가상각비　　④ 직접 종사하는 연구요원의 급료, 여비

주관식 26번 ~ 30번 각 5점

26 다음은 정부원가계산(기획재정부 계약예규)의 제조원가계산 이윤의 계산식이다.

이윤 = { 노무비 + 경비[(　　　　　),(　　　　　)제외] + 일반관리비 } × 이윤율

괄호에 들어갈 불인정 경비 항목 두 가지는? (부분점수 1개 2점, 2개 5점)

(　　　　　　), (　　　　　　)

27 정부원가계산(기획재정부 계약예규)의 물가변동으로 인한 계약금액의 조정 방법으로 가장 많이 쓰이는 방법 두 가지는? (부분점수 1개 2점, 2개 5점)

(   )조정률, (   )조정률

28 노임단가의 적용 시 계약목적물의 특성상 기능계 기술자격을 취득한 자를 특별히 사용하거나 도서지역(제주도 포함)공사인 경우에는 동가격의 (   )을 가산할 수 있다.

(   )

29 계약담당공무원은 원가계산방법으로 ( )을 작성할 때에는 계약수량, 이행의 전망, 이행기간, 수급상황, 계약조건, 기타 제반여건을 고려하여야 한다.

(   )

30 다음의 무역상 거래조건 중 ( ) 안에 들어갈 알맞은 용어를 영어로 쓰시오.

- (   ) : 운임, 보험료 포함 인도조건
- FOB : 본선인도조건
- CFR : 운임포함 인도조건

(   )

국가공인 원가분석사 제21회 자격검정시험

공사 및 기타원가계산실무

객관식 1번 ~ 25번 각 3점

01 건설공사 원가계산에서 직접재료비와 간접재료비의 구분 기준으로 가장 적절한 것은?

① 공사 목적물의 실체를 형성에 따라 구분
② 비용 발생 시점에 따라 구분
③ 공사 금액의 5% 이상이면 직접재료비
④ 회계장부에 기록된 계정과목에 따라 구분

02 다음 중 견적의 정확도에 대한 수준으로 올바르지 않은 것은?

① 개산견적의 정확도는 -30~ +60% 수준이다.
② 준상세적산의 정확성은 -15%~ +20% 사이에 놓인다.
③ 상세적산의 정확도는 -3%~ +7% 수준이다.
④ 시공이 완료되기 전에는 실제원가(100%)를 알 수 없다.

03 물가변동으로 인한 계약조정 제도에서 원자재 가격급등 등 계약이행이 곤란한 경우에 해당하는 것은?

① 공사, 용역, 물품제조계약에서 품목조정률이나 지수조정률이 7% 이상 상승한 경우
② 물품구매 계약에서 품목조정률이나 지수조정률이 8% 이상 상승한 경우
③ 공사, 용역, 물품제조계약에서 품목조정률이나 지수조정률이 3% 이상 상승하고, 기타 객관적 사유로 조정제한기간 내에 계약금액을 조정하지 아니하고는 계약이행이 곤란하다고 계약담당공무원이 인정하는 경우
④ 물품구매계약에서 품목조정률이나 지수조정률이 5% 이상 상승하고, 기타 객관적 사유로 조정제한 기간 내에 계약금액을 조정하지 아니하고는 계약이행이 곤란하다고 계약담당공무원이 인정하는 경우

04 **낙찰률의 설명으로 올바른 것은?**

① 입찰공고당시의 추정가격에 대한 낙찰금액의 비율
② 입찰공고당시의 예정가격에 대한 낙찰금액의 비율
③ 계약체결당시의 추정가격에 대한 낙찰금액의 비율
④ 계약체결당시의 예정가격에 대한 낙찰금액의 비율

05 **개발부담금 부과대상 사업으로 올바르지 않은 것은?**

① 주택단지조성사업 ② 관광단지조성사업
③ 공업단지조성사업 ④ 온천 개발사업

06 **주요공종별 원가산정지침(건축) 기준에 따른 가설방음막 관련규정으로 바르지 않은 것은?**

① 미관이 고려되지 않아도 되는 경우 부직포를 사용할 수 있다.
② 미관을 고려해야 되는 경우 플라스틱 또는 강판 재질을 사용한다.
③ 가설방음벽과 가설울타리는 겸용으로 설치하여 사용할 수 없다.
④ 고정식을 기본으로 하며 현장여건 필요시 이동식으로 조정 시행이 가능하다.

07 **주요공종별 원가산정지침(건축) 기준에 따른 용어설명으로 바르지 않은 것은?**

① 건축F.L : 아파트 1층 바닥고
② 건축G.L : 대지조성 계획고
③ 건축E.L : 지반조사보고서상 실측표고
④ 건축B.L : 기초상단 표고

08 **주요공종별 원가산정지침(건축) 기준에 따른 잡석지정의 순서로 올바른 것은?**

① 터파기(건축) → 잡석콘크리트 지정 → 잔토처리
② 터파기(건축) → 잔토처리 → 잡석콘크리트 지정
③ 잔토처리 → 터파기(건축) → 잡석콘크리트 지정
④ 잡석콘크리트 지정 → 잔토처리 → 터파기(건축)

09 **주요공종별 원가산정지침(건축) 기준에 따른 데크 플레이트공법의 효과로 바르지 않은 것은?**

① 품질향상 ② 공기단축
③ 자재비 절감 ④ 간접비 절감

10 주요공종별 원가산정지침(토목) 기준에 따른 건설용 기계의 분해 조립비 산정기준으로 바르지 않은 것은?

① 분해조립을 필요로 하는 기계는 이에 소요되는 경비를 계상한다.
② 크러셔 플렌트의 분해조립비는 아스팔트 믹싱플렌트 분해조립비의 1/2로 한다.
③ 이동식은 정치식의 50%를 계상한다.
④ 이동식 크러셔 플렌트의 분해조립비는 정치식의 30%를 계상한다.

11 표준품셈에서 소운반 거리는 몇 미터까지를 말하는지 아래의 보기에서 고르시오.

① 10미터 ② 20미터
③ 30미터 ④ 50미터

12 다음은 기획재정부 계약예규 「공사계약 일반조건」에서 규정한 설계변경에 관한 설명이다. 아래의 보기 중 틀린 것을 고르시오.

① 설계도면과 공사시방서는 서로 일치하나 물량내역서와 상이한 경우에는 설계도면 및 공사시방서에 물량내역서를 일치시킨다.
② 지질, 용수 등 공사현장의 상태가 설계서와 다를 경우, 설계변경이 가능하다.
③ 설계변경이 필요한 경우 발주자는 계약상대자에게 공정표, 수정도면, 조정되어야 할 계약금액 및 기간에 관한 문서 제출을 요구할 수 있다.
④ 발주자의 지시에 의하여 설계도면 및 시공상세도면을 계약상대자가 수정하여 제출하였더라도 그 수정에 소요된 비용은 계약상대자가 부담하여야 한다.

13 「개발이익 환수에 관한 법률」에 따라 투기를 방지하기 위해 개발사업을 통해 얻게 되는 지가상승분의 일정액을 국가가 환수하고 있고, 이때 토지 개발을 위해 소요되는 비용, 즉 개발비용을 지가상승분의 차액에서 공제하게 된다. 다음 중 개발비용으로 인정될 수 없는 비용 항목을 고르시오.

① 개발사업의 시행을 위한 측량비
② 건축공사로 소요된 비용
③ 토지를 개량하기 위해 지출한 비용(토지 개량비)
④ 개발사업 토지에 대한 지반조사에 드는 비용

14 다음 중 타당성조사(경제성분석) 방법이 아닌 것을 고르시오.

① LOB (Line of Balance, 또는 LSM)
② B/C (Benefit/Cost ratio)
③ NPV (Net Present Value)
④ IRR (Internal Rate of Return)

15 다음 보기에서 재료의 할증률이 가장 큰 것을 고르시오.

① 강판 ② 대형형강
③ 소형형강 ④ 이형철근

16 원가절감 기법으로 많이 쓰이는 VE(Value Engineering)의 적용대상 중 적합하지 않은 것은?

① 원가절감 효과가 큰 것
② 수량은 적으나 반복효과가 큰 것
③ 공사의 개선 효과가 큰 것
④ 하자가 빈번한 것

17 다음중 기본급의 성격을 가지지 않는 제수당에 해당하지 않는 것은?

① 시간외수당 ② 위험수당
③ 야간수당 ④ 주휴수당

18 공사이행 도중 공사방해, 생산성저하 등이 발생하여 공정표를 통해 공사기간 지연(DELAY) 일수를 분석하는 기법들이 있다. 다음 중 그 기법이 아닌 것을 고르시오.

① CP(Critical Path) : 공정표의 주 공정선
② TIA(Time Impact Analysis) : 계획공정표를 이용한 예측적 분석(가산방식)
③ CAB(Collapsed As-built) : 실행공정표를 이용한 회귀적 분석(감산방식)
④ APAB(As-Planned vs As-Built) : 계획공정표와 실행공정표를 비교한 분석

19 건설공사 현장에서 절취한 흙을 성토하려고 하는 토공작업 순서가 올바르게 나열된 것은?

① 적재 - 운반 - 정지 - 굴착 - 다짐
② 굴착 - 운반 - 적재 - 정지 - 다짐

③ 굴착 - 적재 - 운반 - 정지 - 다짐
④ 굴착 - 운반 - 정지 - 적재 - 다짐

20 다음 중 물가변동 계약금액 조정시 지수조정률 산정의 비목군 표기로 맞는 것은?

① A : 노무비　　② X : 광산품
③ Y : 공산품　　④ Z : 산업안전보건관리비

21 일반적으로 공사원가를 계산할 때 재료비의 단가는 부가가치세 별도로 조사하여 마지막에 전체적으로 부가가치세를 가산하여 계산하는데, 시중의 가격정보지(물가자료, 물가정보, 유통물가, 거래가격)에서 재료의 단가를 부가가치세를 포함하여 발표하는 것이 두 개가 있는데 그것은 ?

① 철근, 봉강　　② 시멘트, 연료유
③ 골재류, 레미콘　　④ 조경수, 잔디류

22 다음 중에서 공사원가계산에서 재료비를 구성하는 항목과 가장 거리가 먼 것을 고르시오.

① 직접재료비　　② 간접재료비
③ 작업설　　④ 외주가공비

23 다음 중 설계의 경제성 검토에 대한 설명으로 틀린 것은?

① 총공사비가 100억 이상인 건설공사의 기본설계 및 실시설계 단계에서 실시한다.
② 설계 대상 시설물의 주요 공종 대상에 대해 대안을 제시한다.
③ 검토결과에 따라 설계의 반영여부는 발주자가 판단하여 적용하지 않을 수 있다.
④ 건축 200억, 토목 300억 이상이 적용대상이다.

24 건설공사의 각 공종별로 표준적이고 보편적인 공종 및 공법을 기준으로 하여 단위 작업당 소요되는 재료량, 노무량, 장비사용시간 등을 수치로 표시한 것으로 정부를 포함한 공공기관에서 시행하는 건설공사의 예정가격 산정의 기초자료로 활용되는 자료를 표준품셈이라고 하는데, 이 표준품셈을 제정, 개정하거나 관리하는 기관은?

① 조달청　　② 기획재정부
③ 한국건설기술연구원　　④ 중소기업중앙회

25 건설공사 원가계산 시 순공사원가에 해당하지 않는 것은 어느 것인가?

① 재료비 ② 노무비

③ 일반관리비 ④ 경비

주관식 26번 ~ 30번 각 5점

26 다음 (　　　)에 들어갈 말은 무엇인가? (5글자로 답하시오)

(　　　　) 조사는 대규모 신규사업에 대한 예산편성 및 기금운용 계획을 수립하기 위하여 기획재정부장관 주관으로 실시하는 사전적인 타당성 검증·평가를 말한다.

(　　　　　　　　　　)

27 다음은 무엇에 대한 용어설명인가? (5글자로 답하시오)

과거 실적공사비 자료를 토대로 도로 km당, 건축물 ㎡당 등과 같이 유사공사의 단위당 단가를 기준으로 비용을 산출하게 되며, 상용 코스트 데이터 등이 있으나, 최종 의사결정은 적산자의 판단, 능력, 경험 등에 의존하여 비용에 대한 의사결정을 하게 되는 방식이다.

(　　　　　　　　　　)

28 다음 물가변동 조정 방법 중 품목조정률 산정방식의 등락률 산정방식을 완성하시오.

$$\text{등락률} = \frac{\text{물가변동당시가격} - (\qquad\qquad)}{\text{입찰당시가격}}$$

(　　　　　　　　　　)

29 발주기관이 설계변경을 요구한 경우에 감소되는 물량의 단가는 어떤 단가를 적용하는가?

(　　　　　　　　　　)

30 공사기간 연장에 따른 추가간접비 산정 시 국가계약법에서는 그 계약내용의 변경으로 계약금액을 조정하여야 할 필요가 있는 경우에는 그 변경된 내용에 따라 (　　　)를 초과하지 아니하는 범위 안에서 이를 조정한다.

(　　　　　　　　　　)

국가공인 원가분석사 제21회 자격검정시험

모범답안

원가·관리회계

1	③	2	②	3	③	4	②	5	②
6	③	7	④	8	④	9	①, ③	10	③
11	①	12	②	13	②	14	②	15	③
16	④	17	③	18	②	19	④	20	④
21	①	22	①	23	①	24	③	25	④
26	70,000,000 원								
27	계산식: 400,000 ÷ 50,000 정　답: 8년								
28	부문공통비, 공통비 부분점수 부여								
29	혼합, 준변동비 부분점수 부여								
30	6,400개								

제조원가계산실무

1	③	2	④	3	④	4	④	5	④
6	①	7	①	8	④	9	②	10	③
11	②	12	①	13	②	14	③	15	③
16	③	17	②	18	②	19	③	20	③
21	②	22	①	23	③	24	④	25	④
26	기술료, 외주가공비								
27	지수, 품목								
28	15/100								
29	예정가격								
30	CIF								

공사 및 기타원가계산

1	①	2	③	3	③	4	④	5	③
6	③	7	④	8	②	9	③	10	④
11	②	12	④	13	②	14	①	15	①
16	②, ④	17	②	18	①	19	③	20	①
21	②	22	④	23	④	24	③	25	③
26	예비타당성								
27	기본단가법								
28	입찰당시가격								
29	계약단가								
30	실비								

찾아보기

ㄱ

가격결정도 / 272
가격의 결정 / 370
가격조정 / 378
가격차이 / 10, 213, 215
가격 평가의 기본 / 371
가공불량 / 64
가공정밀고도화 / 208
가산이익률 / 274
가산이익률 가격결정 / 273
가치조사 / 160
간접노무비의 산정 / 384
간접부문 / 86
간접재료비 / 18
간접재료비 계산 / 381
간판 / 90
감가상각비 / 5
감정가격 / 379
개발비 / 454
개발원가의 산출 / 460
개별원가계산 / 51
개별원가계산서 / 110
개산가격 결정 / 395
개산계약 / 391
개인정보보호 / 398
거래실례가격 / 371, 378
결합원가 / 142, 154
결합원가배부법 / 156
결합제품 / 154
결합제품의 재고관리 162
경비의 비목 / 385
경비의 산정방법 / 413
경영계획 / 8, 194
경영통제도구 / 206
경쟁계약 / 392
경제 주체 / 3
계속기업의 공준 / 9
계약금액 조정 / 394
계약담당공무원 / 415
계약보증금 / 404
계약의 원칙 / 390
계획단가 / 10
고저점법 / 285
고정비 / 45, 174
고정제조간접비 배부율 / 223
고정제조간접비의 단위당 부담액 / 180
고정제조간접비 조업도 차이 / 224
고정제조간접비 차이의 구조 / 226
고정제조간접비표준 / 211
고정제조간접원가 / 175
고정제조간접원가 예산차이(소비차이) / 223
고정제조간접원가 표준배부율 / 212
공개 경쟁 입찰 / 86
공동연구형 용역 / 407
공사비 규모에 따른 요율 / 437
공사비 요율에 의한 방식 / 426, 435
공사손해보험료 / 390
공손 / 254
공손원가계산과 배부 / 257
공손원가 무인식법 / 256

공손원가 인식법 / 257
공손품의 처분 / 260
공수차이 / 214
공장제조간접원가배부율 / 95
공헌이익 / 180, 302
공헌이익법 / 274
공헌이익 손익계산서 / 176
공헌이익 접근법 / 275
관련원가 / 46
관리회계 / 7
구매요청 / 62
구매의 절차 / 62
구매주문 / 62
구현 단계 / 447
국내구입 재료단가 / 378
국제 원자재 가격 / 86
균등매출총이익률법 / 157
근로기준법상의 제수당 / 383
근로일수를 20일로 변경 / 419
글로벌 기업시민 / 89
기간원가 / 6
기계작업시간 / 95
기능 / 445
기능점수당 단가 / 460
기능점수방식 / 453
기능점수 측정 프로세스 / 455
기말제품평가식 / 133
기본급 / 383
기본원가 / 6
기본재무제표 / 4
기술계 엔지니어링 기술자 / 430
기준공사비 / 436
기준조업도 / 195, 222
기초원가 / 49
기회원가 / 47
기획재정부의 계약예규 / 397

ㄴ

내부수익률(IRR: Internal Rate of Return) / 332, 335
노무량 / 382
노무비 / 18
노무비 계정 / 28
노무비차이 / 214
노무비 표준 / 208
노무시간 표준 / 209
농·축·수산물 물가조사 / 380
누적시간 / 288
능률차이 / 215, 222

ㄷ

다른 법령에서 정하고 있는 대가 기준 / 425
다품종의 손익분기점 분석 / 309
단계배부법 / 93, 97
단계원가 / 46
단기 이익계획 / 302
단위당 공동원가 / 144
단위수준 / 242
단위 프로세스 식별 권고사례 / 457
단일 배부율법 / 96
대가산정 모형별 적용시점 / 451

데이터 이관 / 448
동인별 원가배부율 / 241
동작연구 / 285
듀퐁 / 356
듀퐁의 ROE 계층도 / 356
등가생산량 / 144
등급별 종합원가계산 / 143
등급품 / 143

ㅁ

매매차익 / 20
매몰원가 / 47
매출계정 / 30
매출목표 설정 / 307
매출원가계정 / 31
매출원가법 / 197
매출원가 조정법 / 115
목적비용 / 50
목표원가조정 / 276
목표 조업도 / 283
무결점주의 / 318
무관련원가 / 46
물리적 특성 / 156
미도착품 / 66

ㅂ

반제품 / 23
반품전표 또는 재료반환표 / 63
발생경비 / 76
방계 기업 설정 / 87
배부원가 / 156
배치수준 / 242
변동비 / 45, 174
변동원가계산 / 52, 174
변동원가계산에서의 단위당 변동원가 / 180
변동원가계산의 유용성 / 181
변동원가 기준 / 297
변동원가손익계산서 / 179
변동원가와 고정원가 차이 분석의 주요 차이 / 227
변동제조간접비의 표준 배부율 / 222
변동제조간접비표준 / 211
변동제조간접원가 능률차이 / 221
변동제조간접원가 소비차이(예산차이) / 220
변동제조간접원가 예산 / 219
보정계수 / 458
보조부문 / 86
복수견적 / 10
복수분리점 / 158
복잡도가중치 / 458
본 지점 계정 / 296
부가원가 / 49
부대비용 / 380
부문별배부율 / 95
부산물 / 145, 155
부산물계정 / 160
부산물의 순실현가치 / 159
분리점 / 143, 154, 161
분리점 판매가치법 / 157
분석 / 447
불량률 / 375
불량품 / 316

비교견적 / 86
비례배부법 / 197
비목별 계상 기준 / 410
비용 / 48, 49
비제조원가 / 6
비축물자 웹사이트 / 403
비할인 모형 / 333

ㅅ

사내거래 / 296
사내외주 / 22
사내협력회사 / 22
사용가치 / 272
사후 원가 검토 조건부 계약 / 393, 395
산업공학적 / 285
산포도법 / 286
상충관계 / 318
상품계정 / 20
상호배부법 / 93, 97
생산비 / 25
서비스 수준 평가 / 479
선입선출법 / 131
설비(공장)수준 / 242
성과평가 / 9, 343
세계 기업들이 쓰는 재무비율 / 353
세후 목표이익 / 309
소모품비 / 18
소비 / 25
소비임금 / 72, 73
소비차이(예산차이) / 222
소품종 대량생산 / 128
소프트웨어 / 444
소프트웨어 개발절차 / 449
소프트웨어 사업대가산정가이드 / 443
소프트웨어 수명주기 / 450
소프트웨어 수명주기별 사업유형별 대가산정 모델 / 450
소프트웨어의 기능구현단계 / 454
소프트웨어의 기능 도출 / 455
손실률 / 375
손익분기점 / 303
손익분기점 매출량 / 305
손익분기점 매출액 / 303
손해배상 / 64
수량차이 / 9, 213, 215
수율 / 376
수율차이 / 217
수의 계약 / 393
수익중심점 / 344, 347
수입물품의 원가계산 / 372
수입재료의 단가 / 379
숙련기술계 엔지니어링 기술자 / 431
순실현가치법 / 157
순현가법(NPV) / 332
순현재가치법 / 335
슈말렌바흐 / 48
시간연구 / 285
시료율 / 376
시장가격 기준 결정방법 / 297
시장가격 조사 방법 / 399
시장경쟁질서 / 88
시장 철수 / 85

신의성실의 원칙 / 390
실비정액 가산방식 / 426
실비정액가산방식 / 427
실사차이 / 66
실적급 / 73
실제원가계산 / 53
실제 최대 조업도 / 196
실패원가 / 317
싱글 PPM 품질인증 / 377

ㅇ

안전도 / 307
안전한계 / 307
애고(愛顧)관계 / 370
업무 단계별 요율 / 437
업무재설계 / 446
엔지니어링기술 부문 / 421, 433
엔지니어링 기술자 노임단가 / 432
엔지니어링사업 / 421
엔지니어링 사업대가 기준의 체계 / 423, 424, 426
엔지니어링사업에 대한 원가계산 / 423
역산 / 66
연구원의 구분 / 409
연산품 / 142, 155
연속된 결합생산공정 / 159
연속생산 / 140
연월차사용촉진제도 / 72
영업 레버리지도 / 308
영업예산 / 324
영업외손익 계정 31
영업이익의 변화율 / 309
예방원가 316
예산 / 323
예산수립 / 323
예산의 관리 통제 / 327
예정가격을 작성하지 않아도 되는 경우 / 405
예정가격의 결정 / 370
예정가격의 비치 등 / 405
예정가격작성기준 / 366, 372
예정가격 작성기준의 체계 / 373
예정가격 작성의 원칙 / 397
예정배부율 / 95, 194
5단계법 / 140
요소별 원가계산 / 61
요율제 유지관리비 / 453
용역잠재력 / 48
원가 / 48, 49
'원가+' 방법 / 272
원가 가산 기준 / 297
원가계산 8조합 / 53
원가계산 기관 / 397
원가계산 비목별 산정기준 / 396
원가계산 전략팀 / 92
원가관리통제 / 194
원가구성범위 / 55
원가동인 / 240
원가배부기준 / 114
원가분류기준 / 50
원가요소 기준법 / 116
원가정보시스템 / 13

원가 · 조업도 · 이익의 상호관계에 대한 분석 / 302
원가중심점 / 91, 343, 346
원가 집계 방법 / 50
원가 최저점 / 318
원가추적 / 43
원가추정 / 283
원가표준 / 205
직접재료비 / 205
직접노무비 / 205
제조간접원가 / 110, 112, 206
원가 풀 / 113, 239
원가함수 / 283
원가회계 / 4
원가회계시스템 / 7, 11
원가흐름 도표 / 34
원재료 / 18, 23
원재료가 공정 중 지속 투입 / 132
월할경비 / 76
위탁형 용역 / 407
이론적 조업도 / 196
이상적 표준 / 207
이윤 / 389
이윤율 계상 한도 / 415
이익중심점 / 344, 348
이전가격 / 296
이중 배부율법 / 96
2025년 적용 SW기술자 평균임금 / 487
인공지능 서비스 도입 사업비 / 471
인재제일 / 88
인정 불량률 / 376
인정이자 / 296
일반관리비 / 388, 413
일반관리비율 계상 한도 / 414
일위대가표 / 401
임금착취 / 88
임률표준 / 209
임률차이 / 214

ㅈ

자문형 용역 / 407
자본비용 / 336
자본예산 / 332
자원의 순환 / 3
자재청구서 / 26
자재출고 / 63
자재출고요청서 / 63
작업설물 / 254
작업설물 등의 평가 / 382
작업원가표 / 109
작업지시서 / 108
잔여이익 / 352
재고감모손실 / 68
재고자산평가손실 / 69, 70
재공품 / 23, 24
재공품계정 / 29
재공품의 완성품 환산량 / 129
재료가격 표준 / 208
재료가 제조 개시 시점에만 투입 / 132
재료배합률 / 208
재료비 / 18, 61, 374
재료비 계정 / 28

재료비 차이 / 213
재료소비량 / 65
재료소비수량 / 67
재료소요량 산출 / 374
재료출고요청서 / 111
재료투입량 / 130
재무공시시스템 / 8
전공정원가 / 140
전부문(全部門) 공통원가 / 93
전부원가 계산 / 175
전부원가 기준 / 297
전부원가법 / 273
전부원가손익계산서 / 178
전부원가 접근법 / 275
전사적 아키텍처 / 446
전사적 품질관리 / 319
전환손익계산서 / 177
정보보안 / 447
정보시스템 마스터플랜 / 447
정보시스템 마스터플랜(ISMP) 수립비 / 469
정보전략계획 / 446
정보전략계획 수립비 / 464
정부원가계산 / 366
정상공손과 비정상공손 / 255
정상배부율 / 195
정상원가계산 / 53, 194
정상적평가손실 / 69
정통법 / 462
제수당 / 383
제조간접비 / 91
제조간접비 계정 / 29
제조간접비 표준 / 209
제조간접원가 배부율 / 113
제조경비 / 74
제조경비 계정 / 29
제조기업 / 22
제조부문 / 87
제조예산의 통제(R&D 포함) / 328
제조원가 / 6
제조원가명세서 / 5
제조지시서 / 108
제조직접비 / 91
제품 / 24
제품계정 / 30
제품 수명주기 원가계산 / 278
제품수명주기원가계산 / 277
제품수준 / 242
제품원가 / 6
제품의 가격 / 271
제품의 판매가격 / 85
조달청 가격 정보 / 401
조달청 나라장터 홈페이지 / 402
조달청 비축물자 웹사이트 / 402
조별간접원가 / 141
조별 종합원가계산 / 141
조별직접원가 / 141
조비용 / 141
조사가격 / 381
조업도 / 174, 175, 283
종합예산 / 324
종합예산의 편성 흐름 / 326
종합원가계산 / 51

주문제작품 / 207
주산물 / 155
주재료비 / 18
준고정비 / 182
준 고정원가 / 46
중성비용 / 50
증분이익 / 161
지급경비 / 75
지급임금 / 72, 73
지불의사 / 272
직접노무원가 / 112
직접노무원가 능률차이 / 218
직접노무원가 임률차이 / 219
직접배부법 / 93, 97
직접부문 / 86, 87
직접원가 / 110
직접재료원가 가격차이 / 217
집합손익계정 / 31

ㅊ

차액원가 / 47
참입 / 275
참정권 / 89
책임중심점 / 343
책임회계제 / 343
초변동원가계산 / 183
초변동원가계산의 한계 / 184
총원가 기준법 / 116
총원가배부법 / 198
최소기능제품 / 276
최종판매가치 / 157
추가업무비용 / 439
출고요구서 / 110
측정경비 / 75

ㅋ

컨설팅업무량 방식 / 465
컨설팅 지수 방식 / 452

ㅌ

통제가능원가 / 44
통제불능원가 / 44
통합품질관리 / 319
투입공수 방식 / 452, 467
투자이익률의 측정 / 349
투자중심점 / 344, 348
투자중심점에 대한 평가 / 349

ㅍ

판매기준법 / 160
판매비와관리비 계정 / 31
판매지시서 / 108
평가원가 / 317
평균근무일수의 조정 / 409
평균법과 선입선출법의 장단점 / 136
평균법에 의한 원가배분 / 135
표준배부율 / 96, 206
표준수립의 오류 / 218
표준시장단가 / 371
표준원가 / 205
표준원가계산 / 205
표준조업도 / 206

표준직접재료비 / 207
품질 / 316
품질원가 / 316
품질원가관리 / 317
프리드먼 독트린 / 84

ㅎ

하이브리드 / 276
하자보수보증금 / 404
학술연구용역 / 407
학술 연구용역인건비 기준단가 / 409
학습곡선 / 286
학습지수 / 287
학습효과 / 286
할인모형 / 333
핵심가치 / 88
현실적 표준 / 207
현황판 / 90
협조전 / 109
혼합원가 / 45
확정계약 / 391
확정계약에서의 원가계산 / 393
환율 / 86
활동 / 237, 238
활동기준 원가계산 / 237
활동기준 원가계산의 장점 / 244
활동기준 원가계산의 한계 / 245
활동동인 / 239
회계 / 4
회계적 이익률법 / 332
회계정보시스템 / 7
회귀분석법 / 286
회수기간법 / 332
후공정원가 / 140
휴가사용률 / 72
흡수원가계산 / 52

A

Acceptable Quality Level(AQL) / 318
appraisal cost / 317
Aufwand / 49

Break Even Point(BEP) / 303
Budget / 323

Capital Budget / 332
constant gross margin net realizable value method / 157
Contribution Margin / 302
cost / 48
cost driver / 239
cost pool / 113
Cost Pool / 239
Cost Volume-Profit analysis / 302
CVP 도표 / 306
CVP 분석 / 302

D

Degree of safety / 307
DET와 Field / 463
Degree of Operating Leverage(DOL) / 308

E

efficiency variance / 215
EVA / 351
expense / 48

F

failure cost / 317
fixed cost / 45
Function / 445

H

Hybrid / 276

I

input-process-output(IPO) / 285
ISO 인증 / 376
IT분야 직무체계 / 483

J

job order / 108
joint product / 155

K

K-IFRS / 67
Kosten / 49
KS 인증 / 376

L

labor cost / 18
learning curve / 286
learning effect / 286

M

Margin of Safety / 307
master budget / 324
material cost / 18
material requisition sheet / 111
Minium Viable Product(MVP) / 276
mixed cost / 45

N

net realizable value method / 157

P

Plantwide overhead rate / 95
price variance / 215
production order / 108
product life-cycle costing / 277
Programming Language / 445
PV도표 / 306

Q

Quality / 316
Quality Cost / 316
quality cost management / 317
quantity variance / 215

R

RET와 Record / 463
ROI / 350
R&R(Role and Responsibility) / 181, 343

S

sales order / 108
scrap / 254
SDLC / 445, 446
SLA / 453
SLA 방식 / 479
Source code / 445
split-off point / 154
Spoilage / 254
SW 사업 운영단계의 유지관리비 / 474
SW 운영 업무 / 482

T

Trade-off / 318
transfer price / 296

V

variable cost / 45

W

WTP / 272

Z

ZERO DEFECT / 318

임득수

학력	Technology Commercialization Research at UC Berkeley 국민대학교(경영정보학 박사) 한국외국어대학교(경영정보학 석사) 경기대학교(회계학 학사) 방송통신대(경영학과) 유한공업고등학교(전기과)
경력	국방대학교 직무연수부 교수 육군사관학교 고려대학교 행정대학원 국민대학교 BIT전문대학원 서울산업대학교 기타 강의: 단국대학교, 광운대학교, 오산대학교, 재능대학교 삼일회계법인(공인회계사) 한국기업평가원 원장 정림시스템컨설팅(설립운영) 청우공업주식회사(생산관리기사) 국방창업진흥원 이사장 한국정보통신기술사협회 부회장 인문경제사회연구회 기획평가위원 한국기술거래소 감사 심사, 조정, 자문위원: 서울시, 한국지능정보사회진흥원, 경기테크노파크, 정보통신산업진흥원, 한국전자통신연구원, 환경산업기술원 등 다수 이의신청조정위원회 부위원장(한국소프트웨어산업협회) 차정일특별검사 특별수사관(이용호게이트) 한국공인회계사회 전산연구위원
자격	공인회계사 정보관리기술사 원가분석사 기술거래사 정보시스템수석감리인 SPICE, ISO 국제심사원
저서	원가회계(2026, 박영사) IPO와 가치평가(2026, 박영사) 경영전략(2026, 박영사) 부가가치세신고실무(2006, 세경북스) 종합소득세신고실무(2006, 세경북스) 갑근세 세액조견표(2006, 세경북스) 세무편람(2006, 세경북스)

원가회계

초판발행 2026년 2월 15일

지은이 임득수
펴낸이 안종만·안상준

편 집 전채린
기획/마케팅 장규식
표지디자인 BEN STORY
제 작 고철민·김원표

펴낸곳 (주) 박영사
서울특별시 금천구 가산디지털2로 53, 210호(가산동, 한라시그마밸리)
등록 1959. 3. 11. 제300-1959-1호(倫)
전 화 02)733-6771
f a x 02)736-4818
e-mail pys@pybook.co.kr
homepage www.pybook.co.kr
ISBN 979-11-303-2328-2 93320

정 가 39,000원